Johann Wolfgang von Goethe

Werke

6. Band

Johann Wolfgang von Goethe

Werke
6. Band

ISBN/EAN: 9783744704007

Hergestellt in Europa, USA, Kanada, Australien, Japan

Cover: Foto ©Thomas Meinert / pixelio.de

Weitere Bücher finden Sie auf **www.hansebooks.com**

Goethes Briefe

6. Band

Weimar

1. Juli 1782 — 31. December 1784.

Weimar

Hermann Böhlau

1890.

Inhalt.

—

1504.

An Charlotte v. Stein.

Hier meine Lotte das verlangte. Ich liebe dich
wie immer. War am Wilhelm fleißig. Schreibe
iezt Briefe. Werde Probe der Operette haben, und
fragen wie mein liebstes lebt. Addio.

d. 1. Jul. 82.   G.

1505.

An Charlotte v. Stein.

Hier liebe Lotte überliefre ich dir meine Capitale,
ich kann mich nun nirgends mehr vor dir verschließen.
Und übergebe mich dir aber und abermal zum Eigen=
thum.

Gestern hatte ich einen falschen Schlüssel ergriffen
es ging aber noch ganz gut.

Adieu beste was thust du heute. Diesen Abend
kommt die Schröter und Seidler und Aulhorn in meinen
Garten das Stück zu probiren. Lebe wohl meine
einzige und empfange mich wie immer

d. 2. July 82.   G.

1506.

An Charlotte v. Stein.

Ich habe recht nach einem Wort von dir ver=
langt und nicht einen Augenblick Zeit gefunden
darum zu bitten. Dancke daß du mir es so gewährst.

Das Wetter will nicht leiden daß die Probe im
Garten seye.

Gegen Abend gehe ich aus und bezahle erst Zoll
und Geleite an der Strase wohin ich mit meinem
Geschirre gezwungen bin. d. 3. Juli 82.

                                            G.

1507.

An Charlotte v. Stein.

Du machst mir allein meinen Tag gut durch die
Nachricht daß dirs wohl ist. Ich stecke in Zahlen
und Ackten. Liebe mich so hab ich eine Aussicht auf
ieden Morgen und ieden Abend.

d. 6. Jul. 82.   G.

1508.

An den Herzog Carl August.

Durchlauchtigster Herzog,

Gnädigster Fürst und Herr!

Auf Ew. Hochfürstlichen Durchl. gnädigsten be=
sonderen Befehl, habe ich mich bisher, die in Jena

nunmehr verbundene Naturalienkabinette in die nöthige
Ordnung bringen zu lassen, bemühet. Wie weit man
mit diesem Geschäfte gekommen, werden Höchstdieselben
aus dem von dem Professor Loder vor seiner Abreise
eingereichten unterthänigsten Berichte zu ersehen geruhen. Es bleiben nunmehro noch einige Punkte
zurük, welche in dessen Abwesenheit zu berichtigen
seyn möchten und welche ich gegenwärtig submissest
in Anfrage stelle. Schon in dem vorigen Jahre bezahlen Ew. Hochfürstl. Durchl. gedachtem Professor
Loder für den Unteraufseher Magister Lenz, ingleichen
für den Aufwärter Dürrbaum Instruktionen zu ent-
werfen, worauf man dieselben weissen und sie in der
Folge darnach beurtheilen könnte. Die von ihm hierauf entworfenen Punkte werden Ew. Durchl. in ben-
gebogenen Blättern vorgelegt und erwarten höchste
Genehmigung und nähere Bestimmung. Was sodann
Ew. Durchlaucht wegen Verpflichtung obgenannter
beyden Personen nicht weniger wegen künftiger Abnahme der Rechnung, welche für diesmal Ew. Durchl.
hiermit vorgelegt wird, zu befehlen geruhen werden,
wird bey diesem Geschäfte zu fernerer Richtschnur
dienen. Der ich mit aller Devotion unterzeichne

Ew. Hochfürstl. Durchl.

Weimar, d. 8. Juli
1782.

unterthänigst treugehorsamster
Johann Wolfgang Goethe.

1509.

An Charlotte v. Stein.

Es ist wieder wie gewöhnlich L. Lotte so lang ich kein Wort von dir habe fehlt mir die Stimmung auf den Tag wie den Caffeetrinckern wenn ihr Frühstück aussenbleibt. Sage mir wie du geschlafen hast, und ob du ganz wohl bist. Wohl und übel bin ich dein. Ich sehe dich bald. d. 8. Jul. 82.

G.

1510.

An Charlotte v. Stein.

Ich bin schon angezogen und komme noch vor dem Conseil zu dir. Ich hoffte auf ein Briefgen und erwartete es nicht.

Dancke für das doppelte Frühstück.

Ich bin dein. d. 9. Jul. 82.

G.

1511.

An Charlotte v. Stein.

Sag mir wie du geschlafen hast und ob dein Übel vorbey ist? und was dein Tag heute mit sich bringt? Lebe wohl ich bin fleisig, und verliere doch immer das eine nicht aus den Augen, worinn mein Glück und meine Hoffnungen vereinigt sind. Die Briefe kommen nach. d. 10. Jul. 82.

G.

Hier ist doch der eine.

1512.

An Charlotte v. Stein.

Laß einem bemühten und geplagten ein Wort von dir zu Hülfe kommen, daß er den Rest des Morgens getrost hinbringen könne. Wie gehts mit der Zeichnung? Kannst du die blauen Augen noch nicht faßen. Lingen hat mir heute ein französch Billet geschrieben worinn alle Vokalen und Consonanten befindlich waren ob ich gleich merckte daß sie die e recht künstlich vermieden zu haben glaubte.

Adieu. Der deinigste. d. 11ten Jul. 82.

G.

1513.

An Charlotte v. Stein.

Ich werde bald seyn wo mein Herz Tag und Nacht ist.

d. 12. Jul. 82.

G.

1514.

An Charlotte v. Stein.

Leider muß ich dir einen schrifftlichen Guten Morgen sagen, nachdem ich deinen Auftrag etwas schönes zu träumen wohl ausgerichtet habe. Viel Glück in die Zeichenstunde. Diesen Abend erwarte ich dich sehnlich, vielleicht seh ich dich noch eher.

d. 13. Jul. 82.

G.

1515.

An Charlotte v. Stein.

Aus dem Garten einen guten Morgen an den schönen Garten in dem mein Herz immer wie unter Rosen und Lilien spazieren geht./ Diesen Nachmittag komm ich in die Stadt und frage bey dir an.

Lebe wohl. Und sage mir auch ein Wort. Diesen ⁵ Abend sind wir wohl wie immer unzertrennlich.
d. 14. Jul. 82.   G.

1516.

An Charlotte v. Stein.

Du hast schon einen Morgengruß von mir und nun den zweyten mit einem Dancke. Es ist eine unaussprechliche Glückseeligkeit wenn Gesinnungen und ¹⁰ Empfindungen zwischen zwey Wesens wechseln ohn irgend anzustosen, zurückgehalten oder geschröckt zu werden. Lebe wohl und fühle daß ich weis was du bist. d. 14. Jul. 82.
G. ¹⁵

1517.

An Charlotte v. Stein.

Meine Geliebte erhält den verlangten Brief. Ich kann mir meinen Engländer dencken wenn er diese Epistel erhält. Gegen viere komm ich da wollen wir zu dem Manne mit den Thieren gehn. Nimm etwa

noch iemand mit. Fritz mag auch so etwas gerne
sehn. Lebe wohl. Ich bin vergnügt und wohl, weil
ich alle Hände voll zu thun und ein ganzes Herz
voll Liebe zu dir habe. Diesen Abend ist Probe in
5 Tiefurt. d. 15. Jul. 82.

G.

1518.

An Charlotte v. Stein.

Unsere Probe ist gut ausgefallen, hier ist das
Stück, zeige es noch nicht weiter.

Die Melone wollen wir zusammen verzehren, und
10 uns zusammen noch einer süßeren Kost freuen die
Sommer und Winter das schmackhaffteste ist. Lebe
wohl. eh ich in's Conseil gehe komm ich einen
Augenblick.

d. 16. Jul. 82.   G.

1519.

An Merck.

15 Lieber Bruder es geht mir wie dem Treufreund
in meinen Vögeln, mir wird ein Stück des Reichs
nach dem andern auf einem Spaziergang übertragen.
Diesmal muß mirs nun freylich Ernst und sehr Ernst
seyn denn mein Herr Vorgänger hat saubre Arbeit
20 gemacht. Für deine Liebe und gute Meynung dancke
ich dir. Das Leben geht geschwind, und mit mir

nimmts einen frischen Gang, manchmal wird mir's
sauer, denn ich stehe redlich aus dann denck ich wieder
hic est aut nusquam quod quaerimus.

Koch in Giesen hat uns einen Korb gegeben.
Schreibe mir doch was von Gatzerten und Höpf-
nern zu halten ist, bald und offen. Auf das Cabinet
renunzire ich. Der Herzog hat doch eigentlich keine
Existenz in diesen Sachen, obgleich viel Liebhaberey
dazu. Und wie ich iezt stehe muß ich mich für nichts
so sehr hüten als eine Ausgabe zu veranlassen die
man meiner Leidenschafft zuschreiben könnte.

Das Capital von der Herzoginn können wir wohl
sonst wo brauchen schreibe mir ein näheres.

Hast du meinen Mieding erhalten. Ehstens
wirst du ein Wald und Wasser Drama zu sehen
kriegen. In Tiefurth aufgeführt thut es sehr gute
Würckung übrigens verzeih, wenn es wie ein Proto-
koll tracktirt ist. Mein Quartier in der Stadt, hilft
mir viel und meinen Garten genies ich erst iezt.
Lebe wohl.

Auf die Zeichnungen freu ich mich. Von Tischbeinen hab ich schöne Köpfe und Studien nach Raphael
erhalten die du kennst. Er hat mir geschrieben, und
ist eine gar treue Seele.

Ich verlange recht ihn wieder in Rom zu wissen.
Welch ein Unterschied gegen den Müller der den Titel
Mahler zu früh vor seinen Nahmen gesezt hat.

Lebe wohl.   Weimar, d. 16. Jul. 82.

                                        G.

1520.

An Caroline Herder.

Dies kleine Stük gehört, so klein es ist,
Zur Helfte dein, wie du bey'm erſten Blik
Erkennen wirſt, gehört Euch beyden zu
Die Ihr ſchon lang für eines geltet. Drum
5 Verzeih' wenn ich ſo kühn und ohngefragt,
Und noch dazu vielleicht nicht ganz geſchikt,
Was er dem Volke nahm dem Volk zurük
Gegeben habe. Denn wir andern, die
Wir ieden Tag berupft zu Bette gehn,
10 Und dennoch kleine, ausgeſtopfte, bunte,
Erlogen=wahre Vögel auf den Markt
Zu bringen, von den Kunden ſolcher Luſt
Gefordert werden, können's warlich nicht
Aus eignen Mitteln immer, müßen ſtill
15 Was da ein Pfau, ein Rabe dort, und was
Ein andrer hier verlohren, ſammlend ſchleichen.

Und wenn du nun, wie man durch einen Blik
Zum Händedruk, durch den zu einem Kuß
Gelokt wird, es durch dieſe Blätter wirfſt,
20 Zu ſehn was man gedrukt nicht leſen kann,
Weil es geſpielt und nicht geſprochen wird,
Auch wohl geſprochen wird doch ſchlecht, geſchrieben
Sich ausnimmt, o ſo komm, ich lade dich
In deren Nahmen ein, die unſerm Spiele
25 Den Raum giebt, und die Nacht um uns erhellt.

Doch darfst du Müttergen dem feuchten Reich
Des Erlenkönigs dich bey kühler Nacht
Nicht anvertrauen, so entschäd'ge dich
Ein Zauberschatten, zeige dir im Bild
Den schönen Blik, wie Wald und Fluß im Thal   5
Auf einmal rege wird, und wie die Nacht
Von Feuern leuchtet um ein loses Kind.

Weimar d. 17. Juli 82.   G.

1521.

An Charlotte v. Stein.

Gieb L. L. ein Zeichen des Lebens und der Liebe
von dir. Gestern konnte mir den ganzen Tag nicht   10
wohl werden.

     d. 18. Jul. 82.   G.

1522.

An Charlotte v. Stein.

Sage mir L. Lotte wie bist du aufgestanden? sag
mir ist es phisisch oder hast du etwas in der Seele
was dich kränkt. Du glaubst nicht was mich dein   15
Zustand gestern geängstigt hat. Das einzige Intresse
meines Lebens ist daß du offen gegen mich seyn
magst. Das Eingeschloßne halt ich nicht aus. Lebe
wohl. Der deine

     d. 19. Jul. 82.   G.   20

1523.

An Charlotte v. Stein.

[20. oder 21. Juli.]

Hier schick ich die ganze Pappe, Krause mag sich
aussuchen. Die grosen Bände liegen beym Herzog
darinn auch die beyden Figuren sind. Du hast mein
Herz in Verwahrung und also brauchst du weiter
5 nichts. Die Zeit wird ja wohl auch wieder kommen
wo das deinige sich öffnet. Adieu.

G.

1524.

An Charlotte v. Stein.

Ich will nicht überläftig seyn, aber nur so viel
sagen daß ichs nicht verdient habe. Daß ichs fühle.
10 Und schweige.

d. 22. Jul. 82.   G.

1525.

An Charlotte v. Stein.

[23. Juli.]

Ich schicke das Büchelgen nur zum Vorwande.
Denn du mußt mir noch ein Wort sagen, sonst hab
ich keine Ruhe. Ich bin dir viel schuldig das weis
15 ich wohl, aber du bist mir's auch. Laß mich nicht so.

1526.
An Charlotte v. Stein.

So war es denn Gott sey Danck ein Mißver=
ständniß das dich dein Billet schreiben lies. Ich bin
noch betäubt davon. Es war wie der Todt man
hat ein Wort und keinen Begriff für so etwas. Von
meinem gestrigen Stück, das sehr glücklich ablief,   5
bleibt mir leider nichts als der Verdruß daß du es
nicht gesehn hast. Lebe wohl. Öffne mir dein Herz
wieder l. L.

d. 23. Jul. 82.   G.

1527.
An Charlotte v. Stein.

[24. Juli.]

Während daß ich schlief kam die Erquickung von 10
dir, wie ich aufwache erhalte ich sie. Noch weis ich
nicht wie mir ist, o daß der Zustand bald vorüber
gehn möge. Es ist noch so heis, in einigen Stunden
will ich kommen, will abwarten wo es hinaus will,
mein ganzes Wesen ist in seinem innersten ange= 15
griffen. So tief deine Liebe drang und mir wohl
machte so tief hat der Schmerz die Weege gefunden
und zieht mich in mir selbst zusammen. Ich kan
nicht weinen, und weis nicht wohin. Adieu verzeih
mir. Dein Schmerz ist's der mich ängstigt. Wenn 20
dir's nicht wieder mit mir wohl werden kann so geb
ich auf eine freudige Stunde zu haben.

1528.

An Charlotte v. Stein.

[24. Juli.]

Es wird hoff ich werden, noch ſitze ich da und
ſehe vor mich hin, es iſt mir ſo wie eine Leerheit in
meinem Ganzen Weſen. Tauſend Danck für deine
Liebe. Ich kann nichts zuſammenbringen. Ängſtige
5 dich nicht du kannſt alles. O Geliebte. Ich will
kommen, ſo bald ich nur kann.

G.

1529.

An Charlotte v. Stein.

Ich habe lang geſchlafen und gut, dein frühes
Zettelgen empfängt mich und iſt der erſte Gruß des
10 neuen Tags. Mir iſt um vieles beſſer, noch wie ein
vom Blitz geſtreifter fühl ich eine kleine Lähmung,
die wird aber bald verſchwinden wenn die einzige
Arzeney angewendet wird. Wenn ich noch daran
zurück dencke ſo grauſt michs wieder, und ich kann
15 nicht eher ruhig werden, als biß ich für die Zukunft
ſicher bin. Wie gern will ich mich heute durch die
Blechkaſten und Ackten durch arbeiten, da ich zu dir
mit Freuden meine Gedancken wenden kann. Lebe
wohl und ſey verſichert daß mein ganzes Weſen an
20 dich gebunden iſt. d. 25. Jul. 82.

G.

1530.

An Charlotte v. Stein.

Hat dich das Gewitter nicht beunruhigt? Haſt du
wohl geſchlafen. Ich muß in der Hitze in's Conſeil
und komme vorher einen Augenblick die Verſicherung
meines Glückes zu hören. d. 26. Jul. 82.

G.   5

1531.

An Victor Leberecht Pleſſing.

Mein Betragen gegen Sie will ich nicht für Tugend
ausgeben, nothwendig war es. Hätten Sie damals
gedacht wie Sie iezt dencken ſo wären wir näher.
Doch der Menſch hat viel Häute abzuwerfen biß er
ſeiner ſelbſt und der weltlichen Dinge nur einiger=   10
maſen ſicher wird.

Sie haben mehr erfahren, mehr gedacht, mögten
Sie einen Ruhepunckt treffen und einen Würckungs=
creis finden.

So viel kann ich Sie verſichern daß ich mitten   15
im Glück in einem anhaltenden Entſagen lebe, und
täglich bey aller Mühe und Arbeit ſehe daß nicht
mein Wille, ſondern der Wille einer höhern Macht
geſchieht, deren Gedancken nicht meine Gedancken ſind.

Leben Sie wohl. Wenn Sie Sich mit mir unter=   20
halten mögen, ſollen mir Ihre Briefe iederzeit will=
kommen ſeyn.

Weimar d. 26. Jul. 82.   G.

1532.

An Johannes v. Müller.

Weimar, den 26. Juli 1782.

Noch habe ich Ihnen nicht für die Schrift ge=
dankt, worin Sie Sich des dreifach gekrönten Ober=
mönchs annehmen, dessen Vorfahren, ohne es sonder=
5 lich zu verdienen, von der Welt angebetet wurden,
und der nun, ohne es verschuldet zu haben, seinen
eigenen Kindern zum Gespötte wird.

. So wenig wir uns dem Strome der Zeit ent=
gegenstellen können, so ist es doch immer um der ein=
10 zelnen willen gut, wenn eine Stimme dem Beifall
widerspricht, den das Menschengeschlecht oft Hand=
lungen und Begebenheiten zujauchzt, die sie ins Ver=
derben führen.

Und wer eine Anlage hat klug zu werden, mag's
15 nächst dem Leben in der Geschichte suchen.

Leben Sie wohl und behalten unser Andenken im
Guten.

Goethe.

1533.

An Charlotte v. Stein.

Heute ist wieder ein Tag der in der Stille bis
20 gegen Abend zugebracht werden muß. O Laß mir
es heute an dem nicht fehlen was mir so nothwendig
ist, es sey heis oder kalt. Lebe wohl und sey mir hold.

d. 27. Jul. 82. G.

1534.

An C. v. Knebel.

So lange habe ich dir nicht geschrieben daß ich
nicht weis wiederhohl ich mich, oder übergeh' ich etwas.
Du wirst durch andre mehr wissen. Daß Kalb weg
ist, und daß auch diese Last auf mich fällt hast du
gehört. Jeden Tag, ie tiefer ich in die Sachen ein= 5
dringe seh ich wie nothwendig dieser Schritt war.

Als Geschäfftsmann hat er sich mittelmäsig, als
politischer Mensch schlecht, und als Mensch abscheulich
aufgeführt. und wenn du nun nimmst daß ich diese
dreye wohl mit der Feder sondern kann, im Leben 10
es aber nur ein und derselbe ist; so dencke dir. Doch
du kannst dirs und brauchst dir's nicht zu dencken.
Es ist vorüber.

Nun hab' ich von Johanni an zwey volle Jahre
aufzuopfern, biß die Fäden nur so gesammelt sind 15
daß ich mit Ehren bleiben oder abdancken kann. Ich
sehe aber auch weder rechts noch lincks, und mein
altes Motto wird immer wieder über eine neue Ex=
pedition Stube geschrieben

Hic est aut nusquam quod quaerimus. 20

Dabey bin ich vergnügter als iemals denn nun
hab ich nicht mehr, wenigstens in diesem Fache das
Gute zu wünschen und halb zu thun und das Böse
zu verabscheuen und ganz zu leiden. Was nun ge=
schieht muß ich mir selbst zu schreiben, und es würckt 25

nichts dunckel durch den dritten und vierten, sondern
hell gleich grade auf mich. Daß ich bisher so treu
und fleisig im Stillen fortgearbeitet habe hilft mir
unendlich, ich habe nun anschauliche Begriffe fast von
allen nothwendigen Dingen und kleinen Verhältnissen
und komme so leicht durch.

Du kannst dencken daß ich über diese Dinge mit
niemanden spreche, und also bitt ich dich auch keinen
Gebrauch hiervon, selbst zu meinem Vorteile zu
machen. Die Menschen müssen verschieden über solche
Vorfälle urtheilen und man muß thun was man muß.

Da nun meine Zeit so sehr genommen ist, wird
es ein grosses Glück daß unsere Herrschafften ein
leichtes und leidliches Leben in und unter sich haben,
daß man die wenigen Stunden des geselligen Lebens
in Friede auch wohl in Freude zu bringt.

Für Tiefurt hab ich eine Operette gemacht, die
sehr gut und glücklich aufgeführt worden. Da du
das lokale so genau kennst, wirst du dir beym Lesen
den schönen Effeckt dencken können. Die Zuschauer
sasen in der Mooshütte wovon die Wand gegen das
Wasser ausgehoben war. Der Kahn kam von unten
herauf pp. Besonders war auf den Augenblick gerechnet wo in dem Chor die ganze Gegend von vielen
Feuern erleuchtet und lebendig von Menschen wird.

Hierbey liegt eine Invitations Epistel an die
Herdern.

Auch einige Epigramms.

Das zweyte Buch von Wilhelm Meister erhälst du
bald ich habe es mitten in dem Taumel geschrieben.

Lavaters Erscheinung in der Gegend von Franck=
furt hat grose Bewegung gemacht. In Wilhelmsbad
hätte ich ihn selbst sehen mögen. Lebe wohl und
schreibe manchmal.

    d. 27. Jul. 82.   G.

Wovon dir Tobler schrieb und was du wol nicht
verstanden hast ist folgendes. Wie er das erstemal
hier weggeht, schreibt er in einem Briefe an Lavatern,
über uns alle Urtheile die mit unter nicht die gün=
stigsten sind, und läßt unvorsichtig das Blatt in
ein Paar Beinkleidern stecken die er dem Schneider
zur Reparatur hinterläßt. Von da zirkulirt dieses
Dokument im Publiko und macht leidige Sensationen.
Doch ist alles getischt und vorbey. Ich hab ihm zur
Warnung die Sache nicht verschwiegen u. s. w.

1535.
An Charlotte v. Stein.

Du wirst nun auch mein Zettelgen haben. Der
Herzog war heute frühe bey mir. Es ist schon sehr
warm. Ich möchte gerne erfahren was du heute vor=
hast. Lebe wohl. Ich bin und bleibe dein und um
dich. Heute Früh kam mir's vor als wenn kein
Mensch in einer glücklichern Lage seyn könnte als ich.

    d. 27. Jul. 82.   G.

1536.

An Charlotte v. Stein.

Du bist herzlich gut und lieb aber du kannst auch
nicht zu viel thun. Denn nur ein Hauch nur ein
Laut der nicht stimmend von dir zu mir herüber-
kommt verändert die ganze Athmosphäre um mich.
5 Adieu auf heute Abend. Dein Halstuch hab ich noch
und behalte es bis in Garten.

d. 27. Jul. 82. G.

1537.

An Charlotte v. Stein.

Wenn mein Lottgen nicht in der Kirche ist so sagt
sie mir wie sie geschlafen hat. Beym Erwachen sah
10 ich wieder dein Zeichen. Sah es gestern Abend als
ich zur Thüre hereinging. o du Gute! Hier schick ich
ein Frühstück. Die Portion ist groß damit Friz und
Ernst ein Theil davon haben können.

Umschwebe mich mit deinen Flügeln lieber Schuz-
15 geist. Ich soll bey Hofe, und ginge gern wenn es
nur nicht so heis wäre. Adieu. Wenn ich hingehe;
so komm ich vorher zu dir.

Schon iezt mögt ich zu dir laufen. Mögte daß
du an den schönen kühlen Pläzen meines Gartens mit
20 mir wärest. Lebe wohl du einzig verlangte.

d. 28. Jul. 82. G.

2*

1538.

An J. K. Lavater.

Der Fürst v. Dessau, der uns heute sehr angenehm
überraschte, hat sich wie ich hoffte sehr gut mit dir
gefunden, ich gönne dir daß du diesen merckwürdigen
Sterblichen auch hast kennen lernen. Da die Nach=
richt kam du seyst in Franckfurt sagte die Herzoginn   5
er kommt gewiß, der Herzog er wird wohl kommen,
und ich sagte ich glaub es nicht. Leider war meine
Divination die richtigste. Schön sehr schön wäre es
gewesen. Nun es konnte wohl nicht seyn.

Du verwendest und verthust manchen Augenblick,   10
gönne mir auch über Menschen und Sachen, die du
auf dieser Reise gesehn hast ein Wort, ich verdiens
und brauch es.

Allenfalls gieb der Schulthes auf, damit ich nicht
leer ausgehe. Daß ich wieder eine Anmuthung von   15
dir habe wie mir der Fürst heute gegeben hat.

Da ich zwar kein Widerkrist, kein Unkrist aber
doch ein dezidirter Nichtkrist binn, so haben mir dein
Pilatus und so weiter widrige Eindrücke gemacht, weil
du dich gar zu ungebärdig gegen den alten Gott und   20
seine Kinder stellst. Deinen Pilatus hab ich so gar
zu parodiren angefangen, ich habe dich aber zu lieb
als daß mich's länger als eine Stunde hätte amüsiren
sollen.

Drum laß mich deine Menschen Stimme hören   25

damit wir von der Seite verbunden bleiben, da es
von der andern nicht geht.

Von mir hab ich dir nichts zu sagen als daß ich
mich meinem Beruf aufopfre, in dem ich nichts suche,
als wenn es das Ziel meiner Begriffe wäre.

Damit du einen Faden habest bitt ich dich um
Worte über

Prinz Ferdinand

Erbprinz von Hanau

Marckgraf v. Baden.

Marckgräfinn.

Edelsheim.

Fürst von Dessau vor allen.

Seinen Sohn.

Waltersen.

Pfeffel

Lersé

Caliostro

Brandoni

Minch in Heidelberg.

Bode.

Frau v. Diede.

Etwa iemand neues. pp.

Treibe Tischbein daß er mir balde näher ant=
wortet. Der Herzog von Gotha ist ungedultig zu
wissen wie und wann er nach Italien gehn will.
Seegne ihn ia noch recht ein auf Treue und Wahr=
heit, Reinheit und Reinlichkeit.

Ich möchte gar gerne das Portrait das er von
dir gemacht hat behalten.

Lebe wohl, und gedencke meiner in Liebe.

Weimar, d. 29. Jul. 82.   G.

1539.

An Charlotte v. Stein.

Meiner L. L. schick ich neues Brod, mögten wir
es doch recht lange zusammen geniessen. Sage mir
was dein Fus macht, und ob du mich immer so gerne
empfängst als du mich ungerne wegschickst, und ob
du weisst daß in dir die Hoffnung und die Freude
meines Lebens ruht.

d. 30. Jul. 82.   G.

1540.

An Charlotte v. Stein.

[Ende Juli.]

Meine liebste meine einzigste wie danck ich dir für
alles was du mir thust. Ich wäre auch ohngefordert
gekommen wie kannst du es anders dencken. Aber ich
bedarfs auch glaub es mir. Jeder Zweifel von dir
erregt ein Erdbeben in den innersten Festen der Tiefe
meines Herzens.

                        G.

1541.

An den Herzog Carl August.

|Anfang August.|

Bey der Büttnerischen Bibliothek=Angelegenheit ist
verschiedenes zu bedenken. Besonders da, außerdem
was bisher vorgekommen, Magister Grellmann eine
nicht unwahrscheinliche Aussicht giebt, daß Büttner
wohl seinen Büchern nach Jena folgen mögte.

Serenissimus haben einmal diese Bibliothek acqui=
rirt und es wird selbige wenigstens an 8000 Thlr.
zu stehen kommen. Diese Ausgabe sei nun successiv
oder nicht, so ist sie immer ansehnlich genug. Nächst
diesem kommen die Transportkosten, worunter ich die
Douceurs vor Grellmann mitrechnen will. Ferner
was die Aptierung des Platzes hier oder in Jena,
wo sie aufgestellt werden soll, kosten wird. Diese
drey Ausgaben sind ganz und gar unvermeidlich und
sind zum Theil noch ganz bevorstehend, man wird
also darüber sogleich zu denken haben. Magister
Grellmann wünscht, daß sogleich einige Fuhren nebst
Kisten von hier nach Göttingen gehen mögten. Was
diesen Punkt betrift, so mögte es wohl nothwendig
seyn, vorhero noch einmal an Grellmann zu schreiben,
ob er so weit in Bereitschaft sey, daß die Bücher gleich
gepackt werden könnten und die Fuhren nicht aufge=
halten würden. Vor allen Dingen aber wäre wegen
des Platzes, wo die Bibliothek hinzubringen, in Jena

sich umzusehen. Da ich mit völliger Überzeugung
gegen alle neue Acquisitionen und weitaussehende
Pläne stimmen muß, so würde ich mein Auge vorzüglich auf das neue Convictoriengebäude wegen Nähe
der Bibliothek richten. Sollte dieses nicht angehen,
so wäre meines Bedünkens im Schlosse hinreichender
Platz. Unten auf der Erde linker Hand ist ein großer
Saal, worinn die Studenten Comödie gespielt haben.
Rechts eine Art von Gallerie, die eine schöne Breite
und Höhe hat. An beyde Orte kann schon eine ungeheure Menge Bücher placiret werden. Wollte man
eine Treppe hoch, wenn man hinaufkommt, rechts die
Zimmer noch dazu nehmen, so garantire ich daß die
Büttnerische Bibliothek Platz haben soll. Wie denn
auch das Naturalienkabinet im zweiten Stocke noch
einmal so reich werden kann, ehe es mehr Platz braucht,
als es gegenwärtig einnimmt, so blieben alsdann noch
immer Serenissimo, wenn Sie nach Jena kommen
alle die Zimmer im ersten Stock, wenn man hinauf
kommt linker Hand und zum Speißen, wenn Sie viele
Personen hätten, das runde Säälgen im Thurm, der
Zimmer in der Reitbahn, wo ich noch nicht gewesen
bin, nicht zu gedenken. Hier hätte man denn also
einen sehr schicklichen und geräumigen Platz und die
Ausgabe wäre allein für Repositorien und Schränke,
welche immer noch ein ansehnliches betragen würden.
Man könnte daher auf das baldigste, weil dieses das
erste ist, von Grellmann Nachricht einziehen, wie viel

Quadratfüße Wand ohngefähr die Bibliothek bedecken
werde, welches, da sie gegenwärtig noch steht, sehr
leicht auszurechnen ist. Nach diesem also wäre keine
Frage, daß man mit dem Transport den Anfang
machte und Büttner von Michael an seine 300 Thaler
Pension jährlich erhielte.

Ich komme nunmehr zu dem zweiten Punkt, der
Büttners Person selbst betrifft. Es scheint mir nach
seinem Verhältniß zu der Akademie als auch zu seinen
Kreditoren, daß er besonders, wenn Grellmann zu
manövriren fortfährt, in Friede weder bleiben noch
scheiden mögte, worauf man sich denn allerdings vor-
zusehen hat. Daß er für Jena von großem Nutzen
seyn werde, glaube ich nicht, ob es gleich immer den
Lärm und den Ruf vermehrt und von der Seite gute
Wirkung thun kann, wenn man ihn ohne große Unstatten dahin bringen könnte, nach Jena zu ziehen.
Dort zu privatisiren und sein Leben zuzubringen und
dort sein Geld zu verzehren, mögte nicht übel seyn.
Man könnte ja allenfalls seine jährige Pension erhöhen, weil man nicht viel verlöhre, sondern nur geschwinder von dem ganzen Kapital loskäme. Ein
freyes Quartier ließe sich ihm villeicht sehr leicht und
angenehm verschaffen, wenn man Lodern ein andres
Quartier miethete und ihm die Zimmer, die der Obrist
inne gehabt eingäbe. Einige Umstände, die dies erleichtern, werde ich mündlich eröffnen.

Wenn seine Gläubiger sich regen und ihm beschwer-

lich werden wollen, müßte und würde man freylich
am Ende sich ins Mittel schlagen. Besonders wenn
man sich wegen des früher bezahlten Kapitals an dem
verminderten Preiße des Ganzen villeicht noch einiger=
maßen zu entschädigen suchte. Überhaupt muß ich in
dieser ganzen Sache wünschen, daß auf das menagir=
lichste zu Werke gegangen werde. Besonders auch,
damit man nicht etwa am unrechten Orte knickern
müsse, da Serenissimus gegen den alten Mann schon
so großmüthige Gesinnungen gezeigt, die er auch in
der Hauptsache und ohne zu große Unstatten der fürstl.
Casse soutenirt wünschet. Vorerst wäre also an Grell=
mann zu schreiben 1. Wieviel Platz die Bibliothek
eingenommen. 2. Ob es so weit, daß einige Fuhren,
die man abschickte, nicht zu warten brauchten. 3. Kasten
wolle man schicken, sie alsdann auspacken und leer
wieder nach Göttingen gehn lassen.

                                                        G.

1542.

An Charlotte v. Stein.

Sage mir l. Lotte wie du geschlafen hast und ob
Kopf und Füße schmerzenlos sind. Der gestrige Tag
hat mir einen gar schönen Eindruck hinterlassen den
ich dir auch wünsche. Diesen Mittag will ich nach
Tiefurt und seh dich vorher und nachher.

    d. 1. Aug. 82.   G.

1543.

An Charlotte v. Stein.

Wieland war bey mir drum konnte ich nicht gleich schreiben. Wäre die Hiße nicht so entsetzlich; so sollte ich nach Tiefurth ich bin die ganze Woche nicht draußen gewesen. Auf einen kühlen Abend freu ich mich, und bleibe indeß in meinem Stübgen. Die Banck will ich besorgen und den Stern benennen. Lebe wohl. Liebe mich und genieße von den Früchten.

d. 3. Aug. 82. G.

1544.

An Charlotte v. Stein.

Diese Nacht habe ich von dir geträumt und wie ich aufwache vermiße ich dich. Ich wende meine Gedancken auf alle Gegenstände und sie kehren immer wieder zu dir. Mein ganzes Wesen ist an dich geknüpft und ich fühle es ist unmöglich dich zu entbehren. Schon mögt ich statt zu schreiben wieder zu dir eilen und dich mündlich meiner Liebe versichern. Wo seh ich dich heute? Schreibe mir, und schreibe viel. Lebe wohl. Ich scheide auf iede Weise ungern von dir. Auch mag ich das Blat nicht verlassen das du in Händen halten sollst. d. 1. Aug. 82.

G.

1545.

An Charlotte v. Stein.

[4. August.]

Wie schön ist's doch, ich hatte ein wenig geschlafen
und wie ich aufwache begegnet mir deine Liebe ich
will auch hinauskommen und seyn wo du bist, wenn
ich die Pferde nicht haben kann geh ich zu Fuse.
Vielleicht komme ich noch vorher dich zu sehen. Es
ist ein angenehmer Abend, wie mehr wird er's in
deiner Gegenwart seyn.

G.

1546.

An Charlotte v. Stein.

Mit Mühe stell ich Ackten, Correspondenz pp
zwischen das Verlangen dich zu sehen. Ich werde
wohl denck ich einen Vorwand finden durchzubrechen
und bey dir zu seyn. Sage mir ein liebes Wort.
Heute Mittag muß ich nach Tiefurt. Wie wirst du
es diesen Abend halten. Lebe wohl zu Tausendmalen.
d. 5. Aug. 82. G.

Wie die Zeit vergeht, seitdem ich deiner Liebe
gewiß bin ist's wie gar keine Zeit.

1547.

An J. F. v. Fritsch.

Ew. Excellenz

haben meinen erſten Brief ſo gütig aufgenommen,
daß ich für den zweyten wohl ein gleiches Glück
hoffen kann. Möge die Nachkur welche Dieſelben
angefangen haben, allen Ihren und unſern Wünſchen
entſprechen und Sie zur guten Stunde recht wohl
und vergnügt zurücke kehren.

· Rath Ludekus hat würcklich wunderbare Sachen
erzählt und ich freue mich von Ew. Exc. mehreres
und näheres zu hören.

Der Todt Herzogs Carl von Meiningen wird Dieſelben wie jedermann wohl auch frappirt haben, ſeine
Conſtitution verſprach ihm kein langes Leben auch
nur äußerlich anzuſehen, und da nun gar die Secktion
den Schleyer aufgehoben hat, ſo wird dieſes noch
gewiſſer. Demohngeachtet hätte er ſich länger erhalten können. Er beſchleunigte die tödtlichen Wür-
ckungen ſeiner Übel durch falſche Behandlung ſeines
Körpers, und ließ ſich von den ſeinigen nicht ein-
reden. Leider geht es ſolchen Naturen wie Leuten
die einen böſen Magen haben, je ſchlimmer er wird,
je größer wird die Luſt ihn noch mehr zu verderben.

Unſre gnädigſten Herrſchaften ſind allerſeits wohl
und vergnügt.

Sereniſſimus haben ſeit ihrer Zurückkunft ziem-

lich bey uns ausgehalten. Der Fürst von Dessau
war auf seinem Wege nach Hause einige Stunden
hier, und Durchlaucht der Herzog fuhren mit ihm
bis Naumburg. Seit einigen Tagen wird ein großer
Stein im Rathsbruche in Bewegung gesetzt der irgendwo zur Verzierung eines Platzes aufgestellt werden
soll; die mechanischen Operationen bey dieser Arbeit
unterhalten einen Geist dem es an sinnlicher Be-
schäftigung nicht fehlen darf, wenn er nicht Unmuth
und Langeweile empfinden soll.

Serenissima dagegen richten ihre Spaziergänge
ganz in die Stille, sind dabey munter und scheinen
zufrieden.

In Tiefurt haben die dramatischen Musen eine
Erscheinung gemacht; vielleicht unterhält diese Kleinigkeit die Frau Geheimde Räthin, der ich mich bestens
empfehle, einige Augenblicke, ich lege deswegen ein
Exemplar des Stückchens bey.

Prinz Constantin hat befohlen seine Pferde zu
verkaufen und seine Leute abzudanken, es scheint als
wenn er seinen Aufenthalt in fremden Landen ver-
längern wolle.

Unser Prinzeßchen endlich wird täglich artiger und
zeigt einen sehr lebhaften Geist.

Da ich nun die Fürstliche Familie der Ordnung
nach durchgegangen bin, so glaube ich die Vermeh-
rung nicht übergehen zu dürfen, welche der Familie
unsers guten Herrn Collegen bevorsteht. Das Bey-

spiel der Kinder hat die Eltern aufs neue belebt, und ich bereite mich schon zu der bevorstehenden Gevatter- schafft.

Die Angelegenheiten unsers kleinen Staates gehen so sachte vor sich hin. Ich unterhalte Ew. Exc. nicht davon, sondern werde mir nach Dero Wiederkunft über Verschiedenes ein kurzes Gehör erbitten.

In allem wird die, von Ew. Exc. mir zugesicherte Gunst eine der ersten Triebfedern seyn mich selbst täglich zu bearbeiten, und indem ich mich verbessere mich nützlicher zu machen. Möge Ihr Wohlseyn, Zu- friedenheit und die gute Meinung von meinem besten Willen und den aufrichtigsten Gesinnungen sich immer gleich erhalten, und ich zu meiner Aufmunterung manchmal davon versichert werden.

Die mir aufgetragenen und ausgerichteten Em- pfehlungen werden bestens erwiedert. Der Raum nötigt mich abzubrechen und mich zu unterzeichnen

Ew. Excellenz
Weimar   ganz gehorsamster Diener
d. 5. Aug. 1782.   Goethe.

1548.

An Charlotte v. Stein.

Dancke für das gute Mittel. Ich glaube an alles was von dir kommt und will es gebrauchen. Hier ein artiger Brief von Seckendorf. Du kannst ihn der Herzoginn schicken, vielleicht ists ihr angenehm

wegen des Großfürsten nur wünsch ich daß sie es
nicht sagt.

Adieu geliebteste über allen Ausdruck.

d. 5. Aug. 82.   G.

1549.

An Charlotte v. Stein.

Zu Mittage hab ich einen Gast, Nach Tische wird 5
wohl Vertuch kommen.

Gegen Abend such ich dich und finde dich hoff ich
wie immer.

d. 8. Aug. 82.   G.

1550.

An Johann Jost Textor.

Wohlgebohrner   10
Insonders Hochzuehrender Herr Oheim!

Es hat der Franckfurter Schutz=Jude Elias Löb
Reiß, der schon seit 1766 von Durchlaucht dem Her=
zog meinem gnädigsten Herrn das Prädicat eines Hof=
factors erhalten, neuerdings um das Prädicat eines 15
Hofagenten und um Vermittelung bey dem dasigen
Magistrat nachgesucht, daß ihm die Erlaubniß, Sonn=
und Festtags ausser der Gasse zu gehen, mögte mit=
getheilet werden.

Nun hat sich dieser Mann um die Angelegenheiten 20
der Eisenachischen und Apoldischen Kaufleute jederzeit
besonders bemühet, so daß Durchlaucht der Herzog

ihm wohl einige Diſtinction und Gnadenbezeugung
von ihrer Seite mögten wiederfahren laſſen; da ſie
aber auch nicht gerne durch ihre Interceſſion etwas
gegen die Verfaſſung der Stadt verlangen und ſo ſich
5 entweder einer abſchlägigen Antwort ausſtellen oder
einen anſehnlichen Magiſtrat etwas wiewohl ungerne
zu gewähren in die Verlegenheit ſetzen wollen, ſo
habe ich den Auftrag erhalten, bei Ew. Wohlgebohrn
privatim anzufragen, in wie ferne Sie glauben,
10 daſſ und auf was Art für gedachten Juden etwas
günſtiges zu thun ſeyn mögte. Haben Sie die Ge=
fälligkeit mich mit einer baldigen Antwort zu beehren,
mich der Frau Großmutter, der Frau Tante und
allen werthen Angehörigen zu empfehlen und Sich
15 überzeugt zu halten, daſſ ich mit der vollkommenſten
Hochachtung ſey

Weimar,
den 8. Auguſt 1782.

Ew. Wohlgebohrn
ergebenſter Diener
J. W. von Goethe.

1551.
An Merck.

20 Weimar, den 8. Aug. 1782.

Ich habe zwar auf meinen letzten Brief, wo ich
bei dir wegen Gatzert anfragte, noch keine Antwort,
finde mich aber genöthigt, wegen einiger anderer An=
gelegenheiten noch einmal zu ſchreiben. Laß mich

doch wegen der Auszahlung Eurer Commission etwas
Näheres wissen, und sage mir, ob man ohne große
Umstände auf Ostern eine Summe von 15—20,000
Thalern erheben könnte?

Ferner hat die regierende Herzogin längst schon ₅
ihrem Gemahl ein schönes Gemählde verehren wollen.
Sollte gegenwärtig in der Gogelischen Sammlung
nicht etwas Rechts zu haben seyn? Allein es müßte
auch seinen Werth haben und etwas seyn, woran
man immer seine Freude haben könnte. Schreibe ₁₀
mir deine Gedanken darüber, du hast ja alle die
Sachen gesehen. Lebe wohl. Vergiß den Nachtrag
zu Lavater's Wandel am Maine nicht.

Da dieser Brief schon zugesiegelt war, erhalte ich
den deinigen, es mag also mit Euren Juristen sein ₁₅
Bewenden haben. Die ganze Welt läuft voller Leute,
die versorgt seyn wollen und wenn man einmal zu
einem Platze einen tüchtigen Mann braucht, so sieht
man erst, wie einzeln die brauchbaren Leute gesät sind.

Auf Michael und Weihnachten brauch ich kein ₂₀
Geld, auf künftige Ostern wär es eher eine Sache.
Sobald du mir es gewiß sagen kannst, so kündige ich
ein ander Kapital auf, das zu höhern Interessen
steht als jene. Traktire aber die Sache still vor dich,
ich wollte nicht, daß es Jemand erfährt. ₂₅

Die Nachricht von des Großfürsten Erscheinung
und Betragen in Darmstadt hat hier viel Vergnügen

erregt. Der Streich war gescheut und glücklich aus=
geführt und der Großfürstin selbst ist hierdurch ein
wahrer Dienst erzeigt worden. — —' —

Daß Schrautenbachen allerlei Gutes begegnet, er=
götzt mich, auch daß er sich mit dem Propheten gut
gefunden hat. Lebe wohl. Weimar, den 11. Aug. 1782.

1552.

An Charlotte v. Stein.

Gegen deinen Kuchen kann ich dir nur Commiß=
brod schicken, aber Liebe gegen Liebe. Gern will ich
zu Mittage kommen und von deinem Wesen Freude
nehmen. Vielleicht schreiben wir diesen Nachmittag
ein wenig. Cervantes hält mich iezo über den Ackten
wie ein Korckwamms den Schwimmenden. Adieu
beste einzige L.

d. 9. Aug. 82.   G.

1553.

An J. K. Lavater.

9. August 1782.

Wenn ich vor dir stünde, so würden wir in einer
Viertelstunde einander verständlich seyn. Wir be=
rühren uns beyde so nah als Menschen können,
dann kehren wir uns seitwärts und gehen entgegen=
gesetzte Wege; du so sichern Schrittes als ich. Wir
gelangen einsam, ohne an einander zu denken, an

3*

die äußersten Gränzen unsers Daseyns; ich bin still
und verschweige was mir Gott und die Natur offen=
bart, ich kehre mich um und sehe dich auf Einmahl
das deinige gewaltig lehrend. Der Raum zwischen
uns ist in dem Augenblicke wirklich, ich verliere den
Lavater, in dessen Nähe ich wohl auch von dem Zu=
sammenhang seiner Empfindungen und Ideen hin=
gerissen worden, den ich erkenne und liebe; ich sehe
nur die scharfen Linien, die sein Flammenschwert
schneidet, und es macht mir auf den Moment eine
widerliche Empfindung. Es ist sehr menschlich, wenn
auch nur menschlich dunkel.

Du hältst das Evangelium wie es steht für die
göttlichste Wahrheit, mich würde eine vernehmliche
Stimme vom Himmel nicht überzeugen, daß das
Wasser brennt und das Feuer löscht, daß ein Weib
ohne Mann gebiert, und daß ein Todter aufersteht;
vielmehr halte ich dieses für Lästerungen gegen den
großen Gott und seine Offenbarung in der Natur.

Du findest nichts schöner als das Evangelium,
ich finde tausend geschriebene Blätter alter und neuer
von Gott begnadigter Menschen eben so schön, und
der Menschheit nützlich und unentbehrlich. Und so
weiter!

Nimm nun, lieber Bruder! daß es mir in meinem
Glauben so heftig Ernst ist wie dir in dem deinen,
daß ich, wenn ich öffentlich zu reden hätte, für die
nach meiner Überzeugung von Gott eingesetzte Ari=

stokratie mit eben dem Eifer sprechen und schreiben
würde, als du für das Einreich Christi schreibst;
müßte ich nicht alsdann das Gegentheil von vielem
behaupten, was dein Pilatus enthält, was dein Buch
uns als unwidersprechlich aufforderud ins Gesicht sagt!

Ausschließliche Intoleranz! Verzeih mir diese
harten Worte. — Wenn es nicht uns neu verwirrte,
so möcht ich sagen, sie ist nicht in dir, sie ist in
deinem Buche.

Lavater, der unter die Menschen tritt, der sich
den Schriftstellern nähert, ist das toleranteste schonend-
ste Wesen. Lavater als Lehrer einer ausschließenden
Religion ihr mit Leib und Seele ergeben, nenn es
wie du willst — du gestehst es ja selber.

Es ist hier nicht die Rede vom Ausschließen, als
wenn das Andre nicht oder nichts wäre, es ist die
Rede vom Hinausschließen, hinaus wo die Hündlein
sind, die von des Herren Tische mit Brosamen ge-
nährt werden, für die abgefallene Blätter des Lebens-
baumes, getrübtere Wellen der ewigen Ströme, Hei-
lung und Labsal sind.

Verzeih mir, ich sage dieses ohne Bitterkeit. —
Und so ausschließlich ist dein Pilatus von Anfang
bis zu Ende, es war deine Absicht ihn dazu zu widmen. Wieviel Aufforderungen stehen uns darinne:
Wer kann? Wer darf? u. s. w. — Worauf mir im
Lesen manchmahl ein gelassenes, und auch wohl ein
unwilliges Ich! entfahren ist.

Glaub mir ich habe über dein Buch dir viel und
weitläuftig und gut sprechen wollen, habe manches
drüber geschrieben, und dir nichts schicken können,
denn wie will ein Mensch den andern begreifen!

Laß mich also hiedurch die Härte des Wortes
Intoleranz erklärend gemildert haben. Es ist un=
möglich in Meynungen so verschieden zu seyn ohne
sich zu stoßen. Ja ich gestehe dir, wäre ich Lehrer
meiner Religion, vielleicht hättest du eher Ursach mich
der Toleranz mangelnd zu schelten, als ich jetzo dich.

Hauche mich mit guten Worten an und entferne
den fremden Geist. Der fremde weht von allen Enden
der Welt her, und der Geist der Liebe und Freund=
schaft nur von einer.

Der Fürst hat mir einen Geruch deines Paradieses
schon an seinen Kleidern mitgebracht. Ich schrieb dir
auch noch selbigen Tag einen Brief, den du haben
wirst.

1554.
An Charlotte v. Stein.

Zur guten und schlimmen Stunde sehnt sich mein
Wunsch nach dir. Gute Nacht von einem Halbkranken.
Ich schreibe es der Lufft zu denn ich weis es von
vorigen Zeiten. Adieu das wird vorüber gehn. Etwas
anders nicht. Seit dem du den Hof der Löwen ge=
sehen hast, ist mir der Alhambra lieber, weil ich nun
auch mit dir darinne spaziren gehn kann.

d. 9. Aug. 82.   G.

1555.

An Charlotte v. Stein.

Heute früh habe ich das Capitel im Wilhelm ge=
endigt wovon ich dir den Anfang dictirte. Es machte
mir eine gute Stunde. Eigentlich bin ich zum Schrift=
steller gebohren. Es gewährt mir eine reinere Freude
als iemals wenn ich etwas nach meinen Gedancken
gut geschrieben habe. Lebe wohl. Erhalte mir die
Seele meines Lebens, Treibens und Schreibens.

d. 10. Aug. 82. G.

1556.

An Charlotte v. Stein.

Hierzu erhalt ich dein Zettelgen. Ja liebe du
must mir viele Nahmen geben und mir viel seyn.
Wenn ich keine scharfe Arbeit habe fühle ich mich
leidlich.

Ich erwarte euch im Garten, im Hause bin ich
noch nicht eingerichtet. Es wird wohl enge. Sie
werden sich schon vertragen. d. 10. Aug. 82.

G.

Laß Carlen mittkommen.

1557.

An Charlotte v. Stein.

Es wird mir ganz wohl seyn, wenn ich hoffen
kann dich wie immer zu sehen.

Weder die Lufft des Himmels noch der Erde
scheinen mir Ruhe geben zu wollen.

Adieu ich suche dich auf so bald ich frey bin.
Und freue mich ewig deiner Liebe.

d. 11. Aug. 82.   G.   5

1558.
An Charlotte v. Stein.

Seiner Geliebten Vertrauten sendet allerley der
beständige. Ich bin ganz leidlich, meine Krabbelig=
keit um nicht zu sagen mein Fleis, geht mit der neuen
Woche wieder an.

Etwas aber geht nicht an, sondern es schlingt sich   10
aus einer Woche in die andre.

Adieu beste. Sende mir die Papiere bald wieder.

d. 12. Aug. 82.   G.

1559.
An Charlotte v. Stein.

Die Erscheinung der Sonne verschafft mir eine
freyere Welt. Ich hoffe heute besser des guten ge=   15
niesen zu können was mir so reichlich in dir und
durch dich bereitet ist.

d. 14. Aug. 82.   G.

1560.
An Charlotte v. Stein.

Meiner Geliebten kann ich sagen daß das Zahn=
weh so ziemlich ruht. Daß ich wohl geschlafen, ia   20

ſogar die Kanonenſchüſſe überſchlafen habe. Daß ich
mich freue ihr Angeſicht zu ſehn, und daß ich an ihre
Augen gebunden bin. d. 17. Aug. 82. Wenn nur der
Donnerſtag nicht bevorſtünde.

G.

1561.
An Charlotte v. Stein.

Ich habe gut geſchlafen, meine Zähne necken mehr
als daß ſie ſchmerzen. Meine Hoffnung iſt dich zu
ſehen eh ich in meinen Garten gehe und dann um
ſechſe. Lebe wohl. Liebe mich, das iſt das einzige
und ſchönſte Band meines Lebens.

d. 18. Aug. 82. G.

1562.
An Charlotte v. Stein.

Der Frau v. Palm wenn ſie eine gute Frau iſt
mag ich gern die Freude deiner Bekanntſchafft gönnen,
wenn ſie mir nur nicht die paar letzten Tage raubte
die ich mit meiner Lotte zuzubringen hoffte. Es will
mir gar nicht ein. Adieu ich ſtehle einen Augenblick
dich zu ſehen. Adieu tauſendmal. d. 19. Aug. 82.

G.

1563.
An Charlotte v. Stein.

Wie hat meine vielgeliebte geſchlafen, und wie
findet ſie ſich mit ihrem Gaſte. Der alte Parent

grüst sie freundlichst zum guten Morgen, und ver=
sichert ihr, daß er recht glücklich ist, wenn er mitten
unter den Menschen fühlt daß sie ihn liebt. Adieu
ich suche dich heute auf.   d. 20. Aug. 82.

G.

Dein liebstes Zettelgen ladet mich so süse ein daß
mir das Herz warm wird, und ein Wohlbefinden sich
über mich ganzen ausbreitet. Ich komme! Adieu bis
dahin Allerbeste.

1564.
An Charlotte v. Stein.

Ist dein Gast fort? und was habe ich von dem
heutigen Tage zu hoffen. Ich will im Garten essen,
wenn du mit einigen wolltest zu mir kommen, Thee
trincken und Abends bleiben! Was ihr wollt; so
würdest du mich glücklich machen der Mond würde
recht schön aufgehen und mir an deiner Seite leuchten.
Lebe wohl.   d. 21. Aug. 82.

G.

1565.
An Charlotte v. Stein.

Mögtest du dich doch den letzten Tag in meiner
Nähe recht wohlbefinden, und mir mit Fröhligkeit
sagen was ich so gern höre, damit ich auf den langen
Zwischenraum gestärckt werde den ich durchleben muß
biß ich dich wiedersehe.

Lebe wohl und bleibe mir.

d. 22. Aug. 82.   G.

1566.

An Charlotte v. Stein.

d. 23. Aug. Die erste schriftliche gute Nacht, nach
dem ersten leider ohne dich verlebten Tage. Um 9 und
10 begrüst ich den Mond, mit dem Herzog auf dem
Plaße herumgehend.

Wie viele Gedancken an dich kehrten wieder zu mir
zurück, wie vieles mußt ich verschweigen was ich nur
dir sagen kann.

Dem fürstlichen Ehpaare laß ich Wilhelms IItes
Buch unter dem Zelte vor, und es ward gut auf=
genommen, ich eile damit fertig zu werden eh du zurück-
kommst.

Das an Lavatern geschickte Portrait ist Villoisons,
ich habe ihm sein Elogium in's französsche übersetzt.

Was ich dir auch schreibe, will die Feder immer
nur sagen: ich liebe! ich liebe!

Wie verlang ich deine Hand zu sehen!

Gute Nacht. Ich kann heute nicht schwäßen und
würde dir wenn ich meinem Herzen folgte dir wie
die Herzoginn Mazarin ihrer Freundinn einen ganzen
Brief voller Kreuße schicken.

Morgen steh ich Gevatter bey Schnaus, dem ein
Sohn gebohren worden.

                                    d. 24ten Aug.

Wie die Mädgen dieses Briefes Boten worden,
mögen sie dir selbst erzählen, es hat die Lust von
einem ganzen Abend gemacht.

Gerne wäre ich mit gegangen und sie baten mich
gar schöne darum. Der Prinz August ist erst ge=
kommen und ich mag da nicht aufbrechen.

Wie du mir fehlst mag ich dir nicht sagen. Heute
war viel Welt bey mir. Die Herzoginn war ganz 5
allerliebst, laß dir es die Affen erzählen, die Gräfinn
Bernstorff war auch da, blieb nicht zu Tische. Die
Oberhofmeisterinn habe ich auch eingeladen, sie lies
durch die Wöllwarth eine Entschuldigung machen.

Mitkommende Pfirschen hab ich für dich erbettelt 10
und erbeutet.

Das neue Kegelspiel that gute Würckung.

Du weist doch l. Lotte wie ich dich liebe.

Dancke für dein Zettelgen.

Gute Nacht! Meine Gedancken verlassen dich nicht. 15
Lebe tausendmal wohl.

Grüße Stein und die Kinder.

G.

1567.
An Charlotte v. Stein.

d. 25. Aug. 82.

Wie sehr gönn ich den Kindern um dich in diesem 20
Augenblicke zu springen und zu iubiliren, und wie sehr
beneide ich sie. Wenn ich an diesem schönen Tag dein
Angesicht sehen könnte wie glücklich wäre ich.

Abends. 8.

Wenn Lavater predigt eins ist noth! So fühl 25
ich auch das Eine das mir Noth ist, dich meine Ge=

liebte mir fehlen. Wie eine füße Melodie uns in die
Höhe hebt, unſern Sorgen und Schmerzen eine weiche
Wolcke unterbaut, ſo iſt mir dein Weſen und deine
Liebe. Ich gehe überall herum bey allen Freunden
und Bekannten als wenn ich dich ſuchte, ich finde dich
nicht und kehre in die Einſamkeit zurücke.

Ein grimmiges Wetter bricht herein und wird
deinen Gäſtgen unfreundlich nach Hauſe leuchten, ich
erwarte ſehnlich einige Worte von dir. Heute den
ganzen Tag hab ich mir ſtille Vorwürfe gemacht daß
ich nicht mit der Geſellſchafft gegangen bin.

Um 10.

Sie ſind noch nicht da und ich hoffe ſo ſehnlich
auf ein Blättgen von dir.

So hab ich noch nie an dich geſchrieben, ſo noch
nie deine Entfernung gefühlt. Ich ſehe dich immer
unter den deinigen, bin in euch tranſſubſtanziirt.
Liebe Lotte! hab ich wieder zwanzigmal des Tages
mit leiſen Lippen ausgeſprochen.

Ich kann dir nichts melden.

Der Prinz iſt gut, freundlich und geſprächig.

d. 26. früh.

Endlich erhalt ich dein Blätgen. O du liebe.
Ja glaube mir und fühle daß ich dir immer gegen=
wärtig bin.

Die Kinder ſind erſt um 1 Uhr angekommen ich
weis nicht wie es ihnen ergangen iſt. Hier eine
Frucht.

Rousseaus Briefe, ein köstlicher Theil seines Nach=
lasses.

Und das Landschäfftgen.

Und meiner Bleibenden Liebe und Leidenschafft
Versicherung. Grüse die deinigen. Tausend adieu.

G.

d. 26. Abends.

Die Melonen wollen nicht reifen und so liegt das
Blat noch da.

Wenn ich einen Tag gearbeitet habe, ohne dich
Abends zu finden, so weis ich eben nicht wozu alle
die Mühseeligkeit soll.

Heute hab ich ganz alleine zugebracht, indem in
Tiefurt gros Essen und Versammlung war. Die
schöne Gräfinn und die abgeschmackten Grafen.

Ich bin so gewohnt ausführlich gegen dich zu seyn,
dir alles zu sagen was ich dencke, daß mir es schwer
wird dir zu schreiben. Es stellt sich mir alles auf
einmal vor und ich mögte dir alles sagen.

d. 27. früh.

Liebe Lotte komm zurück! Ich weis bald nicht
mehr warum ich aufstehe.

Abends.

Diesen Abend war allgemeiner Frost unter dem
Zelte. Um achte ging ich nach hause. Die Sterne
standen über dem deinigen und deine Fenster waren
nicht erleuchtet, die Sterne die mich sonst so schön

führen. Ich schlich durch meine Ackerwand und bin
nun bey dir.

Soll ich denn noch dich Donnerstags erhoffen!

Der Prinz ist gar verständig und lieb, es läßt
sich mit ihm etwas reden und treiben. Ich schicke dir
einen artigen Aufsatz über Rousseau, von ihm. Er
ist auserordentlich bescheiden, bey sehr richtigem Gefühl,
und hat keine fürstliche Queeren.

Die Herzoginn ist so angenehm als man seyn kann,
der Herzog ist wacker und man könnte ihn recht lieben,
wenn er nicht durch seine Unarten das Gesellige Leben
gerinnen machte, und seine Freunde durch unaufhalt=
same Waghalsigkeit nötigte über sein Wohl und Weh
gleichgültig zu werden.

Es ist eine kuriose Empfindung, seines nächsten
Freundes und Schicksaals Verwandten Hals und Arm
und Beine täglich als halb verlohren anzusehen und
sich darüber zu beruhigen ohne gleichgültig zu werden.
Vielleicht wird er alt und grau, indeß viele sorgliche
abgehn.

Gute Nacht liebe Lotte morgen ist mein Geburts=
tag. Mit dir will ich enden und anfangen wie immer.

G.

1568.
An Charlotte v. Stein.

Aug. d. 28. früh.

Guten Morgen meine Geliebte. Ungern trete ich
aus einem Jahre meines Lebens das mir so viel Glück

gegeben hat, und das mir durch die Versicherung deiner
Liebe unvergeßlich werden wird. Ich habe für das
nächste wenig Wünsche, nur den sehr eifrig daß du
mir bleiben und gleich bleiben mögest. Warum bist
du eben abwesend daß ich den Segen nicht von deinen ₅
Lippen erhalten kann.

Mein Bote muß fort. Adieu tausendmal.

1569.
An Merck.

den 28. Aug. 1782.

Ich schicke dir hier die Bedingungen, unter welchen
ein Ordinarius nach Jena berufen wird. Die fixe ₁₀
Besoldung ist gering, aber ein guter Arbeiter kann
sich außerordentlich gut stehen. Seine vorzüglichste
Eigenschaft muß freilich das Urtheilverfassen seyn;
denn unsere Fakultät und Schöppenstuhl haben des=
wegen bisher in dem besten Credit gestanden. Er mag ₁₅
sich darüber prüfen. Handle vorsichtig in dieser Sache,
wie du auch schreibst, damit wir Euch nicht schaden,
ohne uns zu nutzen. Die Darmstädter haben uns
ohne dies schon ein paroli gemacht und nach Benner's
Tod Griesbachen berufen, der sich aber gegen uns ₂₀
äußerst honnett beträgt.

Gib beiliegendes Papier nicht aus der Hand, da=
mit unsere Dinge nicht überall offenbar werden.

Damit ist aber doch, wenn er sich entschließen
sollte, unser Handel nicht ganz gemacht; denn die ₂₅

übrigen drei Höfe müssen auch noch drein willigen, und
ist doch möglich, daß von daher Widerspruch kommen
könne, ob es gleich nicht wahrscheinlich ist.

Für dein übriges Alles danke ich und bin recht
5 neugierig auf eine Stuttgarter Relation von deiner
unpoetisch=poetischen Hand.

Höpfner kann über dies nirgends einen Posten er=
halten—wo ihm die zeitliche Ehre so wohl schmecken
wird, als nach dem Ton der in unsrer Gegend herrscht
10 ihm werden kann.

Lebe wohl. Ich bin wie immer der Sündenbock
und dein Getreuer.   G.

1570.
An Charlotte v. Stein.

Mein Bote war weg als der deinige kam, ich dancke
dir für dein Andencken, deine Liebe und Güte. Auf
15 den schönen Braten will ich den Prinzen zu Gaste
bitten, und dabey dein gedencken.

Fritz soll ein Stück Kuchen für sein Ey erhalten.
Grüße alles. Liebe mich! Lebe wohl.

Ich dachte wohl daß du morgen nicht kommen
20 würdest. Adieu.

d. 28. Aug. 82.

1571.
An Charlotte v. Stein.

d. 28. Abends im Garten.

Ich dachte mit dem Prinzen nach Tiefurt zu fahren
als ich hörte es ginge alles hinaus. Darauf entschloß

ich mich kurz und gut unter mein altes Schindeldach
zu kriechen und im Stillen mir und dir zu leben.
Einige Geschäfftgen sind behseite gebracht, ein Leben
im Plutarch gelesen, und nun sag ich dir einen guten
Abend. Morgen wird mich die alte mit einem Zettelgen
erfreuen, nun hast du meine Post, und denckst gewiß
an mich und bist vielleicht auch begriffen mir es zu
sagen. O du beste! was deine Briefe einen Glanz
von Liebe und Treue haben, wie ich mir dein Herz
so sachte und schön geöffnet sehe! Wie ich mich auf
den Montag freue!

                                    den 29ten.
Heute hab ich den größten Theil des Tags mit dem
Prinzen August zugebracht er hat den Braten nicht
verzehren, sondern nur anschneiden helfen, schade daß
es nicht eine grose Gesellschafft war.

Dein Brief und Schachtel kamen über Tisch. Ich
erfreute mich recht herzlich ieder Shlbe. Montags lade
ich dich mit den deinigen ein, ich will es auch in deinem
Quartier sagen. Welch ein schöner Tag wird es mir
werden.

Der Herzog geht auf Dresden, er hat mich gar
gut eingeladen mit zu gehn oder zu folgen, ich werde
aber wohl bleiben. Der Prinz bleibt. Übermorgen
wird die Comödie gegeben. Dies sind unsre Neuig=
keiten. Gute Nacht liebste. Das zweyte Buch Wil=
helm Meisters ist balde fertig.

d. 31. Aug.

Gestern war ich den ganzen Tag in Bewegung
und Zerstreuung. Heute früh erhalte ich dein liebes
Packet und die Versicherung daß du kommst. Ich
träume alle Nacht von dir und hoffe es soll bald
wahr werden.

Heute wird die Comödie gegeben, die du auch nicht
sehen sollst. Wäre der Herzog nicht gegangen, so wäre
es später geworden.

Die Anstalten zur Dresdner Reise sind mir zu=
wieder. Der Herzog macht sie auf seine Art, das heist
nicht immer die nächsten, und disgustirt einen nach
dem andern. Stein ist auch ungehalten daß er im
Oberlande hat für Wedeln vikariren müssen der nun=
mehr mitgeht.

Ich bin ganz ruhig denn es ist nicht zu ändern
und es freut mich nur daß es keine Fürstenthümer
gilt, um welche offt mit dergleichen Karten gespielt
wird.

Isenflamm ist angekommen mit dem will ich brav
politisiren. Der soll mir Wien inn und auswendig
schildern.

d. 1. Sept.

Das Stück ist ziemlich gut abgelaufen.

Ich höre daß heute Abend die Pferde zu dir gehen
also nur Ein Wort.

Ich erwarte dich morgen zu Mittage in meinem
Garten wo ich dir ein Essen bereiten will. Welche

4*

Freude dich wieder zu sehen und neues Leben von
deinem daseyn zu nehmen.

Adieu liebste, zärtlichste und zärtlich geliebteste.

G.

1572.
An Charlotte v. Stein.

Wie vergnügt bin ich daß ich dir wieder in der
Nähe guten Morgen sagen kann. Leider wird dieses
Glück nicht lange währen. Ich gehe in's Conseil, esse
bey Schnaus, sehe dich noch vorher, und erfahre wie
du deinen Tag eingetheilt hast.

Hier schick ich Knebels Brief und Lavaters. Liebe
mich und hilf mir leben.

Weimar, d. 3. Sept. 82. G.

1573.
An Charlotte v. Stein.

Zum guten Morgen Eine Frucht. Ich stehe mit
meinem täglichen Verlangen auf dich zu sehen und
dir angenehm zu seyn.

Über unsern politischen Diskurs von gestern habe
ich dir noch verschiednes nachzuholen. Adieu ich sage
dir balde was heute mit mir wird.

d. 5. Sept. 82. G.

1574.

An Charlotte v. Stein.

Sage mir l. L. wie du geschlafen hast wie du dich
befindest? du mein geliebtes erstes und letztes. Könnte
ich dich doch immer wohl wissen.

Adieu gegen eins bin ich bey dir.

d. 8. Sept. 82. G.

1575.

An Charlotte v. Stein.

Ja liebe Lotte du bists und wirsts bleiben. Vor
Tische seh ich dich, und bedaure schon meinen einsamen
Abend. Morgen soll es desto besser werden. Ans
Scheiden mag ich gar nicht dencken. Ich bin dir so
fest angebunden daß ich mein Leben zerreisen würde,
wenn ich an eine Trennung dächte. Leb wohl Liebste
und froh am fröhligen Tage.

d. 8. Sept. 82. G.

1576.

An Charlotte v. Stein.

Meine Lotte muß noch einen guten Abend von
mir finden. Dein Besuch hat mir viel Nachdencken
erspart, da ich nicht bey dir seyn konnte ging ich nach
meinem Garten, und iede Rose sagte zu mir: und du
willst uns weggeben. In dem Augenblicke fühlt ich
daß ich diese Wohnung des Friedens nicht entbehren

könnte. Ich hatte dich zwey drey Tage immer gesehn
und so glaubt ich mir das übrige nicht nothwendig.
Hab ich dich denn immer? Nein Lotte ich gäbe viel
weg und gäb ihm nichts. Meine übrigen Betrach=
tungen morgen früh. Heute nur noch das Liebste
was die Liebe sagen kann. d. 8ten Abends.

G.

1577.

An Charlotte v. Stein.

Zum Morgengrus erhalte ich deine gute Nacht.

Ich legte mich zeitig zu Bette, mein gewöhnlich
Mittel wenn mir's in der Welt unheimlich wird, und
las und schlummerte und dachte an dich. Der Her=
zoginn Befehle sind mir lieb da sie mich schneller zu
dir bringen meine beste. Punckt achte sind wir wieder
da. Leb wohl. Glaube daß mir nichts am Herzen
liegt als deiner Werth zu seyn. d. 9. S. 82.

G.

1578.

An Charlotte v. Stein.

Guten Morgen leider bald nicht mehr so nah. Du
weißt daß der beste Theil meines Lebens mit dir weg=
geht. Ich werde bestellen daß ich noch wenn du vor=
beyfährst dich einen Augenblick sehe. Lebe wohl und
bringe mir bald dich und deine Liebe zurück.

d. 10. Sept. 82.   G.

1579.

An Charlotte v. Stein.

d. 10ten Abends.

Du mußt die beyden letzten Tage bemerckt haben
daß ich nicht ganz bey dir war.

Ich fand mich in einen unangenehmen Handel
5 verflochten, eigentlich von keiner Bedeutung, aber nach
meiner Art Sachen an einander zu knüpfen, und Ent=
schliesungen auf die Spitze zu stellen, von Folgen die
sich nicht übersehen liesen. Ich habe mir nicht nach=
gesehn, mich so wacker als möglich gehalten, das Glück
10 hat mich begünstigt und alles ist abgethan.

Der erste freye Augenblick war Sehnsucht nach
dir, und ich fühlte erst daß du weg warst, schickte dir
tausend Gedancken nach und erfreute mich deines da=
seyns auch in der Ferne. Der Abend war köstlich im
15 Thale. Um sechse ritt ich auf Tiefurt, wo Schlick
spielte, Villoison schwäzte, und übrigens iedes sich
nach seiner Art verhielt.

Bey Tische saß ich neben der Gräfinn und redete
einmal laut für mich. Sie sah mich steif an und
20 sagte was rechnen Sie? Sie mogte gehört haben als
spräch ich Zahlen aus. Nun Gute Nacht. Hier die
schönsten Ballen von der Welt. Addio tausendmal
Geliebteste.

G.

1580.
An Charlotte v. Stein.

[Mitte September.]

Von mehr als einer Seite verwaist,
Klag ich um deinen Abschied hier
Nicht allein meine Liebe verreist
Meine Tugend verreist mit dir.

Denn ach bald wird in dumpfes Unbehagen   5
Die schönste Stimmung umgewandt,
Die Leidenschafft heist mich an frischen Tagen
Nach dem und jenem Gute jagen,
Und denck ich es recht sicher heim zu tragen,
Spielt mir's der Leichtsinn aus der Hand.   10
Bald reizt mich die Gefahr ein Abenteur zu wagen,
Ich stürze mich hinein und halte mutig Stand,
Doch seitwärts fährt die Lust auf ihrem Taubenwagen,
Die Lust wird balsamreich mein Herz geräth in Brand;

Mein Schutzgeist eil es ihr zu sagen   15
Durchstreiche schnell das ferne Land.
Sie soll nicht schelten soll den Freund beklagen.
Und bitte sie zu Lindrung meiner Plagen
Um das geheimnißvolle Band.

Sie trägts und offt hat mir's ihr Blick versprochen.   20

G.

1581.
An Charlotte v. Stein.

Du solltest sehen wie ich dich überall suche Liebe
Lotte! Meine Geschäffte gehn stille hin, Zerstreuung
hab ich nicht, meine Erhohlungen selbst sind absichtlich

und gebunden, zu dir allein kann meine Seele noch
einen Flug nehmen, denn in irrdischen Dingen gilt
waten, nicht schwimmen. Sonst gehn meine Sachen gut.

Du solltest sehn wie der Sonntag vor mir steht und
wie ich wünsche daß der Himmel auch Amen dazu sage.
Dem Lande wollt ich Regen gönnen, Morgen und über=
morgen damit wir dann trocken und erquickt reisten.

Gestern früh that ich allerley ab, war mit dem
Prinzen in der Zeichenschule. Hatte die Schrötern,
Probsten und den Bruder der letztern der auf Leipzig
geht zu Tische. Spazierte, war zum Thee und Abend=
essen bey der Herzoginn, wo es artig zu ging. Der
Herzog will von Dresden wieder auf Dessau, er ver=
gißt über der Parforce Jagd daß der Prinz hier ist,
und im stillen Glossen darüber macht. Wenn auch
vielleicht nicht er, doch gewiß die Gothauer.

Gastfrey ist der Herzog, und er weis auf iede Art
sich von seinen Gästen frey zu machen. Gut daß es
die Menschen nicht so genau mit einander nehmen,
und Fürsten sich immer wechselsweise viel zu verzeihen
haben wenn sie mit einander leben wollen. Zwar
mit dem Prinzen ist dies der Fall nicht.

d. 12. Abends.

Dein Brief begrüst mich wie ich nach Hause komme.
O Lottgen wie gut wie süs bist du. Gute Nacht. Jetzt
lebe ich eigentlich nur dem Sonntag entgegen. Morgen
führe ich die Mädgen an und den Prinzen dazu. Wenn's
gelingt giebts eine Geschichte auf Zeitlebens!

G.

1582.

An Charlotte v. Stein.

b. 17. Sept. 82 Abends.

Ganz stille habe ich mich nach Hause begeben, um
zu lesen, zu kramen und an dich zu dencken. Ich
binn recht zu einem Privatmenschen erschaffen und
begreiffe nicht wie mich das Schicksal in eine Staats= 5
verwaltung und eine fürstliche Familie hat ein=
flicken mögen.

Dir lebe ich meine Lotte, dir sind alle meine
Stunden zugezählt, und du bleibst mir das fühle ich.

So lang ich dich gestern sehn konnte wehte ich 10
mit dem Schnuptuche, auf dem Weege war ich bey
dir, nur wie ich die Stadt erblickte fühlt ich erst den
Raum der mich von dir trennte.

Ich versuchte mir den ersten Theil, vielmehr den
Anfang meines Mährgens ausführlicher zu dencken 15
und stellenweise Verse zu versuchen, es ginge wohl
wenn ich Zeit hätte, und häusliche Ruhe.

b. 18ten früh.

Die ersten Tage meiner Entfernung von dir sind
immer sehr schmerzhafft ieden Augenblick mögte ich 20
zu dir laufen, und kann meine Gedancken nirgendhin
ableiten. Sehnsuchtsvoll erwarte ich ein Briefgen
von dir, und wie dir es in Rudolstadt gegangen ist.

Wie schön wird es seyn wenn du wieder da bist
und nur die Ackerwand uns trennt du einzige.   25

Nachts.

Die Fischerinn ist gespielt. Wie bey allem und
nach allem ich dein verlange!

Sie haben schlecht gespielt, und hundert Schweine-
reyen gemacht, am Ende war freylich das Stück
vorüber, wie wenn einer nach einem Reh schösse es
fehlte und durch ein ohngefähr einen Hasen träfe.
So ists mit dem Effeckt! pp Der beste Effeckt ist
den zwey gleiche Seelen auf einander machen. Der
auch in der Entfernung nicht fehlen kann und der
von keinen dritten, Ackteurs oder Instrumentalisten
abhängt.

Ich habe dir einen Vorschlag zu thun doch den
Morgen frühe. Heut gute Nacht.

d. 19ten früh.

Mein Vorschlag ist der du sollst mir Sonntags in
Blanckenhahn begegnen. Ich ritte zu guter Zeit hinaus
und fände dich, wir blieben den Tag zusammen und
gingen Abends zurück. Ich kann nicht bis Michäl
warten, und kann täglich weniger ohne dich seyn.

Auch kann ich nicht warten bis ein Bote kommt,
ich schicke meinen Purschen zu Pferde der mag sich
durch Wind und Wetter schlagen.

Hierbey empfängst du allerley.

Und die eifrigste Versicherung meiner Liebe.

G.

Wenn du willst kann Götze uns gleich bey Schleu-
sing melden.

Hier auch ein Billet von den Kindern ein Tiefurter
Journal pp.

Eben fällt mir ein daß die Lengefelds mit dir
kommen vielleicht hindert dich das. Dein Bruder
kommt erst den Montag.

				1583.
			An Charlotte v. Stein.
						d. 23. S. 82.

Als ich aufwachte und noch halb im Schlafe war
sagte ich zu mir: Es ist zeit daß du aufstehst und fort=
reitest! denn es war mir nicht anders als wenn ich
vorhätte zu dir zu gehn. Mit dem völligen Er=
wachen, trat auch die Wahrheit ein und die süße
Hoffnung verschwand für diesmal.

Aber nicht das fröhliche Gefühl daß du mir an=
gehörst, und ich dir. Ich kann dir nicht sagen wie
angenehm mir der Ritt nach hause war. Tausend=
fältig ist meine Freude dich zu sehn, auch tausend=
fältig das Gefühl wenn ich dich verlasse. Diesmal
war es still, beruhigt, mit Gewißheit auf die Zukunft.

Es ist heut Abend Abschieds Thee bey der Herzo=
ginn, der Prinz geht morgen fort. Die übrige Woche
will ich fleisig seyn und Sonntags mein Glück auf=
suchen.

						d. 24ten.

Der Prinz ist weg und hat noch bey mir sein
Frühstück eingenommen. Ich bin ihm herzlich gut

und wollte er wäre unser, es wär ihm nütze und
uns auch. Er hat die Kenntnisse und das Intresse
das unsern fürstlichen Personen fehlt, um das in
Bewegung zu setzen und zu erhalten was so reichlich
bey uns vorräthig ist, und was auserdem ieder für sich
behält. Wie verlangt mich mit dir zu reden, und
zu seyn, und dir vielerley zu erzählen und auszulegen.

d. 25ten.

Ich fertige meinen Boten ab, der zugleich sechs
Zitronen überbringen soll, willst du ihrer mehr, so
schreibe ich kann sie Sonntags mitschaffen. Vergebens habe ich nach Obst und sonst etwas mich um-
gethan, es fehlt an allem. Weintrauben brachte man
mir, die waren sauer und meine Liebe soll bey nichts
Saurem sich meiner erinnern.

Lebe wohl, bald kann ich dich wieder unterhalten
von dem was meines Lebens bestes Theil ist. Ein
guter Brief von Knebeln ist mir zugekommen.

Grüße Steinen und deinen Bruder. Ich binn
immer bey dir.

G.

1584.

An F. H. Jacobi.

Lieber Fritz

Laß mich dich noch einmal und wenn du dann
willst zum letzten mal so nennen, damit wir wenigstens in Friede scheiden.

Schlossers waren bey dir, möget ihr gute Tage

gehabt haben. Bey ihrer Rückreise haben sie gegen
meine Mutter einer Schuld gedacht, in der ich noch
bey dir stehe.

Du halfst mir damals aus einer großen Ver=
legenheit und ich will es nicht entschuldigen daß ich
der Sache so lang nicht erwähnte. Bald hatte ich
die Summe nicht beysammen, bald vergaß, bald ver=
nachläßigte ich es, und besonders seit der Zeit da du
unzufrieden mit mir warst konnte ich mich gar nicht
entschließen davon zu schreiben. Nun ist mir herzlich
lieb daß auch dieses abgethan wird. Meine Mutter
wird es besorgen, ich weis warrlich nicht mehr wie
viel es war, und was es nun betragen mag, sie
wird deßwegen an dich schreiben, mache es mit ihr
aus und nimm meinen herzlichen Danck dafür und
für alles was du mir Gutes erzeigt hast.

Wenn man älter und die Welt enger wird denckt
man denn freylich manchmal mit Wunden an die
Zeiten wo man sich zum Zeitvertreibe Freunde ver=
scherzt, und in leichtsinnigem Übermuth die Wunden
die man schlägt nicht fühlen kann, noch zu heilen
bemüht ist.

Meine Lage ist glücklich, möge es die deine auch seyn.

Wenn du mir nichts freundliches zu sagen hast,
so antworte mir gar nicht, beendige mit meiner
Mutter das Geschäfte, und ich will mir's gesagt
halten. Adieu! Grüße die Deinigen.

Weimar d. 2 Oktbr 82.

Goethe.

1585.

An Charlotte v. Stein.

Kaum hab ich meine Briefe und Packete erbrochen
und durchsucht; so wendet sich meine Seele schon
wieder zu dir, und ietzt empfinde ich erst das Glück
bey dir und dein zu seyn, da ich so weit von dir
⁵ entfernt bin und noch eine Ferne von mehreren Tagen
uns scheidet. Ich wollte dir nicht schreiben und finde
bey meiner Zurückkunft einige schöne Früchte, die
ich selbst zu essen, für einen Raub halte. Hier sind
sie, mögen sie dir statt meiner recht viel süßes vor=
¹⁰ sagen. Lebe wohl und sey und bleibe mein Glück.
d. 2. Oktbr. 82.

Ich bin an deiner Seite zu diesem Monat hinaus=
gekommen, ich weis nicht wie, möge mir es auch mit
dem Leben so gehen.

¹⁵ Von meiner Mutter hab ich einen Brief gefunden
der fürtrefflich ist. So lang ich euch beyde habe
kann mir's an nichts fehlen. Lebe tausendmal wohl,
du meine einzige.
d. 3. Oktbr.

²⁰ Beym Erwachen glaubte ich in meinem Kochberger
Bette zu liegen und habe wieder die ganze Nacht von
dir geträumt.

Es ist ein leidlicher Tag. Meine Alte mag wan=
dern. Behalte sie heute Nacht dorten, fertige sie aber
²⁵ diesen Abend ab, damit sie Morgen in aller Frühe

aufbrechen kann. So betrüge ich die Abwesenheit.
Und werde in Hoffnung tüchtig etwas zu thun.

Lebe wohl du bleibende sey gesund und fröhlich.

G.

1586.

An J. K. Lavater.

Weimar den 4. Oktober 1782.   5

Vor das viele Gute was du zeither an uns gethan
hast, habe ich dir noch nicht danken können, und auch
iezo habe ich nicht so viel Sammlung um dir etwas
dagegen von dem meinigen zu geben, denn daß man
immer von dir empfängt bist du gewohnt.   10

Die kurze Schilderung der Personen die du auf
deiner Reise im Fluge berührtest, hat mir viele alte
Bekanndtschaften neu und mich auf unbekante auf=
merksam gemacht. Was du von dem Fürsten von
Deßau sagst bestätigt mein Verhältniß zu diesem   15
würdigen Manne noch mehr. Zwar sind wir bißher
einander noch nichts geworden, und ich bin alle Tage
auch gegen gute und trefliche Menschen weniger an=
dringend, genug wenn man weiß daß eine schöne und
große Natur irgendwo existirt, und daß man sie, wie 20
es so tausendfältig geschieht, nicht verkennt.

Der erste Theil deiner Bekenntniße, wie ich sie
nennen will, hat mir großes Vergnügen gemacht.
Es ist immer sehr intereßant dergleichen zu lesen, ob
ich gleich wieder dabey die Bemerkung gemacht habe, 25

daß wenn ich so sagen darf, der Leser eine eigene
psychologische Rechnungsoperation zu machen hat um
aus solchen Datis ein wahres Facit heraus zu ziehen.
Ich kann meine Idee iezo nicht auseinander legen,
nur so viel davon: Das was der Mensch an sich
bemerkt und fühlt, scheint mir der geringste Theil
seines Daseyns. Es fällt ihm mehr auf was ihm
fehlt, als das was er besizt, er bemerkt mehr was
ihn ängstiget, als das was ihn ergözt und seine
Seele erweitert; denn in allen angenehmen und guten
Zuständen verliert die Seele das Bewußtseyn ihrer
Selbst, wie der Körper auch, und wird nur durch
unangenehme Empfindungen wieder an sich erinnert;
und so wird meistentheils, der über sich selbst und
seinen vergangenen Zustand schreibt, das enge und
schmerzliche aufzeichnen, dadurch denn eine Person,
wenn ich so sagen darf, zusammenschrumpft. Hierzu
muß erst wieder das, was wir von seinen Hand=
lungen gesehen, was wir von seinen Schriften gelesen
haben chymisch hinzugethan werden und alsdenn ent=
steht erst wieder ein Bild des Menschen, wie er etwa
mag seyn oder gewesen seyn. Dies von vielen tau=
send Betrachtungen Eine.

Daß du mir in deinem Briefe noch einmal den
innern Zusammenhang deiner Religion vorlegen woll=
test, war mir sehr willkommen, wir werden ia nun
wohl bald einmal einander über diesen Punkt kennen
und in Ruhe laßen. Großen Dank verdient die

Natur daß sie in die Existenz eines ieden lebendigen
Wesens auch so viel Heilungskraft gelegt hat, daß
es sich, wenn es an dem einen oder dem andern
Ende zerrißen wird, selbst wieder zusammenfliken
kann; und was sind die tausendfältigen Religionen
anders als tausendsache Äußerungen dieser Heilungs=
kraft. Mein Pflaster schlägt bey dir nicht an, deins
nicht bey mir, in unsers Vaters Apotheke sind viel
Recepte. So habe ich auf deinen Brief nichts zu
antworten, nichts zu widerlegen, aber dagegen zu
stellen habe ich vieles. Wir sollten einmal unsere
Glaubensbekenntniße in zwey Columnen neben ein=
ander sezen und darauf einen Friedens= und Toleranz=
bund errichten.

An Tischbeinen habe ich heute geschrieben und ihn
an dich gewiesen. Du wirst meinen Brief wohl ver=
stehen, aber nicht ganz; ich kann ihm weder gewähren
noch verschaffen, was er gerne mögte, denn der Herzog
von Gotha siehts anders an und hat seine festgesezten
Begriffe über die Sache, auf die ich weiter nicht
wirken kann. Rede ihm ia zu, daß er sich besonders
gegen Reifensteinen leidlich beträgt, denn dieser Mann
hat Einfluß auf die Großen. Freylich mag dem guten
Tischbein, der Gott sey Dank in weltlichen Dingen
noch nicht geübt ist, so ein Verhältniß ganz und gar
fatal und unerträglich scheinen; indeß ist immer beßer
er weiß so etwas voraus, und richtet sich einiger=
maßen darnach, als daß er in seinem Wesen hingeht

und wir in einem halben Jahr den Lärmen haben.
Es wird ohnedies nicht ganz ohne alles abgehen; du
weißt es am besten lieber Bruder, daß wo Menschen
zusammen zu schaffen haben, es mehr oder weniger
Friktion giebt. Je älter man wird desto gewißer
sieht man das wie und wo voraus und kann sie
doch weder bey sich selbst noch andern immer so gern
man wollte verhüten. Besonders treib ihn daß er
fortkommt, denn der Herzog ist schon über das Zau=
dern und über meine Vorstellungen, die ich nicht
gespart habe, verdrießlich. Wenn wir unter einander
etwas haben, so können wir herüber hinüber markten,
ein großer Herr will gehorcht seyn. Sie sind nicht
alle wie der Herzog von Weimar, der ieden gerne
auf seine Weise das Gute thun läßt und doch daran
Theil nimmt. Adieu Bruder! Ohne Berührung
sagst du ist keine Religion; ohne Berührung ist keine
Freundschaft. Lebe herzlich wohl alter Christe und
grüße Bäben.

G.

Sag mir doch gelegentlich ein Wort über das
Portrait Carls des fünften von Albrecht Dürer das
du bey Merck gesehn hast, wir haben es gegenwärtig
hier. Es ist ganz herrlich, ich mögte auch dich drüber
hören.

1587.
An Charlotte v. Stein.

Endlich ist der liebe Morgen da der sich von so vielen andern dadurch unterscheidet daß meine Geliebte nur 300 schritte weit von mir erwacht.

Ich binn und lebe mit und bey dir und werde diesen und alle Tage so einrichten daß mir von deinem köstlichen Umgange von dem glücklichen Seyn mit dir so wenig als möglich verlohren geht.   d. 8. Oktbr. 82.

G.

1588.
An Charlotte v. Stein.

Es ist schon neune und das versprochne Wort von meiner lieben kommt noch nicht.

Mit Mühe hab ich mich vom Aristoteles losgerissen um zu Pachtsachen und Trifftangelegenheiten überzugehen.

Sage mir wolltest du nicht von 12 bis 1 mit mir spazieren gehn ich möchte dich gerne noch einmal in meinen Garten führen.

Nimm allenfalls Fritzen mit.

Ich hole dich ab. Dann äsen wir zusammen schieden für den Nachmittag um Abends wieder da zu seyn wo es gut seyn ist.   d. 10. Oktbr. 82.

G.

Eben kommt dein liebes Zettelgen, nun bitte ich noch um Antwort auf dieses.

1782.

1782. 69

1589.

An Charlotte v. Stein.

Es ist mit unserm Umgange, mit unserer Liebe,
wie mit den ewigen Mährchen der berühmten Dinarzade
in der Tausend und einen Nacht, Abends bricht man
sie ungern ab, und Morgends knüpft man sie mit
Ungeduld wieder an.

Du hast gefühlt daß ich gestern mit Absicht zau=
derte du kannst mich heute nur schadlos halten.

Ich habe allerley zu thun.

Diesen Mittag mußt du mich zu Tische haben
und nur die Aufsicht auf Nachmittag und Abend
kann mich an meinem Schreibtische halten. Lebe
wohl. du aller aller liebstes.

d. 12. O. 82.   G.

1590.

An Charlotte v. Stein.

Auch ich wollte schon lange schreiben, und war
immer abgehalten.

Der Engländer war bey mir. Ein wundersam
Original.

Ich bin bey Hofe, und komme vorher dir zu dancken
und zu sagen und zu hören was man nicht satt wird.

d. 13. O. 82.   G.

1591.
An Charlotte v. Stein.

[Mitte October.]

Meiner einzigen lieben sage ich noch eh sie in
Gesellschafft geht, einen guten Tag, und versichre sie
daß ich in ihrem Andencken hier haussen in dem
alten Garten recht glücklich lebe.

Das Camin das ich zu hause entbehren muß ist ⁵
mir in dieser Regenzeit sehr angenehm. Und viele
alte Ideen steigen mit dem Feuer auf. Adieu. Ich
sehe dich um sieben, bis dahin stärcke mich noch mit
einem Wörtgen. Lebe wohl.

G. ¹⁰

1592.
An Charlotte v. Stein.

Schon lange sehn' ich mich nach einer Bothschafft
von dir meine Geliebte. Wie du dich befindest. Denn
wenn meiner Hälfte übel ist, wird mir Ganzen weh.
Ich bin an Wilhelmen fleisig das dritte Buch ruckt
zu. Adieu. Was thust und treibst du heute. ¹⁵

Morgen Abend will ich bey Wieland essen.

d. 18. Oktbr. 82.   G.

1593.
An Charlotte v. Stein.

Ich habe immer verzögert dir zu schreiben weil
der Wind unsern Plan verruckte. Wie gerne höre ich

daß du wieder wohl bist. Nach Tische dictirte ich
dir gerne eine Stunde. Ich war schon fleisig.

Um 5 oder 6 oder wann deine Tagseinrichtung es
fordert ging ich von dir. Adieu geliebtestes.

5 d. 19. O. 82. G.

1594.

An Charlotte v. Stein.

Ich war heute früh fleisig und erwartete von
Augenblick zu Augenblick ein Wort von dir.

Vier Capitel sind in der Ordnung und unter des
Abschreibers Händen. Nun muß ich das Werck bey=
10 seite legen und meine andern Geschäffte treiben. Sag
mir von deinem Befinden, von deinem heutigen Tage
und schicke mir das Körbgen, zu den Trauben.

d. 20. O. 82. G.

Habe ich nicht mein Portefeuille bey dir liegen
15 laßen?

1595.

An C. v. Knebel.

Hier folgt endlich dein Tibull. Bisher war mit
deinen wenigen Sachen nicht in Ordnung zu kommen,
nun habe ich sie, Bücher und alles nach einem In=
ventario übernommen und bewahre sie in meinem
20 Hause, wo ich Platz genug habe, und wo du wohl
auch gelegentlich ein Absteigquartiergen finden könntest.

Du sollst ehstens das erste und zweyte Buch Wil=
helm Meisters erhalten. Jenes für deine Schwester,
dieses für beyde. Das dritte ruckt auch schon vor
und wird wahrscheinlich geschwinder fertig als die
ersten. Es thut mir gar zu wohl wenn ich manch= 5
mal einige Augenblicke diesen alten Lieblingen zu
wenden kann.

Dein Schöning ist ein guter Mensch und hat sich
hier so ziemlich wohl befunden. Die Zeichnungen die
er mitbrachte sind artig sauber und characteristisch. 10

Ich dancke dir auch für das Prestelische Blat.
Der Herzog ist von seiner Dresdner Reise sehr zu=
frieden zurückgekommen, man ist es auch von ihm
und alles sonst gut abgelaufen.

Eine neue Hof und Jagduniform sezt die Gemüther 15
sehr in Bewegung, bis sie endlich zum alletags Rock
werden wird. Hat man dir schon von einem grosen
Stein gemeldet der nach den neuen Anlagen zum
Point de vue und Monument transportirt wird?

Lebe wohl. Schreibe mir bald, und behalte An= 20
teil an uns.

Weimar, d. 20. O. 82.   G.

1596.

An Charlotte v. Stein.

Guten Morgen Geliebte. Ist dein Zahnweh aus=
geblieben? Wie steht es sonst mit dir? Wollen wir
heute wieder reisen und die Vulkanischen Gebürge be= 25

suchen. Wenn du mich recht lieb hast sind alle Weege
eben.

d. 21. O. 82. G.

1597.

An Charlotte v. Stein.

Wie befindet sich meine liebe? und will sie mich
heute haben? wie heist der Nahme des empfohlenen
Mannes? Lebe wohl.

Zu Eurer Fahrt habt Ihr Gut Wetter. Möge
dein Zahnweh vorbey seyn. d. 22. Oktbr. 82.

G.

1598.

An Charlotte v. Stein.

Bis iezo konnte ich keinen Augenblick finden zu
fragen wie meine Liebste lebt.

Sage mir ob das Zahnweh vorüber ist? Ob du
deiner andern Leiden los bist.

Oeser ist hier und ich muß heute nach Tiefurt.
Wie wirst du diesen Nachmittag zubringen? Adieu
Beste.

d. 23. O. 82. G.

1599.

An Charlotte v. Stein.

Sage mir Geliebte wie dir das Abendessen be=
kommen ist. Hüte dich ia auch um meintwillen vor

allem Übel, wie dirs möglich ist. Heute esse ich zu
Mittage in Tiefurt bin aber gegen Abend wieder da.
Wenn die regierende Herzoginn Oberried gerne sehen
will so ist kein schicklicherer Weeg als ich bringe ihn
zu dir und da kann sie wie von ohngefähr dazu ₅
kommen.

Lebe wohl und sage mir ein liebes Wort.

d. 24. O. 82.   G.

1600.

An Charlotte v. Stein.

[24. October.]

Wenn es der Herzoginn gelegen ist; so lade ich
ihn auf diesen Abend ein. Will sie selbst kommen; ₁₀
so ist es auch sehr artig. Ich freue mich herzlich.
Adieu.

G.

1601.

An Charlotte v. Stein.

[etwa 25. October.]

Ich kann weder verlangen noch wünschen daß
meine Gute zu mir komme es wird besser mit mir, ₁₅
doch ist es um mich weder so anmutig noch so rein=
lich daß ich dich mit gutem Gewissen einladen kann.
Ich will mich heute kasteyen und trösten. Damit ich
morgen desto freyer die Freude dich zu sehn geniessen
könne. Lebe wohl ††††††††   ₂₀

G.

1602.

An Charlotte v. Stein.

Mein Zahnweh ruht, um es nicht aufzuwecken
will ich den Tag zu Hause bleiben. Gegen Abend
erwart ich dich und Steinen zum Thee. Komm nicht
zu spät damit du zuerst meine neuen Stuben betreten
5 mögest. du erstes und letztes. d. 26. O. 82.

G.

1603.

An Merck.

Weimar den 27. Oft. 1782.

Das Bild ist glücklich angelangt, nur daß die
Papiere, die zwischen Rahmen und Kasten stacken,
10 nicht gut befestigt waren. Eins hat sich los gemacht
und an der Stirne ein wenig den Firniß wegge=
scheuert. Es hat großen Beyfall erhalten und die
Herzogin hat es ihrem Gemahl verehrt und du sollst
das Geld nächstens ohne Abzug erhalten. Du kannst
15 mir immer ein paar Pfund schwarze Kreide in den
Kauf geben, die ich durch den nächsten Postwagen
zu überschicken bitte.

Deine Knochenuntersuchungen haben mir viel Ver=
gnügen gemacht. Sey doch so gut und schreibe mir
20 etwas von Campers Incognito und schicke mir über=
haupt seine Briefe; du sollst sie gleich wieder haben.
Ich weiß meine Osteologie auf den Fingern aus=

wendig herzusagen und bey jedem Thierstelet die
Theile nach den Nahmen, welche man den mensch=
lichen beigelegt hat, sogleich zu finden und zu ver=
gleichen. Es macht mir ein großes Vergnügen und
du wirst wohl thun, mich manchmal damit zu unter=
halten. Alle die Knochentrümmer, von denen du
sprichst und die in dem obern Sande des Erdreichs
überall gefunden werden, sind, wie ich völlig überzeugt
bin, aus der neusten Epoche, welche aber doch gegen
unsere gewöhnliche Zeitrechnung ungeheuer alt ist.
In dieser war das Meer schon zurückgetreten, hin=
gegen floßen die Ströme noch in großer Breite, doch
verhältnißmäßig zum Niveau des Meeres, nicht schneller
und vielleicht nicht einmal so schnell als jetzt. Zu
derselbigen Zeit setzte sich der Sand mit Leimen ge=
mischt in allen breiten Thälern nieder, die nach und
nach, als das Meer sank, von dem Wasser verlassen
wurden und die Flüsse sich in ihrer Mitte nur geringe
Beete gruben. Zu jener Zeit waren die Elephanten
und Rhinozerose auf den entblösten Bergen bey uns
zu Hause und ihre Reste konnten gar leicht durch die
Waldströme in jene große Stromthäler oder See=
flächen herunter gespielt werden, wo sie mehr oder
weniger mit dem Steinsaft durchdrungen sich erhielten
und wo wir sie nun mit dem Pfluge oder durch andere
Zufälle ausgraben. In diesem Sinne sagte ich vor=
her, man finde sie in dem oberen Sande, nemlich in
dem, der durch die alten Flüße zusammengespült

worden, da schon die Hauptrinde des Erdbodens
völlig gebildet war. Es wird nun bald die Zeit
kommen, wo man Versteinerungen nicht mehr durch
einander werfen, sondern verhältnißmäßig zu den
Epochen der Welt rangiren wird.

Ich habe gehört, daß man in einem Marmor=
bruche bey Altdorf den versteinerten Kopf eines Alli=
gators gefunden habe, welches mir ein sehr merk=
würdiges Phänomen ist, weil ich nur Schaalenthiere
in den Marmorn kenne und ich nicht weiß, ob man
in dem eigentlichen Marmor Fische oder was noch
mehr ist, Amphibien bisher gefunden hat. Es kommt
auf eine Zeichnung und auf ein Musterstück der
Steinart an.

Ich habe einen Brief von Lavatern über den
Albrecht Dürer, der mir schreibt, er möchte über so
ein Gesicht und über so ein Werk ein ganzes Buch
schreiben. Oser ist auch sehr entzückt davon, er sagt
er habe mehr als 100 Stücke von diesem Meister ge=
sehen und dies sey nur das zweyte von solchem Werthe.
An dem Harnische erkenne man Albrecht Dürern, im
Gesicht habe er sich selbst übertroffen. Doch giebt
er einem Gedanken Beyfall, den ich gleich hatte, als
ich das Bild ansah. Es ist nehmlich größer gewesen,
ein Brust= oder Kniestück, ein Theil davon durch die
Zeit verunglückt und so zusammengeschnitten worden.
Dies nimmt dem was noch übrig ist, nichts von
seinem Werthe. Für die übrigen Nachrichten deines

Briefes danke ich und werde sie gut zu seiner Zeit
benutzen. Lebe wohl und laß wieder bald etwas von
dir hören.

G.

Höpfner hat mir geschrieben und ich schreibe ihm
heute selbst, weil es doch zur Sprache kommen muß.

1604.

An Höpfner.

[27. October.]

Wohlgeborner,

insonders hochzuehrender Herr!

Wie angenehm sollte mir es seyn, wenn unsere
so wunderbar angefangene Bekanntschaft Gelegenheit
geben sollte, Ew. Wohlgeb. an einen Platz zu ver-
setzen, der Ihrer würdig wäre, und an welchem Sie
durch Ihre Talente einen ausgebreiteten Nutzen stiften
könnten. Ihr Schreiben giebt mir dazu gewisse Hoffnung, indem Sie mir erklären, daß Sie, wenn man
Ihnen in der Folge eine Zulage zu der fixen Besoldung verspräche, die Stelle eines Ordinarii zu
Jena anzunehmen geneigt seyen. Für einen thätigen
Mann ist dieser Platz, auch so, wie ihn Herr Hellfeld besessen, einträglich, allein ich kann Ihnen auch
für die Zukunft eine Zulage von 300 Thlrn., welche
Sie nach dem Verlauf von 5—6 Jahren erhalten
sollen, zusichern. Der Charakter eines Geheimen-

Justizrathes, wie solchen Herr Hellfeld gehabt, wird
Ihnen auch sogleich ertheilt werden können.

Keine weitere Überredung mag ich nicht anfügen.
Es ist ein angenehmer Ort und ein angesehner und
ehrenvoller Posten an und vor sich und besonders
bey den gegenwärtigen Gesinnungen unserer Höfe.
Haben Sie die Güte, mich auf das Baldigste von
Ihrer Entschließung zu benachrichtigen und seyen Sie
versichert, daß ich Alles was an mir liegt beytragen
werde, um Ihren Aufenthalt angenehm zu machen.
Der ich mich mit besonderer Hochschätzung unterzeichne

Ew. Wohlgeb.

ergebenster Diener

Goethe.

1605.

An Charlotte v. Stein.

Ich bin zweymal durch deinen Hof gegangen ohne
bey dir anfragen zu können. Sage mir wie du lebst?
Mein Zahnweh ist leidlich doch hab ich mich bey
Hofe entschuldigt. Weil es gar leicht erregt und arg
wird. sage wie ist's Nachmittag und Abends. Gehst
du an Hof? Ich mögte Lichtensteins wegen einen
Augenblick hinauf.

d. 27. O. 82.   G.

1606.

An Charlotte v. Stein.

Meiner L. einen guten Morgen zu sagen hat mich
allerley, zuletzt der Jude Ephraim abgehalten.

Von ihm zu erzählen wird mir ein Spas seyn.
Bald hab' ich das bedeutende der Judenheit zusammen.
und habe grose Lust in meinem Roman auch einen ₅
Juden anzubringen. Adieu. † † † Hieroglyphe der
Duchesse Mazarin.

d. 28. O. 82.   G.

1607.

An Charlotte v. Stein.

Ich dancke dir wie für alles Gute auch für das
Bild mit der beständigsten lebhafftesten Liebe. Hier ₁₀
sind zwey Briefe. Den andern bring ich. Lebe wohl
süses Herz und dencke an den deinigen. Diesen Abend
will ich auch zur Cour.

d. 30. O. 82.   G.

1608.

An Charlotte v. Stein.

Versprechen macht noch keinen Besitz. Madame ₁₅
Vasch mag es mit mir ausmachen denn ich habe dein
Weibgen in meine Gewahrsam gebracht.

Bald komme ich dich zu suchen, und dir zu wieder=
hohlen was dir bekannt ist.

Den Thee verleg ich auf den Sonnabend und laß
es heute herum sagen.

d. 31ten O. 82.   G.

1609.

An Merck.

[November.]

Was das Langensalzer Horn betrift, so wirst du
aus dem Merkur die Zeit her näher gesehen haben
weß Geistes Kind es ist und ich würde deinen Auf=
trag sogleich ausrichten, wenn ich nicht fürchtete dir
selbst den Kauf zu verderben. Ich mag schreiben
laßen durch wen ich will so merkt man daß es von
hier kommt, glaubt daß es vor das Jenaische Cabinet
soll und fordert nur mehr. Im Merkur wird so
schon von Königen und Fürsten geschwäzt die es
bezahlen sollen. Schreibe du lieber gerade zu dahin
als bürgerlicher Liebhaber, so erhältst du vielleicht
beßere Conditionen.

Reichert hat dir schon geantwortet, wie ich von
ihm höre.

Coiter ist nicht auf der hiesigen Bibliothek, wenn
er in Jena ist sollst du ihn haben.

Voigt ist auf dem Harz gewesen und hat recht
artige Bemerkungen gemacht. Er giebt iezt sein Wert=
chen über das Fuldische heraus, und wenn du von
deiner Seite hübsch fleißig bist, so werden wir bald
zusammenrüken. Ich habe die Charpentierische mine=

ralogiſche Charte erweitern laßen, ſo daß ſie nun vom
Harze biß an den Fichtelberg, von dem Rieſengebürge
biß an die Rhön reicht, laß dir doch etwa nur
eine Homanniſche Charte durchzeichnen und trage mit
Charpentiers Zeichen darauf die Gebürgarten ein 5
wie du ſie erfährſt. Es iſt das ſicherſte Mittel bald
Begriffe von dem Ganzen zu kriegen. Ich habe große
Luſt bald eine mineralogiſche Charte von ganz Europa
zu veranſtalten das man mit weniger Arbeit ſchon
gegenwärtig im allgemeinen wird machen können. 10
Man läßt nur eine Anzahl Exemplare abdruken und
kann, ie mehr man erfährt und zuſammenträgt auf
der Platte nachſtechen laßen.

Der Abbé Giraud Soulavie hat eine artige Be=
merkung gemacht. In den höchſten Kalchbergen, welche 15
zugleich die unterſten ſind im mittägigen Frankreich,
finden ſich verſteinerte Seethiere die gegenwärtig nicht
mehr lebendig exiſtiren. Das Gebürg das niedriger
iſt und auf dem vorigen aufliegt enthält Überreſte
von ienen zugleich aber auch von ſolchen deren Ge= 20
ſchlechter noch fortdauern. Die dritte Gebürgsreihe
welche auf der zweiten wieder aufliegt enthält allein
Verſteinerungen welche noch im Mittelländiſchen Meere
leben. Es iſt die Frage und wird bald zu unter=
ſuchen ſeyn ob dieſes bey uns auch ſo iſt. Es ſcheint 25
nicht ſo, denn die blankenburger Marmore enthalten
Ammonshörner wie der Ettersberg auch. Hat irgend
von den Verſteinerungſammlern etwa einer ſchon aus

diesem Gesichtspunkte die Sache betrachtet und etwas
darüber geschrieben? Ich glaube kaum.

Ich sehe alle Tage mehr daß wir zwar werden
auf Büffons Weege fortgehen aber von denen Epochen
die er festsezt abweichen müßen. Die Sache wird,
wie mir scheint, immer komplicirter.

Wegen des Granits, ob ich gleich überzeugt bin
daß er die Basis unserer bekannten Oberfläche ist,
werden wir aber doch wohl nachgeben und einen
granit secondaire statuiren müßen. Es wird dieses
zu vielen Discusionen Anlaß geben. Allein mir
scheint als wenn auch dieses am Ende sich so schwer
nicht lösen wird; wir sehen daß der aufgelöste Granit
als Gneuß wieder zum festen Steine wird, warum
sollte er aufgelöst nicht auch wieder als Granit zum
zweytenmale zur Festigkeit gelangen. Wir finden wel=
chen der mit den Säuren braußt; sollte dies nicht
Granit der Zweyten Zeit seyn? Was hältst du von
der Idee, daß aus einem Granite, in dem Feldspat
und Glimmer zum größten Theile verwittern, wenn
ihn eine Auflösung von Eisen durchdränge und er
sodann wieder in den Zustand der Versteinerung käme,
daß daraus eine Art rothen Porphyrs entstehen müße.

Ich habe zu wenig Zeit zu lesen und weiß also
nicht, was man über diese Sache schon gedrukt hat.
Wenn ich aber hie und da in einem Journale sehe
so scheint mir doch als wenn man mit allgemeinen
und treffenden Ideen noch ziemlich zurüke sey.

Die Harzer Wakke, welche mit dem Thonschiefer durchaus abwechselt macht iezt Voigten und mir viel Kopfbrechens. Auch davon sollst du mit Gelegenheit mehreres hören.

Zwischen Schweden und Norwegen ziehet sich ein wunderbarer hoher Gebürgsrüken, der durchgehends aus einem Gemenge von Quarz und Glimmer besteht. Beide Substanzen liegen nicht verwirrt unter einander, sondern in Schichten die von einer Linie biß zu einem Zoll dik werden und sich leicht von einander ablösen laßen, dabey findet man im Quarz allemal etwas weniges Glimmer im Glimmer hingegen allemal, obgleich wenig Quarz. Man mögte also wohl dieses eine besondere Art von Gneuß nennen. Auf tieferen Punkten besteht das Gebürge aus Granit. Noch eins von dem Granit sekondaire! Der Abbé Soulavie vermischt in seinem übrigens sehr schönen Buche offen=bar mehrere Steinarten unter diesem Tittel, und be=schreibt einige daß man ganz deutlich sehen kann es sey der Gneuß darunter zu verstehen. Dieser kann nun freylich auf dem Marmor aufliegen. Die übrigen Kennzeichen die er von seinem Granit sekondaire giebt sind mir nicht ganz deutlich. Wenn du etwas davon liesest oder findest laß es mir zukommen.

Der Herzog hat dir über Tischbeins Bild ge=schrieben, ich weiß zwar nicht was, aber so viel hab ich doch gemerkt, daß er ihm nicht ganz hat Gerechtig=keit wiederfahren laßen. Laß ia den iungen Künstler

nichts davon merken, denn so ein guter Mensch wird
irre gemacht und weiß gar nicht woran er ist.

1610.

An Charlotte v. Stein.

[Anfang November.]

Von dem frühsten Morgen an habe ich dich bey
mir gehabt und hoffe zu Mittage auf die Erfüllung
5 dieses wachenden Traumes. Recht sehnlich erwarte ich
dich und bin immer dein. An Wilhelm hab ich
recht viel dicktirt, wenn ich so fortfahren könnte sollte
dieses Buch in einer Woche fertig seyn. Lebe wohl.
Ich war zu Hofe geladen habe aber abgesagt. Erfreue
10 mich bald mit deiner Gegenwart.

G.

1611.

An Charlotte v. Stein.

Ich wünsche ein Wort von deiner Hand zu sehen,
denn ich bin in einem Sonnabends Getreibe, damit
ich erquickt werde.

15 Komm diesen Abend ia um fünfe und mache die
Wirthinn da wo du es unsichtbar immer bist.

d. 2. Nov. 82. G.

1612.

An Charlotte v. Stein.

Wenn du um vier Uhr von deiner Mutter zurück=
kommst wirst du mich finden, der deiner mit Sehnsucht
erwartet. Du gehst nicht an Hof, ich auch nicht, wir
wollen schreiben und lesen und was der Himmel giebt.
Lebe wohl du nimmer Abwesende. d. 3. Nov. 82.   5

                                                        G.

1613.

An Charlotte v. Stein.

Seit fünf Uhr da ich erwachte bin ich bey dir.
Ich habe an Wilhelm dicktirt, das dritte Buch rundet
sich es soll hoff ich balde fertig werden. Nachmittag
bin ich bey dir und immer und ewig. Adieu.   10
d. 4. Nov. 82.   G.

1614.

An Charlotte v. Stein.

Heute sind es sieben Jahre daß ich herkam, mögte
ich doch auch mit heute eine neue Epoche meines
Lebens und Wesens anfangen wodurch ich dir immer
gefälliger würde. Tausend Gedancken gehen zu und   15
von dir. O meine Geliebte die Schicksale der Men=
schen sind wunderlich.

Hier schick ich dir die Weltkarte die du einige Zeit
vermissest, es ist kein Plätzgen drauf gezeichnet oder

drinn enthalten wo ich nicht dein mit Liebe und
Treue gedencken würde. Lebe wohl und sey und bleibe
mir was du bist alles und alles. d. 7. Nov. 82.

G.

5 Heute Abend erwarte ich dich.

Soll ich etwa die Gräfinn und Boden einladen
daß ich auch diese mit guter Art bewirthe.

1615.

An Charlotte v. Stein.

Heute hab ich dir schon lange im Stillen für
deine Liebe und Treue gedanckt, ich stieg eine Stunde
10 früher auf als gewöhnlich und werde es so fortsetzen.
Mein Wilhelm läuft zum Ende seines dritten Buchs.
Wenn ich schreibe dencke ich es sey auch dir zur Freude.
Lebe wohl fürchte das achte Jahr nicht und keine
bestimmte noch unbestimmte Zeit. Lebe wohl und
15 liebe mich wie gestern und immer.

d. 8. Nov. 82. G.

1616.

An Charlotte v. Stein.

Da die Ausstellung um 9 Uhr seyn soll kann ich
meine Lotte vorher nicht sehen. Sage mir wie du
geschlafen hast und wohin sich das Angesicht deines
20 Tages wendet? Was deine Füße machen und dein

Kopf. Lebe wohl, nach Tische seh ich dich, und finde
dich wie immer. d. 8. Nov. 82.

G.

Diedens gehn nach Italien, gestern Abend fand ich
einen Brief von ihm.

1617.
An Charlotte v. Stein.

Mir ists wohl wie dirs besser wird. Ruhe dich
ia aus und pflege dein auch um meintwillen. Mattei
wird bey mir essen.

Nach Tische suche ich dich. Lebe wohl bis dahin.
Wilhelm ist wieder um ein Capitel gerückt.

d. 9. Nov. 82.   G.

1618.
An Charlotte v. Stein.

Willst du mir L. Lotte auch nur mit einem Worte
Verzeihung meiner gestrigen Unart gewähren? Es ist
mir unerträglich dir auch nur im geringsten eine
unangenehme Empfindung zu machen. Du gehst also
nach Hose. Ich komme vorher. Wir fahren zusam=
men. Adieu geliebteste. Wilhelm rückt.

d. 10. Nov. 82.   G.

1619.
An Charlotte v. Stein.

Nachdem ich heute früh das dritte Buch meines
Wilhelms glücklich beschlossen grüse ich dich meine Liebe,

mit der Versichrung daß meine größte Freude dabey
ist, es dir vorzulesen und deinen Beyfall zu haben.
Diesen Abend sehen wir uns, auch noch früher hoffe
ich. Diesen Nachmittag muß ich spazieren. Zu Tische
kommt der Magus. Morgen Abend hab ich Fritschens.
Adieu. Du hast mich immer.

d. 12. Nov.   G.

1620.

An Charlotte v. Stein.

Gar sehr wünsche ich ein Wort von dir zu sehn.
Gestern Abend ward mir's auf einmal gar wehe daß
ich weg mußte. Der Schlaf hat alles fortgenommen.
Nur brauch ich deine Liebe täglich mehr um den bösen
Geistern zu widerstehn die mich anfallen. Adieu beste.

d. 13. Nov. 82.   G.

1621.

An Charlotte v. Stein.

Laß mir nur eine Zeile von deiner Hand sehen,
eher geht mein Tag nicht an. Gieb mir ein Zeichen
dessen woran ich nicht zweifle. Mein ganzes Wesen
ist an dich geknüpft. Liebste Lotte gehst du zu der
Titanischen Arbeit? Leb wohl und sage mir ob du
wohl bist.

d. 14. Nov. 82.   G.

1622.

An Charlotte v. Stein.

Ich bleibe zu Hause und erwarte dich einzige unter
vielen heut Abend. Meine Seele neigt sich zur Ein=
samkeit, und mein Herz empfielt sich dem deinigen.

d. 16. Nov. 82.   G.

1623.

An Charlotte v. Stein.

Dein Anblick, eine Zeile von dir ist mir so an=
ziehend. Das einzige was mir noch recht anziehend
ist. Ich mögte zu dir daß du mir's recht ansehen
könntest wie ich dich liebe. Danck für dein Mit=
leiden. dein mit mir Leiden und verzeih mir und
liebe mich.

d. 17. N. 82.   G.

Schicke mir doch Fritzen nach Tische.

1624.

An Charlotte v. Stein.

Frühe hab ich, zwar nicht vor Tag doch mit dem
Tage meine erste Wallfahrt gemacht. Unter deinen
Fenstern grüßt ich dich und ging nach deinem Steine.
Er ist ietzt der einzige lichte Punckt in meinem
Garten. Die schönen Trähnen des Himmels rollten
an ihm herunter, es soll hoff ich nichts zu bedeuten
haben.

Ich strich, um mein verlaßen Häusgen, wie Melu=
sine um das ihrige wohin sie nicht zurückkehren sollte,
und dachte an die Vergangenheit von der ich nichts
verstehe, und an die Zukunft von der ich nichts weis.
Wie viel hab ich verlohren da ich ienen stillen Auf=
enthalt verlaßen muste! Es war der zweyte Faden
der mich hielt, ietzt hänge ich ganz allein an dir,
und Gott sey Danck ist dies der stärckste. Seit einigen
Tagen seh ich die Briefe durch die an mich seit zehen
Jahren geschrieben worden, und begreife immer weniger
was ich bin und was ich soll.

Bleibe mir l. Lotte du bist mein Ancker zwischen
diesen Klippen.

Was es auch sey, so fühl ich ein unendliches Be=
dürfniß einsam zu seyn. Unter einem Vorwande
daß ich nicht wohl sey will ich mich vom Hof und
Conseil entschuldigen, zu Hause bleiben, alte Schulden
abthun und mein Haus bestellen. Da Hufland selbst
kranck ist kann ich es desto eher thun. Dazu muß ich
aber auch deinen Urlaub haben, versage mir ihn nicht.

Schach wird meinen Morgengrus gebracht haben.
Wie freut ich mich iemand von dir zu sehn, und
nun grüse ich dich mit der herzlichsten Zärtlichkeit.
Adieu.

b. 17. Nov. 82. G.

So weit war ich als ich dein liebes Zettelgen
erhielt. Tausend Danck. Was soll ich darauf sagen?

Liebe Lotte wenn du aus der Kirche kommst laß
mich noch ein Paar Zeilen von dir sehen. Du einzige
unaussprechlich Geliebte.

1625.

An F. H. Jacobi.

Tausend Dank für deinen Brief, er hat mir
Freude gebracht und wird mir auch Segen bringen.
Ich kann dir wenig sagen darum schick ich dir Iphigenien nicht als Werk, oder Erfüllung jener alten
Hoffnungen werth, sondern daß sich mein Geist mit
dem deinigen unterhalte, wie mir das Stück mitten
unter kümmerlichen Zerstreuungen, vier Wochen eine
stille Unterhaltung mit höheren Wesens war. Möge
das fremde Gewand und die ungewohnte Sprache dir
nicht zuwieder seyn und die Gestalt dir anmuthig
werden.

Grüße die Deinigen und erhalte dich ihnen. Von
meiner Lage darf ich nichts melden. Auch hier bleibe
ich meinem alten Schicksale geweiht und leide wo
andere genießen, genieße wo sie leiden. Ich habe unsäglich ausgestanden, und freue mich herzlich daß du
mit Vertrauen nach mir hinsiehst. Laß mich ein
Gleichniß brauchen. Wenn du eine glühende Masse
Eisen auf dem Heerde siehst, so denkst du nicht daß
soviel Schlacken drinn stecken als sich erst offenbaren
wenn es unter den großen Hammer kommt. Dann

scheidet sich der Unrath den das Feuer selbst nicht
absonderte und fließt und stiebt in glühenden Tropfen
und Funken davon und das gediegne Erz bleibt dem
Arbeiter in der Zange.

Es scheint als wenn es eines so gewaltigen Hammers
bedurft habe um meine Natur von den vielen Schlacken
zu befreyen, und mein Herz gediegen zu machen.

Und wieviel, wieviel Unart weis sich auch noch
da zu verstecken.

Lebe wohl. Schicke mir das Stück, wenn du es
gelesen, wieder.

Von der Fürstinn habe ich wie du denken kannst
viel gehört, doch bleibt meine Idee von ihr ganz un=
bestimmt. Hast du nicht einen Schattenriß von ihr.
Lebe wohl.

Weimar d. 17ten Novbr. 1782.   G.

1626.
An Charlotte v. Stein.

Hier schick ich einen Brief an Jakobi den ich
morgen absende und komme nach. Die Einsamkeit
ist mir süß, dich nicht zu sehen unerträglich. Un=
möglich wenn ich dich so nah fühle. Dein Fritz hat
mir sehr wohl gethan. Adieu Geliebte. Wenn du
mir nichts sagen lässest nehm' ich's als ein Zeichen
daß ich kommen darf und kann. d. 17. Nov. 82
            zum drittenmal
                            dein   G.

1627.

An Charlotte v. Stein.

Wie anders steh ich heut auf als gestern, die
lebendige Gegenwart deiner süßen Liebe macht mich
auch wieder lebendig. Laß mich diesen Tag wieder
in der Stille zu bringen um Abends dein zu seyn.
Schicke mir den Aberli in einem Portefeuille, auch 5
die Brücke von mir auf blau Papier. Lebe wohl!
Ich krable allerley, das dir auch mit der Zeit zur
Freude werden soll.

    d. 18. Nov. 82.   G.

1628.

An Charlotte v. Stein.

Wie befindet sich meine Lotte? mir will heute 10
nichts von statten gehen. Ich werde spazieren laufen
müssen.

Sag mir von dir und von deinem Tage, du
liebes Glück, du Ende und Anfang meiner Zeit.

    d. 19. Nov. 82.   G. 15

1629.

An Charlotte v. Stein.

Guten Morgen meine Gute! Eben war ich im
Begriff dir zu schreiben und dir ein Stück Kuchen zu
schicken. Laß dir es gut schmecken. Ich liebe dich
unendlich. Wenn du im Thore nicht gemeldet seyn

willst, ist das sicherste du steigst an der Stern Brücke
aus und ein. Bestelle dorthin den Wagen, ich hohle
dich ab.

Sonst gehts nicht man müste es dem Thorschreiber
5 verbieten, und das sieht kurios aus. Adieu.

d. 20. Nov. 82. G.

1630.
An Charlotte v. Stein.

Seit dem frühsten Morgen bin ich bey dir. Mich
kann man Leben und Todt, Dichtung und Acktenlesen
nicht von dir trennen. Der Schnee kommt mir er=
10 wünscht er bringt mir die vorigen Winterzeiten ins
Gedächtniß und manche Scene deiner Freundlichkeit.
Lebe wohl du süser Traum meines Lebens, du Schlaf=
trunck meiner Leiden. Morgen ist Thee bey mir.

d. 21. Nov. 82. G.

15 Sag mir deinen Tag.

1631.
An C. v. Knebel.

Ich bedaure sehr deinen Zustand, es ist gar übel
ganz allein zu seyn, und selbst die Gegenwart deiner
guten Schwester macht dich noch einsamer. Wie
traurig ist's seine Freunde so zu sehen, da fühlt man
20 erst wie ohnmächtig man ist.

Seit einiger Zeit lebe ich sehr glücklich. Ich komme

faſt nicht aus dem Hauſe, verſehe meine Arbeiten und
ſchreibe in guten Stunden die Mährgen auf die ich
mir ſelbſt zu erzählen von ieher gewohnt bin. Du
ſollſt bald die drey erſten Bücher der Theatraliſchen
Sendung haben. Sie werden abgeſchrieben.

Meinen Werther hab ich durchgegangen und laſſe
ihn wieder ins Manuſcript ſchreiben, er kehrt in
ſeiner Mutter Leib zurück du ſollſt ihn nach ſeiner
Wiedergeburt ſehen. Da ich ſehr geſammelt bin, ſo
fühle ich mich zu ſo einer delikaten und gefährlichen
Arbeit geſchickt.

Alle Briefe an mich ſeit 72, und viele Papiere
iener Zeiten, lagen bey mir in Päcken ziemlich ordent=
lich gebunden, ich ſondre ſie ab und laſſe ſie heften.
Welch ein Anblick! mir wirds doch manchmal heiß
dabey. Aber ich laſſe nicht ab, ich will dieſe zehn
Jahre vor mir liegen ſehen wie ein langes durch=
wandertes Thal vom Hügel geſehn wird.

Meine iezige Stimmung macht dieſe Operation
erträglich und möglich. Ich ſeh es als einen Winck
des Schickſaals an. Auf alle Weiſe machts Epoche
in mir.

Ich ſehe faſt niemand, auſſer wer mich in
Geſchäfften zu ſprechen hat, ich habe mein poli=
tiſches und geſellſchafftliches Leben ganz von meinem
moraliſchen und poetiſchen getrennt (äuſſerlich ver=
ſteht ſich) und ſo befinde ich mich am beſten. Alle
Woche gebe ich einen · groſen Thee wovon nie=

mand ausgeschlossen ist, und entledige mich dadurch
meiner Pflichten gegen die Sozietät auf's wohlfeilste.
Meine vielen Arbeiten von denen ich dem Publiko
noch einen gröseren Begriff erlaube, entschuldigen
mich daß ich zu niemand komme. Abends bin ich
bey der Stein und habe nichts verborgnes vor ihr.
Die Herzoginn Mutter seh ich manchmal u. s. w.

Der Herzog hat seine Existenz im Hezen und
Jagen. Der Schlendrian der Geschäffte geht ordent=
lich, er nimmt einen willigen und leidlichen Theil
dran, und läßt sich hie und da ein Gutes angelegen
seyn, pflanzt und reißt aus pp. Die Herzoginn ist
stille lebt das Hofleben beyde seh ich selten.

Und so fange ich an mir selber wieder zu leben,
und mich wieder zu erkennen. Der Wahn, die schönen
Körner die in meinem und meiner Freunde daseyn
reifen, müßten auf diesen Boden gesät, und iene
himmlische Juwelen könnten in die irdischen Kronen
dieser Fürsten gefaßt werden, hat mich ganz verlassen
und ich finde mein iugendliches Glück wiederhergestellt.
Wie ich mir in meinem Väterlichen Hause nicht ein=
fallen lies die Erscheinungen der Geister und die
iuristische Praxin zu verbinden eben so getrennt laß
ich iezt den Geheimderath und mein andres selbst,
ohne das ein Geh. R. sehr gut bestehen kann. Nur
im innersten meiner Plane und Vorsäze, und Unter=
nehmungen bleib ich mir geheimnißvoll selbst getreu
und knüpfe so wieder mein gesellschafftliches, politisches,

moralisches und poetisches Leben in einen verborgenen
Knoten zusammen. Sapienti sat.

Ich sage dir viel von mir, weil du mich liebst,
und es magst und um dich zum gleichen einzuladen.

Die Cosmogonie und die neusten Entdeckungen
darüber, die Mineralogie, und neustens der Beruf
mich der Oekonomie zu nähern, die ganze Natur=
geschichte, umgiebt mich wie Bakons groses Salomo=
nisches Haus, worüber sich Herder und Nikolai streiten.
Lebe wohl. Oeser war hier. Ich lerne ihn erst recht
kennen. Ein Mann voll Geschmack und Geist und
stiller Künstler und Weltmanns Klugheit.

Wenn der grose Stein in seinem Glanze steht und
seine Bestimmung offenbaar ist sollst du eine Zeich=
nung davon haben.

Lebe wohl. Wenn du nicht eher wiederkommen
willst, biß Harmonie im Ganzen ist, und du eine
Uniform nicht für Harmonie nehmen kannst; so
werd ich dich ewig entbehren müssen. Adieu, Guter.
d. 21. Nov. 82.   G.

1632.

An Charlotte v. Stein.

Hier schicke ich das Tiefurter Journal und einen
schönen Morgengrus.

Du gehst wohl heute zu Vossens ich will auch
hinkommen. Sage mir ein Wort eh du in die Aka=
demie gehst. Laß mich den Athem deiner Liebe aus

einem Blättgen ahnden. Heut fand ich einen alten
Vers:

Bin so in Lieb zu ihr versuncken
Als hätt ich von ihrem Blut getruncken.

d. 23. Nov. 82.   G.

1633.

An Charlotte v. Stein.

Hier allerley meine Lotte. Altes und neues. Du
immer neue.

d. 24. Nov. 82.   G.

1634.

An Charlotte v. Stein.

Sage mir Liebste wie du lebst damit ich auch
wieder lebe. Und ob du diesen Abend bey der Kleinen
bist.

Gieb Überbringern die Abnahme vom Kreutz von
Raphael.

Und den Brief an Plessig.

Möge ich doch gute Nachricht von dir hören!

d. 25. Nov. 82.   G.

1635.

An Charlotte v. Stein.

Sage mir Lotte wie du dich befindest ich habe die
ganze Nacht von dir geträumt. Nach Tische muß ich

dich sehn es wird mir schon weh auf heut Abend.
Adieu beste. Wenn dir nur wohl ist.

    d. 26. Nov. 82.   G.

1636.
An Charlotte v. Stein.

Hier liebe Lotte der armen la Roche Brief, sie
iammert mich sehr. Sage mir daß du mich liebst,
auf daß ich eigner und fremder Noth vergesse. Heute
gehst du zur Herzoginn du wirst mich wohl nachziehen.

Morgen komme zu mir mit der kleinen, in meine
kleinen Zimmer. Adieu Geliebteste.

    d. 27. Nov. 82.   G.

1637.
An Johann August v. Kalb.

Möge das Glück, das sich dir unter einer so reitzen=
den Gestalt zeigt, recht vollkommen und beständig
seyn, und diese Verbindung durch ihre Dauer und
alles was sie begleitet dir iene Schmerzen der vorigen
vergessen machen. Ich danke dir daß du mir durch
die frühzeitige Nachricht einen Anteil daran gönnen
willst.

Durchl. dem Herzoge habe ich den eingeschlossenen
Brief sogleich übergeben. Du wirst mich Herrn
v. Stein und seiner Frau Gemahlin empfehlen.

    Weimar d. 27. Nov. 1782.

                                    Goethe.

1638.

An Charlotte v. Stein.

Obermarschalls lassen auf heute Abend einladen.
Wie machst du es? Gehn wir zum erstenmale hin
und verlegen unsern stillen Thee? Ich will nur seyn
wo du bist denn da ist mein Himmel. Frage Steinen
5 ob er mir um 2 Uhr will den Schlitten schicken; so
will ich ein Stündgen fahren. Sag es Fritzen. Und
bleibe mir. Adieu Adieu. d. 28. Nov. 82.

G.

1639.

An Charlotte v. Stein.

Zwar werd ich dich balde sehen, denn vor zehen
10 komm ich, doch wünsch ich noch ein Wort von dir
vor her der ich mit Herz Leib und Seele dein eigen
bin. d. 29. Nov. 82.

G.

1640.

An Charlotte v. Stein.

[Ende November.]

Es ist kaum zwey Uhr und ich habe schon Ten=
15 tation mich anzuziehen. Du lieber Magnet. Recht
schön und artig wäre das Loos, wenn es dich mir
gäbe. Ich will Steinen ersuchen daß er mich Morgen
Schlitten und Pferd probiren läßt. Adieu. M. L.

G.

1641.
An Charlotte v. Stein.

[November oder December.]

Es that mir weh dich heute so zu finden, und ich
freute mich herzlich dich nach und nach aufthauen zu
sehn. Mögte doch meine Liebe die Übel wegnehmen
können, deren Empfindung sie dir erleichtert. Adieu.
Wenn der Herzog kommt so soll mein Götze gleich   5
herspringen und es mir sagen so bin ich alsdenn
gleich da.

                                                    G.

1642.
An Charlotte v. Stein.

Wenn ich soviel an meinen Wilhelm als an dich
dächte so wäre der Roman bald fertig. Aber es ist   10
ein andrer Roman der meinem Herzen näher ist. Ich
bin zur Tafel gebeten, will hinauf gehen, Vorher
dich einen Augenblick sehn und den Abend dir leben.
Zwar leb ich dir gegenwärtig und abwesend schlafend
und wachend.   15

d. 1. Dez. 1782.

Eben kommt dein Briefgen. Um vier Uhr bin
ich bey dir nach indessen was du willst. oder wenn
du bey deiner Mutter etwa bis fünfe bleiben magst;
so will ich zu Obermarschalls und Oertels gehn und   20
dich bey der Mutter abhohlen. Und wir fahren zusammen nach hause. Ich spreche dich noch.

                                                    G.

1643.
An Charlotte v. Stein.
[2. oder 3. December.]

Der Herzog hat mir ein Paar Stunden wegge=
nommen. Ich habe so viel zu thun daß ich zu Hause
bleiben und Abends um achte bey dir seyn will. Ich
soll bey der Schlittenfahrt seyn, wenn ich einen herr=
5 schafftlichen Schlitten haben kan will ich gerne. Wer=
den die Damen geloost? oder wie? Oder wirst und
kannst du dich mir anvertrauen.

1644.
An Charlotte v. Stein.
[4. December.]

Sag mir noch einmal was das Loos über uns
bestimmt hat. Ich glaube es wäre besser wenn ich
10 mich bey dem Winde ganz in der Stube hielte, doch
lockt mich die Fahrt mit dir, und das Verlangen mit
dir zu seyn.

Hier hast du das Landschäfftgen für die kleine
durch deine Hand wirds ihr gewiß noch lieber. Adieu
15 und sag mir was ich weis und nicht weis.

G.

1645.
An Charlotte v. Stein.

Schon seit dem frühsten Morgen bin ich bey dir.
Mir ist recht wohl und munter ich habe schon allerley

weggearbeitet. Nach Tische komm ich zu dir und er=
warte deinen Beytrag zu meinem Mittagmahl. Laß
uns einander zur Freude leben und nicht zu weise
werden.

d. 5. Dez. 82.   G.

1646.
An Charlotte v. Stein.

Heute bleibe ich zu Hause und hoffe meine Ge=
liebte zu sehen. Könnte sie um vier Uhr kommen so
lies ich es der kleinen sagen daß wir doch ein Stünd=
gen für uns hätten.

Adieu! Noch fürchte ich du seyst an Hof gebeten,
wenn das ist; so komme ich nach Tisch.

d. 6. Dez. 82.   G.

1647.
An Charlotte v. Stein.

Sag mir mit einem Worte wie du geschlafen hast
und ob dein Kopfweh ganz vorüber ist. Dein Wohl
ist mein Wohl und dein Leiden das meine. Adieu
Liebste, einzige. Ich sehe dich bald. d. 8. Dez. 82.

G.

1648.
An Charlotte v. Stein.

Wie erquickst du mich Beste durch iedes Wort was
aus deinem Munde geht, das mir nothwendiger als
Brod ist. Hier schick ich dir das verlangte. Nach

Tiſche komm ich ſelbſt. Der Herzog liegt mir an ich
ſoll auf acht Tage mit ihm verreiſen. Was ſagſt
du dazu? Mich hält nur deine Liebe. Meine andern
Sachen haben Raum. Faſt mögt ich wünſchen einmal
⁵ durch fremde Lufft durchzugehen, und kann mich doch
nicht von dir getrennt dencken. Lebe wohl. Dieſen
Nachmittag mehr.

    d. 8. Dez. 82.   G.

Aus dem Stücke Kreide können mit Vortheile viele
¹⁰ geſchnitten werden.

1649.
An Charlotte v. Stein.

Ich warte ſchon ſeit zwey Stunden auf deiner
Schwägerinn Antwort. Wahrſcheinlich weil ihre Hof=
meiſterinn zurück iſt darf das Kind nichts ohne Er=
laubniß thun. Sobald ich ſie habe erfährſt dus. Die
¹⁵ ganze Nacht habe ich von dir geträumt, es wird dir
luſtig ſeyn wenn ich dirs erzähle und bin den Abend
dein hier oder dort. d. 9. Dez. 82.

                                           G.

1650.
An Charlotte v. Stein.

                              [9. December.]

Die kleine kommt um 5 Uhr. Nach Tiſche muß
²⁰ ich ſpazieren laufen und dann beſuch ich dich. Stein
kommt doch auch zum Eſſen.

                                           G.

1651.

An Charlotte v. Stein.

Liebſte Lotte. Ich kann dir nicht helfen um acht uhr komme ich und klopfe an deiner Thüre, wenig=
ſtens noch deine Stimme zu hören. Wenn ich es noch zu thun hätte ich ginge nicht weg, wie leer und kalt iſt es in der Welt drauſſen wie voll und warm 5
bey dir. d. 11. Dez. 82.

G.

1652.

An Charlotte v. Stein.

[Erfurt, 11. December.]

Von langer weile in der Geſellſchafft, von Kälte in meiner Stube erbärmlich gequält ſchreibe ich dir nur dieſe Worte. 10

Der Stadthalter bittet mich die Comödie Freytags mit anzuſehen.

Morgen Donnerſtags will ich mit dem Herzog auf Neunheiligen fahren und Freytag wieder hier ſeyn.

Sonnabends bin ich zur rechten Zeit bey dir um 15
mit nach Ketſchau zu gehn. Eigentlich bin ich nirgends wenn ich nicht bey dir bin, und wünſchte ich hätte nichts verſprochen und könnte morgen ſchon wieder bey dir ſeyn. Die Feder iſt abſcheulich, ich mag ſie nicht zum Dolmetſcher meiner Liebe brauchen. Lebe 20
wohl allerbeſte iemehr ich Menſchen und Frauen ſehe deſto lieber wirſt du mir.

Erfurt. Mittwoch Abends. G.

1653.

An Charlotte v. Stein.

Neunheiligen Donnerstags d. [12.] Dezember 82
Abends 10.

Wie ängstlich es mir gegen acht Uhr diesen Abend
ward kann ich dir nicht ausdrucken. Nun wartet sie
5 auf mich dacht ich und du bist 16 Stunden weit von
ihr und der Schnee der zwischen uns liegt schien mir
unendlich.

Morgen früh eil' ich auf Erfurth. Diesen Brief
und Grus sollst du hoff ich erhalten. Freytag Abends,
10 ich komme erst in der Nacht.

Adieu. Ach du wartest wohl noch in diesem
Augenblicke! Liebe liebe Lotte wie sehn ich mich zu
dir und freue mich auf Sonnabend. Ich bin ganz
auf dich beschränkt. Lebe tausendmal wohl.

15 G.

1654.

An Charlotte v. Stein.

Liebste liebe sag mir ein Wort daß du mich liebst
daß du mir mein Aussenbleiben verzeihst. Ich bin
balde bey dir. Wie wird es mit unsrer heutigen
Fahrt? Hier ein Brief den ich dir noch schrieb. Dancke
20 für das liebe Zettelgen zum Empfang. Adieu ich habe
dich immer mit mir herumgetragen. d. 14. Dez. 82.

G.

1655.

An Charlotte v. Stein.

Einige Tage später wären mir diese Blumen will=
kommner gewesen, ich hätte sie dir zum Geburtstage
geschickt. Nimm sie voraus die du mir so viele Blu=
men im Leben aufwachsen lässest. Ich will mein
Essen zu dir bringen lassen daß ich in deiner Gegen= 5
wart mich doppelt sättige. Lebe wohl und bleibe mir.

d. 15. Dez. 82.   G.

1656.

An Charlotte v. Stein.

Sage mir vor allen Dingen wie du dich befindest,
ob es besser mit dir ist? ich kann dir nicht sagen
wie sehr ich um dich besorgt bin. Wie sehr ich um 10
dich leide. Du gehst doch heute Abend in Gesellschafft?
Ich muß fleisig seyn, und komme gegen Abend dich
zu nehmen.

d. 16. Dez. 82.   G.

1657.

An Charlotte v. Stein.

Mir ist ganz wohl geworden, und heute früh habe 15
ich mich nur um deinetwillen angezogen. Recht gerne
erwarte ich euch heute und will es der kleinen sagen
lassen. d.

Doch fällt mir den Augenblick ein da der Herzog

nicht wohl ist wäre es gut wenn ich ihn fragen ließe
ob ich ihm und seiner Gemahlinn wenn nichts bey
Hofe ist heute Abend vorlesen solle. Du findest Mit=
tags Antwort. d. 18. Dez. 82.

5   G.

1658.

An Charlotte v. Stein.

Zu Obermarschalls bin ich gebeten ich sagte gleich
zu, weil ich hoffte sie würden so artig seyn wie es
auch eintrifft. Ich komme zu dir dich abzuhohlen.
Wir wollen morgen nach Erfurth. Es graut mir
10 vor meinem Thee. Leb wohl. Ich bin immer dein
und deiner.

d. 19. Dez. 82.   G.

1659.

An Charlotte v. Stein.

Leipzig Christabend 82.

Liebste Lotte ich bin wieder hier der Herzog geht
15 die Nacht und ich bleibe. Kaum bleibt mir noch ein
Augenblick dir zu schreiben und dir zu sagen wie ich
dich vermisse. Wenn mir diese Reise nichts nützt so
läßt sie mich den Werth einer Stunde mit dir dop=
pelt und dreyfach fühlen. Den ersten Reise Tag hatte
20 ich Zahnweh, in Dessau wenig guts und viel Lang=
weile, der Fürst begleitete uns heute noch eine Stunde,
das war der interessanteste Augenblick. Es ist ein

trefflicher Mensch), es hat eine wunderliche Scene ge=
geben die ich dir erzählen will. Du gute, du einziger
Anker meines Wesens, wie freue ich mich dich wieder
zu sehen. Einen Brief von dir habe ich nicht gefunden
er wird erst Morgen ankommen die Weege sind gar ₅
erschröcklich.

Der Herzog geht ab, es regnet und ich sage dir
Adieu. Es wird mir hier nicht wohl werden, ich
fühl es schon. Mein Herz ist zusammengezogen mein
Geist ist enge. O liebe Lotte wenn ich dich nicht ₁₀
hätte ich ging in die weite Welt. Adieu. Ich komme
bald behalte mich recht im Herzen. Ich bringe dir
eine Kleinigkeit mit die dich freuen wird. Grüße
Steinen und die Kinder. Ich lebe nur in dir, die
übrige Welt will nicht an mir hafften. Nochmals ₁₅
Adieu ich kann nicht von dir kommen.

Weimar d. Christabend.   G.

Lache mich doch aus. Ich bin so zerstreut, habe
den Kopf so wüste, der Herzog und Oeser schwäzen
und ich unterschreibe den Ort wohin ich schreibe. Adieu. ₂₀
Gott erhalte dich.

1660.

An Charlotte v. Stein.

[Leipzig] den ersten Christtag Abends.

Ich habe meine Zeit heute recht sehr vergnügt zu=
gebracht nur unterbrochen durch die Nachricht daß du

nicht wohl bist. Wie erfreulich war mir der Anblick deines Briefs, wie traurig der Inhalt. Laß
mich dich wieder wohl finden und schone dich.

Wie süß ist es mit einem richtigen, verständigen,
klugen Menschen umgehn, der weis wie es auf der
Welt ausfieht und was er will, und der um dieses
Lebens anmutig zu genießen keine superlunarische
Aufschwünge nötig hat, sondern in dem reinen Kreise
sittlicher und sinnlicher Reitze lebt. Dencke dir hinzu
daß der Mann ein Künstler ist, hervorbringen, nach-
ahmen und die Wercke andrer doppelt und dreyfach
genießen kann; so wirst du wohl nicht einen glücklichern dencken können. So ist Oeser und was müßte
ich dir nicht sagen wenn ich sagen wollte was er ist.
Wir haben ein Portefeuille aus Wincklers Kabinet
zusammen durchgesehen. Bey iedem Blat habe ich
dich herbeygewünscht, immer eins köstlicher als das
andre.

den dritten Feyertag frühe.

Es geht mir wohl und mein hiesiger Aufenthalt
thut die gehoffte Würckung. Viele und merckwürdige
Verhältnisse sind in dieses Städtgen eingesperrt und
ich mache mich damit bekannt. Alles neue Figuren
wohin ich sehe und niemand der mich näher angeht
oder auf irgend eine Weise an mein innerstes rührt.
Gestern aß ich beym Commandanten Grafen Vitzthum
in einer sehr bunten Gesellschafft, du sollst viele
Schilderungen hören. Das Tableau hat nichts auser-

ordentliches aber viel guts. Gestern Abend war ich
bey Bause wo sich auch eine Menge Menschen ein=
fanden die ich auch auf die Täflein meines Geistes
aufgezeichnet habe.

An Gemählden und Zeichnungen sehe ich was
mein Herz erfreut. Bey Bausen spielten die Frauens
und Mädgens schön Klavier besonders eine Mad.
Neumann aus Dresden und Bausens ältste Tochter
die besonders schön ist.

Heute Abend ist Ball wozu ich eingeladen bin.
Es werden viele Menschen drauf seyn und ich will
die Liste davon mitbringen.

Seit 69 da ich von hier wegging bin ich nie über
ein paar Tage hier gewesen, auch hab ich nur meine
alte Bekannte besucht und Leipzig war mir immer
so eng wie iene erste Jahre. Diesmal mache ich mich
mit der Stadt auf meine neue Weise bekannt und es
ist mir eine neue kleine Welt.

Daß der weise Mambres tiefe Betrachtungen über
sich und andre dabey macht ist leicht zu dencken.

Wann ich wieder abgehe weis ich nicht. Ich will
den Kreis auslaufen, und wenn das Lied von vorne
angeht empfehle ich mich.

Adieu meine innig Geliebte zu der ich immer
meine Gedancken wende auf die ich alles beziehe.
Wie du mir gegenwärtig alles bist so bist du es
auch in der Abwesenheit. Lebe wohl. Grüße den
Herzog. Es sollte mich wundern wenn er dir nichts

von iener Scene erzählt von der ich neulich schrieb.
Laß dich aber nichts mercken. Allenfalls kannst du
fragen: wie ich gewesen sey und hören. Adieu. Ich
will mich nun umsehn und diesen Morgen noch viele
5 Leute besuchen.

G.

Sonnabends d. 28. Dez. 82.

Der Tag wäre nun auch vorbey, er hat mich
unterhalten. Bis man sich durch soviel neue Gesichter
10 durchguckt und ihnen eine Idee abgewinnt. Es waren
ohngefähr 180 Personen zugegen, schöne Gesichtgen
mit unter und gefällige Menschen. Was sich der
Mensch kümmerlich durch Stufen hinauf arbeiten
muß! Ich dachte gestern warum hast du nun die
15 Menschen vor 15 Jahren nicht so gesehen wie du sie
iezt siehst? Und es ist doch nichts natürlicher als
daß sie sind was sie sind. Meine Gedancken waren
immer bey dir und ich wiederhole dir immer: iemehr
ich Menschen sehe desto mehr bin ich dein. Noch
20 einige Tage bleib ich hier auch um deintwillen, denn
ich war zulezt unleidlich, es wollte gar nicht mehr
fort. Wenn ich nicht immer neue Ideen zu bearbeiten
habe werde ich wie kranck. Wie lieblich mich deine
Liebe und Freundschafft begleitet kann ich dir nicht
25 ausdrucken. Wenn ich nur alles Gute mit dir theilen
könnte. Zwey Landschafften habe ich gesehen eine
von Everdingen die andre von Ruisdal beyde gezeichnet, von der grösten Schönheit. Wie köstlich ists

wenn ein herrlicher Menschengeist ausdrucken kann
was sich in ihm bespiegelt. Ich sehne mich recht nach
dir und wenn ich bleiben will darf ich dein Bild
nicht gar zu lebhafft werden lassen. Wenn du mir
nur wieder geschrieben hast daß ich morgen einen
Brief erhalte. Lebe wohl beste. Ich habe heute noch
allerley Gänge zu thun.

Sonntags d. 29ten.

Nun habe ich meinen Plan gemacht und will bis
auf den Mittwochen bleiben, da noch Abends Conzert
ist, um auch dieser Feyerlichkeit beyzuwohnen und
Leipzig von mehr Seiten zu sehen. Gestern habe ich
recht schöne Data zu meinem Wilhelm gesammelt
und verschiedne Lücken die mir fehlten ergänzt. Ich
sehe und höre vielerley. Mit unter läufft freylich
ein Augenblick langer Weile und offt offt reißt das
Verlangen zu dir an meinem Herzen.

Ich wünschte mich ein viertel Jahr hier aufhalten
zu können denn es stickt unglaublich viel hier bey=
sammen. Die Leipziger sind als eine kleine mora=
lische Republick anzusehn. Jeder steht für sich, hat
einige Freunde und geht in seinem Wesen fort, kein
Obrer giebt einen allgemeinen Ton an, und ieder
produzirt sein kleines Original, er sey nun verständig,
gelehrt, albern, oder abgeschmackt, thätig, gutherzig,
trocken oder eigensinnig, und was der Qualitäten
mehr seyn mögen. Reichthum, Wissenschafft, Talente,
Besitztühmer aller Art geben dem Ort eine Fülle die

ein Fremder wenn er es versteht sehr wohl genießen
und nutzen kann. Er muß sich nur im allgemeinen
halten, und keinen Antheil an ihren Leidenschafften,
Händeln, Vorliebe und Abscheu nehmen. Es leben
hier einige Personen im Stillen, die, wenn ich so
sagen darf vom Schicksal in Pension gesetzt worden
sind, von denen ich grosen Vorteil ziehen würde
wenn es mir die Zeit erlaubte.

Von dem allgemeinen Betragen gegen mich kann
ich sehr zufrieden seyn. Sie bezeigen mir den besten
Willen und die gröste Achtung, dagegen bin ich auch
freundlich, aufmercksam, gesprächig, und zuvorkommend
gegen iedermann. Es ist gar schön an einem Orte
fremd seyn, und doch so nothwendig eine Heimath zu
haben. O liebe Lotte ich bin dir mein Glück zu
Hause, und mein Vergnügen auswärts schuldig, denn
die Stille, der Gleichmuth mit dem ich empfange und
gebe ruht auf dem Grunde deiner Liebe. Lebe wohl.
Heute hoffe ich auf einen Brief von dir, auf Nach=
richt daß du dich wohl befindest. Adieu meine theure
meine einzige! Mein Leben und Talismann.

G.

Grüße den Herzog und sag ihm daß ich Donnerstags
von hier weggehe wahrscheinlich aber erst Freytags
komme weil wir andern diesen Weeg nicht in Einem
Tage enden können.

Grüße Steinen und die Kinder und die Kleine.

1661.
An Charlotte v. Stein.

So kann ich denn endlich den Morgen wieder in
deiner Nähe begrüssen. Wie schön die Sonne ist!
recht so freundlich und fröhlich wie mein Geist in
deiner Liebe. Ich kann dir nichts sagen, ich kann
dir nicht dancken. Sehnsuchtsvoll erwart' ich die
Stunde die mich wieder zu dir bringt. Schicke mir
mein Angebinde. Lebe tausendmal wohl.

b. 4. Jan. 83.   G.

Eben erhalte ich dein liebes Zettelgen. Nochmals
tausend Danck. Adieu.

1662.
An Charlotte v. Stein.

Ich bitte meine Geliebte mir die Schlüssel zu
schicken, und sage ihr den freundlichsten guten Morgen.
Vor Tische will ich ein wenig spazieren lauffen und
dich besuchen und von dir hören was heute werden
wird. Lebe wohl du beste, du Innbegriff meines
Glücks. b. 5. Jan. 83.
                                                  G.

1663.
An Charlotte v. Stein.

Schicke mir doch beste Seele die Briefe aus der
Schweitz ich habe sie dem Fürsten von Dessau ver=

sprochen. Du sollst sie ohnversehrt wieder haben.
Und sage mir ein freundlich Wort zum unfreundlichen
Tage. Ich mag heute Abend keinen Thee sondern
will bey dir seyn. Eh ich auf die Cammer gehe,
⁵ komme ich einen Augenblick. d. 6. Jan. 83.

G.

1664.

An Charlotte v. Stein.

Eben vernehme ich daß es Feyertag ist, und daß
also keine Session ist, bin ich doch im Chriſtlichen
Kalender schlecht bewandert. Hier schick ich die erste
¹⁰ Abschrifft der Reisen und komme nach Tische dahin
wo mein Herz immer ist. d. 6. Jan. 83.

G.

1665.

An C. v. Knebel.

Weimar, 10. Jan. 83.

Ich danke dir für das überschickte artige Kunst=
¹⁵ wert. Es scheint wirklich von einem Künstler zu
seyn der auch gern seinen kleinen Haußrath um sich,
verzieren und angenehm machen wollen. Ich habe zu
Ende des vorigen Jahres zehn Tage in Leipzig zuge=
bracht, und habe viel mit dem alten Oeser gelebt der
²⁰ mir immer respektabler, und beneidenswerther vor=
kommt. Diesmal kann ich dir nicht viel mehr sagen,
als daß ich dir einige Commissionen schike, die aus

dem Kupferstichkatalogus der Regensburgischen Auktion
ausgezogen sind. Ich hatte Anfangs den Vorsaz sie
unserem Legationssekretär zuzuschiken. Da du mir
aber schreibst daß ein dir bekannter guter Mann dort=
hin gehen will, so ist es mir um desto lieber. Man 5
hat keine Preiße angesezt, was man dafür zu geben
gedenkt, weil sich das nicht wohl bestimmen läßt.
Ich vermuthe daß der Kommißionär selbst die Sache
versteht und allenfalls wird der Kaufmann Leubold,
wie ich bemerkt gerne mit Rath an Handen gehen. 10
Sollte der von dir vorgeschlagene Mann verhindert
werden nach Regensburg zu gehen und diese Commiſ=
ſion zu übernehmen so bitte ich dich, mir solches
geschwind wissen zu lassen, damit ich andere Anstalten
machen kann. Ich habe eine Abschrift meiner Kom= 15
missionen hier behalten und weiß also genau was ich
bestellt habe auf alle Fälle wenn der Zettel verlohren
ginge. Heute Abend soll deine Gesundheit getrunken
werden, ich gebe vor der Redoute an diejenigen die im
November gebohren sind und ihre gute Freunde ein 20
Abendessen. Lebe indessen wohl und erwarte daß ich
dir nächstens etwas mehreres schike wo ich dir weiter
schreibe. Weimar, d. 10ten Jan. 83.

					G.

1666.
An F. J. Bertuch.

Der Kammermeister hat nun, wie ich sehe, mit 25
Ihnen abgerechnet und es findet sich daß Sie die

Monate Januar, Februar, März weghaben und drüber
noch 509 rthlr. 8 gr. ½ d.

Sie erheben also dies Vierteljahr abgeredter Maßen
nichts.

Mit Anfang Aprills könnten Sie den Monat
Aprill ganz erhalten. Nachher wünschte ich aber, daß
es mit dem Monat Mai bis zu dessen Ende anstehen
könnte. Haben Sie die Güte, lieber Rath, und machen
Ihre Einrichtung darnach, denn ich muß entweder
Johanni in Ordnung seyn oder abdancken.

d. 10. Jan. 83.

Goethe.

1667.
An Charlotte v. Stein.

Es war mir unmöglich heute wegzugehn, da du
nicht wohl bist. Ich brauche Bewegung und will
spazieren lauffen und dann bey dir seyn. Sage mir
ein Wort wie du dich befindest. Gestern Abend habe
ich tausendfach an dich gedacht. d. 13. Jan. 83.

G.

1668.
An Charlotte v. Stein.

Hier noch den versprochnen guten Morgen. Wenn
es nicht weiter geht und mir die liebe Hoffnung bleibt
dich den nächsten Tag wieder zu sehen ist alles gut.

Lebe wohl. beste! einzige, und bleibe deinem blei=
benden.

d. 14. Jan. 83.   G.

1669.

An Charlotte v. Stein.

Ich mögte erfahren wie meine Beste geschlafen hat und ob sie mir recht freundlich erwacht ist. Nach Mittage komm ich zu dir, gegen Abend will ich zur Herzoginn Mutter, und dich in der Gesellschafft wie= der finden. Adieu Geliebteste.

d. 16. Jan. 83.   G.

1670.

An Charlotte v. Stein.

Bald will ich kommen und meiner Liebsten zurechte helfen. Leider bin ich zur Herzoginn Mutter zur Tafel gebeten und verliere die schönste Zeit des Nach= mittags. Abends hast du die Affen, ich habe schon lang aufgehört ihr Grosmeister zu seyn, und werde wohl in die Einsamkeit gehen.

d. 19. Jan. 83.   G.

1671.

An Charlotte v. Stein.

Es ist mir nothwendig ein Wort von dir zu hören. Gehst du in die Zeichenstunde, und kannst du deinen rauhen Lehrer lieben. Ich habe viel zu thun. Sage mir ob du in's Conzert gehst.

d. 22. Jan. 83.   G.

1672.

An Charlotte v. Stein.

Ich habe lange im Bette gelegen, es ist mir nicht ganz recht. Desto mehr freue ich mich dich bey mir zu sehen. Die kleine Schwägerinn will um drey Uhr kommen schreibe mir ob du sie abhohlen oder
5 durch meine Hinterthüre gehn willst. Es ist nur soviel Schnee im Garten. Lebe wohl du meine sehnlichst erwartete. Adieu indeß.

d. 23. Jan. 83.   G.

Ich wünschte daß die Männer nach der Gesellschafft
10 zu uns kämen ich wollte ein klein Abendessen veranstalten.

1673.

An Charlotte v. Stein.

Schicke mir l. L. den großen Pinsel und sage mir ein liebes Wort. Ich bin recht wohl und mögte mit dir ausfahren schreibe mir ob und wann es angeht.
15 Dein Bild ist in meiner Stube geblieben es wandelt um mich herum wenn ich sitze und arbeite.

Lebe wohl ich sehe dich bald und bin heute bey und mit dir. d. 25. Jan. 83.

G.

1674.

An Charlotte v. Stein.

Es fehlte mir zum schönen Morgen nur ein Wort
von dir. Nach eilfen will ich kommen, und mich mit
dir des schönen Wetters freuen. Ich bin am Zeichnen,
und hoffe ein recht schönes Rähmgen und eine recht
liebe Geliebte zu finden.

d. 26. Jan. 83.   G.

1675.

An F. I. Bertuch.

Ew. Wohlgeb. haben übernommen wegen des leich=
testen und leidlichsten Transportes der Versteinerungen
von Verona hierher zu erkundigen. Haben Sie die
Güte mir das Resultat Ihrer Untersuchungen mit=
zutheilen. Ich bin dem Canonikus Dionisi noch eine
Antwort schuldig und mögte sie nicht eher abgehen
laßen biß ich was gewißes schreiben kann.

Zugleich ersuche ich Sie um die radirten Land=
schaften von Kobel, ich werde sie unbeschädigt nach
gemachtem Gebrauche wieder zustellen.

Weimar den 27. Jan. 1783.

Goethe.

1676.

An Charlotte v. Stein.

Es wird Abend, ich will und muß zu Hause
bleiben, so sauer es mir wird wenn mein Stündlein

vorhanden ist, und ich über die Zeit fasten soll. Laß
mir ein Paar liebe Buchstaben deiner Hand, ein
Monogramm oder eine Hieroglyphe sehn, und stärcke
mich noch auf die drey Stunden hinaus die ich von
dir entfernt bleibe. Lebe wohl. Ich mache mich heute
von vielem los. d. 27. Jan. 83.

G.

1677.
An Charlotte v. Stein.

Liebe Lotte ich habe heut noch nicht zur Feder
kommen können dir ein freundlich Wort zu sagen.
Schicke mir doch Iphigenien und schreibe mir wie du
lebst, und ob du heute Abend zur Herzoginn gehst ich
bin um 7 Uhr bestellt. Ich sehe dich nach vieren.
d. 30. Jan. 83.   G.

1678.
An A. F. Oeser.

Mein Dank kommt spät lieber Herr Professor und
ist noch immer so warm als beym Abschiede, da ich
gewiß sehr ungerne Leipzig verließ. Sie haben mir
meinen Aufenthalt so angenehm und nüzlich gemacht
als möglich und ich bin wie immer bereichert von
Ihnen weggegangen.

Zwar habe ich es gemacht wie das Volt Israël
bey seinem Auszuge aus Egypten. Sie werden verschiedenes vermissen worunter besonders ein groser

Pinſel iſt, welchen ich aber mir ohne Furcht und
Reue zugeeignet habe.   Wenn wir ſo glüklich ſind
Sie aufs Frühjahr hier zu ſehen ſoll Ihnen alles
vorgelegt werden was ich damit biß dahin zu Stande
bringe.   Die Farbe iſt gekocht, die Kunſtſtüke werden
geübt, aber leyder iſts noch immer das Rähmchen
was mir an ſolchen Arbeiten am beſten gelingt.

Die verlangte Büſte für Herrn Breitkopf iſt ein=
gepakt und geht mit dem Schauriſchen Wagen ab.
Den Riß des Obſervatorii habe ich in eine Schachtel
an Roſten beypaken laßen, und auch dieſer wird
hoffentlich zur rechten Zeit anlangen.

Nun aber muß ich auf das dringendſte um den
berühmten Brunnen bitten.   Der Verſuch iſt gemacht
worden, man hat ihn in die Höhe geſtaucht, welches
wohl angeht.   Freylich läuft er da in einer ſtarken
Röhre und in einem ſchwachen Spiegel.   Haben Sie
die Güte mir die Zeichnung ſo bald als möglich zu
ſchiken, denn es warten die Anlagen der Weege und
die Pflanzungen darauf und ob gleich die Jahrszeit
ſtrenge iſt ſo ſind doch immer unſere gnädigſten Herrn
in Arbeit.

Große Steine ſind auch zu dem berühmten Felſen
hinzugeſchaft und warten nur auf Ihre ſchöpferiſche
Befehle um ſich zu einem ſchönen Ganzen zu bilden.
Laßen Sie nun unſere Hofnungen nicht ſcheitern und
kommen mit der erſten guten Jahreszeit.

Empfehlen Sie mich den werthen Ihrigen und

danken tausendmal für die viele gefällige Hülfe und
freundliche Unterhaltung, womit sie bey meinem
Aufenthalte gegen mich so freygebig gewesen sind.

Herrn Creuchauf recht viele Complimente.

Was macht mein Burscher? Werde ich bald ein
Kunstwerk des neuen Hogarths sehen?

Ich habe auch gleich nach meiner Ankunft die
seinen Pappen nachmachen laßen, sie sind aber zum
erstenmale nicht ganz glüklich gerathen, es fehlt ihnen
an dem nöthigen Leime, weswegen sich der Papier=
macher mit der Witterung entschuldigt.

Wenn Sie zu uns kommen werden Sie Sich an
den vortreflichen Eisenstufen ergözen die ich aus dem
Trierischen erhalten habe. Sogar auch Ungarische
sind mir zugekommen. Freylich nicht so schön wie
die Ihrigen.

Geben Sie mir bald Gelegenheit, daß ich wenig=
stens einigermassen aus Ihrer Schuld komme in der
ich so viel stehe.

Leben Sie nochmals auf das beste wohl.

Weimar 30. Jan. 1783.

Goethe.

1679.

An Charlotte v. Stein.

Ich bin meine liebste so von Arbeiten gesotten
und gebraten daß ich dich heute früh nicht sehn werde
auch wohl diesen Nachmittag zu Hause bleiben muß.

Diesen Abend geh ich nicht auf die Redoute. Bleibst
du auch zu Hause; so bin ich bey dir.

d. 31. Jan. 83.   G.

1680.

An Charlotte v. Stein.

Wenn meine Lotte nach Hause kommt muß sie
noch ein Wort von mir finden. Ich bin nicht aus=
gegangen, sondern habe mich in alten Ackten und
Büchern umgesehen und manches menschliche in einem
Wuste von Formalität gefunden, lebe wohl in dem
kritischen Augenblicke wo uns Freude oder Sorge
bevorsteht. Gute Nacht liebste. d. 1. Febr. 83.

G.

1681.

An Charlotte v. Stein.

Es that mir sehr wehe dich nicht zu sehen. Die
Kleine ist um sieben Uhr weg nachdem wir gar artig
Thee zusammen getruncken. Dann kam Ludekus mit
einer Nachricht die den garstigen Handel verschlimmert.
Mein Herz heist mich dich noch zu sehen und doch
mögt ich nicht gern in das Feuchte. Gute Nacht liebe
Lotte erwache mir morgen gesund, ich mag nicht leben
wenn du nicht wohl bist. Adieu tausendmal und
Danck für's Zettelgen. d. 3. Febr. 83.

G.

1682.

An Charlotte v. Stein.

Noch konnte ich keinen Augenblick finden dir
meine Freude zu sagen daß du wohl bist. Leider
stört uns heute die Ankunft der Herrschafften und
man wird Abends auf dem Piquick erscheinen müssen.
Auf alle Fälle seh ich dich. Und hole Erholung
denn es stürmt wieder einmal scharf auf mich zu.
Adieu Lotte Adieu liebe. Gedencke mein.

d. 4. Febr. 83. G.

1683.

An Charlotte v. Stein.

Schon am frühen Morgen muß ich um deine
Liebe bitten und fragen. Mein Vorsaz zu hause zu
bleiben wird wohl nicht ausgeführt denn schon ver-
langt mich dich zu sehen. Wenn ich es nur einen
Augenblick könnte wollte ich gerne wieder an meine
Arbeit gehn. Lebe wohl. Laß mich eine Zeile deiner
Hand sehen und bleibe meiner Liebe versichert.

d. 7. Febr. 83. G.

1684.

An Charlotte v. Stein.

Guten Morgen Geliebte! Wenn du wüßtest wie
artig du in deiner Gestrigen Gestalt im Traume und
vor meiner wachenden Seele vorbeygleitest, du hättest

ſelbſt ein Vergnügen das Kleidgen angezogen zu haben.
Lebe wohl. Dieſen Abend biſt du bey mir. Stein
kommt doch auch). d. 8. Febr. 83.

G.

1685.

An Charlotte v. Stein.

Geſtern Abend nahm ich mir es recht übel daß 5
ich aus Übereilung mich mit deinem Bruder wegzu=
fahren einlies. Wie ſehnlich verlangte mich da ich in
der Kutſche ſas dir noch ein Wort zu ſagen, und
wäre es früher geweſen, ich wäre wiedergekommen.
Heute muß ich vielerley thun, ſchreibe mir wie du 10
deinen Tag eintheilſt, und lebe wohl.

d. 17. Febr. 83.   G.

1686.

An Merck.

Du wirſt dich auch mit uns über die Ankunft
eines geſunden und wohlgeſtalten Prinzen, welche
Canzleyformel man diesmal mit aller Wahrheit ge= 15
brauchen kann, gefreut haben. Es macht freylich einen
großen Unterſchied und wir hoffen die guten Einflüße
dieſes erwünſchten Knaben täglich mehr zu ſpüren.
Wir haben uns in keine große und koſtſpielige Feyer=
lichkeiten ausgelaßen, doch iſt alles rege, beſonders 20
rühren ſich alle poetiſche Adern und Quellen, groß
und klein, lauter und unrein, wie du dich einmal,

wenn du die Mutter besuchst, durch den Augeschein
überzeugen kannst.

Schreibe mir doch: aus was vor einer Ursache
verläßt Wiesenhüten die Darmstädtischen Dienste, was
ist es vor ein Mensch geworden? und kannst du etwa
von seinen Vorgesezten hören, wie er in Geschäften
zu brauchen ist?

Das versprochene Buch hoffe ich dir ehester Tage
zu schifen. Wie gerne wollte ich dir auch den Gebrauch unseres Elephantenkopfes den wir in Jena
haben wünschen. Ich habe ihn gestern noch mit Er-
staunen betrachtet. Wir haben auch den Ober= und
Unterkiefer eines Physeters daselbst; nur leyder ist er
gleich hinter den Zähnen abgesägt und also nur ein
verstümmeltes und wenig intereßantes Stük. Die
Zähne sind von einer bewundernswürdigen Feinheit,
Symmetrie und Schärfe. Hast du Nachricht von Alt=
dorf? wie es mit dem sogenannten Crokodillskopfe
in Marmor aussieht? und habe ich dich nicht schon
in dem vorigen Briefe gefragt wo die Montagne de
St. Pierre in Frankreich liegt? Wir haben in Jena
auch einen Babirussa=Kopf.

Versäume ja nicht mir von deinen Untersuchungen
und Entdekungen zu schreiben; denn ich weiß immer
nicht wo mir der Kopf stehet, und kann nur Seiten=
blike auf diese intereßante Gegenstände werfen. Ver=
säume nicht die Berguntersuchung der Länder, die du
reichen kannst sorgfältig zu unternehmen, besonders

empfehle ich dir den Feldberg bey Frankfurt, von
welchem de Luc nichts befriedigendes fagt und den,
wenn ich nicht irre Voigt zu befuchen, verfäumt hat.

Tifchbein ift in Rom angelangt und ift ganz außer
fich vor Freude, er fegnet fein Gefchik das ihn halb
wider Willen hingeführt hat. Ich denke es foll
ein rechter Künftler aus ihm werden. Lebe wohl
und fchreibe mir wenn du eine Stunde Muße findeft.

Weimar den 17. Febr. 1783. G.

1687.
An Charlotte v. Stein.

Sey mir ia wohlthätig L. denn du kannft es
alleine von Grund aus feyn. Ich dancke dir für dein
freundlich Wort. Ich will in die Gefellfchafft gehn
und freue mich drinne deines Anblicks. Nach der
Mufick Probe feh ich dich. Lebe wohl, befte.

d. 27. Febr. 83. G.

1688.
An J. F. v. Fritfch.

[Februar.]

Ew. Exzell.

nehme mir die Freyheit zu vermelden, daß Mad. D.
einpackt um durch ihre Gegenwart noch vor Abend
Paulfen zu beglücken.

Die Gefchichte ift befonders durch Gambü und den
Colporteur Elckan wie Beylage ausweist fchon auf

der breiten Straße in's Publikum, doch wird man
es wohl müssen gehn laßen.

Übrigens habe ich die beste Hoffnung.

Ew. Erzell.

gehorsamster
Goethe.

1689.
An Charlotte v. Stein.

Wenn dir nur dein Wesen selbst so wohlthätig
wäre als es mir ist. Heut früh schrieb ich an meinem
Stücke. Diesen Abend um sechse bin ich bey dir.
Morgen trinckst du entweder Kaffee oder Thee bey
mir, Nachdem ich den Schöpsenbraten mit dir ver-
zehrt habe. Deine Mährgen träum ich wachend und
schlafend sie sind das einzige was mir noch von
irrdischen Dingen den Kopf verrückt. Adieu beste.
Liebe mich ich lebe in dir. d. 1. März 83.

G.

1690.
An Charlotte v. Stein.

Hier schick ich dir Geliebte die Liste meiner Thee
Gesellschafft, wir wollen das Schiff heut Abend bey
mir sehen. Sage ob ich noch iemand nehmen soll.

Auf den Mittag freu ich mich und will diesen
Morgen noch fleisig seyn.

An meinem Stück hab ich gearbeitet. Es zieht

9*

sich in's weite, und kriegt mehr Cörper. Ich werde
aber auf keine Weise fertig. d. 2. März 83.

G.

1691.

An Caroline Herder.

[etwa 3. März.]

Ich danke für die Mittheilung des Gedichtes. Es
ist gar liebreich, schön und wohlthätig, und mich ver=
langt die Musik zu hören. Wenn Wolfen nur auch,
wie bei dem Wielandischen, ein guter Geist umschwebt
hat. Lassen Sie mir doch wissen, wenn Probe ist.

G.

1692.

An C. v. Knebel.

Die Ankunft des Erbprinzen, die größte Begeben=
heit die sich für uns zutragen konnte, hat eine zwar
nicht sichtbare doch sehr fühlbare Würkung. Die
Menschen sind nicht verändert, ieder einzelne ist wie
er war, doch das Ganze hat eine andere Richtung
und wenn ich sagen soll, er würkt in seiner Wiege
wie der Ballast im Schiffe durch die Schweere und
Ruhe. Die Herzogin ist gar wohl und glüklich,
denn freylich konnte der Genuß, der ihr bisher fehlte,
ihr durch nicht anders gegeben werden.

Die Musen aller Art haben sich, wie du wirst
gesehen haben, auf alle Weise bemüht das Fest zu
verherrlichen. Wieland und Herder haben zwey Sing=

stüke der eine für den Hof, der andere für die Kirche
hervorgebracht; du wirst sie mit Vergnügen lesen.
Wolfs Musik zu der Wielandischen hab' ich probiren
hören, sie ist recht glüklich gerathen.

5 Ich hatte gehoft das Stük, deßen Anfang du
kennst auch noch biß zum Ausgange der Herzogin
fertig zu schreiben, es ist aber unmöglich. Der alte
Plan war fehlerhaft und ich mußte es von vorne an
neu umarbeiten. Ich fahre sachte dran fort und ich
10 denke es wird ia nicht zu spät kommen.

Ich bin sehr neugierig ob ich das gewünschte aus
der Kupferstich Auction erhalten werde, ich hoffe doch
. der Freund wird mehr als die Dürers erstanden haben.

Könntest du mir nicht eine gute Beschreibung von
15 dem Altdorfer Marmorbruch und der umliegenden
Gegend verschaffen, auch vielleicht einige merkwürdige
Versteinerungen von denen die dort brechen. Gar zu
gerne mögte ich eine Zeichnung des versteinerten
Crokodillskopf, deßen du erwehnest, sehen; denn wahr=
20 scheinlich ist es der Kopf eines Physeters, dergleichen
mehr versteinert vorkommen. Kennest du nicht etwa
dort einen Liebhaber, der nach einer Anweisung die
man ihm geben könnte, die Gegend untersuchte und
dadurch zu Erweiterung dieser Wissenschaft auch etwas
25 beitrüge.

Es soll in Nürnberg eine Art von Tontine und
Leibrente errichtet worden seyn, sie sey zwar, sagt
man schon voll, allein weil es damit so gut gegangen

ist so wolle man noch eine neue einrichten. Schike
mir auf alle Fälle den Plan derselben.

Der Aufsatz im Tiefurther Journale deßen du
erwehnest ist nicht von mir, und ich habe bißher ein
Geheimniß draus gemacht von wem er sey. Ich kann   5
nicht läugnen daß der Verfaſſer mit mir umgegangen
und mit mir über diese Gegenstände oft gesprochen
habe. Es hat mir selbst viel Vergnügen gemacht und
hat eine gewiße Leichtigkeit und Weichheit, die ich
ihm vielleicht nicht hätte geben können.   10

Sobald du die Kupfer erhälst, schicke sie mir
gleich, ich hoffe daß mir der Reineke Fuchs nicht ent=
gangen seyn wird.

Die Sache des Prinzen ist so eingeleitet daß ich
hoffe er soll zurückkommen. Die Frau ist zu aller   15
Menschen Verwunderung angekommen. Ich habe den
angenehmen Auftrag gehabt sie zu bedeuten. Unter
uns, man kann sich nicht kindischer, kleinlicher, alberner
aufführen als der Prinz bey dieser Gelegenheit. Du
wirst den Ausgang erfahren. Verzeih mir, ich habe   20
weder Zeit noch Lust dir das Facktum zu erzählen.

Leb wohl und nimm mit diesem Blat vorlieb. Mit
Wilhelm Meister hält mich der Abschreiber unsäglich auf.

Ich habe diese Zeit wieder einen Acceß vom Zeichen=
fieber gehabt, das aber durch die bittre Rinde des   25
Lebensholzes bald wieder vertrieben worden ist.

Adieu. Schreibe mir bald. Grüße deine Schwester.
d. 3. März 1783.   G.

1693.

An Charlotte v. Stein.

Mit Freuden meld ich daß meine zwey ersten
Acte fertig sind, mich verlangt dir zu lesen was du
noch nicht gehört hast.

Hier ein Brief von Knebel. Was sagst du zu
5 seinem Vorschlag. Es ist doch ein recht guter Mensch.

Daß ich den Reinicke Fuchs kriege freut mich
kindisch.

Sag mir was thust du heute. Die Herzoginn
sagte mir ich sollte zu ihr kommen.

10 Die gestrige Redoute ist mir wohl bekommen.
Daß doch die Unordnung dem Menschen noch gut
thut. Wie ist dir's. Adieu. Fahren wir etwa ein
wenig spazieren.

d. 5. März 83. G.

1694.

An Charlotte v. Stein.

15 Tausend Dank l. L. ich habe mich wieder heraus=
geschlafen wie gewöhnlich, und trage nur Leid um
dich. Ich will doch ins Conseil gehn und dich also
auch heute noch sehen. Mit den Buchstaben fürcht
ich ist es zu spät wir wollen sie gewähren lassen.
20 Adieu. d. 7. März 1783.

G.

1695.

An J. C. Kestner.

Wollte ich gleiches mit gleichem vergelten; so bliebe
Euer Brief auch über das Jahr liegen, ich will aber
der alten Freundschafft besser opfern, und hier ist
also mein Danck für das überschickte.

Das heist doch noch eine Parthie Köpfe! Mis= 5
gönnt mir meine Bäume nicht, Eure Buben sind um
ein gut Theil besser. Grüßt Lotten. Euer und der
Eurigen Wohlfahrt erfreut mich herzlich.

Wir haben einen gesunden Erbprinzen, und sind
darüber in neues Leben und Freude versetzt. Ihr 10
werdet das mit fühlen.

Hier meine Iphigenie. Ich bitte sie bald zurück.
Wollt Ihr sie noch einigen guten Freunden zeigen;
so bewahrt mir sie nur vor den Augen angehender
Autoren. Es ist zwar so viel nicht dran gelegen, 15
doch ists verdrüslich, wie mir schon offt geschehn ist,
sich stückweise in's Publikum gezerrt zu sehn.

Laßt euch den Ton meines lezten Briefs nicht an=
fechten. Ich wäre der undanckbarste Mensch wenn
ich nicht bekennte daß meine Lage weit glücklicher ist 20
als ich es verdiene. Freylich schont mich auch wieder
die Hitze und Mühe des Lebens nicht, und da kann's
denn wohl geschehen daß man zu Zeiten müde und
matt auch wohl einmal mißmutig wird.

Lebt wohl, und gedenckt meiner unter den Eurigen. 25
Weimar d. 15. März 1783.

Goethe.

1696.

An Kayser.

[15. März.]

Wenn man wohlthätig sein will und weiter nichts,
so kann das jeder am hellen Tage und in seinem
Hauskleid.

1697.

An Charlotte v. Stein.

So lang ich heute schon das Licht der Sonne sehe
denck ich an dich und verlange nach dir. Ich will
noch vor Tische spazieren lauffen und dich dann auf=
suchen, es ist kalt und schmutzig drum mag ich dir
nicht zumuthen mitzugehen. Lebe wohl meine beste.
d. 16. März 83. G.

1698.

An Charlotte v. Stein.

Will meine Lotte mir iezt ein freundlich Wort
sagen, und gegen Mittag mit mir spazieren gehen;
so werde ich bis dahin mit Vergnügen Acten lesen.
Fühlt sie wie mein ganzes Wesen sie sucht und nach
ihr verlangt? Adieu Geliebte! Wie erfreulich war
mir noch gestern Abends dein Anblick.
d. 17. März 1783. G.

1699.

An J. G. Herder.

Ich dancke dir für das Zutrauen, hier ist die
Predigt zurück, und dabey einige Erinnerungen. Zu=
förderst bitte ich dich, da du einmal veranlaßt bist
sie drucken zu laßen, mache dir zum Gesetz nichts
weiter zu hören was man drüber sagt. Ich habe
nur noch bey den zwey Musick Texten und den Com=
positionen dazu gesehen wie fast ieder Mensch anders
zu den Sachen steht und sie anders nimmt, besonders
da selten einer weiß was er aus dem Ganzen machen
soll.

Da ich deine Predigt hörte, wünschte ich du hättest
ein tröstlich, wohlthätig Wort für den Herzog hinzu=
fügen können und mögen. Du hast deine Zuhörer
an den breitsten Theil der Klufft geführt, die unsre
Gegenwart und iene Zukunft trennt, und da suchte
ieder eine Brücke, irgend ein Plätzgen wo wahrschein=
lich hinüber zu kommen wäre, du hast der Hoffnung
nichts übrig gelaßen als sich ihrer Flügel zu bedienen.
Da es aber damals nicht geschehen halte ich es nicht
für räthlich etwas ietzo hinzuzuthun, und bliebe dieser
fromme Wunsch auf sich beruhen.

Vielleicht würde mancher in der ersten Abtheilung
eine nähere Bestimmung wünschen, ob es gleich für
mich auf die Art wie du es in der Kürze gefaßt hast
stehen bleiben kann. Aber wenn du sagst: immer

waren nur schwache Menschen Tyrannen; so scheint
es mir zu allgemein und gegen die Erfahrung zu seyn.
Gewaltsame, harte, rohe Naturen können und müssen
phisisch fest organisirt seyn, können der regelmäsigsten
Gesundheit geniesen, und doch, ia vielmehr eben des=
wegen grausame, selbstische Tyrannen seyn. Von
solchen kommen in der Geschichte soviel Beyspiele vor
als derer die du sehr gut schilderst. Es thut auch
hier weiter nichts zur Sache, und ist mit einem Worte
beygelegt.

Nun trete ich bey dem zweyten Puncte mit einer
Vorbitte für die schönen Künste auf. Wenn du über
die Idee die du hier hinwirfst eine kleine Abhandlung
schriebst, oder dich unter guten Freunden darüber
herausliesest, wäre es ein anders, hier aber fällt diese
Anmerckung wie vom Himmel, weil so viele Zwischen
Ideen übersprungen sind. Ich weis wohl daß ieder
der für sich und andre zu sorgen hat, wohlthut, sich
dem nothwendigen und nützlichen zu wiedmen, und daß
es gefährlich ist der Leidenschafft zum Schönen so viel
Raum zu geben. Ist es denn aber nicht mit ieder
Leidenschafft dasselbe, in der die Mächtigen und Reichen
einen höhern und stärckern Genuß des Lebens suchen!
Hunde, Pferde, Jagd, Spiel, Feste, Kleider und Dia=
manten, was für Capitale von Baarschafft stecken darinne
und was für Intressen von Zeit und Geld zehren sie
nicht auf, ohne die Seele zu erheben, das doch die Gaben
der Musen um einen wohlfeilern Preis gewähren.

Und wem ist ein Sonnenblick aus ienen höhern
Regionen der Menschheit mehr zu gönnen als dem
der sich unter den Staubwolcken des mühseeligen Erde=
lebens herumtreibt. Mich dünckt man kann nicht be=
stimmt genug sprechen wenn man vor dem Übermas
eines Guten, das zum Fehler werden kann, warnen
will. Ganz kann es nicht wegbleiben da du dessen
einmal erwähnt hast. Wenn ich es zu thun hätte
würde ich die roth angestrichne Stelle beym Eingang
des Paragraphen weglassen, und gegen das Ende wo
ausgeführt ist was thätige Weisheit, geschäfftige Klug=
heit für Vortheile bringen, würde ich hinzusetzen: daß
um so viel zu würcken keine ausgebreitete todte Ge=
lehrsamkeit nötig sey, und daß selbst schöne Wissen=
schafften und Künste, die sonst für die grösste Zierde
der Staaten gehalten, deren Annehmlichkeiten offt von
Fürsten mit zu groser Vorliebe genossen würden, dem
Regenten keinen so schönen und dauerhafften Kranz
knüpften, als eine wahre lebendige auf die ersten Be=
dürfnisse, auf das nötige und nützliche gerichtete Würck=
samkeit.

Daß du in beyden Predigten keinen Gebrauch von
denen Motifs die uns die kristliche Religion anbietet
gemacht hast, hat mich gewundert, wenn ich's auch
nur nehme als Melodie eines bekannten Chorals, der
unter andrer Musick den besten Effeckt thut, und durch
allgemeine Reminiscenzen die ganze Gemeinde auf einen
Punckt führt.

Das Ganze übrigens so schön es ist, dünckt mich
zu kurz, zu gedrängt, mehr Text als Predigt. Laß
diesen Tadel das beste Lob seyn das ich ihr geben
kann. Und verzeih mir wenn ich auch mehr ein In=
5 dividuum aus dem Publiko als einen übersehenden
Censor gemacht, und einseitige Bemerckungen vorge=
bracht habe. Lebe wohl und grüße deine Frau.

   b. 20. März 1783.   G.

1700.
An Charlotte v. Stein.

Hat meine Geliebte das Übel gänzlich verschlafen
10 und ist sie zu meinem Wohl vergnügt erwacht. Willst
du heute Nach Tische den schädlichen Tranck bey mir
einnehmen; so bringe mit wen du willst. Abends
gehn wir zu Felgenhauers. Sage mir etwas liebes
zum stürmischen Morgen. Schicke mir Fritzen zum
15 Essen, ich habe ein Spielwerck für ihn. Adieu geliebte!

   b. 25. März 83.   G.

1701.
An Charlotte v. Stein.

Mein Hals hat sich diese Nacht nicht verbessert, ich
will versuchen zu hause zu bleiben.

Wollte meine Geliebte Thee bey mir trincken mit
20 der kleinen allenfalls der Seckendorf. Abends gäb ich
euch zu essen und die Männer kämen von Hofe. Sage
mir ein Wort und liebe mich. Es ist das einzige
was mir zur Gesundheit dient.

   b. 30. März 83.   G.

1702.

An Charlotte v. Stein.

[30. März.]

Es ist mir als wie unmöglich daß ich iemanden
einladen solle wenn ich nicht gewiß weis daß du
kommst. Ich bitte dich auch zu Hause zu bleiben
und dich zu warten, denn es könnte immer schlimmer
werden. Aussen den andern Übeln trennt uns auch   5
noch die Glätte, sonst liesse ich mich wohl gegen
Abend zu dir tragen. Laß mir manchmal wissen
wie dir es ist. O was traurige Tage die uns trennen.
Ich lese indeß alte Ackten aus denen ich zwar klüger
aber nicht glücklicher werde.   10

                                        G.

1703.

An Charlotte v. Stein.

Es thut mir herzlich leid daß dir ein so schöner
Tag verdorben wird. Hab ich dich aber nicht so offt
gebeten wenn so etwas vorkommt es mich selbst machen
zu lassen, und du wirst immer gestrafft wenn du es   15
nicht thust. Ich komme bald es wird wohl wieder
herzustellen seyn. Liebe den bleibenden.

d. 2. Apr. 83.   G.

1704.

An C. v. Knebel.

Ich schike dir sogleich den Katalogus der Zeich=
nungen wieder zurük, weil ich weder im Ganzen noch
im einzelnen etwas darauf bieten kann. Zusammen
ist mirs zu viel und nach dem angegebenen Nahmen
5 läßt sich nichts aussuchen und nichts bestimmen, wenn
man die Blätter nicht selbst sieht. Es mögen schöne
Sachen drunter seyn. Ich sehe es als einen Depot
an der irgend in einer alten Familie oder Erbschaft
stekt. Die Regensburger Auktion ist lange vorbey
10 und unsere Empletten müßen bald kommen. Die
Sachen sind hoch hinauf getrieben worden und es
scheinen viele Liebhaber beysammen gewesen zu sein.
Der Herzog hat sich einen Katalogus durchschießen
und die Preiße dazu schreiben laßen, auch die Nahmen
15 wer sie erstanden hat. Die Nachrichten vom Alt=
dorfer Marmor sind mir recht angenehm. Wenn ich
den versteinten Kopf wohleingepakt, überschikt erhalten
könnte, so wollte ich gerne auf das sorgfältigste damit
umgehen, und ihn dem Eigenthümer mit einem Gra=
20 tial nach gemachtem Gebrauche wieder zurükschiken,
vielleicht ihn auch behalten, wenn die Forderung dafür
nicht gar übermäßig wäre.

Wir genießen des schönen Wetters, der Herzog
pflanzt viel und der Prinz wächst zusehens.

25 Die Musik von Wolfen zu denen beyden Gedichten

die du nun haben wirst ist gut gerathen. Es läßt
sich aber davon nichts transportiren, weil die Wirkung
des Ganzen das beste ist.

Die Abschrift des Wilhelm Meisters wird nun
bald kommen. Ich will sie in ein Kästchen paken 5
und wenn ihr ihn gelesen habt, so schikst du es gleich
an meine Mutter weiter. Lebe wohl.

Weimar den 2. Aprill 1783.   G.

1705.

An Merck.

Bode ist nicht hier. Ich habe ihm aber die Papiere
nach Hamburg nachgeschikt, wo er bald eintreffen 10
wird. Du schriebst mir neulich wegen einer Correspon=
denz mit einem rechten Münzkenner, der Gothaische
Inspektor des Cabinettes ist ein guter Mann und
versteht es, doch kenne ich ihn nicht wie schreibeseelig
er ist. Besizest du die Gotha numaria selbst, sonst 15
kann ich dir das Buch schenken, ich habe es von dem
Herzoge und es dient mir eigentlich zu nichts. Wenn
ich hinüber komme, oder sonst Gelegenheit finde will
ich auch wegen der Correspondenz anfragen.

Der Bruder unseres hiesigen Seckendorfs der bey 20
dem Herzoge von Teschen ist mögte recht dein Mann
seyn. Er liebt dieses Fach mit Leidenschaft, besizt
eine große Sammlung und hat, so viel ich beurtheilen
kann schöne Kenntniße. Ich habe ihn fragen laßen

ob er mit dir in Correspondenz treten will und es
wird ihm lieb seyn. Hier ist seine Addreße:

A Monsieur le Baron de Seckendorf, Chambelan
de S. M. I. et R. A. Major au Regiment de Wartens-
5 leben et Aide de Camp de S. A. R. Monseign. le
Duc de Saxe Tesche à Bruxelles.

Schreibe ihm bald, ich hoffe diese Connexion soll
dir von Nuzen seyn.

Wegen des sogenannten Crokodillskopf habe ich
10 nach Altdorf noch ehe dein Brief einging, schreiben
laßen. Man will mir dieses Naturprodukt hierher
schiken und ich habe diese Offerte angenommen: nimm
also darnach deine Masregeln ich will dir was weiter
geschieht sogleich melden. Aus der mir überschikten
15 Zeichnung des Geweihes weiß kein Jäger etwas bestimm=
tes zu machen; sie wollen es für ein Elend halten,
können aber alsdenn die Spize nicht erklären.

Voigt sagt der Feldberg bey Homburg sey so viel
er wisse eigentlich ein Thonschiefer, welche Gebürgs=
20 art weiter hinunter nach dem Rheine zu wieder oft
vorkommt. Lebe wohl und schreibe mir wenn es
etwas neues giebt. Loder macht große Progressen in
seiner Kunst in England, er hat auch fleißig auf die
anatomiam comparatam acht. Er ist sonst sehr dienst=
25 fertig, und es sollte mich wundern wenn er versäumte
dir etwas zu gefallen zu thun. Nach dem was er
schreibt muß Hunter ein ganz ausserordentlicher Mensch
seyn, der aber auch ein Glük gemacht hat das seinen

Talenten proportionniret ist. Camper wird einen Be=
such in England machen.

Weimar den 2. April 1783.　　　　　　　　G.

1706.
An Charlotte v. Stein.

Du sagst mir nicht ob du wohl bist und auch
zur Herzoginn gehst. Ich sehe dich noch vor zehen. 5
Lebe wohl du beste um derentwillen ich gerne alles
thue, leide und trage, die mir meinen gegenwärtigen
Zustand glücklich macht und mir ieden allein glücklich
machen würde.

d. 3. Apr. 83.　　　　　　　　　　　　G. 10

1707.
An Charlotte v. Stein.

Schon lange wach ich und dencke an dich und bin
bey dir. Mich dünckt dein versprochen Zettelchen
bleibt zu lang aus. Sage mir daß du immer gleiche
Neigung zu mir fühlst. sage mir daß du mir ewig
bleiben willst. Ich komme bald und habe mir aus= 15
gedacht in meinem Garten zu arbeiten, um so bald
es möglich bey dir vorbey zu gehn. d. 5. Apr. 83.

　　　　　　　　　　　　　　　　　　　　G.

1708.
An Charlotte v. Stein.

Tausend Danck für deinen Morgengrus und Tau=
send Grüse zurück. Ich will nach meinem Garten 20

gehn und in der schönen Sonne dein gedencken. Wenn
du aus der Kirche kommst sage mir ein Wort. Du
mußt dich frisiren lassen und heute Abend nach Hofe.
Ich freue mich also nur auf die Stunden des Abend=
⁵ essens. Mir ists wohl. Heute Nacht sah ich ein
Nordlicht in Südost, wenn nur nicht wieder ein Erd=
beben gewesen ist, denn es ist eine auserordentliche
Erscheinung.

    d. 6. Apr. 83.   G.

1709.

An J. K. Lavater.

¹⁰   Frau von Lengefeld mit ihren beyden Töchtern
und Herr v. Beulwiz aus Rudolstadt werden dir lieber
Bruder Krafft dieses empfohlen, und das Maas des
Guten was du ihnen geben willst und kannst, deinem
Gefühle und den Umständen überlassen in denen sie
¹⁵ dich antreffen werden.

    Weimar d. 7. Apr. 83.   G.

1710.

An Charlotte v. Stein.

    Es sind schon wieder allerley Geister los die mich
umsumsen, am schlimmsten plagt mich der Teufel des
Unverstandes, des Unbegriffs, und der Unanstelligkeit
²⁰ von manchen Menschen. Adieu. Liebe mich. ich freue
mich dich immer zu hause zu wissen. d. 7. Apr. 83.

                                   G.

1711.

An A. F. Oeser.

Der Herzog wünscht sehr mein bester Herr Pro=
fessor Sie hierzusehen, und das ie eher ie lieber, und
trägt mir auf Ihnen dieses zu schreiben. Ihr Quar=
tier finden Sie bey mir bereit, und die Gesinnungen
die Ihnen bekannt sind, vielleicht auch einiges neues
das Ihrer Aufmerckſamkeit nicht unwerth ist.

Das Werck, was Sie dem Herzog helfen sollen
aufführen, ist Ihnen bekannt und er kann es ohne
Sie nicht zu Stande bringen.

Wenn es gleich nicht so ganz wichtig ist; so sehen
Sie es vielmehr als eine Gelegenheit an, Freunde zu
besuchen die Sie auf's beste lieben und schätzen.

Leben Sie wohl, und geben ein Wort Antwort.
Weimar d. 7. Apr. 83.

Goethe.

1712.

An Charlotte v. Stein.

Der Tag läßt sich zweifelhafft an, erhalte mir
ihn schön durch deine fromme Wünsche. Wie sehr
freu ich mich auf heute Abend dich und deine Liebe
wiederzufinden. Lebe wohl du süße Freude meines
Lebens, du einzige Sehnsucht meines ganzen Wesens.
d. 9. Apr. 83.   G.

1713.

An Charlotte v. Stein.

Ist dir's noch heute recht; so wollen wir um 4 Uhr
nach Ehringsdorf, ihr kommt in meinem Garten zu=
sammen und wir ziehen hinaus. Mich verlangt sehr
unter dem schönen Himmel deine liebe Augen zu
5 sehen. Lebe wohl du süse. d. 10. Apr. 83.

G.

1714.

An Charlotte v. Stein.

Viel Danck für's Frühstück. Hier ein Schlözer.
Leider daß ich nicht Hoffnung habe den schönen Tag
mit dir ganz zu zu bringen. Adieu. Ich bin ganz
10 dein. d. 11. Apr. 83.

G.

1715.

An Charlotte v. Stein.

Morgen früh soll es nach Ilmenau. Ich darf
nicht dran dencken daß ich mich von dir trenne. Ich
meyne ich müßte dich mit nehmen. Friz soll dein
15 Bildniß seyn. Er kann fahren muß aber früh heraus
er mag bey mir schlafen. Sutor soll besorgen was
er mit zu nehmen hat. Adieu Beste. Ich sehe dich
bald. Schicke mir das aufgelöste Blau in dem
Gläsgen. Adieu. d. 13. Apr. 83.
20

G.

1716.

An Charlotte v. Stein.

Wir sind um halb viere schon reisefertig Frize läßt dich grüßen und ist munter. Lebe wohl. Ich gehe mit schweerem Herzen von dir meine beste. Ich werde dir immer eigner und finde um dich mein Glück und meine Bestimmung. Adieu. Du hörst hoff ich, ⁵ bald wieder etwas von mir denn es wird wohl eine Gelegenheit gehen. Der Tag scheint sehr schön zu werden. d. 14ten Apr. 83.

G.

1717.

An Charlotte v. Stein.

Unsre Wandrung ist glücklich geendigt, die Gesell= ¹⁰ schafft war sehr vergnügt und sind mancherley Scherze und lustige Geschichten dabey vorgefallen. Der Herzog und Staff sind bis herauf gegangen, wir andre haben es uns gelegentlich bequemer gemacht. Fritz hat auch etlichemal zu gehen versucht, sah sich aber gar bald ¹⁵ wieder nach der Kutsche um. Das Wetter ist auser= ordentlich schön und wir werden einige gute Tage haben. Dein liebes Andencken begleitet mich immer, es ist mir der größte Schatz meines Lebens, und der beste Zehrpfennig den ich auf die Reise mitnehmen ²⁰ kann. Einsiedel kehrt wieder zurück und nimmt diesen Brief mit. Lebe wohl Geliebteste und sey fleisig in

Gedancken bey mir.   Schreibe so bald es möglich ist.
In dieser Stube hab ich schon manchen lieben Brief
von dir erhalten. Wenn ich nur etwas zeichnen kann
das dir gefällt. Lebe tausendmal wohl.

5   Illmenau d. 15. Apr. 1783.   G.

1718.

An Charlotte v. Stein.

Ich hätte nicht geglaubt daß mir die Marckgräfinn
von Baden noch eine Gefälligkeit erzeigen sollte, und
es geschieht, da mir der Husar der die Nachricht ihres
Todtes bringt ein Briefgen an dich mitnehmen kann.

10   Das Wetter hat sich geändert, ein starcker Regen
hielt uns ab nach den Auerhähnen zu gehen. Gestern
bin ich noch mit Fritzen spazieren gegangen, wie du
aus beyliegendem Blatte sehn wirst. Er wollte es
noch abschreiben, er ist aber in's Cammerberger Koh=
15 lenwerck und der Husar geht ab.

Wie ich an dich dencke, wie du mir gegenwärtig
bist, wie deine Liebe mich leitet gleich einem bekannten
Gestirn, will ich dir nicht sagen, mag indem ich schreibe
meine Sehnsucht nicht vermehren. Der Himmel klärt
20 sich wieder auf und ich hoffe noch einige gute Tage.

Ich bin fleisig und bekümmre mich um irdische Dinge
um der Irrdischen willen. Mein innres Leben ist bey
dir, und mein Reich nicht von dieser Welt. Adieu
beste. schicke mir ein Briefgen wenn's seyn kann. Adieu.

Eben kommt Fritz ganz vergnügt aus dem Kohlen-
werke zurück und will noch an seinen Brief etwas
anschreiben. Adieu ich liebe dich in ihm und ihn in
dir. [Ilmenau] d. 16. Apr. 83.

G.

1719.

An Charlotte v. Stein.

Hier ist die Englische Lotte. Sie führt den Nahmen
wie mancher Holzschnitts Heilige. Eigentlich sieht sie
der Mad. Darfainkourt ähnlich nur en beau. Adieu
beste. Die Kupfer sind da und auserordentlich schön.

Die Everdingen sind erste Abdrücke und als wie
von gestern. Adieu du geliebteste schon fängt mein
Sehnen nach dir wieder an. d. 19. Apr. 83.

G.

1720.

An Charlotte v. Stein.

[20. April.]

Diese Blumen sollen dir einen guten Morgen
sagen. Es ist sehr schön, der Wind geht nur ein
wenig. Wie lieblich wär' es wenn du heute bey mir
essen und bleiben könntest. Der Hof nimmt alle
Freude weg und giebt nie Freude.

Adieu beste ich will zu schreiben versuchen. Liebe
mich.

Am Ostermorgen 1783.   G.

1721.
An Charlotte v. Stein.

Hier schick ich meiner Lotte das Landschäfftgen um etwas glätter zurück. Meine beyden sind auch auf=gelebt und ängstigen mich weil ich fühle und sehe was ihnen fehlt und habe nicht Muße und Samm=lung auf das beßere loszuarbeiten. Ich bin zur Tafel zur Herzoginn gebeten, und habe zugesagt. Ich mache mich bald los und hoffe noch gegen Abend gutes Wetter. Wo nicht, so bring ich dir die Kupfer in's Haus. Adieu tausendfach Geliebte.

d. 21. Apr. 83. G.

1722.
An C. v. Knebel.

Die Kupferstiche sind glüklich angekommen und sind durchgängig sehr schöne Abdrüke. Die Everdinge und Guido die für mich sind, haben mich besonders erfreut. Ich will dafür sorgen daß du das Geld dafür bald erhalten mögest. Es hat nichts zu sagen, daß einige mit gekommen sind, die nicht aufgezeichnet waren, danke nur unserem Commissionäre sehr für seine gehabte Mühe.

Wir waren einige Tage in Ilmenau und es ist daselbst auch deiner gedacht worden.

Der Prinz ist frisch und wohl und wird ein sehr starkes munteres Kind geben. Er scheint mir von einer sanguinischen behäglichen Complexion zu seyn.

Herders Kinder haben die natürlichen doch gut=
artigen Blattern.

Übrigens lebt man hier ein klein wenig egaler
sonst aber weder besser noch schlimmer als vor dem,
und man kann, ohne Prophet zu seyn, das Prognosti=
kon auf die andere Zeit hinaus stellen.

Meine Finanzsachen gehen besser als ich es mir
vorm Jahr dachte. Ich habe Glük und Gedeyhen
bey meiner Administration, halte aber auch auf das
festeste über meinem Plane und über meinen Grund=
säzen.

Der Herzog pflanzt viel und möchte auch schon
daß es gewachsen wäre.

Das große Kupfer der Verklärung wird durch
die Vergleichung der kleinen Skize dopelt und drey=
fach interessant. Man sieht wie durch weiteres Nach=
denken und Sinnen über diesem Gegenstand sich der=
selbe vor dem Künstler über höher verklärte. Das
ganze hat sich erweitert, erhöhet und doch ist es
wieder so viel schärfer richtiger und reiner geworden.
Das dichterische und gedachte daran ist viel wärmer,
angemeßner, ausdrüklicher. Welch einen hohen Ge=
nuß möchte es erst geben, wenn man die Original=
zeichnung mit dem Originalgemälde zusammenhalten
könnte. Was bey den alten Meistern so verehrungs=
würdig ist! die Sicherheit und Festigkeit ihrer Idee
und doch wieder ihre Beweglichkeit ins bessere. Es
mag dies immer die Anzeige eines großen Künstlers

ſeyn, anſtatt daß ein geringerer entweder alles oder
nichts von ſeinem erſten Entwurfe bey behält.

Die Guido ſind gar lieblich und die Everdinge
ſo meiſterhaft und kräftig als etwas in dieſer Art
5 gearbeitet ſeyn kann.

Lebe wohl, grüße deine Fräulein Schweſter und
ſchreibe mir bald.

Weimar den 21. April 1783.

1723.

An Charlotte v. Stein.

· Ich habe heute langes Conſeil gehabt. Und an
10 dich gedacht. Der leidige Tag läßt uns ſchöne hoffen.
Ich will zur L. kommen. Lebe wohl, und fühle nur
immer wie lieb ich dich habe.   d. 23. Apr. 83.

G.

1724.

An Charlotte v. Stein.

Wieviel bin und werde ich dir ſchuldig du liebe
15 Wohlthäterinn, und womit kann ich dir dancken?
Ich bin wohl. Nur iſt es ein ſaurer Stückgen Brodt
wenn man drauf angenommen iſt, die Disharmonie
der Welt in Harmonie zu bringen. Das ganze Jahr
ſucht mich kein angenehmes Geſchäfft auf und man
20 wird von Noth und Ungeſchick der Menſchen immer
hin und wieder gezogen. Lebe wohl! Liebe mich.

Laß mir die Hoffnung dich zu sehen. Klauer ist er=
innert.

d. 24. Apr. 83.   G.

1725.

An Charlotte v. Stein.

Sage mir meine Liebste wie sie sich befindet und
ob ich Hoffnung habe diesen traurigen Tag vergnügt
in der Stille mit ihr zuzubringen. d. 26. Apr. 83.

G.

1726.

An Charlotte v. Stein.

Die Gesellschafft will in den Garten kommen und
Abends in der Stadt bey mir essen. Ich hole dich
ab. Stein kann zu uns kommen wenn das Spiel
aus ist.

Wie befindet sich meine Liebste?

Mir ist wohl daß ich dir so nah bin. Morgen
wenn es schön ist geh ich auf Jena bin aber Abends
wieder da. Adieu du einziges. d. 27. Apr. 83.

G.

1727.

An J. C. Kestner.

Ich habe mein guter Kestner, den Brief den mir
euer junger Mann bringen sollte durch die Post er=
halten und werde ihn also später zu sehen kriegen.

Es muß nach Eurer Beschreibung ein interessanter
Mensch seyn. Das Trauerspiel ist nicht unverständig,
es läßt einen gewissen Geist im Verfaßer vermuthen,
hingegen ist auch nichts neues, eigenthümliches drinne,
und mir wenigstens scheint keine dichterische Ader
durchzufließen.

Für eure Langmuth alter und neuerer Zeiten
danke ich Euch, und für Euer gut Betragen gegen
mich. Ich habe in meinem Leben viele tolle Streiche
angefangen, sie kosten mich aber auch etwas. Sehr
angenehm war mir Euer Brief eben zu dieser Zeit.
Ich habe in ruhigen Stunden meinen Werther wieder
vorgenommen, und denke, ohne die Hand an das zu
legen was so viel Sensation gemacht hat, ihn noch
einige Stufen höher zu schrauben. Dabey war unter
andern meine Intention Alberten so zu stellen, daß
ihn wohl der leidenschaftliche Jüngling, aber doch der
Leser nicht verkennt. Dies wird den gewünschten und
besten Effekt thun. Ich hoffe Ihr werdet zufrieden seyn.

Das Schicksal scheint euch übrigens recht als
Günstling zu behandeln. Erst soviel Bubens daß
man denken sollte es wäre des Guten genug und das
erwünschte Mädchen bis zur rechten Zeit aufgehoben.
Gott erhalte sie Euch.

Vielleicht fällt mir einmal für Hansen etwas bey.
Grüßet Lotten, und lebet wohl und behaltet mich lieb.

Weimar d. 2ten May 83.

G.

1728.

An Charlotte v. Stein.

Wie sehr verlangt mich dich wieder zu sehn. Ich
reite zu der Unglücklichen nach Tannroda, sie schrieb
mir gestern beyliegenden Brief. Das arme Geschöpf
wußte nicht was es für eine mächtige Anrufung ist,
mich im Nahmen de tout ce que j'ai de plus cher   5
zu bitten. Die Art womit du mir gestern Abend
sagtest du habest mir eine Geschichte zu erzählen äng=
stigte mich einen Augenblick. Ich fürchtete es sey
etwas bezüglich auf unsre Liebe, und ich weis nicht
warum, seit einiger Zeit bin ich in Sorgen. Wie   10
wundersam wenn des Menschen ganzes schweeres Glück
an so einem einzigen Faden hängt. Adieu bleibe
mir. Weimar d. 4. May 83.

G.

1729.

An J. F. v. Fritsch.

Da ich im Begriff stehe zur Besorgung einiger   15
Wasser und Weegebau Geschäffte, mir von Serenissimo
Urlaub bis zu Ende dieser Woche zu erbitten, da für
heute die Session abgesagt ist, und ich das Glück nicht
haben kann Ew. Excellenz persönlich aufzuwarten; so
nehme ich mir die Freiheit es schrifftlich zu thun.   20

Zuförderst sende den mir mitgetheilten Plan mit
schuldigem Dancke zurück. Es liegen einige wenige
Bemerckungen dabey, deren gefälligen Gebrauch ich
Ew. Exc. lediglich überlasse.

Bey dem Unwillen den Ew. Exc. über des Herrn
Grafen M. Bieten und Wiederbieten, und über das
Resultat der bisherigen Kaufs und Verkaufs Hand=
lungen bezeigen, war ich nicht im Stande Serenissimo
davon einen unterthänigen Vortrag zu thun.

Der Herr Graf ist heute früh abgereist und bittet
mit nächster Post um Resolution damit er in Leipzig
wegen der Gelder die nötigen Einrichtungen machen
könne. Ich habe heute früh das ganze Geschäffte
Fürstlicher Cammer übergeben, sie wird darüber einen
Bericht erstatten und Serenissimi Höchste Intention
dem Herrn Grafen bekannt machen. Lassen Sich Ew. Exc.
diese Sache zu geneigter Beförderung empfohlen seyn.

Ich kann nicht schliessen ohne Ew. Exc. zu ent=
decken wie empfindlich und schmerzlich, und auch wie
unerklärlich mir die Art und Weise gewesen, mit
welcher mir Ew. Exc. in dem gestrigen Voto ein
unschuldiges Wort unterstrichen haben zurückgeben
wollen. Ew. Exc. ist am besten bekannt, wie ich die
Erinnerungen und Wincke eines erfahrenen, verstän=
digen und hochachtungswerthen Mannes in Scherz
und Ernst anzunehmen gewohnt bin, Sie wissen daß
ein gutes Verhältniß in dem ich mit Ihnen zu stehen
das Glück habe, eine meiner größten Beruhigungen,
Ermunterungen und Belohnungen ist, um so uner=
warteter war es mir von Ew. Exc. Unwillen über einen
zandernden Käufer, zugleich mit getroffen zu werden.

Man bedient sich des Wortes mein um ein Ver=

hältniß zu Perſonen und Sachen anzuzeigen, mit
denen man aus Neigung oder Pflicht verbunden iſt,
ohne ſich darüber eine Herrſchaft oder Eigenthum
anzumaſen. Ein Caſſier ſagt meine Caſſe, man
ſagt unſre Finanzen u. ſ. w. obgleich alles des
Fürſten oder des Landes iſt. Meine Herrn Came=
ralen konnte alſo wohl nichts weiter heiſen, als: die
Herrn von der fürſtlichen Cammer, die durch Sere=
niſſimi Willen, in gewiſſen Sachen an mich gewieſen
ſind, mit denen ich öffters zu thun habe, mit denen
ich, als geſchickten, verſtändigen, arbeitſamen Leuten
gern zu thun habe.

Verzeihen Ew. Exc. wenn ich dieſe Sache vielleicht
zu ängſtlich und ernſtlich nehme, allein ſo lange Sie
die Güte haben mich mit Vertrauen wie bisher zu
beehren; ſo kann ich nichts auf dem Herzen behalten
was mich drückt.

Sehen Sie es als einen Beweis an wie bedeutend
mir alles iſt was von Ihnen kommt, und wie ſehr
es in Ihrer Gewalt ſteht mich in jedem Geſchäffte,
deſſen ich mich nach Kräfften gern unterziehe, mit
Einem guten Worte aufzumuntern.

Erhalten Sie mir Ihre unſchätzbare Gewogenheit.
Der ich mich mit der vollkommenſten Hochachtung
unterzeichne

Weimar   Ew. Excellenz
den 6. May 83.   gehorſamſter Diener
                                          Goethe.

1730.

An J. F. v. Fritsch.

[6. Mai.]

Ew. Exzell.

muß ich noch vor meiner Abreise recht herzlich für
die Güte dancken, womit Sie mich so bald beruhigt,
und in den Stand gesetzt haben, der schönen Jahrs=
5 zeit nach Wunsch zu geniessen, und meine Geschäffte
mit freyem und freudigem Gemüthe vorzunehmen.

Ich empfehle mich angelegentlichst, und unterzeichne
mich mit den wahrhafftesten Gesinnungen

Ew. Exzell.

10 gehorsam verbundner

Goethe.

1731.

An Charlotte v. Stein.

Es rührt und regt sich schon wieder alles um
mich und der Sonntag ist kein Tag der Ruhe. Ich
bin glücklich in deiner Liebe, und meine Seele fröh=
15 liger als gestern Abend. Behalte mir deine Sorg=
falt, deine Theilnehmung. Ich bin zu Tafel geladen
und gehe hin. Werthers mach ich Visite und bin
dan bey dir.

d. 11. Mai 83. G.

1732.

An Charlotte v. Stein.

Ich frage wie m. L. geschlafen hat und sich befin=
det? Was ihr Tag heute für eine Wendung nehmen
wird und ob sie heute Abend wenn es schön wird
meinen Garten besuchen und daselbst Musick hören
will. Adieu beste. und laß mich dein seyn.   5

    d. 15. May 83.   G.

1733.

An Charlotte v. Stein.

Meiner Lotte schick ich einen Morgen Gruß, und
etwas zur Unterhaltung bis ich selbst kommen und
ihr das alte Lied vorsingen kann.

    d. 16. May 83.   G.   10

1734.

An Charlotte v. Stein.

Schon frühe hätte ich angefragt, ich hatte aber so
viel zu kramen. Fritz ist gut. Ernst ist auch da.
Und mein Geist beschäfftigt sich gern mit dem deinigen.
Ich freue mich deiner Gesundheit. Es war mein
liebster Wunsch auf diesen Tag. Wir wollen heute   15
Abend zusammen seyn, vielleicht zeichnen. Lebe wohl.
Und sprich mit Steinen wegen Fritzen ich wollt es
geschähe bald.

    d. 18. May 83.   G.

1735.

An Charlotte v. Stein.

Ich wünsche daß dich der heutige Morgen für den
gestrigen Tag schadlos halten möge.

Meine Bäume und Blüten sollen recht freundlich
seyn meine Beste zu erquicken. Grüße deine Mutter
und genieße der schönen Zeit.

d. 19. May 83. G.

1736.

An C. v. Knebel.

Endlich ist mit heutiger Post der Wilhelm abge=
gangen, und ich empfehle ihn dir und deiner Frl.
Schwester zu Gunsten. Wenn ihr ihn gelesen habt;
so schicke ihn meiner Mutter. Ich habe ein Kästgen
dazu machen lassen um das Packen zu erleichtern.

Das Geld für die Kupfer habe ich Bertuchen vor
einiger Zeit gegeben, wenn er von Leipzig zurückkommt
will ich es erinnern und auch des Feuerzeugs gedencken.

Was du mir von einem kleinen Besitzthum sagst
das du dir wünschest versteh ich nicht ganz. Auch
werde ich niemand, der nicht von der Erde gebohren
ist rathen, sich mit der Erde einzulassen. Es ist
schweer ihr etwas abnehmen und thörig ihr noch gar
hingeben. Das letzte thut ieder der nur einige Im=
magination zum Feldbau und zur Landwirthschafft
bringt. Der gute Stein ist ein trauriges Beyspiel.

11*

Ich bin heute eben nicht schreibseelig um dir viel
zu sagen. Einsiedel hat angefangen seine Sachen
drucken zu lassen. Seckendorfs Rad des Schicksaals
ist auch herausgekommen. Lebe wohl behalte mich lieb
und schreibe mir etwas über Wilhelm.

      d. 19ten May 83.   G.

Ungern hör ich daß die Büste der Herzoginn zer=
brochen ist. Man hat alle mögliche Sorgfalt beym
Packen angewendet. Mich freut daß dir dieses Bild
lieb und werth ist, wir haben viel Plage damit ge=
habt, und ich hätte gern noch länger daran arbeiten
lassen. Mich dünckt auch es sey gar schön und lieb=
reich.

1737

An Merck.

Mit dem heutigen Postwagen lieber Bruder ist
die Gotha nummaria, und ein Exemplar von Voigts
Reise durch Fuld an dich abgegangen, laß dich durch
das letzte in dem Erd und Boden Studio neu an=
feuern.

Auch schicke ich dir eine Schachtel worinn ein
Ober und Unterkiefer wahrscheinlich vom Physeter
oder Orcka wie ihn Klein vorstellt (die Tafel kann
ich nicht genau angeben). Ich dachte es könnte dir
beym Studium des famosen Crocodillskopfs nützlich
seyn. Du bist zu loben daß du ihn weggeschnappt

haft. Ich gönne dir ihn am liebsten, da dich so etwas herzlich interessirt und du

ολιγιν δροσον πεπωκος

βασιλευς οπως αειδεις.

5 Wir hingegen dem Leviathan zu vergleichen sind der den Strom verschlingt und sein nicht achtet.

Besonders seitdem ich die Rolle des Al Hafi über=
nommen habe, muß ich ganz andern Betrachtungen
nachhängen.

10 Auf dein Moserianum bin ich sehr neugierig. Es
ist eine gefährliche Sache. Das Publikum ist bey
solchen Händeln meist für lauter Billigkeit, gegen
.beyde Theile ungerecht.

Lebe wohl und schreibe mir bald, besonders wenn
15 der Alligator angekommen ist. Ich kann heute nichts
mehr sagen das schöne Wetter rufft mich hinaus.

b. 19. May 83. G.

1738.

An Charlotte v. Stein.

Guten Morgen liebe Lotte. Fritz hat gut wie
immer geschlafen und räumt nun seine Sachen ein.
20 Du weißt doch wie sehr ich dich auch in ihm liebe
und wie ich mich freue dies Pfand von dir zu haben.
Sage mir was du heute vorhast, und wo wir uns
sehen. Adieu du meinige.

b. 25ten May 83. G.

1739.

An Charlotte v. Stein.

Guten Morgen Liebe Lotte. Es ist mir gar nicht
recht daß ich am schönen Tage von dir soll. Frage
doch bey der Herzoginn an wie der Barometer steht.
Ich vermuthe es giebt heute wieder ein Gewitter.
Wenn ich dich doch mitnehmen könnte. Ich werde 5
Fritzen wohl aufpacken damit ich doch etwas von dir
habe. Adieu. liebe mich. d. 27. May 83.

G.

1740.

An Charlotte v. Stein.

[Jena, 28. Mai.]

Ich muß dir meine Beste noch heute Abend schrei=
ben, damit der Bote dir balde Morgen meinen Gruß 10
bringen kann. Wir haben einen schönen Tag gehabt
und ich habe offt an dich gedacht. Jedes Gute hätte
ich mit dir theilen mögen, und nur die Beschweerlich=
keiten für mich allein behalten. Ich bin durch einige
Fluren geritten, habe das Gut Pösen das denen 15
Hellfelds gehört besehen, und daselbst eine sehr
mittelmäßige, um nicht zu sagen schlechte Wirthschafft
gefunden. Gleich darauf kamen wir zu einer Mühle
der schönsten die ich ie gesehn, ob es gleich gröfere
giebt. Die Wirthschaffts Gebäude sind so artig auf= 20
gebaut, und die Haushaltung so ordentlich und gut

daß es mir eine Freude seyn wird dir alles zu be=
schreiben. Wenn das Glück nur einigermaßen will,
so belohnt sich in diesem Fache Verstand, Geschick
und Fleis gar schön.

Fritzen traf ich in Maue wo er mit Götzen hin=
gegangen war und wir assen da zusammen. Er hatte
grose Lust auf die Leuchtenburg die er vor sich liegen
sah zu gehen. Morgen laß ich ihn mit Magister
Lenz hinfahren worauf er sich schon sehr freut.

Ein alter launiger Bauer machte uns bey Tische
allerley Spas. Es giebt doch noch in dieser Klasse
recht glückliche Menschen, wenn sie nur einigermaßen
wohlhabend sind und der Druck nicht zu starck auf
ihnen liegt.

Abends fuhren wir auf der Saale bis Burgau,
und gingen alsdenn völlig herein.

Wir begegneten der Obr. Ltnant Witzleben, die
mit ihren Kindern auf dem Jenischen Jahrmarckt
war. Sie sieht erbärmlich aus, klagt sehr über ihren
Mann und grüßt dich. Lebe wohl meine Beste, und
gieb dem Boten ein Wörtgen zurück.

Fritz schläft schon und hat mir aufgetragen dir
seine Geschichte zu erzählen wie ich's denn auch gethan
habe.

Grüße die guten Freunde, und sage dem Herzog
und der Herzoginn ein geziemend Wort.

Liebe mich, denn das ist der Grund worauf mein
ganzes Schicksaal gestickt ist. Ich bin dir immer nah

und möchte dir ieden guten Gedancken mittheilen. Lebe
wohl, ich kann nicht vom Blatte wegkommen worauf
du deine Augen heften wirst. Adieu noch einmal.

Vor Himmelfarth 83.   G.

1741.
An Charlotte v. Stein.

Tausend Danck für den Morgen Gruß. Hier hast 5
du den meinigen recht herzlich zurück.

Fritz ist gar gut und wird uns gemeinsam Freude
machen.

Ich habe viel zu kramen und sehe dich erst gegen
Abend indeß besucht dich mein Geist offte. Adieu du 10
beste. d. 1. Juni 83.

G.

1742.
An Charlotte v. Stein.

Mein halber und mehr als halber Tag ist vorbey
und ich habe noch keine Ackten auf Morgen gelesen.
Mit dieser Lieblichen Beschäfftigung muß ich noch
einige Stunden hinbringen, und der Freude entsagen 15
dich zu sehen.

Um sechse hoff ich doch zu kommen.

Eine Staffete von Ludekus bringt schändliche Nach=
richten vom Prinzen.

Lebe wohl Lotte gieb ein freundlich Zeichen des 20
Lebens von dir.

Fritzen hab ich umquartirt, sag ihm aber nichts.
In der dunckeln Kammer war böse Lufft, die er nicht
einathmen muß. Jetzt wird er recht artig seyn. Du
wirst dich des Gedanckens freuen. d. 2. Jun. 83.
⁵   G.

1743.

An Charlotte v. Stein.

Mein Glück und Wohlseyn besteht in dem deinigen
und in deiner Liebe.

Hier ist der Schein zurück.

Ich will heute aufräumen, und allerley wegarbeiten.
¹⁰ Von rechtswegen sollte ich auf Tiefurth gehen.

Adieu meine beste mein alles.

d. 5. Jun. 83.   G.

1744.

An Charlotte v. Stein.

Ich schicke eben euch zum Thee zu laden. Bergs
kommen zwar nicht, sie sind bey Fritsches. Behalte
¹⁵ mich nur in einem feinen Herzen. Fritz ist recht gut
und glücklich. Adieu ich will ein wenig wegreiten.

d. 7. Jun. 83.   G.

1745.

An Charlotte v. Stein.

Sey mir willkommen liebe Lotte. Hier schick ich
dir Knebels Brief. Wir werden doch heute beysam=

men seyn. Wenn L. weg ist frag ich bey dir an
Lebe recht wohl. d. 9. Jun. 83.

G.

1746.
An Kraft.

Man hat mich um beykommende Nachricht ersucht.
Ich schicke Ihnen die Collecktanea, und was ich sonst
von den Bernhardischen Sachen habe und bitte Sie
nachzusehen ob etwas von gedachtem Herrn v. Berg
sich darunter befindet. Leben Sie wohl.

Weimar d. 10. Jun. 1783.

Goethe.

1747.
An Charlotte v. Stein.

Du hast gefühlt wie leid es mir that von dir zu
gehn ohne dir noch ein Herzlich Wort sagen zu können.
Wenn du wüsstest was für ein lieber Anblick du mir
warst, ich konnte mich nicht satt an dir sehen. Ich
reise und habe dich ganz in meinem Herzen.

Mit dem Stadthalter hab ich mich angenehm
unterhalten, er ist sehr gut und voll Verstand. Man
trifft immer etwas neues bey ihm an.

Adieu. Ich gehe zu Bette, und kehrte lieber mit
den Pferden zurück und brächte dir dies Blat selber.
Adieu ich komme nicht von deiner Seite. Leb wohl und
empfange mich wieder wie du mich verabschiedet hast.

Erfurt d. 12ten Jun. 83.   G.

1748.

An Charlotte v. Stein.

[Gotha, 14. Juni.]

Ich versäume eine Gelegenheit nicht die sich mir
anbietet dir zu schreiben. Ein Bote der nach Weimar
geht nimmt diesen Brief mit.

Man hat mich hier sehr freundlich empfangen, es
5 ist alles auf dem alten Fus.

Der Herzog hat ein Paar schöne Landschafften
von Hackert die ich dir zu sehen wünschte, woran be=
sonders die Fernen, und Himmel unglaublich schön
sind. In dem englischen Garten ist es recht anmutig
10 still und ruhig, das Monument das auf der Insel
über dem Grabe der Prinzen steht recht hübsch und
gut. Anstatt daß unser Herzog neuerdings alle Thüren
und Brücken seiner Gärten und Anlagen eröffnet hat,
so sind hier die Partien des Gartens gegen einander
15 selbst verschlossen, und stellen Vorhöfe, Tempel und
Heiligstes vor. Der Unterschied ist recht karackteristisch.

Wenn ich etwas schönes sehe denck ich an dich,
und wenn ich etwas guts geniesse wünsch ich dich zu
mir. Schon sehn ich mich wieder zurück.

20 Heute werde ich die Gyps Abgüsse sehn die der
Herzog hat, und diesen Morgen des Prinzen August
neues Gebäude und Anlagen besuchen.

Wenn ich doch nur auch etwas von dir hören
könnte! Ich kann dir nicht ausdrücken, welche Rei=

gung, welches Verlangen mich zu dir zieht. Adieu
liebe Lotte ich muß schließen. Empfange mich wie du
mich verabschiedet haſt, und fühle daß mich nichts
von dir trennen kann.

Gotha Sonnabend nach Pfingſten 83.

G.

Grüſe Fritzen recht ſchön und ſag ihm er ſoll mir
etwas fertig machen bis ich wiederkomme es ſey ge=
zeichnet oder geſchrieben.

1749.
An Charlotte v. Stein.

[Wilhelmsthal, 16. Juni.]

Wir ſind in Wilhelmsthal. Ludekus iſt ſchon
ſeit Sonnabend angelangt, es iſt Montag um halb
zwölf Mittag und der Prinz iſt noch nicht da. Was
Ludekus erzählt läßt ſich nicht armſeeliger dencken.

Es iſt mir wohlgegangen und doch hab ich keinen
Genuß gehabt. Bey allem guten und ſchönen gedencke
ich nur an dich, was ſonſt meine Seele erhob, macht
iezo nur den Wunſch rege es mit dir zu genieſſen.

Du wirſt meinen Brief und das Säckgen von
Gotha haben. Da ich arm bin, kann ich dir nur
welcke Früchte opfern. Gedencke an mich wann man
dir ſie aufträgt. Ich kann mich keinen Augenblick
von dir entfernen, dein Bild iſt mir viel lebhaffter
als die Gegenſtände die mich umgeben, ich bin ein=
geſchränckter als iemals.

Der Herzog ist auf sehr guten Weegen, wir haben
über viel Dinge gar gut gesprochen, es klärt sich
vieles in ihm auf, und er wird gewiß in sich glück=
licher und gegen andre wohlthätiger werden.

Lebe wohl, liebe Lotte. Wenn doch nur alles auf
dem Papier stünde was ich für tausend Gedancken in
stillen Unterhaltungen an dich richte.

Grüße Steinen und Fritzen.

Mit Sehnsucht verlang ich wieder bey dir zu seyn,
denn ich habe nichts eignes mehr. Manchmal wünsch
ich es mögte anders seyn manchmal wünsch ich meinen
Gedancken eine andre Richtung zu geben. Es ist und
bleibt unmöglich. Lebe wohl. Bleibe mir! Wie sehr
verlangt es mir einen Buchstaben von dir zu sehen!

G.

1750.

An Charlotte v. Stein.

[Wilhelmsthal, 18. Juni.]

Es geht wieder ein Husar ab und ich kann dir
abermals schreiben. Wie töricht war ich dir nicht einen
Weeg anzugeben auf dem ich Nachricht von dir er=
halten könnte. Dieser geht zwar wieder zurück allein
ich weis nicht ob er mich noch antreffen wird. Gar
sehr bedarf ich ein Wort von dir zu hören.

Die Verworrenheit des Prinzen hat noch einige
Knoten die mit Geduld gelöst werden müssen.

Der Herzog Georg ist gestern unvermuthet an=

gefommen. Der Landgraf v. Barchfeld wird mit
ſeiner Gemahlin heute hier ſpeiſen.

Mich verlangt ſehnlich zurück, der Herzog will auf
Meinungen gehn, und ich eile wieder zu dir. Ich habe
gezeichnet und ein Capitel zu Wilhelm geſchrieben.

Der Aufenthalt hier iſt nicht angenehm. Nebel und
Feuchtigkeit dringen durch Berge Wälder und Wohnung.

Mein Geiſt iſt immer bey dir und wenn es dich
freut iemanden ganz zu beſitzen; ſo darfſt du dich
recht freuen.

Lebe wohl. Vielleicht kann ich ſchon Morgen
früh abgehn. Ich will mir nicht zu geſchwind Hoff=
nung machen. Grüße Fritzen und ſage ihm ich hoffe
daß er mir etwas fertig machen wird.

Lebe wohl du einziges Band meines Lebens. Mitt=
woch früh. 83.

G.

1751.

An Charlotte v. Stein.

Hier l. Lotte ein oſtenſibles und transmiſſibles
Zettelgen für und an deine Schwägerinn. Ich bitte
dich ia mich nicht zu ſchonen wenn du etwas auf
dem Herzen haſt. Du biſt doch wohl wenn du auch
ſchon nicht gut geſchlafen haſt. Mich verlangt ſehr
dich zu ſehn. Hier der ſchöne Kopf. möge er dir
Vergnügen machen. Lebe wohl und bleibe mir.

d. 21. Jun. 83.   G.

1752.

An Charlotte v. Stein.

Ich bin diesen ganzen Morgen noch nicht zur Besinnung gekommen, habe noch nicht so viel Zeit gefunden dir zu sagen wie ich mich auch heute wieder freue dein zu seyn.

Eben kommt dein Zettelgen. Ich dancke dir beste. Diesen Mittag kann ich nicht nach Tiefurt, gegen Abend erwart ich dich mit vieler Freude. Lade doch die Gräfinn Bernsdorf wenn sie in Tiefurt ist zu mir ein. Lebe wohl. Gedencke mein, ich bleibe der deinige. d. 23. Jun. 83.

G.

1753.

An Charlotte v. Stein.

Hier liebe Lotte endlich den Werther, und die Lotte die auf dich vorgespuckt hat. Das englische gefällt mir gar wohl, was ich gelesen habe ist herzlich, verständig und geschmackvoll übertragen. Wenn es aus dem deutschen übersetzt wäre, könnte ich noch mehr daraus lernen. Mir war's gar anmuthig meine Gedancken in der Sprache meiner Lehrer zu lesen. Adieu. Sey mir tausendmal gegrüßt. Wenn du in dem Teutschen Manuscript Fehler findest mercke sie doch an. Lebe wohl.

Wollen wir heute Abend eine kleine Gesellschafft bey mir im Garten haben oder allein seyn.

d. 24. Jun. 1783.

G.

1754.

An Charlotte v. Stein.

Hier schicke ich einige Erdbeeren zum Frühstück
und lebe in der vergnüglichen Hoffnung dich Mittags
bey mir zu sehen.

Das Andencken deiner Liebe ist immer bey mir
und meine Neigung zu dir, wie die Furcht Gottes 5
der Weisheit Anfang. Liebe mich, und schreibe mir
deinen ganzen Vornahmen. Lebe wohl du süße und
sage mir daß du wohl bist.

    d. 3. Jul. 83.   G.

1755.

An C. v. Knebel.

Es freut mich recht sehr daß du meinen Wilhelm 10
so gut aufgenommen hast und daß du mir deine Gedancken darüber sagen magst. Was du daran lobst
habe ich wenigstens zu erreichen gesucht, bin aber
leider weit hinter meiner Idee zurückgeblieben. Ich
selbst habe auch keinen Genuß daran, diese Schrifft 15
ist weder in ruhigen Stimmungen geschrieben, noch
habe ich nachher wieder einen Augenblick gefunden,
sie im ganzen zu übersehen. Und selten daß ein Leser
bestimmt sagen kann was ihm wohlgethan hat. Das
vierte Buch ist zur Hälfte fertig. Vielleicht ruckt die 20
andre Hälfte bald nach, alsdenn sollst du es bald
haben. Schicke aber doch die drey Bücher die in

deinen Händen sind meiner Mutter, sie und andre,
denen ich's angekündigt, warten sehnlich darauf. Du
kannst sie einmal wieder haben.

Der Prinz ist wieder hier! Ich fürchte seine Ver=
⁵ irrungen werden ihm auf Zeitlebens eine falsche Falte
lassen.

Lebe wohl und geniese der Ruhe die dir geschenkt
ist. Zu uns zu kommen, würde ich dir iezt noch
nicht rathen, vielleicht kommt eine Zeit da du mit
¹⁰ denen Menschen leben kannst die dir so nahe verwandt
sind ohne sie und dich unglücklich zu machen.

Grüße deine Frl. Schwester. Schreibe mir manch=
mal. Frau v. Stein läßt mich deine Briefe lesen,
die mir wohlthätig sind. Adieu.

¹⁵   d. 3. Jul. 83.   G.

1756.

An Charlotte v. Stein.

Schon frühe wollt ich dir zu deinem Nahmenstage
Glück wünschen, und mir auch daß mir der liebe
Nahme noch immer so wohlthätig ist. Alles hat mich
daran gestört. Danck für dein Zettelgen. Hier was
²⁰ ich von Kreide habe. Nach Tische such ich dich. Ich
will alsdann ein wenig ausreiten und Abends bey
dir seyn lebe tausendmal wohl. d. 5. Jul. 83.
                                                    G.

1757.

An Charlotte v. Stein.

Ich bin wohl eingehüllt nach Hause gekommen,
dein Bruder borgte mir seinen Mantel und steckte sich
mit Trebra unter Einen. Mit dem Morgen erwacht
mein Andencken an dich. Wie freu ich mich dich zu
sehen. Du kommst doch Nach Tische zu mir, denn 5
Trebras kommen erst in's Haus. Abends gehn wir
in den Garten. Schicke mir die Chodowieckischen
Don Quichotes. Lebe wohl und liebe mich.

in Eil d. 11. Jul. 83.   G.

1758.

An Charlotte v. Stein.

Sage mir L. Lotte ob du heute recht wohl bist? 10
Ich muß nothwendig nach Tiefurt und will zu Mit=
tage hingehn, damit ich Abends wieder bey dir bin.

Ich kann dir nichts sagen. Mein ganzes Wesen
ruht in dir. d. 12ten Jul. 83.

                                        G.   15

1759.

An Charlotte v. Stein.

Laß mich wissen l. Lotte wie du geschlafen hast
und sage mir daß du zu Freud und Liebe deines
Freundes wieder aufgewacht bist. Hier schick ich ein

Stück Kirschkuchen das wohl schmecken und wohl be=
kommen möge.

d. 13. Jul. 83. G.

1760.
An Riese.

Seitdem ich durch die Staffette Ihre Antwort
mein lieber Riese erhalten, daß Sie die Gefälligkeit
haben wollen Sich einer kleinen, artigen traurigen
Person anzunehmen, habe ich nichts weiter über diese
Sache schreiben können. Sie ist kranck geworden und
man hat sie nicht weiter schicken können.

Melden Sie mir doch ob Sie etwa indessen ein
Quartier besprochen haben? Am Besten wäre es, wenn
man sie bei guten Leuten unterbringen könnte wo sie
ihre Versorgung und Bedienung fände daß man die=
jenigen die gegenwärtig um sie sind gleich abdancken
könnte. Es wäre zur Ersparniß und wegen anderer
Ursachen gut. Leben Sie wohl und nehmen Sie
meinen besten Danck für Ihre freundschaftliche Will=
fährigkeit. Weimar den 14. Juli 83.

Goethe.

1761.
An Charlotte v. Stein.

Wie hast du geruht. Ist dein Kopf frey? Was
nimmst du heute vor? daß wir uns ja nicht wieder
verfehlen. Adieu! Ich bin stille, fleißig und wohne
in deiner Liebe.

d. 16. Jul. 83. G.

12*

1762.

An Charlotte v. Stein.

Mit vergeblichen Versuchen meine Gedancken von
dir abzuwenden, bringe ich meinen Morgen zu. Mit
Freuden erwarte ich die Stunde die mich zu dir bringen
soll. Danck für dein Zettelgen du herzlich geliebte.

d. 19. Jul. 83.   G.   5

1763.

An Charlotte v. Stein.

Ich wünsche Nachricht wie m. L. geschlafen hat
und wie sie sich befindet. Mögtest du doch recht wohl
seyn. Nach Tische seh ich dich und verlasse dich ungern
des Abends. Adieu beste. Lebe wohl du mein Glück.

d. 20ten Jul. 83.   G.   10

1764.

An Charlotte v. Stein.

Ich wünsche zu wissen ob meine Lotte nach Bel=
vedere geht, oder ob sie mir bleibt. Ich habe viel zu
lesen und zu kramen. Gestern kostete es mich viele
Mühe leidlich zu seyn. Hier schicke ich dir Ostheimer
Kirschen, sie sind durch einen Boten gekommen. Lebe   15
wohl geliebteste. Wie steht das Kopfweh?

d. 21. Jul. 83.   G.

1765.

An Charlotte v. Stein.

Wie ist's noch gestern im Garten gegangen? Ich
habe mich eben so durchgeholfen. Oeser war gar
lustig, Herder gut, Wieland gesprächig, Musäus gutmütig und plat wie immer.

5 Was giebts heute. Wie befindest du dich. Lebe
wohl geliebteste und schicke mir die Raphaelischen
Kupfer. d. 22. Jul. 83.

G.

1766.

An A. F. Oeser.

Ihre heimliche Entweichung ist, wie Sie Sich leicht
10 denken können, nicht zum besten aufgenommen worden,
und ich fürchte würklich, Sie haben zu sehr geeilt und
darüber vielleicht manches Gute das Sie angelegt in
Stocken gerathen.

Ich habe sogleich das Monument durch Schumann
15 auf zusammen geleimtem Papier aufreißen lassen.
Es nimmt sich recht schön aus, nur ist die Platte
zu schmal. Sie ist eine Elle breit angegeben, hier
schicke ich eine Zeile, daraus sich die Ohnmöglichkeit
offenbaren wird die Schrift darauf zu bringen. Denn
20 kleiner dürfen wir die Buchstaben nicht machen, es
wäre eher zu wünschen, daß sie wegen der Höhe und
Ferne größer werden könnten. Geben Sie mir balde

einen guten Rath, denn eher kann ich die Steine nicht
bestellen. Die Zeile die ich hier überschicke hält 2 Fus
4 Zoll, rechne ich auch nur auf ieder Seite 2 Zoll
von dem Rande der Tafel bis an die Schrift, so
müßte die Tafel immer 2 Fus 8 Zoll Breite haben. 5
Wollten Sie nun diese Zeile in der Höhe von etwa
7 Fus 8 Zoll an die Wand stecken, so werden Sie
sehen, daß die Schrift kaum gelesen werden kann, nicht
gerechnet, daß die Buchstaben nicht alle ihre rechte
Breite haben, daß die Zwischenräume der Worte zu klein 10
sind und daß das letzte Wort zusammen geschoben ist.

Verzeihen Sie daß ich Sie mit diesen Dingen ver=
folge, würden sie aber nicht berichtigt, so bliebe leider
das schöne wider meinen Willen liegen.

Hier schicke ich Ziehens Weissagung und bitte: 15

　　Um Marmorpapier

　　Einige Grabstichels

　　und ein Stück Marmor zur Büste.

Leben Sie recht wohl und haben Tausend Dank
für Ihre Gegenwart. Empfehlen Sie mich den wer= 20
then Ihrigen und Herrn Geh. K. R. Müller.

Weimar d. 24. Juli 83.

　　　　　　　　　　　　　　Goethe.

1767.

An Charlotte v. Stein.

Eh ich gehe muß ich meiner l. L. noch ein An=
dencken zurück lassen. Gegen Mittag bin ich wieder 25

hier und hoffe ein Zettelgen von dir zu finden. Du
liebe gute wie freu ich mich mit iedem Morgen deines
daseyns. Schreibe mir ob du heute bey Hof bist
und liebe mich.

d. 27. Jul. 83. G.

1768.
An C. Albrecht.

Ew. Wohlgeb. muß ich für das Vertrauen, das
Sie mir schencken wollen, Danck sagen ohne es annehmen zu können.

Das leidige Ende einer mit sovielen Hoffnungen
angefangnen Reise hat mir persönlich soviele Kränckun-
gen, Verdruß und Mühe verursacht, daß ich ohnmög-
lich unparteiisch seyn kann.

Das geschehene ist vorbey, der Prinz, wieder in
dem Kreise seiner Familie, scheint sich selbst und die
Maasstäbe wieder zu finden die er in dem Strudel
der Fremden Welt, seiner eignen Führung überlassen,
nothwendig verlieren mußte.

Inwiefern sein Geist, seine Gesundheit, seine Casse
wieder herzustellen sind, wird die Zeit lehren, und
mit Geduld zu erwarten seyn. Dazu sind die drin-
gendsten Anstalten soviel möglich war gemacht, und
man wird ihm alles zu erleichtern suchen.

Übrigens bin ich fest entschlossen über die Sache
nichts mehr zu hören, noch zu reden. Ich mag nicht
gerne iemanden Unrecht thun, ich wünschte auch Ihnen

Gerechtigkeit widerfahren zu laſſen; aber ich geſtehe
es, ich kann meine Empfindlichkeit gegenwärtig nicht
weiter bringen als daß ſie ſich leidend verhalte.

Erlauben Sie mir alſo daß ich alles was einer
Erklärung ähnlich ſieht verbitte. Vielleicht weißt mir 5
die Zeit dieſe Vorgänge in einem andern Geſichts=
punckte und ich werde alsdenn mit gleicher Offen=
herzigkeit handeln und meine Geſinnungen bekennen.

Weimar   Ew. Wohlgeb.
b. 30. Jul. 83.   ergebenſter Diener 10
                          Goethe.

1769.
An Charlotte v. Stein.

Ich habe recht auf dein Zettelgen gewartet, und
es verlangt mich ſehr dich zu ſehen, denn heute Nacht
haſt du mir im Traum manches ſchmerzliche erzeigt,
das du wachend verbeſſern mußt. lebe Wohl dem 15
deinigen.

b. 31. Jul. 83.   G.

1770.
An Charlotte v. Stein.

Hier gleich einen guten Morgen und die erſte
Reiſe, ich wünſche daß ſie dir gefallen könne. Heute
Nacht war meine Traumwelt ruhiger. Recht ſehnlich 20
hoff ich auf den Augenblick der mich zu dir bringt.

Nach Tiſche reite ich weg und bin Abends wieder

da. Adieu liebe L. Laß mich etwas freundliches zum Morgen hören. d. 1. Aug. 83.

G.

1771.
An Charlotte v. Stein.

Meiner Geliebten schick ich schöne Früchte, sie hebt mir etwas davon auf, daß sie mir in ihrer Gegenwart doppelt gut schmecken. Lebe wohl gute und liebe mich.

d. 2. Aug. 83. G.

1772.
An Charlotte v. Stein.

Hier ist ein Theil des Versprochnen. Das Wetter macht mich faul, ich mögte mich heute lieber hinsezen und mir Mährgen erzählen lassen als die Herren Stände bewillkommen. Es wird ein heises Mittags Essen werden. Laß mich nur ein Wörtchen von dir sehen. Heute Abend hab ich die Herzoginn Mutter in meinen Garten geladen, um die vorige Woche wieder gut zu machen. Lebe wohl. liebe mich und zeige mirs.

d. 4. Aug. 83. G.

1773.
An Charlotte v. Stein.

Friz will gerne ein Briefgen mitnehmen und ich mag gerne schreiben. Mögtest du doch wohl seyn; so wäre ich recht glücklich.

Ich esse bey der Gräfinn und gehe vielleicht einen
Augenblick zum Frühstück das die Herzoginn Mutter
giebt. Diesen Abend suche ich dich. Lebe wohl beste.
d. 8. Aug. 83.   G.

1774.
An Charlotte v. Stein.

Wie befindet sich m. l. L. und werd ich auch
wieder einmal einen guten Tag genießen können.
Oder vielmehr wird ihr der Genuß des Lebens wieder
aufgeschlossen seyn, und mir durch sie.

Sage mir wie du lebst und wohin du heute denckst?
Lebe wohl. meine Beste.
d. 9ten Aug. 83.   G.

1775.
An F. H. Jacobi.

Laß mich doch einmal wieder erfahren wie du
lebst, was deine Gesundheit macht, wie sich die deini=
gen befinden, und schicke mir die Iphigenie, wenn
du dir eine Abschrifft nehmen lassen, zurück.

Das Bild der Fürstinn das du mir geschickt, hat
mich sehr gefreut, ich wünschte diese seltene Person
zu kennen.

Mir geht es nach meiner Art sehr wohl, und es
scheint als wenn ich mit der Welt und sie mit mir
in ein Geschicke kommen wollte. Zeit wäre es, ob ich
gleich bis zur Schwaben=Mündigkeit noch einige Jahre
hin habe.

Was ich mich manchmal sehne alte Freunde und
besonders dich wieder zu sehen kann ich nicht sagen.
Wie viel würde sich da in einem Augenblick berichtigen
und befestigen!

Lebe wohl, grüße die deinigen, und gedencke mein.
Weimar d. 13. Aug. 83.

Goethe.

1776.
An Charlotte v. Stein.

Danck für deine Liebe und das Frühstück.

Wenn ich diesen Morgen meine Acktenhändel beyseite schaffen kann, so komme ich sehr gerne zur Waldner. Adieu du Beste du liebes Glück. d. 14. Aug. 83.

G.

1777.
An Charlotte v. Stein.

Ich bin gerne geblieben, und hoffe dich heute zu
sehen. Danck für die Worte deiner Liebe. Ich halte
mich still und ruhig, wenn du mir bleibst hab ich
alles. Heute soll noch aufgeräumt werden. Lebe
wohl du beste. d. 16. Aug. 83.

G.

1778.
An Charlotte v. Stein.

Fritz will was geschriebnes mitnehmen. Er soll
mit mir essen, und dir einen guten Morgen bringen.

Wenn es schön wäre lüde ich dich heraus. Schreibe
mir wo du heute bist. Liebe mich mein Leben.
d. 24. Aug. 83.   G.

1779.
An Charlotte v. Stein.
[25. August.]

Herzlich bat ich die Muse mich liebliche Worte zu lehren
Heute zur Feyer des Tags doch sie erhörte mich nicht.
Besser lehrt mich das Kochbuch ein esbares Opfer zu
                                          bringen,
Wenn es dein Völcklein geniest, mehr es die Feyer des
                                          Tags.

————————

Hier das befohlne und die freywillige Liebe.
                                                   G.

1780.
An Charlotte v. Stein.

Hier schicke ich das ganze Buch, suche dir die
Spieler aus, und behalte mich recht lieb, den du dir
allein ausgesucht hast. Jede Empfindung deines schönen
Herzens ist mir werth. Morgen bin ich recht glück=
lich meinen ersten Tag mit dir zu erneuern. Adieu.
d. 27. Aug. 83.   G.

1781.
An Charlotte v. Stein.

Ich dancke für das schöne Angebinde durch den
lieben Boten. Behalte mir deines lieben Herzens

Gefühle für den Rest meines Lebens. Ich bleibe der
deinige. d. 28. Aug. 83.

G.

1782.
An Charlotte v. Stein.

Mit freudicher Erinnerung an eure gestrige Freund=
lichkeit schicke ich dir ein schmackhafftes Überbleibsel
des fröhligen Tages. Ich bitte um die Iphigenie
und um ein gutes Wort. Das Bild soll noch heute
aufgetragen werden. d. 29. Aug. 83.

G.

1783.
An den Herzog Carl August.

Durchlauchtigster ꝛc. ꝛc.

Ew. Hochfürstl. Durchl. werden ohne Zweifel die
Gnade haben, nach Abgang des nunmehrigen geh.
Hofr. Eckardts von der Bergwerks=Commission, dessen
Platz durch ein andres Glied wieder zu ersetzen, wozu
wir den Regierungs=Rath Voigt unzielsetzlich in Vor=
schlag zu bringen uns unterfangen.

Erlauben Höchstdieselben bey dieser Gelegenheit
noch einen andern unterthänigen Vortrag.

Es hat Joh. Carl Wilhelm Voigt der jüngere,
nachdem er durch die Gnade Ew. Durchl. die Frey=
berger Akademie besuchen und sich sowohl in denen
sächsischen als Harzgebürgen umsehn und seine Kennt=

niſſe erweitern können, bisher ſehnlichſt gewünſcht,
auf eine oder die andere Weiſe Ew. Durchl. Dienſten
gewiedmet zu ſeyn.

Vielleicht wären Höchſtdieſelben nicht abgeneigt
ihn als Bergſekretair bey der Commiſſion anſtellen
zu laſſen.

Es beſchäftigt zwar dasjenige was für ihn in dieſer
Qualität zu thun ſeyn mögte, einen Mann nicht völlig,
allein es wird nicht nur bey nunmehr balde zu hoffen=
dem Umtriebe des Ilmenauer Werkes die Arbeit ver=
mehrt werden, ſondern er auch ſich dadurch mehr aus=
bilden Hochdenenſelben in dieſen und vielleicht andern
Fächern nützliche Dienſte leiſten zu können. Wie denn
ſeine Fähigkeiten und ſein guter Wille das beſte Zeug=
niß verdienen.

Sollten Höchſtdieſelben hierauf einige Rückſicht zu
nehmen geruhen; ſo werden die hierüber zu ertheilen=
den gnädigſten Befehle wir mit der vollkommenſten
Ehrfurcht zu befolgen für Schuldigkeit erachten, womit
wir uns unterzeichnen.

Ew. ꝛc. ꝛc.

Commiſſio.

Weimar den 29. Aug. 83.

1784.

An J. G. Herder.

Deine Frau wird dir geſagt haben was für ein
Misverſtändniß obwaltet, ich bitte dich deswegen zum

Anfange meines neuen Jahres, deine Gedancken über
unser sämmtliches Schulwesen zu sammeln und mit
mir wenn ich wiederkomme drüber zu sprechen. Ich
will gern zu allem was du ausführbar hältst das
5 meinige beytragen. Lebe wohl, ich gehe morgen nach
Ilmenau. Noch vielen Danck für das gestrige Gute.
d. 29. Aug. 83. G.

1785.

An C. v. Knebel.

Eh ich auf einige Zeit von hier weggehe, ich dencke
meine Reise richtet sich nach dem Harze, muß ich dir
10 noch ein Wort sagen.

Gestern war mein Geburtstag, und ich bitte dich
auch für dies neu angehende Jahr um deine Liebe
und Freundschafft. Meine hiesige Freunde und Guten
waren gar artig und lieb und haben mir viel Freund=
15 lichkeit erzeigt, nach allen Aspeckten hoffe ich eine
glückliche Zeit.

Die kleinen Stückgen die ich hier zurückschicke sind
mit Verstand gemacht. Ich wünsche dir Glück zu der
Acquisition guter Sachen.

20 Die Herzoginn Mutter ist in Braunschweig sehr
vergnügt, man begegnet allen sehr gut.

Der Prinz lebt stille, seine Gesundheit braucht Er=
hohlung. Der Herzog beträgt sich gar gut gegen ihn.

Lebe wohl. schreibe mir manchmal, diesmal sag
25 ich nicht mehr.

Weimar d. 29. Aug. 83. G.

1786.
An Merck.

Weimar den 29. Aug. 83.

Im Begriff zu verreisen, packe ich die Zeichnung zusammen und schicke dir sie mit Dank zurück. Ich halte sie nicht für Original, habe sie aber doch in's kleine kopirt und viel daraus gelernt. Dabey liegen einige Kritzeleyen von mir, die immer noch wie vor Alters leider wüste und verworren sind, zu beliebigem Gebrauch. Für deinen lezten Knochen=Brief danke ich. Du spielst den neuen Hesekiel und die alten Todten werden bey deinem Spaziergang lebendig und kommen zu Ehren. Bey uns geht alles recht hübsch und gut. Schrautenbachs Tod hat uns alle gerührt und du wirst sehr bedauert. So lang die besten Menschen leben, genießt man sie nicht, und wann sie sterben, gafft man ihnen nach. Lebe du wohl, in und mit den Deinigen, und laß manchmal etwas von dir hören.

1787.
An Charlotte v. Stein.

Ich bin noch nicht weg und sehne mich schon wieder zu dir. Wie wird es erst weiter gehn.

Lebe wohl du süße Freundin und Geliebte, deren Liebe und Umgang mich alleine glücklich macht. Wenn es möglich ist schreibe ich dem Herzog ein Gedicht auf seinen Geburtstag. Nochmals Adieu. Ewig der deinige.

d. 30. Aug. 83.   G.

1788.

An Kraft.

[Ilmenau] 3. September 1783.

Das Geld will ich, wenn ich nach Weimar komme,
übersenden. Übrigens bitte ich sich zu beruhigen, es
ist für Ihren Gemüthszustand besser, daß Sie in der
5 Stille leben. Sie haben mir schon Dienste geleistet
und es findet sich auch wohl noch Gelegenheit dazu.
Keine Gnade habe ich auszutheilen und meine Gunst
ist nicht so wandelbar. Leben Sie wohl und genießen
des Wenigen in Frieden.

10   G.

1789.

An J. F. v. Fritsch.

Ew. Exzell.

verzeihen daß ich nochmals behellige. Es ist, wie
ich auf der Cammer höre, Julius auf den 12ten dieses
vor die Regierung beschieden, und da er extraindizia=
15 liter erfahren weswegen diese Vorladung geschehen,
hat er vorläufig bey der Cammer angefragt ob er
allenfalls das ihm zugedachte Geschäfft annehmen
dürfe? und zugleich versprochen, Morgens diese Rest=
untersuchung, Nachmittags die Binderischen Rechnun=
20 gen vorzunehmen. Wie ich an dem alten Büttner
merckte der davon unterrichtet schien behandelt man
die Sache als wolle man nun wieder Bleymüllern
revidiren lassen.

Wäre es möglich und Ew. Exzell. könnten diese
Einleitung abwenden; so wäre es für zwey Geschäffte
eine grose Wohlthat die beyde durch diese Behandlung
unendlich leiden. Es würde unfreundlich scheinen
wenn man von Seiten der Cammer dem Lotterie
Cassier verbieten wollte diese Arbeit zu übernehmen,
und doch schiebt sich dadurch die gehoffte Ordnung
des Oberweimarischen Rechnungs Amtes in die Weite,
und für die Ilmenauer Angelegenheit ist auch kein
Ende zu sehen.

Ich empfehle diese Anliegen und mich selbst Ew.
Exzell. zu Gnaden und unterzeichne mich mit voll=
kommenster Hochachtung

Weimar d. 5. Sept.
1783.

Ew. Exzell.
gehorsamsten Diener
Goethe.

1790.
An Charlotte v. Stein.

Nun Adieu liebe Lotte und Danck für deinen
lieben Abschied der mir unvergeßlich ist. Hier drey
Schlüssel zur Kiste zum Schrancke, und zum Schreib=
tisch. biß auf wenige Geschäfftssachen ist das übrige
alles dein. Ich hoffe nicht daß du Ursache haben
sollst sie zu öffnen.

Lebe wohl ich bin der deinige. Fritz grüßt und
ist munter und froh. Du hörst balde von mir.
d. 6. Sept. 1783. G.

1791.

An Charlotte v. Stein.

Langenstein d. 9. Sept. 83.

Erst heute Abend schreib ich meiner Lotte mit der
ich mich diese ganze Zeit im Stillen beschäfftigt habe.
Ich wünschte du wäreft den ganzen Tag um mich
5 unsichtbar, und träteft Abends wenn ich alleine bin
wie aus der Mauer hervor, du würdeft fühlen, was
ich ietzt mit so vieler Freude fühle, daß ich nur alleine
dein bin und dein seyn kann. Wie hoffe ich auf den
Augenblick dich wiederzusehen, du haft mich mit allen
10 Banden an dich gebunden.

Mir geht es bis hierher sehr wohl, man begegnet
mir auf das Beste und Fritz ist recht artig und faßt
sich bald wenn ihm etwas gegen die Stirne läufft.

Ich habe dir viel zu erzählen, es wird mir gut
15 thun fremde Luft einzuathmen und mein Verhältniß
von weitem zu betrachten. Die Existenzen fremder
Menschen sind die besten Spiegel worinn wir die
unsrige erkennen können.

Das Wetter ist nicht sehr günstig der Harz schickt
20 Stürme und Wolcken, indessen hat es nicht geregnet
und das ist schon danckenswerth.

Die Herzoginn, wie ich höre kommt erst Montags
d. 15ten hierher, oder vielmer nach Halberstadt. Ich
weis nicht ob ich sie sehen werde.

25 Ich freue mich herzlich auf deinen Brief in Gellerfeld.

13*

Lebe wohl und behalte mich in deinem Herzen
und empfange mich wieder wie du mich verabschiedet
haft. Es ist in der weiten Welt allerley vergnüg=
liches und wenig troft zu holen, den ich allein in
deiner Nähe finde. Lebe wohl Geliebtefte.   5

                                                    G.

1792.

An Charlotte v. Stein.

Blanckenburg d. 11. Sept. 83.

Ohngeachtet meiner Müdigkeit muß ich dir heute
Abend schreiben, denn gewiß heute waren alle deine
Wünsche bey mir. Der erste schöne Tag seit der 10
ganzen Reise! So lang ich bey der schönen Frau war
haft du immer Sturm und leidig Wetter gemacht,
und dafür meine Wallfahrt nach dem Roßtrapp ge=
seegnet. Es war ein köftlicher Tag. Und nachdem
ich mich oben umgesehen hatte, stiegen wir in's Thal 15
herunter, wo ich dich hunterttmal hingewünscht habe
als ich mit Fritzen auf einem großen in den Fluß
gestürzten Granitftück zu Mittage aß. Du glaubft
nicht wie artig er ift, wieviel Delifateffe er gegen
mich zeigt. Ich habe nur einigemal nötig gehabt 20
mit ihm ernftlich über kleine Unarten zu sprechen, du
solltest sehn welch eine reine Würckung es gethan. Ich
bin auch einzig glücklich in dir und ihm, alles andre
kann ich mir nicht zueignen. Man begegnet mir
überall auf das artigfte, ich habe, und zeige auch 25

gute Laune, rede viel und habe doch noch kaum einen
offnen ganz aufrichtigen Augenblick gehabt. Laß uns
ja nie, auch nur vorübergehend verkennen was wir
einander sind.

5   d. 13ten früh. Langenstein.

Wir haben gestern noch einen sehr schönen Tag
gehabt um nach der Baumannshöle zu fahren, die
Marmorbrüche und Mühle im Rübelande zu besehen.
Heute Abend geh ich nach Halberstadt wo die Herzo=
10 ginn Morgen durchgeht, ich will dieses Blat deiner
Schwägerinn mitgeben, meinen ersten Brief von hier
aus wirst du erhalten haben.

Wie sehnlich habe ich dich an manchen Stellen zu
mir gewünscht sie sind ausserordentlich schön, und
15 würden durch deine Theilnehmung himmlisch geworden
seyn, um mich hier am rechten Platze des Ausdrucks
der Fritzgen Voß zu bedienen.

Fritz ist sehr glücklich und bildet sich zusehends.
Er macht mir viel Freude und gewiß auch dir wenn
20 er wiederkommt.

Ich bin sehr neugierig den Herzog zu sehen, und
lasse mich es nicht merken. Lebe wohl. Ich schreibe
dir Morgen noch ein Wort dazu.

                    d. 14. früh Halberstadt.

25 Heute kommt die Herzoginn hier an und die ganze
fürstliche Familie wird sie begleiten, ich werde sie
alle sehen, und sie werden mir eine sehr willkomme

Erſcheinung ſeyn. Vielleicht kann ich heute Abend
noch ein Wort dazu ſchreiben. Morgen wird ſich's
entſcheiden ob ich gleich auf Zellerſeld gehe oder ob
ich vorher den Herrn v. Veltheim in Harpke das bey
Helmſtedt liegt beſuche dann will ich auf Göttingen. 5
Adreſſire mir doch ia dahin einen langen Brief, und
laß Götzen ſagen daß er alles was mit der Reichs=
poſt Freytags den 19ten abgehen kann nach Göttingen
bey Magiſter Grellmann abzugeben unter meiner
Adreſſe ſchickt. Es verſtehn ſich Briefe, Packete läſſt 10
er liegen, und ſchreibt nur dazu ob etwas vorgefallen.
Sage es doch dem Herzog vielleicht hat er etwas mit
zu ſchicken. Lebe tauſendmal wohl meine Hoffnung
und Freude. Grüſe Stein, die kleine Frau und die
Waldner. Empfiel mich der Herzoginn. Lebe wohl. 15

Abends.

Die Herrſchafften ſind alle, auſſer der regierenden
Herzoginn, vergnügt und wohl angekommen, ich habe
den ganzen Tag in ihrer Nähe zugebracht. Davon
mündlich. Lotte meine Lotte du biſt mir alles. Was 20
Fritz gut und verſtändig iſt kann ich dir nicht aus=
drücken. Hier ein Brief von ihm er hat einen gar
artigen an Carl geſchrieben.

1783.

An Charlotte v. Stein.

Clausthal Sonnabend d. 20. Sept. 83.

Du wirst nun L. L. zwey Briefe von mir haben,
einen mit der Post, einen durch Frl. Stein. Du haft
gewiß im Schreiben gefühlt wie viel Vergnügen mir
5 die deinigen machen würden, die ich hier gefunden
habe, und der dritte den ich heute Abend erhalte.

Meine Reise geht sehr glücklich ich habe das schönste
Wetter, und Morgen früh wagen wir uns auf den
Brocken. Fritz ist gar lieb und gut und macht mir
10 grose Freude. An ihm geniese ich ieden Augenblick
im Stillen des Glücks daß ich ganz dein bin. Erst
d. 18ten Abends kamen wir hier an. Ich werde dir
viel von der schönen Frau erzählen, sie wußte nicht
woran sie mit mir war, und gern hätte ich ihr ge=
15 sagt: ich liebe, ich werde geliebt, und habe auch nicht
einmal Freundschafft zu vergeben übrig. Vielleicht
seh ich sie noch einmal in Göttingen oder Cassel denn
sie geht in diesen Tagen nach Strasburg.

Hier bin ich recht in meinem Elemente, und freue
20 mich nur daß ich finde ich sey auf dem rechten Weege
mit meinen Spekulationen über die alte Kruste der
neuen Welt. Ich unterrichte mich so viel es die Ge=
schwindigkeit erlaubt, sehe viel, das Urtheil giebt sich.

Du wirst dich freuen über eine Menge Ideen die
25 ich mitbringe auch über menschlich Natur und Wesen,

und was dich eigentlich angeht, du kannst mich immer
noch einige Zeit missen, denn du wirst der entbehrten
Tage doppelt genießen. Wie glücklich machst du mich
durch das sichre Gefühl daß ich dein sey, ich bin's
auch l. Lotte, es ist unmöglich iemanden mehr anzu= ₅
gehören. Die ersten Tage an einem Orte wo soviel
neues auf einen zuströmt geht es seinen Gang, aber
wenn diese Bewegung abnimmt entsteht eine recht
ängstliche Sehnsucht nach dir, die keine Worte aus=
drücken. Wenn ich dir nur von den vielen schönen ₁₀
Gegenden etwas nach Ehringsdorf schaffen könnte daß
du es an stillen Tagen zeichnetest, wir haben die
schönsten Gegenstände mancher Art gesehn.

Bey Trebras gehts uns gut, es sind sehr redliche
Menschen. Sie grüßt dich recht herzlich und machts ₁₅
mit Fritzen wohl.

Grüße deine Schwester, du wirst ihr doch wohl
vertraut haben daß dein alter Freund werth ist.
Lebe wohl. Grüße den Herzog wenn er wiederkommt
und bitte ihn wenn er etwas zu befehlen hat, es nur ₂₀
nach Göttingen zu schicken. Adieu. Ich bin ganz bey
dir und grüße dich wo du auch seyst am Camin, im
Cabinete, an irgend einem vielgeliebten Orte gute
Nacht.

G. ₂₅

d. 21. Sept.

Ehe wir den Brocken besteigen sage ich dir noch
einen guten Morgen. Das Wetter hat sich überzogen,

vielleicht kommt uns das Morgen früh zu Gute denn
wir bleiben diese Nacht oben. Oben auf dem Gipfel
auf den alten Klippen will ich mich nach deiner Woh=
nung umsehn und dir die Gedancken der lebhafftesten
5 Liebe zuschicken. Schon vor mehreren Jahren that
ich dasselbe, und wieviel anders ists ietzo lebe wohl
meine beste. Ich schreibe bald wieder.

1794.

An Charlotte v. Stein.

Zellerfeld Mittwoch d. 24. Sept. 83.

Unsre Brockenreise ist glücklich vollendet, ich habe
10 in der Stille meine Augen nach der Gegend gewendet
wo du wohnst und mich glücklich machst. Fritz war
gar munter und brav. Er ritt auf einem kleinen
Pferdgen so grade hin als wenn er ganz damit be=
kannt gewesen wäre, er ist sehr glücklich und hat nur
15 kleine Anfälle von Laune und Unart.

Nun zieht mich mein Sehnen wieder zu dir, Frey=
tags geh ich hier weg auf Göttingen wo ich Briefe
von dir hoffe und dir auch schreibe.

Ich habe mich recht mit Steinen angefüttert, sie
20 sollen mir, dencke ich wie die Kiesel dem Auerhan, zur
Verdauung meiner übrigen schweeren Winterspeise
helfen.

Und dich liebe Lotte hoffe ich wohl zu finden.
Wie viel habe ich dir zu erzählen und wie gerne will

ich ausführlich seyn. Du wirst wieder recht fühlen
daß ich nirgend nichts als bey dir zu suchen habe.
Lebe wohl! Mein Tag geht herum mit vielem sehn
und ich kann dir in keiner Fassung schreiben, mein
Herz hängt an dir. Lebe tausendmal wohl.

G.

1795.
An Charlotte v. Stein.

Göttingen d. 28ten Sept. 83.

Nur mit wenig Worten kann ich dir geliebte sagen
daß wir glücklich hier angekommen sind. Ich habe
mir vorgenommen alle Professoren zu besuchen und
du kannst dencken was das zu laufen giebt. Um in
ein Paar Tagen herumzukommen.

Es ist das schönste Wetter das du hoff ich auch
geniessen wirst.

Wenn ich meiner Neigung folgte so ging ich grade
von hier zurück. Fritze aber plagt mich so sehr Cassel
und besonders den Riesen auf dem Winterkasten zu
sehen daß ich ihm die Freude nicht versagen kann.
Du wirst dich verwundern wie er zugenommen hat.

Deine Briefe die ich hier gefunden, haben mich
recht erquickt da ich von dem Harz kam. Diese Reise
thut mir sehr wohl, sie war eben zur rechten Zeit
eingeschlagen. Du glaubst nicht wie leicht es mir
wird mit den Menschen zu handeln, da ich nicht mit
ihnen umzugehn brauche. Ich habe dir recht viel zu
erzählen und hoffe herzlich auf deine Gegenwart.

Ich mag mich jogerne in Gedancken bey dir nieder=
lassen, und künftige Winterabende vorausgenießen.
Lebe wohl. Fritz will auch schreiben. Er kommt
aber wohl nicht dazu. Grüße alles.

G.

Schreibe mir doch nach Gotha und laß die Briefe
beym Prinzen August abgeben. Daß ich noch etwas
unterweegs finde.

1796.
An Charlotte v. Stein.

Cassel d. 2. Ottbr. 83.

Wir sind nun hier und sehr vergnügt, verzeihe
nur l. Lotte daß wir so lange ausbleiben. Wenn
es Fritzen nachginge, so müßte ich nach Franckfurt,
er plagt mich und thut alles mich zu bereden. Wenn
ich ihm sage seine Mutter sey allein; so versichert er
mir die meinige würde ein großes Vergnügen haben
uns zu sehn. u. s. w.

Ich bin an Hof gewesen, und werde überall sehr
gut aufgenommen, den gleichgültigen Menschen be=
gegne ich nach der Welt Sitte, den guten begegne ich
offen und freundlich und sie behandlen mich dagegen
als wenn mich der Verstand mit der Redlichkeit er=
zeugt hätte, und diese Abkunft etwas weltbekanntes
wäre.

Das Wetter ist unendlich schön. Und ich habe
Augenblicke und Anblicke wo ich dich sehnlich an

meinen Arm wünsche. Du bist das liebste womit
ich alle schöne Gegenden ziere.

Du wirst geliebt wie du es wünschest, und ich
kann allein in dir finden was ich mein ganzes Leben
durch gewünscht habe, das wirst du recht lebendig an
der Erzählung vernehmen die ich dir von dieser Reise
machen werde.

Ich sehe sehr schöne und gute Sachen und werde
für meinen stillen Fleis belohnt.

Das glücklichste ist daß ich nun sagen kann, ich
bin auf dem rechten Wege, und es geht mir von nun
an nichts verlohren.

Lebe wohl. Ich dencke Sonntags d. 5. von hier
ab und nach Eisenach zu gehn und dann schnell zu
dir welche Freude dich wieder zu sehn und für immer
dein zu seyn. G.

1797.

An Charlotte v. Stein.

Wie froh bin ich daß ich dir wieder ein Frühstück
mit einem guten Morgen schicken kann.

Hier ist zugleich ein Brief des Hannovrischen
Kestners über die Iphigenie der dir wohl gefallen
wird. Lebe wohl ich weis nicht ob ich heute früh
kommen kann.

d. 7. Ottbr. 83. G.

1798.

An Charlotte v. Stein.

Ich ſitze dergeſtalt in Akten daß ich meiner lieben
kein Wort habe ſagen können und daß ich auch ſo=
bald nicht kommen kann.

Mein ganzes Herz verlangt zu dir.

Seidel iſt glücklich und gar verſtändig zurück=
gekommen und hat ſeine Sachen gut gemacht.

Lebe wohl, ich ſehe dich wo möglich vor Tiſche.
d. 10. Oktbr. 83.   G.

1799.

An F. I. Bertuch.

Hier überſchicke ich nach meinem Verſprechen ein
Paar Zeichnungen, nicht als Kunſtwercke ſondern als
Erinnerung der angenehmen Stunden die ich mit
ihnen zugebracht, vielleicht kann ich einmal etwas
beſſers liefern. Herr Rath Krauſe freut ſich, mit
mir und den hieſigen Liebhabern, auf den Transport
den Sie mir ſchicken wollen, thun Sie es balde, und
behalten mich in gutem Andencken.

Weimar d. 12. Oktbr. 83.
Goethe.

1800.

An Charlotte v. Stein.

Fritz exequirt mich um ein Briefgen an dich, ich
brächte dir den Grus lieber ſelbſt. Hier ſchick ich

ein Stück Kuchen zum Frühstück und bitte um ein
Wörtgen.

Mein Abend gestern hat gute Würckung gethan.
Mein Geist ist mit dem frühsten wieder bey dir.

Lebe wohl. Du beste.

d. 14. Oktbr. 83.   G.

1801.

An Charlotte v. Stein.

Einen guten Morgen meiner lieben Lotte und den
verlangten Brief. Laß deine Gedancken mir in dem
schönen Wetter folgen und begrüse mich bey meiner
Rückkehr freundlich. Adieu Geliebteste.

d. 18. Oktbr. 83.   G.

1802.

An Charlotte v. Stein.

Hier schick ich dir eine Antwort an Schlieben,
frage ob du nichts zu erinnern hast. Die Sprache
genirt mich gar sehr. Und bitte um ein liebes Wort
du liebe. d. 19. Octbr. 83.

                                                      G.

Ich will Herders zum Thee einladen du kommst
doch auch.

1803.

An J. G. Herder.

Wenn dirs gelegen ist, so will ich Klauern mit
deiner Büste diesen Nachmittag etwa um zwei Uhr

zu mir bestellen. Du kömmst, auch die Frau etwa
um 4 Uhr, oder wann sie will, wo mehr Gesellschaft
kommen wird. Wir müssen doch zu dem Bilde thun;
denn noch sind wir gegen das vorige um wenig ge=
5 bessert.

d. 19. October 83.

1804.

An Charlotte v. Stein.

[19. October.]

Tausend Danck für deine Fürsorge! Wenn es dir
nicht zu wider ist das Billet noch einmal abzuschreiben
so laß die Stelle: pour le calmer bis bonne grace
10 weg und seze allenfalls: mais il se remit bientot et
me dit: n'en parlons plus et laissons ce soin a Mdme
la Duchesse, elle me veut du bien, elle sentira que
cela me doit faire de la peine et elle arrangera cela
d'une façon que je pourrai etre content.

15 Nochmals Danck. (Gegen 1 Uhr komme ich).

G.

1805.

An Charlotte v. Stein.

Ja liebe Lotte meine Liebe zu dir ruht auf gutem
Felsengrund ich bin wohl und will gegen 12 Uhr
kommen dich abzuhohlen. Lebe wohl. und liebe mich.

20 d. 27. Ottbr. 83. G.

1806.
An Charlotte v. Stein.

Den ganzen Morgen sprech ich mit dir, und schreibe
an dich in Gedancken und habe noch nicht zur Feder
kommen können. Ich bin dein und komme nicht von
dir weg. Vor Tische seh ich dich noch. Die kleine
Schardt hat mich gar artig zu Gaste geladen, ich 5
gehe hin. Laß mich immer deine Zärtlichkeit fühlen.
Heute Abend ist mir's traurig. Lebe wohl.

d. 30. Oktbr. 83.   G.

1807.
An Charlotte v. Stein.
[Ende October.]

Deine Freude freut mich über die masen, und ich
dancke dir für die gute Aufnahme des Bildes. Hier 10
schick ich die Zeichnung von Exten. Heute fand ich
sie und habe sie getuscht. Ziehe ein Rähmgen darum
nur nimm dich mit dem Grün in acht. Wenn du
von der Herzoginn kommst so schreibe mir wie es
heute Abend werden soll. Ich komme gerne und ich 15
dencke ein wenig Bewegung ist mir gut.

G.

1808.
An Charlotte v. Stein.

Ich befinde mich ganz wohl auf, und hoffe auf
heute Abend, hier ist das gesegnete Amulet wieder
mit tausend Danck.   20

Die Werthern hat mir ein Briefgen geschrieben
das völlig in ihrer Art ist. Du sollst es sehen. Liebe
mich mit deiner Liebe, die dir ganz eigen ist und Lebe
wohl. Schreibe mir wann du kommst.

d. 3. Nov. 83.   G.

1809.

An Charlotte v. Stein.

Friß bringt einen guten Morgen und ich möchte
garzugerne recht viel von meiner Geliebten hören, der
ich so einzig gehöre und mit Leib und Seele zugethan
bin. Adieu.

d. 5. Nov. 83.   G.

1810.

An Charlotte v. Stein.

Meinem Lottgen muß ich zur Neuen Epoche guten
Morgen sagen. Noch nie hab ich sie so angefangen.
Möge es uns täglich wohler und ich dir täglich lieber
werden, und wir recht lange so bleiben.

d. 8. Nov. 83.   G.

1811.

An Charlotte v. Stein.

Deine freundliche Zusprache gestern Abend hat mich
bewogen heute früh am Wilhelm zu schreiben und ich
hoffe heute das vierte Buch zu endigen und gleich
das fünfte anzufangen. Am vierten schreibe ich ak=

kurat ein Jahr seit d. 12. Nov. 82 wie ich angemerckt
habe. Ausserdem stehen noch Kasten und Ackten Päcke
um mich her. Wenn ich dich nicht auffuche habe ich
nichts auszugehn. Gegen 8 Uhr komm ich auf alle
Fälle. Unter der Cour Zeit werd ich wohl Herdern   5
besuchen. Der Moostranck schmeckt so bitter daß ich
endlich einen Begriff von dieser Geschmacks Eigen=
schafft habe. Adieu du geliebteste. d. 9. Nov. 83.

G.

1812.

An Charlotte v. Stein.

Ich bin recht wohl und freue mich deines Wohl=   10
seyns, und daß du gestern Abend vergnügt warst.
Zur Herzoginn geh ich nicht, was soll mir der Zeit=
verderb. Vielleicht gehe ich ein wenig in die freye
Lufft und besuche dich. Diesen Abend bin ich bey dir
lebe wohl du immer meine.   15
     d. 12. Nov. 83.   G.
     Heute ists ein Jahr daß ich das vierte Buch Wil=
helm Meisters angefangen habe und heute endige ich
es. Adieu.

1813.

An F. H. Jacobi.

Schon lange hätte ich dir auf deinen lieben Brief   20
antworten sollen, umsomehr als ich mich nicht er=
innre das Exemplar der Iphigenie wiedererhalten zu

haben. Ich weis noch wohl daß mir ein Brief sie
ankündigte, allein daß sie angekommen sey davon
weis ich nichts, auch findet sich das Exemplar nicht
unter meinen Sachen. Laß dir aber darüber keine
5 Sorge werden, es ist kein grofes Übel. Du hast
doch eine Abschrifft davon, und vielleicht findet sichs
noch. Könnteft du etwa auf der Post wo doch solche
Packete eingeschrieben werden nachfragen und forschen
laffen.

10 Wir hätten dir gerne eine gute Büste von Her=
dern geschafft, Klauer hat sich unsägliche Mühe ge=
geben, es wollte aber nicht ganz werden.

Von meinem Leben ist es wieder ein schönes Glück
daß die leidigen Wolcken die Herdern solange von mir
15 getrennt haben, endlich, und wie ich überzeugt bin
auf immer sich verziehen mußten. Es würde dir ietzo
gewiß recht wohl bey uns werden.

Ich ftecke mitten unter meinen Geschäfften noch
immer so voll Leidenschafften, Liebhabereyen, Erfin=
20 dungen, Einfälle, Grillen und Plane daß mir würck=
lich manchmal das Leben sauer wird. Indessen nimmt
unsre Constitution eine bessere Confistenz, und ich
habe immer noch mein altes Wesen das mich durch
alles durchbringt.

25 Lebe wohl, behalte mich lieb, sage mir manchmal
ein gut Wort, und grüße die deinigen.

Weimar d. 12. Nov. 83. G.

14*

1814.

An C. v. Knebel.

Ich dancke dir für deine freundlichen Worte, und
erwiedre nur weniges mit flüchtiger Feder.

Ehstens erhälst du das vierte Buch Wilhelm Meisters,
möge es dir einen guten Abend machen, nimm auch
mit diesem Stücke vorlieb ich kann nicht mehr geben. 5
Schicke es alsdann bald an meine Mutter, daß es
die übrigen Freunde noch vor Schlusse des Jahrs er=
halten wie ich versprochen habe.

Wir sind iezt ganz in Welt und Naturgeschichte,
Reisebeschreibungen und was dazu gehört ausgegossen, 10
sey doch so gut dich zu erkundigen was ein wohl=
gewählter Atlas von Homannischen Carten kostet, es
müste aber nicht so einer seyn wie sie sie auf den
Kauf binden lassen, sondern die neusten besten Karten
und so viel als man zum allgemeinen Gebrauch nö= 15
tig hat, die specialern haben wir auf der Bibliothec
wo man freylich nicht immer hinrekurriren kann.
Sage haben sie nicht etwa auch einen Globus mässi=
ger Größe worauf die neusten Entdeckungen verzeichnet
wären. 20

Die November Geburtstäge werden ehstens gefeyert
und deiner dabey in Ehren gedacht werden.

Im Tiefurter Journal zeichnet sich ein Gedicht
an die Erinnerung aus. Weißt du den Verfasser?

Diesen Winter werde ich schweerlich von hier weg= 25

können, ich habe allerley Pensa zu absolviren. Künf=
tiges Jahr aber muß ich auf den Fichtelberg, wie
schön wenn wir uns da begegnen könnten. Meine
Passion zur Mineralogie hat mich zu schönen Ent=
deckungen, auf meiner lezten Reise geführt.

Habe ich dir schon gesagt daß ich in Göttingen
die Gelehrten und in Cassel den gelehrten Hof ge=
sehen habe. Zwar am lezten ist die Gelahrtheit nur
Eine Seite des monstrosen Tableaus.

Lebe wohl.

Der durch seine Bemühungen über die Arabische
Poesie bekannte Jones hat die Moallakat oder die
7 Gedichte der 7 grosen arabischen Dichter die in
der Moschee zu Mecca aufgehängt sind mit einer
Englischen Übersezung herausgegeben. Sie sind im
Ganzen sehr merckwürdig, und einzelne allerliebste
Stellen drinne. Wir haben uns vorgenommen sie in
Gesellschafft zu übersezen, und also wirst du sie auch
bald zu sehen kriegen. Nochmals Adieu.

d. 14. Nov. 83. G.

1815.

An Charlotte v. Stein.

Meine erste Gedancken schicke ich wie gewöhnlich
meiner Geliebten zu und wünsche ihr einen guten
Morgen. Ich will heute allerley über Seite bringen
und dann mit dir meinen glücklichen Tag beschliesen.

d. 16. Nov. 83. G.

1816.
An Charlotte v. Stein.

Meiner l. Lotte sage ich durch das trübe Wetter
den freundlichsten guten Morgen, versichre sie meiner
ewigen Anhänglichkeit und bitte sie heute Abend für
mich zu Hause zu seyn. Mittags bin ich zur Her=
zoginn Mutter geladen.   5

d. 17. Nov. 83.   G.

1817.
An Charlotte v. Stein.

Meine Lotte sollte mir würcklich auf einige Zeit
Urlaub geben und mich nicht immer enger und enger
an sich ziehen und befestigen. Du beste ich habe dir
mit iedem guten Morgen für den guten Abend zu   10
dancken den du mir gemacht hast.

Schicke mir doch die Ode wieder ich will sie in's
Tiefurter Journal geben du kannst sie immer wieder
haben. Was sagst du zu der wunderbaren Schrifft
die ich dir gestern hinterlies? Sollte man dencken   15
daß so etwas existirte. Lebe wohl, liebe mich und
bleibe mein.

d. 19. Nov. 83.   G.

1818.
An Charlotte v. Stein.

Fritze will ein Zettelgen an dich mitnehmen er ist
gar gut und artig.   20

Hier schick ich dir einen guten Morgen durch unser
liebes Band. Ich bin und bleibe dein und bitte dich
um mein Glück das ich ganz allein in dir hoffe,
denn meine Gedancken sind von der übrigen Welt
5 abgezogen. Heute Abend will ich in die Gesellschafft
gehn.

d. 20. Nov. 83. G.

1819.
An Charlotte v. Stein.

Guten Morgen liebe Lotte zum ersten Frost. Viel=
leicht giebt es bald Eisbahn, die mir aber wenig
10 Freude machen wird weil meine Liebste nicht hinaus=
kommen will. Schreibe mir auch wie du dich be=
findest, daß du mich liebst, und immer mehr mein
seyn und bleiben willst.

d. 22. Nov. 83. G.

1820.
An Charlotte v. Stein.

15 Fritz wird dir meinen guten Morgen gebracht
haben. Mein Hals ist noch nicht ganz gut mein
übriges Wesen aber durch den Schlaf wieder in's
Gleichgewicht gebracht. Nur meine Liebe zu dir kann
in kein Gleichgewicht kommen, sie hängt immer ganz
20 ganz allein zu dir. Lebe wohl. Schreibe mir was du
heute thust. Ich mögte mich inne halten mich diesen
Abend einen Augenblick nach Hofe begeben, um Ab=

schied zu nehmen und einen Vorwand zu haben bey
dir zu seyn.

b. 23. Nov. 83.   G.

1821.

An Charlotte v. Stein.

[23. November.]

Meine Lotte hat mir gute Essen geschickt, ein Paar
Zeilen von ihrer Hand wären mir der liebste Nach=
tisch gewesen. Sey wegen meiner unbesorgt denn alles
was mir wiederfährt freut mich, weil es mir um
deintwillen geschieht. Denn auch das entferntste duld
ich weil du bist, und wenn du nicht wärst hätt ich
alles lange abgeschüttelt. Du aber machst mir alles
süse. In allen und bey allen Dingen fühl ich deine
Liebe. Leb wohl. Es ist recht gut daß ich gegangen
bin. Grüse die Reisenden vielmals.

G.

1822.

An J. K. Lavater.

Lieber Bruder, dein Brief kam heute um 10 Uhr
an, als die fürstlichen Reisenden schon um 7. abge=
fahren waren ich konnte also deine Pülvergen nicht
selbst einrühren und nach Vorschrifft eingeben, son=
dern mußte sie nachschicken. Ich hoffe die Dose wird
nicht zu starck seyn daß sie auf einmal genossen schäd=
lich werden könnte. Sie sind mit dir über alles zu=

frieden. Lebe wohl und liebe mich du alter, erfahrner,
verständiger, kluger, menschenfreundlicher, thätiger
Arzt, der, wenn es die Noth erfordert, es nicht für
einen Raub hält, zu quackjalben. d. 24. Nov. 83.

1823.

An Charlotte v. Stein.

5 Das nötigste zum Anfang meines Morgens ist zu
wissen wie du geschlafen hast, wie du dich befindest.
Warum sas ich doch gestern so entfernt von dir meine
Nahe. Auch war ich dir nah und fürchtete nur du
mögtest Kopfweh haben und den Scherz nicht ganz
10 mit genieen. Lebe wohl und vergnügt. Ich sehe
dich bald denn ich muß heute der freyen Lufft genieen. Adieu meine Beste. d. 26. Nov. 83.

G.

1824.

An Charlotte v. Stein.

[26. November.]

Hier ist die Antwort der Kleinen. Ich komme
15 also zu dir, unser Weeg bleibt immer zusammen.
Schicke mir doch den Theil des Atlas worinne die
Carten von Italien sich befinden, und sage mir etwas
näher was ich im Schatten gegen dich gesündigt habe.

G.

1825.
An J. K. Lavater.

Ich erhalte dein zweytes Zettelgen und nun auch
ein vernünftig Wort. Der Fürst hofft das beste von
deiner Würckung und ich wünsche daß sie ihm das
Leben leiblicher machen möge. Ich weis zwar ihr
eigentlich Verhältniß nicht, habe auch nie darnach 5
gefragt. Unsre Herzoginn kann der Fürstinn nie
etwas werden, noch umgekehrt. Wir stehen hier iezt
ziemlich alle auf menschlichen Füßen. Lebe wohl.
Der Herzog ist recht brav, nur machen ihm die
fürstlichen Erbsünden mit denen er zu kämpfen hat 10
das Leben offt sauer. Weimar d. 28. Nov. 83.

G.

1826.
An Charlotte v. Stein.

Was du zu hören und zu sehen nicht müde wirst
sollst du auch in dieser neuen Schrifft lesen: dasf ich
dich liebe, dafs ich dein bin, und dafs ich mich auf 15
diesen Abend herzlich freue wenn ich ihn mit dir
zubringen kann. Lebe wohl und liebe.

d. 1. Dez. 1783.   G.

1827.
An Charlotte v. Stein.

Da heute Conseil ist und ich es nie ohne die
höchste Noth versäumt habe, entschliese ich mich hinein 20

zu gehn. Es ist mir so ziemlich. Wenn ich wieder
herauskomme hörst du von mir. Ich binn dir mit
Leib und Seele ergeben.

d. 2. Dez. 83. G.

1828.
An Charlotte v. Stein.

Es geht mir immer besser und wird mir am besten
gehn wenn ich dich wieder bey mir sehe. Ich hab es
Wielanden sagen lassen ob er heut Abend kommen
will. Du warst Gestern vergnügt bey mir und ich
war recht glücklich daß ich dir zu einem metaphisi=
schen Leibgerichte verhelfen konnte. Lebe wohl. Liebe
mich, meine beste. d. 4. Dez. 83.

G.

1829.
An Charlotte v. Stein.

Eigentlich bin ich weder besser noch schlimmer als
gestern. Komm ja bald Liebste damit ich das beste
meines Lebens genieße. Wir wollen im Pagé lesen
und gegen Abend Herders erwarten.

Liebe mich das ist warrlich fast das einzige was
mich noch halten mag.

d. 5. Dez. 83. G.

1830.
An Charlotte v. Stein.

Laß mich doch gleich wissen wie du geschlafen hast
und wie du dich befindest. Wie deine Hoffnungen

auf den heutigen Tag sind. Mit dir ging mir auch
gestern alle gesellige Freude weg. Sie waren noch
recht munter außer der Kleinen die etwas auf dem
Herzen und im Köpfgen hatte. Lebe wohl. und laß
mich bald von dir hören. d. 6. Dez. 83.

G.

1831.

An Charlotte v. Stein.

Sage mir doch l. Lotte wie es mit dir steht denn
ich muß immer Nachricht von dir haben. Meine Ge=
sellschafft auf heute Abend habe ich absagen lassen.
Denn wenn ich nicht mit dir seyn kann will ich allein
seyn. Schweer wird mir's dir so nahe dich nicht zu
sehen. Doch darf ich es nicht wagen auszugehn.
Adieu. Adieu. d. 6. Dez. 83.

G.

1832.

An Charlotte v. Stein.

Nun wird mir höchst nötig zu wissen was meine
Lotte macht. Wie sehr wünscht ich daß es besser
wäre wenn sie mich auch gleich heute noch nicht sehen
kann. Bey mir hat es sich nicht mercklich geändert,
und ich habe mir vorgenommen immer fort das Haus
zu hüten. Ob mir gleich ein wenig bewegung auch
wohl gut seyn möchte. Liebe mich und sage es mir.
Gestern Abend las mir Fritz noch, es freute mich daß

er von eben dem Geschäffte bey dir kam. Lebe wohl.
du bestes.

    d. 7. Dez. 83.   G.

1833.

An Katharina Elisabeth Goethe.

Aus Ihrem Briefe liebe Mutter habe ich mit
vieler Freude gesehen daß Sie wohl sind und der
Vergnügen des Lebens so weit es gehen will ge=
niesen. Ehstens erhalten Sie das vierte Buch von
Meistern den ich Ihnen zu der übrigen dramatischen
Liebhaberey bestens empfehle.

Wegen der Iphigenie machen Sie keinen Lärm,
denn wozu hilft das, aber suchen Sie wo möglich
die Sache in's Klare zu bringen und das Packet zu
verfolgen, denn es ist hier nicht angekommen, ich
müßte mich denn sehr irren, welches zwar bey denen
tausend Dingen die mir im Kopfe haushalten mög=
lich wäre. Da Sie ein wohlgeschrieben Exemplar
haben; so kommt es mir bedencklich vor. Könnten
Sie die Zeit wenn Sie es erhalten nicht näher be=
stimmen, und mit dem Düsseldorfer Postschein zu=
sammen halten. Auf alle Fälle schadets nichts wenn
Sie auf dem Postamte die Sache glimpflich anbringen
und sie in's Licht stellen lassen.

Frau Bätty hat übrigens gegen alle Lebensart
gehandelt, gegen alles mütterliche Gefühl, daß sie
Ihnen mit einer solchen Klatscherey nur einen Augen=

blick verderben konnte als die Nachricht von mir ist.
Sie haben mich nie mit dickem Kopf und Bauche ge=
kannt, und daß man von ernsthafften Sachen ernst=
hafft wird, ist auch natürlich, besonders wenn man
von Natur nachdencklich ist, und das Gute und Rechte ⁵
in der Welt will.

Hätte man Ihnen in dem bösen Winter von 69
in einem Spiegel vorausgezeigt, daß man wieder auf
solche Weise an den Bergen Samariä Weinberge
pflanzen und dazu pfeifen würde, mit welchem Jubel ¹⁰
würden Sie es angenommen haben.

Lassen Sie uns hübsch diese Jahre daher als Ge=
schenck annehmen, wie wir überhaupt unser ganzes
Leben anzusehen haben und iedes Jahr das zugelegt
wird mit Danck erkennen. ¹⁵

Ich bin nach meiner Constitution wohl, kann
meinen Sachen vorstehn, den Umgang guter Freunde
geniesen und behalte noch Zeit und Kräffte für ein
und andre Lieblingsbeschäfftigung. Ich wüßte nicht
mir einen bessern Plaz zu dencken oder zu ersinnen, ²⁰
da ich einmal die Welt kenne, und mir nicht ver=
borgen ist wie es hinter den Bergen aussieht.

Sie an Ihrer Seite vergnügen Sie Sich an
meinem Daseyn iezt und wenn ich auch vor Ihnen
aus der Welt gehen sollte. Ich habe Ihnen nicht ²⁵
zur Schande gelebt, hinterlasse gute Freunde und
einen guten Nahmen, und so kann es Ihnen der beste
Trost seyn daß ich nicht ganz sterbe.

Indessen leben Sie ruhig, vielleicht giebt uns das
Schicksal noch ein anmutiges Alter zusammen das
wir denn auch mit Danck ausleben wollen.

Entschuldigen Sie Seideln daß er nicht schreibt.
Seit seiner Rückreise hat er viel zu thun vorgefunden.
Wieland und Frl. Jöchhausen will ich ermahnen.

Ich weis nicht ob Ihnen schon geschrieben ist daß
ich den Sohn der Oberstallmeister von Stein, meiner
werthesten Freundin, bey mir habe, ein gar gutes
schönes Kind von 10 Jahren, der mir viel gute
Stunden macht und meine Stille und Ernst erheitert.
Er ist mit mir auf dem Harz gewesen.

Hier schicke ich eine Partie Tiefurter Journale
es ward als ein Wochenblat zum Scherze angefangen
als die Herzoginn Mutter vorm Jahre in Tiefurt
wohnte und wird seit der Zeit fortgesetzt. Es sind
recht artige Sachen drinne und wohl werth daß Sie
es durchblättern. Wenn Sie es genug haben schicken
Sie es nach Zürch an Frau Schulthes. So auch das
4te Buch Wilhelm Meisters. Leben Sie recht
wohl und lieben mich. Weimar d. 7. Dez. 83.

G.

Stieben kennen wir nicht.

1834.
An Charlotte v. Stein.

Meiner Lotte muß ich bey Zeiten sagen daß in
ihr die einzige Freude meines heutigen Tages ruht.

Wie befindest du dich? Wirst du mich besuchen? Ich
bitte gehe nicht zu frühe aus, ich will dich lieber
noch einen Tag entbehren, und mich deiner Liebe in
der nahen Entfernung freuen. Hier einige Journale
es stehen artige Sachen drinne. Wie gern sag ich
dir immer dasselbige. Liebe mich. Lebe wohl und
erfreue mich mit einigen Worten.

    d. 8. Dez. 83.   G.

1835.
An C. v. Knebel.

Ehstens kommt Wilhelm Meisters 4. Buch von
Gotha aus zu dir, wo es den Prinzen August be=
sucht hat. Wenn du es gelesen bitte ich es nur in
blaue Pappe einbinden zu lassen. Da es durch mehr
Hände gehen soll, ist es zu leicht geheftet, geniese was
dir geniesbar ist daran und schick es an meine Mutter.

Für den Catalog der Charten, besonders für das
Büschingische Verzeichniß dancke ich dir. Ich werde
mir das letzte zu nutze machen und von Bremen das
nötigste kommen lassen.

Herder schreibt eine Philosophie der Geschichte, wie
du dir dencken kannst, von Grund aus neu. Die ersten
Kapitel haben wir vorgestern zusammen gelesen, sie
sind köstlich. Ich lebe neuerdings sehr eng doch artig.
Welt und Naturgeschichte rast iezt recht bey uns.

Lebe wohl und laß manchmal von dir hören.

    Weimar d. 8. Dez. 83.   G.

1836.

An Charlotte v. Stein.

[8. December.]

Nun kann ich ruhig zu Bette gehn denn die Hoff=
nung meines Tages ist erfüllt. Wie sehnlich wartete
ich auf ein Wort von dir. Was doch gut ist daß
der Mensch nichts voraus weis. Dich zwey ganzer
5 Tage nicht zu sehen, wäre mir gestern früh uner=
träglich gewesen. Doch übereile dich nicht, und halte
dich Morgen inne wenn du dich nicht ganz wohl
fühlst. Gute Nacht. Du Einziges.

G.

1837.

An Charlotte v. Stein.

[9. December.]

10 Wie einsam bin ich l. Lotte ohne dich. Wäre das
Wetter so schön wie gestern Abend ich käme gewiß
zu dir. Sage wie du dich befindest. Ich bin noch
in einem, und warte es gerne gelassen ab, wenn ich
nur nicht von dir ferne wäre. Halte dich aber und
15 komme nicht zu früh. Du meine Beste. Wenn du
magst so schreibe mir. Ich reise indessen. Und be=
diene mich der schönen Karten die ich indessen von
Büttnern geborgt habe, biß sie meine werden. Lebe
wohl. Warum bin ich nicht in deiner Gesellschafft!
20 Ohne dich giebts keine. Lebe wohl.

G.

-

1838.

An Charlotte v. Stein.

Meiner Lotte muß ich zum guten Morgen den
besten Danck für ihre Herzstärckung sagen die sie mir
noch gestern Abend zuschickte. Habe nur Geduld mit
mir und Zutrauen es wird sich gewiß wieder geben.
Es ist mit mir freylich sehr abwechselnd, in diesem
Augenblick da ich schreibe ist mir recht wohl. Gegen
Mittag will ich sehn ob ich ausgehen kann oder ob
ich dich wieder einladen muß. Du meinigste! Gelieb=
teste. d. 10. Dez. 83.

                                          G.

1839.

An Charlotte v. Stein.

Mein gestriger Ausgang hat mir einen Zahnfluß
und dicken Backen zuwege gebracht, man sieht daß
allerley im Cörper stickt das nicht weis wohin es sich
resolviren soll.

Heute hoffe ich von meiner Lotte besucht zu werden.
Oder es wäre doch wohl besser wenn ich mich Abends
recht einwickelte und zu dir käme wir sind doch ruhiger,
und mir ist's gar zu wohl bey dir. Adieu beste sag
mir ein Wort. d. 11. Dez. 83.

                                          G.

1840.

An Charlotte v. Stein.

Ich bin leidlich und lebe nur für dich. Meine
Hoffnung ist dich wieder bey mir zu sehen. Schreibe
mir wenn und ob du iemand mitbringst.

Ich lasse euch ein kleines Abendessen bereiten. Lebe
wohl. Ich habe vielerley zu thun und werde noch
dazu zerstreut. d. 13. Dez. 83.

G.

1841.

An Charlotte v. Stein.

Ich erwache wieder für dich, und bin glücklich
daß dich mein Morgengrus so nahe besuchen kann.
Die schöne Sonne hat mich hergestellt, denn heute
früh war mir es nicht sonderlich. Diesen Abend
komme ich zu dir, wir wollen zusammen in ferne
Länder gehn; und zusammen überall glücklich seyn.
Lebe wohl. Sag mir ein Wort meine Beste.
d. 14. Dez. 83.

G.

1842.

An Charlotte v. Stein.

Ich mögte so bald als möglich wissen ob das
Kopfweh meiner Liebsten wieder weg ist, ob sie sich
auf den gestrigen Abend wohlbefindet.

Ich habe ihr nichts als mein gewöhnliches Morgen=
lied vorzusingen.

15*

Ich liebe dich und bleibe dein. Adieu. Was
machen wir heute Abend?

d. 16. Dez. 83.   G.

1843.
An Charlotte v. Stein.

Was ich sehnlich zu wissen wünsche ist wie meine
Lotte sich befindet, ob es sich zur Besserung anläßt,
und ob ich hoffen kann sie heute ausser Bette zu
sehen. Ich bin munter und frohen Gemüths. Was
ist der Mensch daß ein bisgen Salz gewaltiger ist
als alle seine Vernunft. Lebe herzlich wohl.

d. 19. Dez. 83.   G.

1844.
An Charlotte v. Stein.

Ich muß mich erkundigen ob es mit dem Befinden
meiner Geliebtesten immer besser geht, und ob ich bald
Hoffnung habe sie wieder frisch und fröhlich zu sehen.
Heute giebts wie gewöhnlich allerley zu thun. Diesen
Abend bin ich wie gewöhnlich bey dir. Lebe wohl
und bleibe meine Aussicht und Zuversicht.

d. 21. Dez. 83.   G.

1845.
An Charlotte v. Stein.

Hier schick ich meiner L. den Lavaterischen Brief.
Da ich vor dem Conseil nicht kommen kann nimm

meinen Morgengruß und laß mich wenn ich zu Tische
nach Haus komme ein heilsames Wort von dir finden.

d. 23. Dez. 83.   G.

1846.

An C. v. Knebel.

Deine Wohlthaten sind schon lange glücklich an=
gekommen und ich habe von einem Posttage zum
andern versäumt dir zu dancken. Es soll alles mit
Freude und in Frieden genossen werden.

Der December hat mich und Frau v. Stein nicht
wohl behandelt, das ist auch mit Ursache daß ich
nicht geschrieben habe.

Wenn mein Wilhelm dir ein guter Wehnachten
war, freut michs, schreibe mir viel drüber daß ich
ermuntert werde fort zu fahren.

Es hat sich zu Ende des Jahrs noch viele phisische
und politische krüde Materie um mich versammelt die
nun durchgearbeitet ist.

Das neue Jahr bietet mir einen anmutigern An=
blick als noch keines.

Buchholz peinigt vergebens die Lüffte, die Kugeln
wollen nicht steigen. Eine hat sich einmal gleichsam
aus Bosheit bis an die Decke gehoben und nun nicht
wieder.

Ich habe nun selbst in meinem Herzen beschlossen,
stille anzugehen, und hoffe auf die Montgolfiers Art
eine ungeheure Kugel gewiß in die Lufft zu jagen.

Freylich sind viel Accidents zu befürchten. Selbst von den 3 Versuchen Montgolf's ist keiner vollkommen reüssirt.

Lebe wohl. Ich juble entsetzlich, damit du nur ein Wort habest. Schreibe bald.

d. 27. Dez. 83.   G.

Dein Brief kommt noch vor Abgang dieses an, also noch einige Worte. Ich dancke für gute Aufnahme Wilhelms. Jede Bemerckung besonders von dir ist mir lieb. Ich fahre nun fort, und will sehen ob ich das Werckgen zu Ende schreibe. Alsdann aber wird es auf Zeit und Glück ankommen ob ich es wieder im Ganzen übersehen, durchsehen und alles schärfer und fühlbaarer an einander rucken kann. Lebe recht wohl. Viel Glück zu 84, ich habe Hoffnungen auf das Jahr. Grüße deine Frl. Schwester.

1847.
An Charlotte v. Stein.

Hier schick ich meiner l. Lotte gar artige Sachen, und bitte mein in Liebe zu gedencken. Gegen Abend komme ich wenn sich das Geräusch des Tages wird gelegt haben. Addio.

d. 29. Dez. 83.   G.

1848.
An F. H. Jacobi.

Wir haben das Paquet bis hier her verfolgt, es findet sich daß ich es erhalten habe, und da mein

Seidel der Mutter den Monat drauf ein Exemplar
der Iphigenie geschickt hat; so ists klar daß es wieder
da ist, und ich bitte dich um Verzeihung der Sorgen.
Es geht mir soviel über den Kopf daß ich offt die
5 Schiefertafel abwischen muß um wieder rechnen zu
können.

Wir haben uns mit dir und Lessing unterhalten.
Herder wird dir geschrieben haben. Er ist diesen
Sachen auf dem Grunde. Wir haben ietzt sehr gute
10 Abende zusammen.

Ich eile. Lebe wohl. Am Ende des Jahrs kehr
ich allen alten Sauerteig aus. Mögst du fröhlich in
das neue treten!

Laß mich hören daß du wohl bist! Grüße die
15 deinen. d. 30. Dez. 83.

G.

1849.
An J. K. Lavater.

[Ende December.]

Zu Ende des Jahres noch ein Wort mit dir. Der
Fürstin hast du gewiß genützt. Es kommt doch oft
nur darauf an, daß die Menschen sich durch einen
20 dritten begreifen lernen.

Was die Herzoginn Louise gesagt hat, wollt ich
hätten sie dir nicht geschrieben, denn was soll's?
Vielmehr war es Schuldigkeit gewesen zu fragen: Wie
verstehn Sie das? und zu sagen, daß man ohne nähere

Erklärung über einen Freund eine solche Äußerung
nicht wohl hören könne. Ohne daß du es ausdrück=
lich verlangst, frage ich der Sache nicht weiter nach.
Ich habe mich von Herzoginn Louise täglich mehr
zu . . . ., sie beträgt sich gar schön gegen mich, und 5
ist auch sonst richtig und gut.

Das neue Jahr sieht mich freundlich an, und ich
lasse das alte mit seinem Sonnenschein und Wolcken
ruhig hinter mir.

Eine der vorzüglichsten Glückseligkeiten meines 10
Lebens ist daß ich und Herder nichts mehr zwischen
uns haben das uns trennte. Wäre ich nicht so ein
ehrner Schweiger, so hätte sich alles früher gelöst,
dafür ists aber auch für immer, und mir eine freu=
dige Aussicht. Denn eines edlern Herzens und weitern 15
Geistes ist nicht wohl ein Mensch.

Wäre es dir gegeben mir das nächste Jahr öffter
zu schreiben, daß wir einander mehr genössen, so
wollte ich auch fleißiger seyn. Gieb mir vom mensch=
lichen deines Treibens und Wesens. Sende mir 20
manchmal etwas wie du sonst thatst.

Hast du lange keinen merckwürdigen Menschen
angetroffen, der mir unbekannt wäre?

Grüße Pfenningern! er soll verzeihen daß ich ihm
für sein Andencken nicht selbst dancke.   25

Ergözen dich nicht auch die Luftfahrer? Ich mag
den Menschen gar zu gerne so etwas gönnen. Beyden
den Erfindern und den Zuschauern.

Lebe du auch wohl auf deinen Fahrten, und es
geleite dich ein guter Geist durch die Welt, er nehme die
Gestalt Pontius Pilatus an oder welche er wolle. —
Lebewohl und neu mit dem neuen Jahr und vergiß
5 nicht über dem Neuen des Alten.

G.

1850.
An Charlotte v. Stein.

Herzlichen Danck l. Lotte. Ja ich werde wie du
mir es geweissagt hast immer glücklicher werden. Am
glücklichsten durch dich. Ich sehe dich nach Tische.
10 Heute früh zeichne ich ein wenig zum freundlichen
Anfang des Jahrs. Lebe wohl. Du hast was du
dir wünschest. Adieu. d. 1. Jan. 84.

G.

1851.
An Charlotte v. Stein.

Ist das Kopfweh aussen geblieben? Wie befindet
15 sich meine L.?

Sind die französchen Blätter noch nicht gefunden?
Lebe wohl. Ich bin fleißig und liebe dich.
d. 3. Jan. 84.

G.

1852.
An Charlotte v. Stein.

Eh ich in's Conseil gehe Geliebte einen Morgen=
20 grus. Laß mich ein Wort von dir zu Mittage

empfangen. Halte dich wohl in der Stube. Heute
Abend bin ich bey dir.

d. 6. Jan. 84. G.

1853.

An Charlotte v. Stein.

Schon lange wünscht ich etwas von dir zu sehen
und dancke. Noch kann ich mich nicht entschliesen
auszugehen und habe grose Lust euch nach dem Con=
zert einzuladen. Du hörst Nachmittag meine Wünsche.
Lebe wohl. Hier das Verlangte.

d. 7. Jan. 84. G.

1854.

An Ernst August Anton v. Göchhausen.

Hochwohlgebohrner
insonders hochzuehrender Herr

Ew. Hochwohlgeb. geneigtes Andenken würde mir
zu ieder Zeit willkommen gewesen seyn, wie es mir
zu Anfange dieses Jahres die angenehme Versicherung
giebt, daß ich in demselben auf die Theilnehmung
eines wakern Mannes und rechtschaffenen Dieners
unsers Herrn Rechnung machen darf. Ich dancke herz=
lich dafür und wünsche daß Ihnen dieses Jahr in
allem gesegnet seyn möge.

Ich füge zugleich die Nachricht bey daß Durchl.
der Herzog Ew. Hochwohlgeb. seine Zufriedenheit durch
Beylegung des Geheimen=Kammerrath=Titels öffentlich

zu bezeigen beschlossen hat. Auch hierzu wünsche ich
Glük und empfehle mich Ihnen bestens in der Hof=
nung Sie bald in Eisenach persönlich derienigen Hoch=
achtung zu versichern mit welcher ich mich unterzeichne

Weimar
d. 8. Jan. 1784.

Ew. Hochwohlgeb.
gehorsamster Diener
Goethe.

1855.

An Charlotte v. Stein.

Nun muß ich auch etwas von dir hören. Der
Herzog wird bey mir essen nachher will ich zu Felgen=
hauers und zur Herzoginn Mutter gehn, und dich
diesen Abend in der Comödie finden. Lebe recht
wohl. Das trübliche Wetter bekommt mir nicht so
gut als das ganz frische. Du wirst weniger frieren.
Gedencke mein.

d. 15. Jan. 1784.   G.

1856.

An Charlotte v. Stein.

Gestern Abend war ich gar nicht artig und fürchte
meine L. konnte mich nicht lieb haben. Sage mir
ia gleich frühe das Gegentheil. Heute Abend bleiben
wir doch beysammen. Ich bin ganz dein.

d. 16. Jan. 84.   G.

1857.
An Charlotte v. Stein.

Eben wollte ich meiner lieben schreiben und sie
um ihren Tag fragen. Es war meine Hoffnung
diesen Abend bey dir zu seyn, da sie mir aber nicht
wird, will ich fleisig seyn so kommt mirs ein ander=
mal zu gute. d. 16. Jan. 1784.   5

G.

1858.
An Charlotte v. Stein.

Von m. L. hätte ich gern einen guten Morgen
und Nachricht wie sie geschlafen hat.

Wenn deine Theegäste noch kommen, so laß es
mir bey Zeiten wissen daß ich mich darnach einrichten 10
kann. Lebe wohl du süse und liebe mich.

d. 17. Jan. 84.   G.

1859.
An Charlotte v. Stein.

Ich habe heut früh an meiner Abhandlung über
den Granit dicktirt, und dazwischen immer an meine
Geliebte gedacht, und mich erinnert wie ich von allen 15
Höhen dieser Felsen die ich bestiegen, zurück nach der
Wohnung meiner besten mich gesehnt habe. Wahr=
scheinlich ziehst du mich auch diesen Abend nach Hofe.
Mittags habe ich abgesagt. Lebe wohl. Fritz war
gar geschickt und gut. d. 18. Jan. 84.   20

G.

1860.

An Charlotte v. Stein.

Ich bitte um den Brief an meine Mutter mit
tausend Danck für das was du alles an mir thust.
Werde nur nicht müde mit mir Geduld zu haben.
Du bist mir einzig Lieb und werth. Heute muß ich
⁵ viel schaffen. Lebe wohl und sag mir ein gutes altes
Wort. d. 19. Jan. 1784.

G.

1861.

An Charlotte v. Stein.

Heute früh habe ich ein wenig länger geschlafen,
und nun ist schon wieder der Hencker bey mir los.
¹⁰ Ich sehe dich gewiß, ob ich zur Herzoginn Mutter
gehe weis ich noch nicht. Ich dancke dir für alle
Liebe und Güte und bin immer dein.
d. 21. Jan. 84.

G.

1862.

An Charlotte v. Stein.

Gestern Abend bin ich noch lange aufgeblieben
¹⁵ und behielt mein Verlangen bey dir zu sein. Ich
dancke dir daß du mich so lieb behältst. Es ist mein
bestes Glück. Heute Abend kommst du doch ich weis
nicht ob ich dich vorher sehe. d. 22. Jan. 1784.

G.

1863.

An Charlotte v. Stein.

Einen guten Morgen l. Lotte eh ich ins Conseil
gehe. Heute Abend muß ich wohl zu Witzlebens.
Seh ich dich auch da? Lebe wohl. Du liebe Be=
gleiterinn aller meiner Gedancken.

d. 23. Jan. 84.   G.   5

1864.

An Charlotte v. Stein.

Zum frühen Morgen schick ich dir etwas süßes und
bitte dich um ein freundlich Wort. Du glaubst nicht
wie lieb mir heute Fritzens Anblick war wie ich dir
ewig neue Treue in ihm zugesagt habe als ich ihn
zum Morgengruß an mich drückte. Lebe wohl. Ich 10
bin ganz dein. Und hoffe sehnlich auf den Augen=
blick der mich zu dir führen wird.

d. 26. Jan. 84.   G.

1865.

An J. F. v. Fritsch.

Ew. Exzell.

dancke ganz gehorsamst für die Bemühung und 15
habe nichts hinzuzufügen als die Bitte mich Herrn
v. Isenflamm gleichfalls zu empfehlen und für seine
Gefälligkeit zu dancken.

Wenn die Stückgen recht schön zu haben sind, so

kommt es auch auf einen Dukaten mehr nicht an.
Das Geld will ich, sobald von hier etwas nach Wien
geht, übermachen.

Mit aufrichtiger Verehrung und Anhänglichkeit
unterzeichne ich mich

Ew. Erzell.

Vhß.   ganz gehorsamsten
d. 26. Jan. 1784.   treuen Diener

Goethe.

1866.
An Charlotte v. Stein.

Mit Mühe enthalt ich mich dich nicht zu besuchen.
Nach Tische komm ich bald. Wirst du in die Kom-
mödie gehn oder den Thee mit uns nehmen? Lebe
recht herzlich wohl und liebe den liebenden.
d. 27. Jan. 1784.   G.

1867.
An Charlotte v. Stein.

Ich höre meine Liebe ist gestern noch kräncker geworden. Könnt ich doch von dir hören daß dich der
Schlaf erleichtert hat. Fritz grüßt. Ich fürchte du
gehst nicht zu Werthers. d. 30. Jan. 84.
G.

1868.
An Charlotte v. Stein.

Möge mir doch meine Lotte nicht mit Bleystifft
sondern mit Dinte einen guten Morgen sagen, und

mich verſichern daß ſie wohl iſt. Ich bin recht in
Sorge um dich. (Geſtern da du weg warſt war mir
auch alles fort. Es wollte gar nichts gehen und ich
blieb nur Fritzens wegen und weil ich keinen Wagen
hatte. Lebe wohl. Ich muß ordnen und aufräumen, ⁵
dann bin ich dein.

    d. 31. Jan. 1784.   G.

1869.

An Charlotte v. Stein.

Hier ſchicke ich die Uhr und ein Stück Zuckerwerck
mit dem beſten Morgengrus. Es iſt mir nicht ganz
als ob ich heute in die Geſellſchafft mögte, aber m. ¹⁰
L. muß ich ſehen. Schreibe mir wie du dich befindeſt
und was du vorhaſt. d. 1. Febr. 1784.

                                             G.

1870.

An Charlotte v. Stein.

Meiner l. Lotte ſende ich einen treuen Mittags
Grus. Wenn du heute zu Werthers gehſt, ſo ſehe ich ¹⁵
dich erſt um 8 Uhr denn ich habe böſe Ackten von
denen ich nicht abkommen kann. Bleibſt du aber zu
Hauſe, ſo komme ich wohl um 7 Uhr. Lebe wohl.
Liebe mich, ich bin recht dein.

    d. 2. Febr. 84.   G. ²⁰

1871.

An Charlotte v. Stein.

Eh ich in's Conseil gehe mögt ich gute Nachrichten von meiner Geliebten haben. Kann sie heute in die Commödie gehn? Ist es ihr wieder so wohl als ich wünsche. Adieu beste.

5 d. 3. Febr. 1784. G.

1872.

An Charlotte v. Stein.

Will m. l. Lotte heute Abend bey mir einen Thee nehmen und zum Essen bleiben, so will ich ihr einige Freunde einladen, und die Commödiengänger zu Tische Bitten. Sage mir wie du dich befindest, Lebe wohl 10 und liebe mich.

d. 5. Febr. 84. G.

1873.

An Charlotte v. Stein.

Wie befindet sich m. L. hat sich der gute Tag recht gut eingestellt? und was hat sie heute vor. In die Commödie wird wohl nicht gegangen. Vielleicht 15 wäre es artig zu mir zu kommen. Lebe wohl. Wenn ich vor Tisch auslaufe komme ich einen Augenblick zu dir. d. 7. Febr. 84.

G.

1874.

An Charlotte v. Stein.

[Mitte Februar.]

Hier schick ich dir den Ring, es ist mir ganz un=
heimlich ihn zu entbehren. Auch ich habe seit dem
frühsten nach dir verlangt und mich nach einem
Worte von dir gesehnt. Diesen Abend bin ich bey
dir. Ich will früher zu Herders gehn. Lebe wohl 5
du mein immer bleibendes Glück. Fritz macht sich
eben aus.

G.

1875.

An Charlotte v. Stein.

Ich mögte gern zum frühen Morgen hören daß
m. l. Lotte recht heiter ist. Gestern Abend war es 10
mir sehr leer bey vielen Gästen, sie waren munter,
und wir lasen zulezt ein Gespräch des Königs in
Preußen mit einem Beamten das unglaubliche Ähn=
lichkeit mit der Audienz des Herrn Junge beym König
Opoffn hat. Ich war bey Hofe geladen und habe 15
abgesagt. Bist du wohl? und werden wir heute zu=
sammen seyn?

d. 15. Febr. 84. G.

1876.

An C. v. Knebel.

Diese ganze Zeit her war ich nichts weniger als
schreibseelig drum verzeih daß du so lange nichts von
mir gehört hast.

Hier schicke ich Einladungen zum Ilmenauer Berg=
werck. Die Nürnberger waren in vorigen Zeiten
starck dabey interessirt vielleicht finden sich dort wenig=
stens einige Geverecken. Wir haben schon 500 und
eröffnen den neuen Johannisschacht auf Faßnacht.
Es macht mir viel Vergnügen daß nach überwundnen
so manigfaltigen Hindernißen auch dieses Unternehmen
endlich soweit ist.

Einige Exemplare der Gedichte zum Geburtstag
der Herzoginn lege ich bey. und einen Fächer zu
Ehren der November Geburtstäge für deine Frl.
Schwester.

Ich bin fleißig und meine Sachen gehen gut und
obgleich übrigens unsere Verhältnisse allerley Schwin=
gungen unterworfen sind; so steht doch das Ökonomi=
kum auf einem guten Grunde, und das ist die Haupt=
sache.

Persönlich bin ich glücklich. Die Geschäffte, die
Wissenschafften ein paar Freunde, das ist der ganze
Kreis meines daseyns in den ich mich klüglich ver=
schanzt habe.

Schreibe mir doch balde. Noch habe ich auf die

16*

Reiſe nach dem Fichtelberg nicht renuncirt, obgleich
ein ſchöner Theil des Sommers dem Eiſenacher Aus=
ſchußtag gewiedmet werden muß.

Lebe wohl. Behalte mich lieb und gedencke mein
fleißig.

d. 16. Febr. 84.　　　　　　　　　　　　G.

1877.

An Charlotte v. Stein.

Beyliegender Brief meldet mir das traurige Schick=
ſal des guten Jakobi. Da ich das ſchwarze Siegel
ſah glaubt ich er ſey ſelbſt Todt und nun iſts ſeine
geſunde Frau. Es iſt für ihn wenig guts mehr in
der Welt.

Sage mir wie du geſchlafen haſt und ob du wohl
biſt, und bleibe mir.

d. 20. Febr. 84.　　　　　　　　　　　　G.

1878.

An Charlotte v. Stein.

Noch einen guten Morgen zum Abſchied Liebe
Lotte. Mögteſt du doch recht wohl ſeyn. Das Wet=
ter wird kalt und ſcheint günſtig zu werden. Wir
wollen uns recht einpacken. Ich gehe mit den deini=
gen als der deinige. Lebe wohl. Ich hoffe wieder
auf dich und dancke dir für deine Liebe.

d. 21. Febr. 84.　　　　　　　　　　　　G.

1879.

An Charlotte v. Stein.

Durch den rückkehrenden Boten erhält meine Ge=
liebte einen herzlichen Gruß. Wir sind sehr glücklich
angekommen, die Bahn war durchaus so schön daß
ich wünschte eine Gesellschafft Weimarische Freunde
5 hätte sich mit auf den Weeg gemacht. Wir blieben
wohl zwey Stunden in Stadt Ilm und waren schon
nach drey Uhr hier.

Friß und Ernst machen sich sehr lustig, und wenn
auch einmal selectae historiae auf eine viertelstunde
10 vorgenommen werden, so kehrt doch die Thorheit bald
wieder zurück.

Deinen Ring vermiß ich recht sehr. Er war mir
sonst so ein liebes Zeichen deines Bleibens bey mir.

Unsre Sachen werden gut gehen. Innliegendes
15 Exemplar der Rede schicke Dienstags früh um 10 Uhr
an Herdern und schreibe ihm dazu daß sie in diesem
Augenblick sey gehalten worden, er soll sie aber nie=
manden sehn lassen bis ich wiederkomme.

Lebe wohl. Grüße den Herzog und sag ihm von
20 unsrer glücklichen Ankunft.

Adieu ich bin dein. Die Ruhe dieses Orts ist
für mich sehr anzüglich. Wärst du hier so wollte ich
gleich den Rest des Winters hier zu bringen. Was
sollte da studirt werden. Lebe wohl. b. 21. Febr. 84.
25 Ilmenau.   G.

Der Brief den ich auf den Ofen legte ihn zu
trocknen wäre bald verbrannt.

1880.

An Charlotte v. Stein.

Wie sehr hat mich dein liebes Wort erfreut!
Wenn es nur auch die Nachricht deines Wohlbefindens
gebracht hätte. So sehr ich mich deines Daseyns und
deiner Liebe freue; so sehr leid ich auch mit dir.

Die Knaben sind wohl und lustig, ich thue meine ⁵
Sachen ab. Das Wetter ist stürmisch wir hoffen
daß es morgen besser werden soll. Die Gegend ist
im Schnee sehr schön, und es geht gar gut auf dem
Schlitten.

Ernst ist heute nach Amt Gehren gefahren, und ¹⁰
Fritz laufft herum.

Ich bin in der Stube wo du mir ehmals mit
dem zahmen Vogelgen begegnetest. Wenn es einiger=
massen möglich wäre besuchte ich die Hermannsteiner
Höle. Du bist mir überall gegenwärtig. ¹⁵

Lebe wohl, und halte dich ruhig, damit du mich
fröhlich empfangen könnest.

[Ilmenau] d. 23. Febr. 84.   G.

1881.

An Charlotte v. Stein.

Schone doch liebe Lotte dich um meintwillen, so
sehr mich dein erster Anblick erfreute weil ich dich ²⁰
wohl sah, so innerlich hat mich dein Übel gestern

Abend verſtimmt daß ich keiner freudigen Empfindung
mehr fähig war. Sag mir was deine Augen machen.
Sag mir daß du mich liebſt. Wenn du nicht wohl
biſt hab ich gar nichts auf der Welt. d. 29. Febr. 84.

⁵   G.

1882.
An Charlotte v. Stein.

Straube der die Nachricht von dem eingefrornen
Schiffe bringt, ſoll dir einen Grus zum Morgen
bringen. Es iſt für den Moment nicht ſo übel als
es der Ruf machte, freylich wenn das Waſſer an die
¹⁰ Kehle geht dem gehts weit genug.

Wenn es möglich iſt komme ich morgen Abend,
und finde meine Liebe zu Hauſe. Nicht wahr du
bleibſt aus der Geſellſchafft? Meine ſchöne Hof und
Societäts Vorſätze für dieſe Woche ſind auch zu
¹⁵ Waſſer, wir ſind zu alt um uns zu beſſern und
wollen unſer Leben ſo hinausführen. Caſtrop hat
mir eine köſtliche Scene gegeben über 'die ich im
innerſten noch lache. Schade daß ſie ſich nicht wie-
dererzählen läſſt das beſte davon iſt pantomimiſch.

²⁰ Lebe wohl damit ich wohl lebe denn ich lebe in
dir. Gute Nacht beſte. Ich komme nicht von deiner
Seite. d. 29. Febr. 84. Jena.

                                              G.

1883.

An Charlotte v. Stein.

Statt meiner kommt wieder ein Brief, verzeihe
daß ich dich aus der Gesellschafft hielt. Ich bin nicht
ganz unnütze hier drum will ich bleiben. Du bist
meine Begleiterinn auf Wassern und Eise. An eini=
gen Orten der Vorstadt ist das Übel gros, und in 5
einer allgemeinen Noth auch ein gemeiner Verstand
nütze, wenn er Gewalt hat.

Drum will ich bleiben und alles in deinem Rah=
men thun. Alles rennt durch einander, die Vorgesetzten
sind auf keine auserordentlichen Fälle gefasst, die Un= 10
glücklichen ohne Rath und die Verschonten unthätig.
Wenige einzelne brave Menschen zeichnen sich aus.
Lebe wohl. Liebe mich du einziges du fühlst doch
wie ich dein bin.

Jena. d. 1. März 1784.   G. 15

1884.

An Charlotte v. Stein.

Ich komme in grose Versuchung, der Herzog fährt
hinein und will Abends wieder hier seyn, ich könnte
mit meiner Lotte zu Mittage essen, ihr allerley erzählen,
und wieder fortfahren.

Allein ich will dem nothwendigen nachgeben es ist 20
besser ich bleibe hier.

Der guten Stadt Jena geht es wie dem römischen
Reich man sieht nicht eher wie elend die Constitution
ist als wenn die Noth an Mann geht.

Wenn Götze zurückkommt hoffe ich auf ein liebes
5 Briefgen von dir.

Lebe wohl meine liebe! Laß uns zusammenhalten
die weltlichen Dinge sind gar brüchig. Der Herzog
führt mit dem Rittmeister einen militarischen Dis=
kours am Ofen, und ich will schließen dir eine gute
10 Nacht sagen und mich deinem süßen Herzen empfehlen.

[Jena] d. 1. März 1784.   G.

1885.

An Charlotte v. Stein.

Meiner Lotte sag ich einen guten Morgen. Ich
hoffe dich Morgen hier zu sehn. Der Herzog wird
dir den Vorschlag thun und ich hoffe du schlägst es
15 nicht ab.

Wie sehr ich es wünsche kannst du dencken da ich
nicht wegkann. Man hat keine Idee wie die Menschen
sind, und doch wenn ich's recht überlege müssen sie
so seyn.

20 Lebe wohl ich muß dein seyn durch alle Zeiten.

Jena d. 2. März 1784.   G.

1886.
An Charlotte v. Stein.

Vor allen Dingen muß ich dir für deine immer
gleiche Liebe den wärmsten Danck sagen, und dir eine
gute Fahrt wünschen. Leider habt ihr böses Wetter.
Laß mich auch noch ein Paar Worte von dir sehen
damit ich den Tag über etwas zu zehren haben möge.
Hier schicke ich von dem gestrigen Kuchen und käme
gar zu gerne selbst. Lebe wohl du einziges. Heute
Abend findest du mich um siebene.

b. 3. März 84.   G.

1887.
An F. H. Jacobi.

Ich habe es noch nicht wagen können dir zu
schreiben denn was darf man dir sagen! Jedes Wort
es sey Anteil, Trost oder Betrachtung bleibt zurück.
Der Gedancke an dich und deinen Zustand hat mich
auf einer sonst frohen Reise, da ich das alte Ilme=
nauer Bergwerck wieder eröffnet, immer begleitet, und
folgt mir auch hierher wo ich von Wassern, Eise und
Noth, ich darf wohl sagen umgeben sitze, und Beruf
und Gelegenheit habe menschliche Schicksale wieder zu
käuen.

Herder wird dich bitten diesen Sommer eine Reise
zu uns zu machen. Wenn ich nur auch gewiß wäre zu
Hause zu seyn. Ich hoffe es soll sich thun lassen.

Wir wollen auf die kurze Dauer unseres Daseyns näher zusammenrücken.

Sag mir ein Wort von deiner Gesundheit. Wie ich das schwarze Siegel sah und deines Schreibers
5 Hand hielt ich dich selbst für Todt. Ach warum versäumt man soviele Augenblicke Freunden wohlzuthun.

Ich bin ein armer Sclave der Pflicht mit welcher mich das Schicksal vermählt hat, drum verzeihe wenn ich trocken und träge scheine.
10 Jena d. 3. März 1784. G.

1888.
An Charlotte v. Stein.

Was ich auch zu thun habe was mir auch durch den Kopf geht bist du mir immer im Herzen mir immer gegenwärtig. Lebe wohl ich sehe dich heute Abend, vielleicht eher.
15 d. 4. März 1784. G.

1889.
An den Herzog Carl August.
Unterthänigstes Promemoria.

Nach Ew. Hochfürstl. Durchlaucht gnädigstem Befehle habe ich diejenigen Aufträge, welche mir Höchstdieselben an den Hofrath Büttner in Jena zu ertheilen
20 geruhet, bey meiner Anwesenheit daselbst auszurichten, ohnermangelt. Es erkennt derselbe das gnädigste Anerbieten der 8000 Thaler als den höchsten auf

seine Bibliothek gesetzten Preiß mit unterthänigstem
Dank und behält sich vor etwa in der Folge, wenn
er es benöthigt seyn sollte, Ew. Durchlaucht um Er=
höhung seines Pensionsquanti anzugehen. Und da
ihm solches bisher nur in cassemäßigen Sorten bezahlt
worden, im Contrakte aber ihm Louisd'or zu 5 Thaler
zugesichert sind: so bittet er hierüber um gnädigsten
Befehl an die hiesige Kammer.

Der ich mich mit tiefster Ehrfurcht unterzeichne

Weimar

Ew. Hochfürstl. Durchl.

unterthänigster

d. 4. März 1784.

J. W. Goethe.

1890.
An Charlotte v. Stein.

Wie viel lieber blieb ich in deiner Nähe als daß
ich wieder wandre. Liebe Lotte wie machst dus nur
daß ich dir alle Tage eigner werde.

Wie gern grüste ich dich noch zum Abschiede.

Lebe recht wohl. Diesen Abend seh ich dich wie=
der und will indes etwas guts thun und deinem Fritz
nüzlich seyn und ihm einen fröhligen Tag machen.

d. 7. Mart. 84.   G.

1891.
An Charlotte v. Stein.

Du hast gewiß auch heute beym Erwachen an
mich gedacht wie ich an dich denn solch eine Liebe
kann nicht einseitig seyn.

Heute zu Mittage esse ich beym alten Schnaus
und sehe dich vorher.

Wenn du in die Gesellschafft gehst will ich auch
hinein gehn.

Hier ist eine Schnalle zu dem Hute. Wenn er
nur recht ist. Lebe wohl.

d. 8. März 1784.   G.

1892.
An Charlotte v. Stein.

Gleich am frühen Morgen möchte ich Nachricht
von meiner Lotte haben, da ich ihres Anblicks ent=
behren muß. Ich stehe sehr im Zweifel ob ich heute
Abend einige Gäste bitten soll. Am liebsten bin ich
mit dir. Was sagt dir dein Herz? Lebe wohl ich
bin dein.

d. 9. März 1784.   G.

1893.
An Charlotte v. Stein.

Hier liebe Lotte die Versichrung meiner Liebe,
meiner Anhänglichkeit und Treue. Habe ich dir gestern
vielleicht ein Buch oder sonst etwas zu schicken ver=
sprochen; so must du mir es ins Gedächtniß rufen,
denn ich kan mich nicht drauf besinnen. Herders Fort=
setzung ist ganz trefflich und ihm ist das Werck schon
fast verleidet. Lebe wohl. d. 12. März 1784.

G.

1894.

An Charlotte v. Stein.

Ich habe heute wieder angefangen Quecken zu
trincken um der erſten Einflüſſe des Frühjahrs zu
genieſen.

Der Spleen wird ia wohl meine Lotte nicht in
das Theater locken und ſo bleiben wir wohl beyſammen. 5

Könnt ich nur eh ich des Morgens an die Ackten
gehe einen Blick in deine Augen thun! Lebe wohl
du kennſt mich.

d. 13. März 1784.   G.

1895.

An den Herzog Ernſt II. v. Gotha.

Durchlauchtigſter Herzog   10
Gnädigſter Herr,

Ew. Durchl. überſende hierbey unterthänigſt zehen
Gewährſcheine als auf ſoviel Kuxe Höchſtdieſelben
unterzeichnet und empfehle das neue Werck zuſammt
der Gewerckſchaft zu Gnaden.   15

Nicht leicht habe ich etwas mit ſoviel Hoffnung,
Zuverſicht und unter ſo glücklichen Aſpeckten unter=
nommen, als dieſe Anſtalt eröffnet worden, und das
allgemeine Zutrauen ſcheint mit einzuſtimmen. Schon
ſind die Kuxe faſt zur Hälfte untergebracht und es 20
melden ſich täglich mehr Liebhaber.

Eine Nachricht der kleinen Feyerlichkeit bey Eröff=

nung des neuen Schachtes lege ich bey, wie auch die
von mir gehaltne Rede. Sehen Ew. Durchl. alles
mit günstigen Augen an.

Ehstens übersende ich einen Transport der mir
von Tischbein zugekommen ist, der Ew. Durchl. gewiß
Vergnügen machen wird. Die Zeichnungen die gerollt
waren, sollen erst gerade werden, und die zwey Ölge=
mälde habe ich auf Blendrahmen ziehen lassen. Da=
bey werde ich mit einer Bitte einkommen.

Der ich mich zu Gnaden empfehle und mich Ehr-
furchtsvoll unterzeichne

Weimar
d. 15. März 1784.

Ew. Durchl.
unterthänigsten
Goethe.

1896.
An Charlotte v. Stein.

Eh ich das Angesicht der fürtrefflichen Stände
erblicke wünsche ich ein Wort von dir zu haben meine
beste, damit es mir wie ein Salzkörnlein den ganzen
Ackten und Rechnungs Brey durchsalze und schmack=
hafft mache. Diesen Nachmittag sprech ich dich. Das
Leiden in der Comödie sollst du mir auch versüßen.

d. 18. März 1784.   G.

1897.
An Charlotte v. Stein.

Ich will heute den geraden Weeg zum Conseil
gehen, dir noch vorher einen guten Morgen sagen.

Wenn ich wiederkomme laß mich ein Zettelgen finden
das mich aufs neue des einzigen Glücks versichre das
ich zu genießen fähig bin.

    d. 19. März 1784.   G.

1898.

An Charlotte v. Stein.

Hier schicke ich Dir einige Blätter Journal de Paris
es sind artige Sachen drinne, und zugleich sag ich dir
einen guten Morgen und hoffe dich heute zu sehen.
An Hof kan ich nicht gehn. Was sagst du zu der
Kälte und dem Frühlings Schnee. Lebe wohl. Liebe
mich. Ich muß fleisig seyn. d. 21. März 1784.

                                        G.

1899.

An Charlotte v. Stein.

Zum guten Morgen schicke ich dir hier Aurora
die ein Kind wegträgt, besser wäre es sie brächte es.

    Gegen eilfe besuche ich dich und sage dir wie sehr
ich mich des Tags freue der mir zu dir wieder erschie=
nen ist. Adieu. Empfange mich wie immer.

    d. 24. März 84.   G.

1900.

An Charlotte v. Stein.

Ja wohl ist mein Herz und Geist immer da wo
mein Schatz ist, wenn mich gleich die bösen Weltlichen

Dinge trennen. Ich wünschte lange ein Wort von
dir. Stein wird recht erschrocken seyn. Du gehst
doch wohl heute Abend mit zur Herzoginn. Ich will
die verlangten Bogen holen lassen. d. 25. März 1784.

G.

1901.

An Caroline Herder.

[25. März.]

Bei der traurigen Lage unsrer guten Herzogin,
habe ich ihr versprochen, heute Abend etwas zu lesen
und bitte deswegen um die gedruckten Bogen von
Herders Werk.

Es wird sie erheben, aufrichten und wenigstens
Augenblicke über das Gefühl von Vergänglichkeit
hinüber heben.

Ich bitte zugleich um das Gedicht auf des Herzogs
Geburtstag.

G.

1902.

An Charlotte v. Stein.

Ungern wie immer entferne ich mich von dir, wie
sehr wünscht ich du könntest die Spazierfahrt mit
machen besonders da das Wetter sich freundlich bezeigt.
Lebe wohl behalte mich lieb bey dir und sey gewiß
daß ich dir immer nah bin. Adieu tausendmal.
d. 27. März 1784. G.

1903.

An J. G. Herder.

[Jena, 27. März.]

Nach Anleitung des Evangelii muß ich dich auf
das eiligste mit einem Glücke bekannt machen, das
mir zugestoßen ist. Ich habe gefunden — weder
Gold noch Silber, aber was mir eine unsägliche
Freude macht —   5
      das os intermaxillare am Menschen!

Ich verglich mit Lodern Menschen= und Thier=
schädel, kam auf die Spur und siehe da ist es. Nur
bitt' ich dich, laß dich nichts merken, denn es muß
geheim behandelt werden. Es soll dich auch recht 10
herzlich freuen, denn es ist wie der Schlußstein zum
Menschen, fehlt nicht, ist auch da! Aber wie! Ich
habe mirs auch in Verbindung mit deinem Ganzen
gedacht, wie schön es da wird. Lebe wohl! Sonntag
Abend bin ich bei dir. Antworte mir nicht hierauf, 15
der Bote findet mich nicht mehr.

Sonnabend Nachts.   G.

1904.

An Charlotte v. Stein.

[Jena, 27. März.]

Zum guten Morgen meiner Lotte ein Paar Zeilen,
da ich ihr leider nicht einmal werde guten Abend
sagen können.   20

Es ist mir ein köstliches Vergnügen geworden, ich
habe eine anatomische Entdeckung gemacht die wichtig
und schön ist. Du sollst auch dein Theil dran haben.
Sage aber niemand ein Wort. Herdern kündigts
5 auch ein Brief unter dem Siegel der Verschwiegenheit
an. Ich habe eine solche Freude, daß sich mir alle
Eingeweide bewegen.

Lebe wohl. Wie sehr lieb ich dich! Wie sehr fühl
ichs in fröhlichen und traurigen Augenblicken. Ant=
10 worte mir nicht, Aber laß mich in meinem Hause ein
Wort von dir finden. Lebe wohl meine Lotte. Es
geht mir nur so wohl weil du mich liebst. Sonn=
abend.   G.

1905.
An den Herzog Carl August.

Durchlauchtigster Herzog
15   Gnädigster Fürst und Herr

Wie auf Ew. Hochfürstl. Durchl. gnädigsten Be=
fehl Endesunterzeichneter mit einer aus den Mitteln
der hiesigen Landschaft erwählten Deputation zusam=
men getreten und verschiedene auf die Verhandlungen
20 des lezten Ausschußtages Bezug habende Geschäfte
theils zu Stande gebracht, theils zu Höchst Ihro Ge=
nehmigung so viel es möglich gewesen vorbereitet,
solches wird Ew. Hochfürstl. Durchl. aus beyliegender
Copie des darüber gefertigten Protokolles unterthänigst
25 vorgetragen werden können.

17*

Wie ich nun nichts mehr wünsche als dieses Ge=
schäfte zu Höchst Ihro Zufriedenheit geführt zu haben;
so erwarte ich unterthänigst was Höchstdenenselben
weiteres darüber zu beschließen gefällig seyn möchte,
der ich mich mit unbegränzter Ehrfurcht unterzeichne 5

Ew. Hochfürstl. Durchl.

Weimar
den 28. März 1784.
unterthänigst treugehorsamster
Johann Wolfgang Goethe.

1906.

An Charlotte v. Stein.

Meiner Lotte muß ich einen frühen Morgengrus
schicken mit der Bitte mein mit herzlicher Liebe ein= 10
gedenck zu seyn. Ich freue mich auf die Stunde da
ich dich sehen kann um eilf Uhr will ich kommen,
daß ich dich nicht mit aufgelösten Haaren finde.

Der deine

d. 31. März. 1784. G. 15

1907.

An F. H. Jacobi.

Wie sehr danck ich dir daß du mich zum Genossen
deiner Trauer gemacht hast! Die Abschrifften kamen
eben an als uns der Todt unsrer kleinen Prinzeß über=
raschte, eines Kindes von fünf Jahren das sechs Nacht=
stunden kranck und gegen Morgen Todt war. 20

Ich habe nur sehnlicher gewünscht dich wieder zu
sehn. Leider bin ich den ganzen Juni abwesend zu

Anfang Juli aber kann ich's einrichten daß ich nach
Hause komme. Siehe zu daß du es möglich machst.
Das wunderliche Bild unsrer Existenz wird dir wenig=
stens wenn auch nicht wohlthun doch neue Ideen geben
und ein Paar wahre an dir theilnehmende Freunde
findst du gewiß.

Das Heftt erhälst du bald zurück ich habe es für
mich behalten, nicht mitgetheilt, mein Herz hies mich
es so.

Schreibe mir doch ein Wort von dem Kinde zu
Münster und was ihr mit ihm habt. Ich weis
nichts von ihm, kann es nicht beurtheilen und wenn
ich nicht sehr irre behandelt ihr es falsch, die Fürstinn
und du. Ich mische mich nicht gern in dergleichen
Sachen denn die Vorstellungs Arten sind zu ver=
schieden und mit Schreiben ist gar nichts ausgerichtet,
aber das Kind dauert mich, es ist doch dein und
Bättys Kind und gewiß nicht zum Böfewicht zum
Nichtswürdigen gebohren.

Habt mit Schlossern Geduld! Kein Mensch kann
eine Faser seines Wesens ändern, ob er gleich vieles
an sich bilden kann. Schlosser stickt in seiner Haut
und Verhältnissen so fest als ein andrer, wir sollten
alle mit einander Mitleiden haben.

Lebe wohl! Wie freu ich mich mit dir recht aus=
führlich über tausend Dinge zu reden. Lebe wohl.
Grüße die Deinigen.

Weimar d. 31. März 1784. G.

1908.
An Charlotte v. Stein.

Ich begrüße meine Lotte mit der Freundlichkeit
aller Gestirne und frage ob sie recht wohl ist und
sich des schönen Tages freut. Heute darf ich nicht
aus dem Hause als gegen Abend und da du zu deiner
Schwägerinn gehst; so schreibe mir wann ich dich 5
wieder bey dir finde. Schicke mir das Buch von den
Zähnen und Lebe recht wohl.

b. 1. Apr. 84.   G.

1909.
An Charlotte v. Stein.

Von meiner Geliebten muß ich ein paar Zeilen
haben damit mein Verlangen nach ihr einigermaßen 10
befriedigt werde.

Wenn du um zwölf Uhr frisirt bist komme ich
einen Augenblick denn bis den Abend wird mir's viel
zu lange.

Lebe wohl du stündlich Geliebteres. Wenn ich 15
nur mein Wesen vermehren könnte daß dich immer
etwas mehr an mir liebte.

b. 2. Apr. 1784.   G.

1910.
An Charlotte v. Stein.

Ich danke dir l. Lotte daß du mich von Rech=
nungen und Papieren einen Augenblick auf den lieben 20

Gegenstand ruft der mir manchmal hinter den Zahlen
erscheint. Behalte mich in einem recht seinen Herzen.
Du Gute wie bist du mir so werth und wie ungern
entlies ich dich gestern. Wann ich heute kommen kann
weis ich nicht, doch bin ich dir gewiß.

  d. 3. Apr. 84.   G.

1911.

An Charlotte v. Stein.

Du bist gar lieb immer mit dem zu seyn der
immer mit dir ist. Diesen Abend um sechse will
ich kommen, auch etwas früher, besuche also die G.
vorher.

Lebe recht wohl und sey meines ewigen Bleibens
versichert.

  d. 6. Apr. 1784.   G.

1912.

An Charlotte v. Stein.

Noch einen Abschiedsgruß muß ich meiner besten
schicken, ich habe soviel noch zu besorgen daß ich
nicht ausgehen kann um ihr ihn mündlich zu bringen.
Behalte mich in einem sehr lieben Herzen, laß mich
Donnerstag dein Angesicht sehen. Ich erfreue mich
immer deines daseyns und deiner Liebe.

  d. 12. Apr. 1784.   G.

1913.

An Charlotte v. Stein.

[Jena, 13. April.]

Mir geht es gut und freudig in der weitern Aus=
arbeitung des Knöchleins. Wir haben Löwen und
Wallroße gefunden und mehr interessantes. Es wird
aber nicht so auf Einen Ruck gehn wie ich dachte und
uns weiter führen. Donnerstag erwart ich das Ge=   5
liebteste. Adieu der Husar reitet fort. Daß du nur
ein Wort von mir habest.

G.

1914.

An Charlotte v. Stein.

Ich bin durch deine Vorsorge bald eingeschlafen,
doch die Nacht etlichmal durch den Schmerz aufgeweckt   10
worden. Heute früh hat sich's in den Rücken gezogen,
ich will sehen was der Tranck thut. Lebe wohl.
Leider entbehr ich dich heute. d. 17. Apr. 1784.

G.

Sag mir auch wie du dich befindest?   15

1915.

An den Herzog Ernst II. v. Gotha.

Durchlauchtigster Herzog

Gnädigster Herr

Ew. Durchl. gnädig vertrauliches Schreiben heißt
mich mit einer Antwort doppelt eilen; glauben Sie,

daß ich den Werth einer solchen Behandlung in seinem
ganzen Umfange fühlen kann.

Was Ew. Durchl. an den Werken des jungen
Künstlers bemerken, trifft mit dem, was ich darüber
gedacht habe, im Ganzen völlig überein, nur nehmen
es Ew. Durchl. ein wenig schärfer und geben der
Hoffnung weniger Raum als ich zu thun geneigt bin.
Wenn wir das große Gemälde sehen werden, alsdann
wird sich mehr sagen lassen.

Das Bild mit den beiden Figuren hat wirklich
viel Gutes, ob ich gleich gerne gestehe, daß es auch
für mich wenig Reiz hat. Darf ich aber Ew. Durchl.
etwas in's Ohr sagen, so finde ich in diesen Gestalten
die Unschuld der Sitten unsres Künstlers. Hätte er
die Reize des weiblichen Körpers mit Leib und Seele
genossen, würde er nach diesem schönen Theile der
Schöpfung mit unwiderstehlichen Trieben hingerissen,
gewiß seine Gemälde würden mehr Leben und Wollust
athmen, und er würde keinen räthselhaften Zwitter
produciren.

Warum ist ihm das Bild Conradin's so wohl
gerathen, als weil er selbst ein guter, edler, freige-
sinnter Mensch ist, dessen Seele sich an der Betrachtung
dieser Eigenschaften in einem andern nicht genug wei-
den kann? Auch darum habe ich eine gute Hoffnung
zu dem großen Gemälde, weil es nur Männer vorstellen wird.

In dieser Erwartung stimme ich mit Ew. Durchl.

darin ganz ein, daß er ein fürtrefflicher Portraitmaler
sein werde. Und welch' ein glückliches, in unsern
Tagen so seltnes Talent ist auch dieses! Wie betrübt
ist es, eine geliebte, geschätzte Person nach der andern
von dieser Welt scheiden zu sehen, ohne wenigstens
durch ein gutes Bild einen Schatten ihres Daseins
erhalten zu können. Wie sehr freue ich mich auf
seine Zurückkunft.

Der Wunsch, den ich Ew. Durchl. vorzutragen
zauderte, ist, daß Sie die Gnade haben möchten, ihm
eine kleine Summe Geldes zu bestimmen, die er blos
dazu anwenden wollte, um nach lebenden Modellen
zu malen und sich immer mehr zu vervollkommnen,
auch auf gute Farben einen Theil zu verwenden. Alle
Studien wird er dagegen einschicken, mitbringen und
bei Ew. Durchl. niederlegen. Er wird sich dadurch
in einen Vorrath schöner und bedeutender Gestalten
setzen, die ihm wohl die nördlichere Gegend nicht her=
vorbringen möchte. Da ihn dieses der Natur immer
näher bringt, ihm Bestimmtheit empfiehlt, so wäre
ihm zu diesem guten Werke wohl Hülfe und Beistand
zu gönnen, mit 20 Carolins glaubt er weit zu reichen.

Verzeihen Ew. Durchl. das anscheinende Mißtrauen
in die mir so bekannten Gesinnungen, ich bin leider
so gewohnt, eigne und fremde Wünsche in mich zu
verschließen und nur der Nothwendigkeit nachzugeben,
daß ich auch da, wo mir so viele Aufmunterung ent=
gegen kommt, schüchtern und zauderhaft bin.

Eifrig Ew. Durchl. Vertrauen immer mehr zu
verdienen, unterzeichne ich mich)

Weimar
den 19. April 1784.

Ew. Durchl.
unterthänigster
Goethe.

1916.
An Charlotte v. Stein.

Hier schicke ich m. L. eine grose Masse von Gelehr=
samkeit, in der Hoffnung daß sie der Liebe keinen
Schaden thun werde. Ich bin heiter und besser nur
schmerzen Rückgrad und Schultern. Adieu ich werde
ein wenig spazieren gehn. d. 19. Apr. 1784.

G.

1917.
An Merck.

Weimar, den 23. April 1784.

Für deinen langen Brief danke ich recht sehr und
es erfreut mich, daß du in deinem Knochenwesen
immer so frisch fort arbeitest. Ich habe die Zeit
über auch verschiedenes in anatomicis, wie es die Zeit
erlauben wollen, gepfuscht, wovon ich vielleicht ehstens
Etwas werde produciren können. — Schreibe mir
doch, wie sitzt eigentlich das Horn des Rhinoceros auf
dem Nasenknochen? Könntest du mir diesen Theil bis
hervor an die Schnauze nicht von deinem Exemplar
kopiren lassen, worüber du den Brief an Krusen ge=

schrieben haft? Ich möchte es aber gern ein bischen
groß haben. Wie ich aus dem Kupfer bei dem Briefe
schließe, sind die Nähte der zusammengefügten Knochen
nicht sonderlich sichtbar. Auch wünschte ich, du ließest
mir den vordern Gaumentheil des Kopfes, wie er von
unten anzusehen ist, zeichnen. — Da ich einige junge
Leute gegenwärtig auch nach Knochen zeichnen lasse,
so bitte ich dich sehr, mir sobald als möglich nur
einen deutlichen Begriff von der Camperischen Zeichen=
methode zu machen. Ich habe zwar nach der Epistel
an Albin überall hingeschrieben, kann sie aber nicht
erhalten. Da er dich selbst einmal hierüber belehrt
und dich zu seinem Glauben bekehrt hat, so könntest
du mir ja nur eine Abschrift seines Briefes, wenn
du ihn finden kannst, machen lassen. Doch wünschte
ich, du thätest es sobald als möglich, weil ich bis
dahin mit gewissen Dingen inne halten will. Ich
bin sehr neugierig, wie es dir bei Campern gehen
wird. Schreibe mir doch ja von Klein=Lankum einige
Nachricht. Edelsteine zu kaufen, kann ich dir keinen
Auftrag geben. Fändest du aber Etwas von Schädeln
fremder interessanter Thiere, die nicht gar zu theuer
wären, die würden mir sehr angenehm seyn. Z. Ex.
eine myrmecophaga, Bradypus, Löwen, Tiger oder
dergleichen.

Der alte Büttner ist sehr vergnügt in Jena. Die
Bibliothek ist ganz angelangt und wird diesen Sommer
rangirt. Sie steht ganz in einem großen Saal des

Jenaiſchen Schloſſes. Es iſt ein unglaublicher Schatz
wegen ihrer Brauchbarkeit. Lebe wohl und antworte
mir bald.

1918.
An C. v. Knebel.

Die ſchöne Verſteinerung die du mir geſchikt, iſt
ſchon lange glüklich angekommen. Verzeihe daß ich
dich nicht eher davon benachrichtiget und dir dafür
gedankt. Es iſt in dem ganzen Jenaiſchen Kabinete
kein dergleichen Stük. Es iſt ein Nautilus und kein
Ammonshorn, und deswegen merkwürdig weil es ſo
breit und groß und nicht zuſammengedrükt iſt. Ich
danke dir daß du dich vor unſere Ilmenauer neue
Anſtalt intereſſirſt. Die Hälfte unſerer Gewerkſchaft
iſt ſchon beyſammen und es finden ſich noch täglich
Liebhaber. Mit dem Baue ſelbſt geht es ſehr gut.
Wir ſind ſchon 16 Lachter nieder und haben nunmehro
den Gips erſchroten, in welchem wir bis faſt aufs
Flöz immer bleiben werden. Die ſechzehn Lachter
ſtehn in verlohrner Zimmerung und ſoll dieſer Theil
des Schachtes in der Folge ausgemauert werden. Wir
haben wenig aber gute Leute bey der Anſtalt, und biß
iezo betragen ſie ſich auf das beſte. Man kann das
Werk mit gutem Gewiſſen empfehlen. Die Kommiſ=
ſion führt die Direktion umſonſt und hat alſo die
Gewerkſchaft nur die Unterbediente und eigentliche Ar=
beit zu bezahlen.

Der Tod des Prinzeßchens hat viele Hoffnungen
zerſtört und Sorgen vermehrt.

Aus einem Briefe von dir an die Fräulein Göch=
haußen ſehe ich daß du Luſt haſt uns auf den Som=
mer zu beſuchen. Ich wünſche wenn du es ausführſt 5
daß es dir zur Freude gereichen möge, wie ich beinahe
fürchte daß es nicht geſchehen wird. Denn du findeſt
zu viel verändert um dein altes Leben anzuknüpfen
und zu wenig verändert um von vorne anfangen
zu können. Ende Mays gehn wir nach Eiſenach. 10
Die große Karavane des Hofes fürchte ich wird
bey dieſer Gelegenheit mehr Beſchweerde als Anmuth
haben.

Lebe wohl. Verzeih daß ich dieſen Brief dicktirt
habe, ich verlerne das Schreiben.   15

    d. 24. Apr. 1784.   G.

1919.
An Charlotte v. Stein.

Wenn ich mit meinen Sachen fertig bin, will ich
in den Garten gehn, vorher bey dir einſprechen. Der
Monat April des Politiſchen Journals iſt noch nicht da.

Lebe wohl. Ich bin dein.   20

    d. 25. Apr. 84.   G.

1920.
An Frau Marquiſe Branconi.

Die Landſtände die ſonſt Fürſten und Miniſtren
auf mehr als eine Weiſe beſchweerlich ſind, kommen

auch mir immer in den Weeg wenn die Rede ist eine
anmutige Reise zu machen, guten Freunden zu be=
gegnen.

Anfang Juni ist Ausschußtag in Eisenach und
ich habe bis dahin alle Hände hier voll zu thun, in
der Hälfte May kann ich leider nicht abkommen.
Gingen Sie später so wäre eher Hoffnung ob ich
gleich die Mittel noch nicht recht sehe. Auf alle
Fälle geben Sie mir von der Zeit wenn sie heran=
rückt bestimmtere Nachricht und welchen Weeg Sie
allenfalls nehmen könnten um dem Kreise in den ich
gebannt bin näher zu rucken.

Lavaters Gesundheit macht mir Sorge. Es wäre
ein widerlich Schicksal wenn wir ihn sobald ver=
löhren. Wenn Sie dieser Brief bey ihm antrifft
grüsen Sie ihn vielmals und veranlassen daß ich
etwas von seinen Gesundheits Umständen erfahre.

Dem guten Mattei vielen Danck und Grüse. Ich
seh ihn schon wieder Geld zählen, und im kurzen
Schlafrocke häuslich thun.

Leben Sie wohl, und geniesen iedes guten Tages
so sehr als ich Ihnen das Beste wünsche.

Tausendmal Adieu und bitte um nähere Nachricht
Ihrer Reise.

Frau Schulthes viele Grüse.
Weimar d. 26. Apr. 1784.

Goethe.

1921.

An Charlotte v. Stein.

Mit immer neuen Banden feſſelſt du mich an
dich Geliebte ich habe es recht witzig angefangen mich
in dich zu kleiden und wollte nun faſt ich hätte es
nicht gethan. Es bringt etwas ganz neues durch mein
Weſen und eine angenehme Unruhe zieht mich zu dir. 5
Wenn ich dich doch noch einen Augenblick ſehen könnte.
Wahrſcheinlich wachſt du, gegen ſieben komm ich. Ich
muß dich ſehn wenigſtens deine Stimme hören. Noch
nicht Adieu.

d. 29. Apr. 84.   G. 10

1922.

An Charlotte v. Stein.

Ich bitte dich um ein Wort und ein Zeichen ich
kann nie genug von dir haben. Sag mir daß du
wohl biſt, daß du mich magſt, daß ich dir willkom=
men ſeyn werde. Heute früh ſeh ich dich noch.

d. 4. May 84.   G. 15

1923.

An Charlotte v. Stein.

Meiner Lotte einen guten Morgen und Anfrage
nach ihrem Befinden, und ob ſie heute in der groſen

oder kleinen Welt seyn wird? Ich dancke dir für
gestern und alle vergangne Tage und drücke dich an
mein Herz.

Lebe wohl. Die Zeit wo ich dich verlassen soll
5 ängstigt mich. Lebe wohl.

d. 5. May 84. G.

1924.
An Charlotte v. Stein.

[6. oder 7. Mai.]

Recht feyerlich liebe Lotte mögt ich dich bitten ver=
mehre nicht durch dein süßes Betragen täglich meine
Liebe zu dir. Ach meine Beste warum muß ich dir
10 das sagen! Du weist doch wohl wie voll Dancks
mein Herz für dich ist.

Seit Dejanirens Zeiten ist wohl kein gefährlicher
Gewand einem Geliebten gegeben worden, ich habe es
in meine Brieftasche geschlossen, es hätte mich auf=
15 gezehrt.

Liebe Lotte wenn ich nach Eisenach gehe so laß
mich ruhiger scheiden. Wenn doch der May der
Monat des Friedens für mich wäre.

Lebe wohl ich bin nah bey dir.

20 Lebe wohl und laß mich Sonntags nicht lange
warten. Ich hoffe schönes Wetter. Adieu.

G.

1925.

An Charlotte v. Stein.

Freytag Abends [Jena, 7. Mai.]

Wie gerne wollte ich heute den ganzen Tag herum-
gelaufen seyn, wenn ich Abends mein Lottgen im Alten
Schloß fände.

Ich habe mich in die Stille begeben um dir zu
schreiben, nun wird bald Loder kommen und es wer-   5
den Anatomica zur Erhohlung und Ergötzung der
Seele vorgenommen.

Mein Geschäffte geht gut, ich habe soviel Geld,
Gewalt, Verstand, Menschen und Geschick dazu als
nötig ist, und da kanns wohl nicht fehlen.   10

Sey nur mit deinen Gedancken fleisig bey mir.

Denn ach Liebe Lotte wenn ich nicht die nächste
Woche wieder herüber will muß ich den Sonntag
noch zu geben, und erst Montag früh von hier abgehn, ich soll mich der schönen Tage nicht mit dir 15
freuen.

Und es kommen balde die leidigen Tage des langen
Scheidens, ich weiß nicht wie ich sie überstehen werde.

Adieu Geliebte ich habe indessen die Zeit mit
Lodern verschwäzt, der nun auch grose Freude an   20
meinem Wercke hat das immer reifer wird.

Lebe wohl, Liebe!

G.

1926.

An C. v. Knebel.

Schreibe mir doch wenn du kommen wirst, den
ganzen Juni bin ich nicht zu Hause, und mögte doch
gern einen Theil deiner Zeit hier mit dir seyn.

Ich biete dir eine artige Wohnung bey mir an
5 wo du frey und ungestört seyn kannst. Wirst du
auch manchmal in Tiefurt seyn so ist's doch besser
du hast eine Burg im Rücken in die du dich Noth=
falls werfen kannst.

Übrigens sage ich dir nichts und freue mich auf dich.
10 Wenn ich auch noch in Eisenach wäre könntest du
'recht bequem in meinem Hause seyn, richte dich also
ia darauf, es wird dir doch nirgends besser.

Lebe wohl. Ich komme eben von Jena, wo wir
Anstalt machen das Verschwemmte wiederherzustellen.
15 Lebe wohl. b. 9. May 84.

G.

1927.

An Caroline Herder.

[11. Mai.]

Ich kann nicht verhindern, daß Döderlein geheimer
Kirchenrath wird, so unangenehm mirs auch von mehr
als einer Seite ist. Für Herdern kann ich das Ver=
20 gangene nicht wieder gut machen. Die Situation,
in der Sie sind, kann ich fühlen, weil ich ähnliche

18*

kenne. Nähme Herder den geheimen Kirchenrath an,
betrachtete es weder als Ehre noch als Schande (denn
welcher Fürst kann seinem Namen Ehre oder Schande
anhängen!) so wäre er dadurch in der Klasse, in die
er gehört, in der er lange sein sollte; wer vor ihm
drinne ist, sei es, über alle Titularen rückt er ohne=
dies gleich über. Es fragt sich, ob Ihr das Unan=
genehme, das in der Sache liegt, überwinden wollt
und könnt. Nimmt Herder den Titel nicht, so gebe
ich Euch für hier verloren; denn es wird sich alles
so verbittern, daß Euch die Verhältnisse unerträglich
werden.

Könnte man jetzt auch Döderlein zurückhalten, so
käme vielleicht in kurzem ein anderer Fall, und es
wäre wieder dasselbe. Der neulich vorgeschlagene Aus=
weg gefällt mir selbst nicht; man mag verdrüßliche
Sachen wenden, wie man will, so werden sie nicht
angenehm.

So viel sag ich als Freund. Habt Ihr Lust,
Aussicht, Hoffnung, von hier wegzukommen, nun so
laßt es dabei bewenden, laßt Titel haben, wer will,
und wartet, bis Ihr erlöst werdet. Wollt Ihr aber,
müßt Ihr aber bleiben, so überwindet das Unange=
nehme des Momentes und Herder nehme das Decret,
wie ich meinen Adelsbrief.

Im heutigen Conseil erwartet der Herzog Ant=
wort. Nach Herders letztem Billet muß ich nochmals
alles ausschlagen. Wenn Sie mir nur vor zehn Uhr

ein Wort schreiben wollten. Ich kann nichts mehr
sagen, in meinem Obigen liegt alles. Adieu.

Behalten Sie mich als Freund lieb, wenn ich
Ihnen als Minister fatal werden muß.

G.

1928.

An Charlotte v. Stein.

Eben dacht ich wie ich gegen 12 Uhr zu dir kom=
men und dich zum Spaziergang abholen wollte. Du
fühlst doch wie glücklich mich deine Bemühung macht
mir wohlzuthun. Lebe wohl! Wenn es heute gut
Glück ist so bring ich diesen Abend mit dir zu.

d. 13. May 84. G.

1929.

An Samuel Thomas v. Sömmerring.

Wohlgeborner

Hochgeehrtester Herr Professor.

Schon seit einiger Zeit liegt ein Brief an Herrn
Professor Forster bei mir, und ich weiß nicht, wohin
ich ihn schicken soll. Bisher hoffte ich noch immer
auf den Reisenden, jetzo aber bitte ich Ew. Wohlgeb.
um Nachricht wo er sich aufhält und um die Adresse.

Für die mir communicirten Camperischen Zeich=
nungen danke ich auf das Beste, und mögte Sie um
eine neue Gefälligkeit ersuchen. Die Zoologie macht
mir manche angenehme Stunde und Sie könnten die=
selben sehr vermehren, wenn Sie mir den Schädel

Ihres Elephanten=Skelettes nur auf vier Wochen
borgen wollten, er sollte auf das gewissenhafteste ver=
wahrt werden. Könnte ich dabei den Schädel des
Nilpferdes erhalten, der, wenn ich nicht irre, im
Museo liegt, so wäre mir es um desto angenehmer. ₅

Anfang Juni gehe ich nach Eisenach, könnte ich
diese Köpfe dort antreffen, so brauchten sie nicht den
Weg hierher zu machen, sondern ich schickte sie Ihnen
von Eisenach gleich wieder zurück.

Verzeihen Sie meine Freiheit, und haben Sie die ₁₀
Güte mir nur mit wenigen Worten Nachricht zu geben.

Weimar
den 14. Mai 1784.

Ew. Wohlgeb.
ergebenster Diener
Goethe.

1930.
An Charlotte v. Stein.

Da ich mit allerley Kram meine Zeit hinbringe ₁₅
und meine liebe vor Tische nicht sehen kann, soll ihr
dies Zettelgen einen Grus tragen und hören wie sie
diesen Abend leben wird. Ich hoffe du bleibst meinem
Garten wie mir getreu. Vielleicht versuchen wir den
kleinen Ballon mit einem Feuerkorbe. Sage aber ₂₀
niemanden etwas damit es nicht zu weit herumgreife.

Herders hatte ich eingeladen, sie sind leider bey
der Herzoginn Mutter.

Adieu. Ganz dein.
d. 19. May 1784.   G. ₂₅

1931.
An Charlotte v. Stein.

Ich bedarf gar sehr eines guten Wortes von meiner Lotte daß sie mich recht lieb hat, daß sie gerne mit mir ist und mein bleibt. Leider werde ich bald nicht mehr den Wunsch so leicht befriedigen können von 5 dir ein Paar Zeilen zu haben. Mein Geist wird immer um dich seyn. Lebe wohl. Liebe mich, wenn's möglich komm ich vor zehn Uhr noch.

d. 21. May 1784. G.

1932.
An Charlotte v. Stein.

Eben verlangt ich in der Stille recht nach einem 10 Worte von dir. Dancke du beste. Heute früh hab ich mancherley zu thun, dann will ich nach Tiefurt reiten und vorher dich sehen lebe wohl und behalte mich dir immer nah.

d. 22. May 84. G.

1933.
An Frau Marquise Branconi.

15 Wenigstens empfängt Sie ein Brief unter den Felsen von Langenstein, denn es ist doch am sicher= sten daß ich dahin diese Zeilen anweise.

Sie haben Lavatern gesehen haben ihn besser ver= lassen dazu wünsche ich uns allen Glück.

Wie gern hätte ich Ihnen auf irgend einem Weege aufgelauert, die Nothwendigkeit hielt mich zurück, ich bin zu ganz andern Dingen bestellt.

Lassen Sie mich hören wie lange Sie bleiben und in welche Plane Ihr Jahr getheilt ist. ₅

Grüssen Sie die Ihrigen herzlich und den red= lichen Matthäi der sehr glücklich ist daß man ihn, wie seinen Nominativum den Evangelisten, nicht anders als in Gesellschafft eines sichtlichen Engels dencken kann. Addio. Weimar d. 24. May 84. ₁₀

Goethe.

1934.
An Reich.

Für die mir überschickten schönen Bücher dancke ich auf das beste, sie sollen mit mir nach Eisenach wandern, wo Landschaffts Versammlung seyn, und wohin der Hof sich begeben wird. Vielleicht findet ₁₅ sich doch eine einsame Stunde um der Einsamkeiten geniesen zu können.

Ich empfehle mich zu geneigtem Andencken. Weimar d. 24. May 84.

Goethe. ₂₀

1935.
An Charlotte v. Stein.

Die Hitze hält mich ab meine Lotte zu besuchen, darum diesen schrifftlichen Grus.

Gegen Abend dächte ich besuchten wir das Prinzgen in Belvedere und führen über Oberweimar wo
wir beym alten Docktor absteigen könnten um sein
Wetterbeobachtungs Musäum zu besehn.

5 Lebe wohl. Liebe mich. Waitz hat mir außerordentlich schön gezeichnete Knochen gebracht die mir
viel Freude machen.

b. 26. May 84. G.

1936.
An Charlotte v. Stein.

Hier schicke ich die verlangten Sachen und noch
10 allerley schönes dazu. Mein Herz ist bey dir mein
Geist sehr zerstreut und hin und her gezerrt. Lebe
wohl auf diesen Abend.

b. 27. May 84. G.

1937.
An F. H. Jacobi.

Nur mit wenig Worten begleit ich diese Hefte
15 für deren Mittheilung ich herzlich dancke. Auch ich
lebe iezt im Scheiden und Entbehren, und wünsche
dich noch zur schönen Jahrszeit hier zu sehen.

Übermorgen geh ich nach Eisenach ab und wünschte
du schriebst mir dahin ob und wann du kommen
20 kannst, denn ich habe diesen Sommer noch allerley
auswärts zu thun.

Lebe wohl grüße die deinigen.

Die Stolbergs mit ihren Frauen sind hier, sie
gehn in's Carlsbad. Adieu.

d. 29. May 1784. G.

1938.
An Charlotte v. Stein.

Sag mir l. L. ob die Stolbergs heute Abend in
Tiefurt bleiben werden. Ich gehe nicht hinunter und
hoffe dich in meinem Garten zu sehen. Wie freue
ich mich der paar geschenckten Tage. Lebe wohl.
Behalte immer das Gefühl wie sehr ich dein bin.

d. 29. May 84. G.

1939.
An Johann Christoph Döderlein.

Hochwürdiger,
insonders hochgeehrter Herr!

Es erfreut mich, Ew. Hochwürden zu einem neuen
Zeichen höchster Zufriedenheit Serenissimi glückwün=
schen zu können, und ergreife begierig diese Gelegen=
heit, um Sie zu versichern, daß Ihnen nichts Ange=
nehmes begegnen könne, woran ich nicht lebhaften
Antheil nehme. Zugleich statte ich meinen Dank ab,
daß Sie bei denen in Jena verschiedentlich zu treffen=
den nöthigen Anstalten gefälligen Beistand leisten und
uns haben in den Stand setzen wollen, darin stärkere
Vorschritte zu thun. Lassen Sie auch während der
Zeit, daß ich genöthigt bin, mich in Eisenach aufzu=

halten, nicht nach), denen Hinterlaſſenen mit Rath
und That an Handen zu gehen. Ich habe beſorgt,
daß Ew. Hochwürden das Nöthige wegen Berichtigung
der Kabinetsrechnung zugeſtellt werde, und es wird
sich auch dieſe Angelegenheit leicht berichtigen laſſen.
Ich empfehle mich Ihnen beſtens, und indem ich hoffe,
bald nach meiner Zurückkunft in Jena einen Beſuch
abzuſtatten, unterzeichne ich mich mit aller Hochachtung

Weimar,
den 29. Mai 1784.

Ew. Hochwürden
gehorſamer Diener
Goethe.

N.S. Noch habe ich einen Auftrag, mich bei Ew.
Hochwürden nach etwas zu erkundigen. Man wünſcht
zu wiſſen, was ein gewiſſer Doktor Müller aus Halle
für ein Mann iſt. Sereniſſimus werden veranlaßt,
ſelbigem einen Charakter zu geben, und da ſie es
niemals gerne thun, ohne die Perſon wenigſtens etwas
näher zu kennen, ſo habe ich geglaubt, Ew. Hochwür=
den würden darin am Beſten eine unparteiiſche Aus=
kunft geben können.

1940.

An Charlotte v. Stein.

Alles iſt eingepackt und ich habe nur noch von
dir Abſchied zu nehmen, wie ſehr fühle ich daß du
der Ancker biſt an dem mein Schifflein an dieſer
Rhede feſthält! Du innig Geliebte! Möge dir in

deiner Ruhe recht wohl seyn, wo du recht zeit haſt
an den deinigen zu dencken.

Herdern verlaß ich ungern er iſt gar gut lieb und
herzlich.

Die Stolbergs haben uns noch einen fröhligen
verjüngten Tag gemacht, es iſt gar hübſch daß ich
vor der Abreiſe noch einmal in ienen Seen der Jugend
durch die Erinnerung gebadet worden. Lebe wohl.
Von Eiſenach mehr. Ich lebe dir ganz.

d. 3. Jun. 84.   G.

1941.
An Charlotte v. Stein.

Gotha d. 5. Jun. 1784.

Dieſe Paar Tage her konnt ich nicht zu einer
Ruheſtunde kommen meiner Lotte zu ſchreiben, nun
ſoll ſie wenigſtens mit dieſem Poſttage einige Zeilen
haben. Seit ich von dir bin hab ich keinen Zweck
des Lebens, ich weis nicht wozu mir ein Tag ſoll an
dem ich dich nicht ſehen werde, am meiſten quält es
mich wenn ich etwas gutes genieſe ohne es mit dir
theilen zu können.

Fritz iſt ſehr munter, ich habe ihn an alle Orte
allein hingeſchickt damit er ſich betragen lerne und
wie ich höre und mercke macht er es recht gut, es
freut mich dir ihn immer beſſer wieder zu bringen.

Man begegnet mir hier ſehr freundſchafftlich und
ich kann offen und zutraulich gegen die Menſchen

seyn ohne mein Herz hinzugeben das in guter Ver=
wahrung ist.

Ich habe die Schneidern besucht, die mich geiam=
mert hat. Sie ist gewiß ein seltenes gutes Geschöpf,
das menschlichem Ansehn nach kein halb Jahr mehr
leben kann. Sie trägt ihre Übel mit einer Gelassen=
heit, ist so verständig beträgt sich so artig daß es
mich nicht wundert wenn die beyden Prinzen sehr
lebhafften Anteil an ihr nehmen.

Was aus dem Herzog werden soll wenn sie stirbt
seh ich nicht, Gott bewahre ieden für so einer Lage.
Er hofft noch, ich würde nicht hoffen können. Ich
habe es recht lebhafft gefühlt daß ich im Stande
wäre in gleichem Falle meiner Geliebten Gift an zu
bieten und ihn mit ihr zu nehmen.

Man hat mir allerley schöne Sachen sehen lassen
die mich unterhalten haben. Gestern Abend vertraute
mir die Oberhofmeisterinn Memoires pour servir à
l'Histoire de Mr. de Voltaire ecrits par lui meme unter
den feyerlichsten Beteuerungen an. Man sagt das
Büchlein solle gedruckt werden, es wird entsetzliches
Aufsehn machen und ich freue mich nur darauf weil
du es lesen wirst, es ist so vornehm und mit einem
so köstlichen Humor geschrieben als irgend etwas von
ihm, er schreibt vom König in Preußen wie Sueton
die Scandala der Weltherrscher, und wenn der Welt
über Könige und Fürsten die Augen aufgehen könnten
und sollten so wären diese Blätter wieder eine köst=

liche Salbe. Allein man wird sie lesen, wie eine
Satyre auf die Weiber, sie bey Seite legen und ihnen
wieder zu Füssen fallen.

Noch von Weimar her einige Worte. Die Herzoginn hat die ältste Gräfinn sehr zu distinguiren
fortgefahren. Ich glaube den Vereinigungs Punckt
beyder Seelen zu entdecken und wenn ich dir ihn mittheilen werde sollst du urtheilen ob ich recht habe.

Wie die kleine Agnes mir schöne that und bat ich
solle noch einen Tag bleiben, warfen ihr die Brüder
vor sie thue es nur weil sie dadurch hoffe den Herzog
noch einen Tag zurück zu halten und setzten scherzend
die Rangordnung fest, daß er der erste der Weima-
raner in ihrem Herzen, ich der zweyte und die Göchhausen die dritte sey. Ich nahm es ohngeachtet ihrer
Vertheidigung als wahrscheinlich und wahr auf, versicherte daß ich mir fest vorgesetzt habe mit einem
Fürsten weder um ein Herz zu streiten noch es mit
ihm zu theilen und reiste ab.

Leopold hat mir von Stund zu Stunde besser
gefallen und ich hätte wohl gewünscht mit ihm eine
Zeitlang zu leben, in den ersten Tagen wenn man
mit alten Bekannten wieder zusammen kommt sieht
man doch nur das alte Verhältniß biß alsdenn ein
weiterer Umgang entwickelt in wie fern sich Menschen
verändert haben oder dieselben geblieben sind.

Wie freue ich mich auf einen Brief von dir die
ich immer sich gleich und mir nur immer liebevoller

gefunden habe. Wie glücklich machſt du mich! denn
ich mag irgend ein Gut ſehen, davon hören oder leſen;
ſo fühle ich daß ich es in dir habe.

Lebe recht wohl und vergnügt in deiner Stille.
5 Mir haben dieſe wenigen Tage ſchon ſehr gut gethan
ich bin wohl und munter und freue mich auf die
Eiſenacher Felſen wo ich dein gedencken und wo mög=
lich dir etwas zeichnen werde. Die Nation ſelbſt
freut mich nicht und alles, ſogar Madm. Ackermann
10 wiederzufinden damit man ia glaube man ſey zu
hauſe iſt nicht das anmutigſte wenn man entfernt
von der Geliebteſten fühlt daß man ſehr weit von
Hauſe iſt.

. Adieu heute werde ich deinen Ring anſtecken, und
15 mich im Stillen deiner Liebe bey deſſen Anblick er=
freuen. Morgen gehe ich nach Eiſenach und du hörſt
bald wieder von mir.

Die Öttinger hab ich beſucht.
Lebe wohl du einzige.
20 G.

1942.
An Charlotte v. Stein.

Eiſenach d. 7. Jun. 84.

In Gotha iſt es mir recht gut gegangen, und es
hat mir ſehr wohl gethan meine Seele auch nur auf
einige Tage ausgeſpannt zu haben. Einigemal über=
25 fiel mich ein recht ſchmerzliches Verlangen nach dir,
und nahm mir den Genuß des gegenwärtigen Guten.

Hier habe ich's gefunden wie es zu erwarten war. Die Hofleute klagen über Langeweile, über stehen, gehen, fahren, Staub, Hitze, Berge u. s. w. Loben die Gegend außerordentlich und haben keinen Genuß davon. Die Herzoginn sieht munter und ist von den Menschen sekkirt. Der Herzog streicht in der Gegend herum pp.

Ich bin mit der größten Gelassenheit angelangt und werde alles eben so gleichmütig abwarten. Wie unterschieden von dem Törigen dunckeln Streben und Suchen vor vier Jahren, ob ich gleich manche an= muthige Empfindung voriger Zeiten vermisse.

Die Berge und Klüffte versprechen mir viel Unter= haltung, sie sehen mir zwar nicht mehr so mahlerisch und poetisch aus, doch ist's eine andre Art Mahlerey und Poesie womit ich sie ietzt besteige.

Voigt ist hier und macht meinen Vorläufer da= mit ich nur interessante Stellen besuche.

Die Fürsten haben sich besprochen auf dem Insels= berg zusammen zu kommen, ich werde mich mit einer besondern kleinen Gesellschafft gleichfalls dort einfinden.

Zu meiner großen Freude ist der Elephanten Schädel von Cassel hier angekommen und was ich suche ist über meine Erwartung daran sichtbar. Ich halte ihn im innersten Zimmergen versteckt damit man mich nicht für toll halte. Meine Hauswirthinn glaubt es sey Porzellan in der ungeheuren Kiste.

Wir sind sehr schön und bequem einquartirt. Fritz

ift fehr vergnügt und wohl. Die Prinzen haben ihm
in Gotha einen grofen Drachen geschenckt den wir in
dem Wagen mit nahmen.

Zum Schrecken aller wohlgefinnten geht die Rede
als follten die Memoires des Voltaire von denen ich
schrieb gedruckt werden, mir macht es ein grofes Ver=
gnügen damit du fie lefen kannft. Ich foll eins der
erften Exemplare erhalten und ich schicke dir es
gleich.

Du wirft finden, es ift als wenn ein Gott (etwa
Momus) aber eine Canaille von einem Gotte, über
einen König und über das Hohe der Welt fchriebe.
Dies ift überhaupt der Character aller Voltairifchen
Wiß Producte, der bey diesen Bogen recht auffällt.
Kein menschlicher Blutstropfe, kein Juncke Mitgefühl,
und Honettetät. Dagegen eine Leichtigkeit, Höhe des
Geiftes, Sicherheit die entzücken. Ich fage Höhe des
Geiftes nicht Hoheit. Man kan ihn einem Luftballon
vergleichen der fich durch eine eigne Luftart über alles
weg fchwingt und da Flächen unter fich fieht, wo
wir Berge fehn.

Lebe wohl liebe Lotte. einige Stunden werden nun
aus Pflicht verdorben dann hoffe ich gegen Abend
einen anmutigen Spaziergang, wo ich dein mehr ge=
dencken werde als mir gut ift.

Du fühlft doch wie ich dich liebe.

Jeder Buchstabe diefes Briefs wird dir es fagen.

Abends.

Ein Tag vorbey! Wie? das wirſt du fühlen wenn
du dich der letzten glücklichen Zeiten erinnerſt, die
wir nie ſo ſchön zuſammen zubrachten. Gute Nacht.

d. 7. Jun. Nachts.

Eh ich zu Bette gehe muß ich mich noch einige
Augenblicke mit dir unterhalten ob ich dir ſchon auf
dem vorigen Blatte gute Nacht geſagt habe. Es thut
mir ſo ungewohnt daß ich dir nicht alle meine Ge=
dancken entdecken und mittheilen kann.

Einige Neuigkeiten.

Oſann fordert nicht weniger als 800 rh., eine
Penſion für ſeine Frau auf den Fall ſeines Ab=
lebens von 200 rh., für den jungen Huſland auch
etwas pp. In ſo fern es wieder über die Caſſe geht
ärgerts mich, wenn ich's gleich im Grunde billigen
muß, denn ein alter Leibmedikus wäre Streiche werth
wenn er nicht wüßte daß man zur rechten Zeit ſeine
Bedingungen machen, das Eiſen ſchmieden muß wenn
es warm iſt. Bleiben ſie auf ihren Forderungen;
ſo werden ſie ihnen wahrſcheinlich zugeſtanden, über=
laſſen ſie es der Diskretion und gehn auf ein unbe=
dingt Verſprechen von künftiger Verbeſſerung ein; ſo
findet ſich nie, oder doch ſo leicht nicht der Terminus
a quo da man glaubt es ihnen geben zu können.

Gegen Abend fing ich einen Spaziergang nach
alter Art an, gerade zu über Zäune Hohlwege,

Thäler und Felsen, ein Regen hieß mich abbrechen,
ich that es gern da er der Erde so erwünscht kommt.

Ein schön Mineralienkabinet bey Appelius habe
ich gesehn! Nur einen Teil. Es sind schöne Sachen
darinne die ich noch nicht kannte. Es wird mich
noch manchmal unterhalten.

Sodann habe ich den grosen Schädel zu studiren
angefangen und finde mehr als mir lieb ist, wieder
neues und neues, und doch studirt man darum die
Natur. Nun im Ernste gute Nacht du beste einzige.

d. 8. Jun. Abends.

Deine lieben Briefe sind angekommen, und ach
ich bin deiner Gegenwart so gewohnt daß sie mir
kalt vorkamen, daß ich erst wieder mich gewöhnen
mußte deiner Handschrifft eben den Sinn zu geben
den die Worte von deinen Lippen haben.

Schreibe mir ia recht fleisig und viel.

Wir haben einen Improvisatore hier gehabt, den
ich nur kurz gehört habe, er macht seine Sachen recht
gut, ich hätte gewünscht ihn länger und in seinem
Glanze zu sehen.

Deinen Ring hatte ich in Gotha angesteckt, und
die Leute konnten glauben ich freute mich darüber
als Kleinod. Es war dein lieber Buchstabe meine
Lotte der meine Lust und mein Stolz war. Hier
muß ich ihn verborgen halten und mein alter ge-
wohnter Gefährte fehlt mir auch.

19*

Wenn ich dich in Kochberg dencke wie sehr wünsche
ich bey dir zu seyn! Wie sehr würde ich mich freuen
dich zu unterhalten und dir tausend Gedancken mit=
zutheilen.

Sehr wohl habe ich auf unsern letzten Spazier= 5
gängen gefühlt wie schlecht ich deine Abwesenheit
würde ertragen können. Schon heute hab ich Pro=
jeckte gemacht ob es nicht möglich sey dich auf einen
Tag zu besuchen. Dann habe ich mich gescholten daß
ich dich nicht beredet mit hierher zu gehn und finde 10
daß es so schön angegangen wäre, daß es so natür=
lich gewesen wäre.

Tausendmal Adieu. Ich bin mehr als iemals dein.

Fritz streift herum. Dieser Aufenthalt wird ihn
sehr bilden helfen, nochmals lebewohl, du weißt wie 15
ich nicht von dir kann. Mein Herz läßt keinen
Augenblick von dir. Adieu.

1943.
An v. Sömmerring.

Sie haben mir durch Übersendung des Elephanten=
Schädels ein großes Vergnügen gemacht. Er ist glück=
lich angelangt, und ich verwahre ihn in einem kleinen 20
Cabinete, wo ich ihm heimlich die Augenblicke widme,
die ich mir abbrechen kann, denn ich darf mir nicht
merken lassen, daß ein solches Ungeheuer sich in's
Haus geschlichen hat.

Mein Wunsch wäre nur ihn mit nach Weimar 25

nehmen zu können, von da Sie ihn längstens An=
fang September, wenn Sie ihn nicht eher brauchen,
zurück haben sollen. Ich mögte ihn gar gerne mit
einem großen Schädel, den wir besitzen, und mit
andern Thierschädeln vergleichen, besonders da meine
Hoffnung, die meisten Suturen und Harmonien un=
verwachsen zu finden, glücklich eingetroffen ist. Wie
sehr mich diese Wissenschaft, der ich im eigentlichen
Sinne nur Minuten widmen kann, anzieht, werden
Sie leicht fühlen, da Sie sich ihr ganz gewidmet
haben. Welch Vergnügen würde es mir sein, Ihnen
bald einmal von meinen kleinen Bemühungen Rechen=
schaft geben zu können.

· Zu Weimar haben wir einen Ballon auf Mont=
golfierische Art steigen lassen, 12 Fuß hoch und 20
im größten Durchschnitt. Es ist ein schöner Anblick,
nur hält sich der Körper nicht lange in der Luft,
weil wir nicht wagen wollen, ihm Feuer mitzugeben.
Das erstemal legte er eine Viertelstunde Wegs in un=
gefähr 4 Minuten zurück, das zweitemal blieb er
nicht so lange. Er wird ehstens hier steigen.

Auf den Schädel des Hippopotamus hatte ich gleich
nicht so sicher gerechnet als auf Ihre Gütigkeit. Viel=
leicht glückt es in der Folge. Durch wen könnte man
denn etwa dazu gelangen? Besonders da der Herr
Landgraf abwesend ist. Ich kenne die Verhältnisse
in Cassel wenig, und weiß nicht wer über Todte und
Lebendige gebietet.

Ich freue mich recht auf Merkten, wenn er von
Klein Lanckum zurückkommt, er wird sich so voll
pfropfen und es wacker wiederkäuen.

Ich komme noch einmal auf den Schädel zurück.
Die ossa unguis waren mir ein erwünschter Anblick. 5
Eh' ich von Weimar ging, zeichnete ich auf unsern
großen Schädel die Suturen wo ich sie muthmaßte,
um nachher zu sehen wo ich mich geirrt hätte. Von
den ossibus unguis fand ich keine Spur.

Wenn Sie zu irgend einer Druckschrift etwa ein 10
Präparat zu zeichnen oder zu stechen haben, so schicken
Sie es mir, ich habe einem jungen Menschen Anlei=
tung gegeben nach der Camperischen Manier zu arbei=
ten, er verspricht viel. Leben Sie recht wohl.

Eisenach   Ew. Wohlgeb.   15
den 9. Juni. 1784.   ergebenster Diener
                              Goethe.

1944.

An Charlotte v. Stein.

[Eisenach] Mittwoch d. 9ten Jun. 84.
                              Abends.

Werde es nur nicht müde zu hören daß mir deine 20
Abwesenheit unerträglich ist und daß ich den Tag
über tausend närrische Einfälle habe um dich zu sehen.

Heute habe ich bey den Felsen den ersten Besuch
abgelegt und bin davon wohl zufrieden, es werden

mir auf dieser Reise allerley Lichter aufgehen, man
muß nur suchen und immer wiederkommen.

Unsre Geschäffte gehn einen leidlichen Gang, nur
leider aus nichts wird nichts. Ich weis wohl was
man statt all des Rennens und Laufens und statt
der Propositionen und Resolutionen thun sollte.

Indessen begiest man einen Garten da man dem
Lande keinen Regen verschaffen kann.

Wie eingeschränckt ist der Mensch bald an Verstand,
bald an Krafft, bald an Gewalt, bald an Willen.

Die Stunden die dein gehören bring ich alleine
zu; so freundlich mir die Menschen sind kann ich doch
nichts mit ihnen verkehren. Ich binn nun eingewöhnt
und verwöhnt dir anzugehören und bin auf diesen
Punckt abgeschnitten, das heist nach Lavaters Termi=
nologie so gut wie wahnsinnig.

Heute habe ich ganz köstliche Weege durchwandelt
nicht ohne Beschwerde, und habe wie immer bey
iedem schönen Gegenstande dich mir herbey gewünscht.
Leider würdest du, wenn du auch hier wärest die
meisten nicht sehen können.

Durch den italiänischen Improvisator belebt hab
ich im Spazieren versucht auch aus dem Steegreise
Verse in deutscher Sprache hinzugiesen, es hat ungleich
mehr Schwierigkeiten, doch müsste es auch, mehr oder
weniger gehn, wenn man sich drauf legte.

Kannst du dir denn nichts ersinnen uns hier zu
besuchen.

d. 10. Jun. 84.

Heute habe ich einen angenehmen Tag zugebracht.
Die Herzoginn ist mit der Wedel allein nach Wilhelms=
thal ich bin zu Mittage hinausgeritten und komme
erst iezo halb eilfe zurück. Erst fand ich den Prinzen
von Barchfeld und dann waren wir allein. Sie war
anmutig und offen, und ich konnte mit ihr reden wie
ich mit dir rede, einige Punckte ausgenommen die
deine Regalien sind.

Unsre Geschäffte scheinen einen schnelleren Gang
zu gehen als wir hofften, doch will ich mich nicht zu
frühe erheben, ich habe es schon öffter erlebt daß sie
sich wieder in's weite lenckten. Fritsch will gerne
auf sein Gut und befördert also was er kann. Ich
mag mir gar nicht dencken wie glücklich ich wäre.
Gute Nacht.

d. 11. Jun.

Ich habe dir noch nicht gesagt daß die Bechtols=
heim, die so gesund aussah als sie uns das letztemal
verlies, sehr kranck niedergelegen. Sie bessert sich.
Es thut mir leid um sie daß sie die ganze schöne
Hofepoque auf dem Bette verpassen muß.

Man sagt mir ich könne in 31 Stunden in Franck=
furt seyn, und ich kann nicht den flüchtigsten Gedan=
cken haben dorthin zu gehn. So hast du meine Natur
an dich gezogen daß mir für meine übrigen Herzens=
pflichten keine Nerve übrig bleibt.

Mit der fahrenden sende ich dir allerley Sachen,

besonders einen Traum von Friz Stolberg in Hexa=
metern. Ein recht himmlisch Familienstück. Man
muß sie kennen, sie zusammen gesehen haben um es
recht zu geniesen.

Mein Himmel ist einsamer, du machst den ganzen
Kreis desselben aus.

Du glaubst nicht wie schreibfaul ich bin, an dich
allein mag ich schreiben wie ich allein mit dir reden
mag. Wenn ich mit andern selbst vernünftigen Men=
schen spreche, wie viel Mittel Töne fehlen die bey dir
alle anschlagen. Alles was die Menschen suchen habe
ich in dir.

Major Niebecker dessen du dich von Alters viel=
·leicht erinnerst, er wohnte hier, hatte drey Töchter die
sich durch Sonderbarkeiten auszeichneten, erbt einen
Verwandten in Paris, der ihm im gewissen dreymal=
hunderttausend Thaler hinterläßt, andre sprechen gar
von 2 Millionen Livres. Die Familie hatte wenig
Hoffnung zur Erbschaft dieses Mutterbruders, der
ihnen im Leben wenig Guts erzeigte, und von dem
man glaubte er habe von einer Maitresse Kinder die
er zulezt für die seinigen erklären und ihnen das
Vermögen zu wenden würde.

d. 12ten.

Heute haben wir eine mineralogische Spazierfahrt
gemacht und uns auf gut bergmännisch wacker erlustigt.
Der einfache Faden den ich mir gesponnen habe, führt
mich durch alle diese unterirdische Labyrinthe gar

ſchön durch), und giebt mir Überſicht ſelbſt in der
Verwirrung.

Ich möchte dich nur immer von meiner Liebe
unterhalten. Wie einſam ich bin läſſt ſich nicht mit
Worten ausdrucken. Ich ſehe niemand, und wenn ich
iemand ſehe iſt nur eine Geſtalt von mir in der
Geſellſchaſſt.

Ich ging in die Commödie nur um Menſchen zu
ſehen, und konnte zuletzt nicht mehr bleiben, das
Stück war unendlich, und mein Vorrath Communi=
kabilität alle aufgezehrt.

Stein ſagt mir er habe Briefe von dir, ich habe
noch keine heut, noch hoff ich immer darauf, es wäre
mir gar zu betrübt wenn ich leer ausgehn ſollte, und
du über deiner Wirthſchaſſt und Häuslichkeit mich
vergäſeſt.

Fritzen geht es ſehr wohl. Er iſt mit ſoviel neuen
Gegenſtänden umgeben mit denen er ſpielen kann,
mag und darf.

Lebe wohl meine Lotte, ich darf nicht weiter ſchrei=
ben, denn der Brief muß auf die Poſt. Lebe wohl,
Liebe mich, Sage mir's und mache mich in dir glück=
lich. Wie befindeſt du dich? Es fällt mir manch=
mal ein du könnteſt nicht wohl ſeyn. Adieu.

                                        G.

1945.

An Charlotte v. Stein.

[Eisenach] Sonntags d. 13. früh.

Auch mit der Post die Heute Nacht angekommen
habe ich nichts von meiner Lotte erhalten, so sehnlich
ich es gewünscht.

Hier schicke ich die versprochnen Sachen und einen
lustigen Brief von der Göchhausen dazu.

Behalte mich lieb.

Stein freut sich über deine Wirthschafftlichkeit und
ist gar gut gegen mich.

Die Frau von Lengefeld ist hier durch, ich habe
sie nicht gesehn.

Ich muß schliesen. Denn ein Bote nimmt dieses
Packet mit.

Adieu l. Lotte. schreibe mir doch bald schreibe mir
immer.

G.

1946.

An Charlotte v. Stein.

[Eisenach] Montags d. 14. Jun.

Ich fange wieder einen Brief an und was habe
ich dir zu sagen als daß es mir immer schmerzlicher
wird von dir entfernt zu seyn, daß ich vergebens
meinen Geist der sich an diese Richtung so sehr gewöhnt hat nur auf Augenblicke wegzuwenden suche.

Noch habe ich keine fröhliche Empfindung gehabt seit
ich hier bin und sie wird mir auch erst bey deinem
Anblick wieder werden du lieber Innbegriff meines
Schicksals.

Wenn ich mir auch vornehme dich nicht mit mei= 5
ner monotonen Leidenschafft zu unterhalten; so fliest
es mir widerwillen aus der Feder.

Abends.

Heute hat uns Frau v. Herda nach Creutzburg
auf die Saline beordert, wäre es schön Wetter gewesen 10
so hätten wir ihr dancken müssen, da aber starcker
Regen einfiel; so ward der guten Frau die beste Mühe
mit Undanck belohnt.

Gestern war der Herzog von Gotha und Prinz
August hier. Letzterer trug den Nahmen Charlotte 15
von den Haaren seiner Schwägerinn in einer Nadel
an der Krause, ich wollte du erlaubtest mir so auch
den deinen zu tragen noch lieber in einem Ringe.

Ich habe den Prinzen in der Antichambre so laut
lachen gemacht daß alles sich verwunderte. Es war 20
nicht so wohl ein bon mot, als es ward ein's und
es läßt sich nicht wieder erzählen. Mich freute es
herzlich ihn so lachen zu sehn. Da es mir beynahe
geht wie Carlin, der selbst traurig andern Freude
machte. 25

Ich werde hier nicht froh. Berge und Felsen,
Wälder und Wolcken vermögen nichts über mich da
du mir fehlst. Wie beneid ich dich daß du mich

so sehr, und so viel ruhiger und glücklicher lieben kannst.

An Wilhelm habe ich hier und da eingeschaltet und am Style gekünstelt daß er recht natürlich werde und habe nun den Schluß des Buchs recht gegen= wärtig. Wenn ich wieder zu dir komme wollen wir es schließen. Ich habe Liebe zu dem Wercklein weil ich dencke es macht dir Freude.

Nun gute Nacht. Fritz hat an meine Mutter geschrieben, und er räth mir gar sehr an sie zu be= suchen er kann nicht begreifen daß ich so viel zu thun habe.

den 15. Jun.

Es geht ein Husar nach Weimar dem ich dieses Blat mitgebe und darum nichts hinzufüge. Lebe wohl. Du hörst bald wieder von mir.

G.

1947.

An Charlotte v. Stein.

[Eisenach] d. 17. Juni 84.

Gestern den 16ten erhielt ich erst deinen liebsten Brief der bis zum 13ten geht. Du wirst nun gewiß auch Briefe von mir haben. Auf einem beyliegenden Zettelgen schreibe ich dir was ich abgeschickt habe.

Da ich die Memoires de Voltaire eben erhalte muß ich dir sie gleich schicken, und es verlangt mich nach schnellerer Nachricht von dir. Ich will einen

Boten abſenden damit ich gewiß weiß daß mein Packt
bald in deine Hände kommt.

Wie einſam ich bin werden dir meine Briefe
geſagt haben. Ich eſſe nicht bey Hofe, ſehe wenig
Menſchen, gehe allein ſpazieren und an iedem ſchönen ⁵
Plaz wünſche ich mit dir zu ſeyn. Ich kann mir
nun nicht helfen daß ich dich lieber habe als mir gut
iſt deſto beſſer wird mir ſeyn wenn ich dich wiederſehe.

Meine Nähe zu dir fühl ich immer, deine Gegen=
wart verläßt mich nie. Durch dich habe ich einen ¹⁰
Maaßſtab für alle Frauens ia für alle Menſchen,
durch deine Liebe einen Maaßſtab für alles Schickſal.
Nicht daß ſie mir die übrige Welt verdunckelt, ſie
macht mir vielmehr die übrige Welt recht klar, ich
ſehe recht deutlich wie die Menſchen ſind was ſie ¹⁵
ſinnen wünſchen, treiben und genieſen, ich gönne iedem
das ſeinige und freue mich heimlich in der Vergleichung,
einen ſo unzerſtörlichen Schatz zu beſitzen.

Dir geht es in der Wirthſchafft, wie mir manch=
mal in Geſchäfften, man ſieht nur die Sachen nicht ²⁰
weil man die Augen nicht hinwenden mag und ſobald
man die Verhältniſſe recht klar ſieht haben die Dinge
auch bald ein Intereſſe. Denn der Menſch mag immer
gerne mitwürcken, und der Gute gern ordnen, zurecht=
legen und die ſtille Herrſchafft des rechten befördern. ²⁵

Den Elephantenſchädel nehm ich mit nach Weimar.

Meine Felſen Spekulationen gehen ſehr gut. Ich
ſehe gar viel mehr als andre die mich manchmal be=

gleiten und auch auf diese Sachen aufmerckſam ſind,
weil ich einige Grundgeſeze der Bildung entdeckt habe,
die ich als ein Geheimniß behalte und deswegen die
Gegenſtände leichter beurtheilen kan.

5 An Wilhelm habe ich nicht weiter geſchrieben.
Manchmal geh ich das geſchriebne durch und arbeite
es aus, manchmal bereit ich das folgende. Wenn ich
wieder dicktiren kann ſoll dieſes Buch bald fertig ſeyn.

Unendlich werden dich die Memoires unterhalten.
10 Uns andern die zum Erbtheil keine politiſche Macht
erhalten haben, die nicht geſchaffen ſind um Reich=
thümer zu erwerben, iſt nichts willkommner als was
die Gewalt des Geiſtes ausbreitet und befeſtigt. Nun
ſchweig ich auch ganz ſtille von dem Büchlein um
15 zu hören was andre drüber ſagen.

Wenn du es geleſen ſchick es doch gleich an Her=
dern mit Bitte es noch geheim zu halten.

Friz iſt glücklich und gut. Er wird ohne es zu
mercken in die Welt hineingeführt und wird damit
20 bekannt ſeyn ohne es zu wiſſen. Er ſpielt noch mit
allem, geſtern ließ ich ihn Suppliquen leſen und ſie
mir referiren. Er wollte ſich zu Todte lachen, und
gar nicht glauben daß Menſchen ſo übel dran ſeyn
könnten wie es die bittenden vorſtellten.

25 Adieu du tauſendmal Geliebte.

1948.

An Charlotte v. Stein.

[Eisenach] Freytags d. 18ten Jun. 84.

Ich bin stille und ruhig in Hoffnung daß ich
Sonntags gewiß Nachricht von dir haben werde.
Mein glücklicher Abgesannter ist in dem Augenblicke
da ich dieses schreibe bey dir.   5

Unsre Angelegenheiten gehn noch leidlich und ich
könnte bald Hoffnung fassen zu entwischen. Lieber
will ich mich auf diesen Monat gar resigniren, denn
gegen das Ende giebts doch allerley das man nicht
mit Ungeduld und Übereilung thun muß.   10

Das Wetter das den Landwirthen angenehmer als
uns Spaziergängern ist hält uns zu Hause und ich
kan meinen Untersuchungen nicht folgen wie ich will.

Jedermann beruft mich über meine Einsamkeit,
sie ist iedermann ein Räzel und niemand weis mit   15
welcher köstlichen Unsichtbaren ich mich unterhalte.

Von der Niebeckerischen Erbschafft schrieb ich dir
neulich es ist gewiß daß sie 1 Million Livres beträgt.

Das Tableau de Paris hat mein Verlangen diese
Stadt zu sehen vermehrt und vermindert.   20

Sonnabends d. 19ten.

Mein Bote ist nun schon wieder von dir weg,
und wieder auf dem Weege zu mir. Mit welchem
Verlangen ich ihn erwarte!

Merck hat einen Brief an die Herzoginn Mutter
über Campern geschrieben davon ich dir einen Theil
durch Fritzen habe kopiren laßen.

Gestern Abend habe ich auf der Wartburg einer
Luft und Wolckenscene beygewohnt, wovon ich noch
keinen Begriff hatte daß so etwas möglich sey. Mit
Worten ist auch nicht der kleinste Theil davon zu be=
schreiben. Mein sehnlichster Wunsch wenn mir so etwas
guts begegnet ist nur daß du gegenwärtig seyn mögest.

Für heute nimm hiermit vorlieb. Ich wollte
diesen Posttag nicht vorüber gehen laßen.

Ich habe auch einen Brief von Merck früher als
der Herzoginn hier schick ich ihn dir.

Lebe wohl du beste. Ich lebe für dich und mein
beständiger fortdaurender Wunsch ist dir zu leben dir
Freude zu machen, dir zu nützen, dein zu seyn.

G.

1949.

An Charlotte v. Stein.

[Eisenach] d. 20ten Juni 84.

Wieder ein Tag den ich in deinem Nahmen an=
fange. Ich habe heute Briefe von Tiefurt und von
Herders erhalten, diese sind gar lieb und gut gegen
mich. Sie stehen mit deinem Bruder übel, ich sehne
mich auch um ihrentwillen sehr nach Hause.

In wenigen Stunden erwarte ich meinen Boten
zurück, wie wird mich eine Zeile von dir erfreuen!

Die Bechtolsheim ist wieder besser, und gleich
wieder so munter und genüglich wie du sie kennst.
Sie erzählt mir was die Leute von mir sagen. Frau
von Lichtenstein in Gotha hat ihr versichert: Qu'elle
m'avoit trouvé entierement changé, que ie n'etois pas 5
seulement presentable partout, mais meme aimable.

Es ist mir als wenn ich dir diese Anecdote schon
einmal geschrieben hätte. Ich dencke so viel an dich
und was ich dir schreiben will daß es in meinem
Gedächtniß zusammen fließt. Du siehst wenigstens 10
daraus wie angelegen mir ist dir zu sagen daß die
Menschen deine Wahl in ihrer Sprache nicht miß=
billigen. Ach ich weis von alle dem nichts, fühle
nichts als daß du mich liebst.

Mein Bote ist glücklich wieder zurück, und hat 15
mir so viel von dir mitgebracht! Wie erfreut bin
ich, wie sehr hast du mein Leben erneut.

Der Ring ist mir eine wahre Wohlthat und
accurat recht. Ich ließ mir viel erzählen wie er dich
getroffen hatte. Ich weis es hat dir eine rechte 20
Freude gemacht.

d. 21ten.

Mit wie viel Freude les ich deine Briefe wieder.
Schon gewöhne ich mich auch den geschriebnen Worten
deine Liebe anzusehn, verzeih mir wenn der Mangel 25
deiner Gegenwart mir selbst die geliebte Handschrifft
kalt machte.

Ich habe mit Bätty einen Spazierritt gemacht
und ein Cammergut besehen, nachher sind wir in der
Gegend umhergeritten, sie ist so reich und schön als
sich etwas dencken läßt.

Gerne wollt ich des Tags meine Schuldigkeit thun
und was mir auferlegt ist treiben wenn ich nur Abends
dich wieder erreichen könnte.

Es geht ein Husar nach Weimar der dieses Blat
mitnehmen soll. Es reut mich daß ich einige Stunden in der Commödie und nicht mit dir zugebracht
habe. Künftigen Winter wird das wieder unsre beste
Zeit seyn wenn die andern im Schauspiele sind und
wir für uns ein hergebrachtes liebes stilles Leben
führen.

Leider wird mir der Sommer nicht zur schönen
Jahrszeit da er mich gewöhnlich von dir entfernt.

Schreibe mir nur recht viel. Ohne dich ist mir
eine Lücke in meinen Tagen die ich noch nicht aus-
füllen lerne.

Lebe wohl du lieber Innbegriff aller meiner Freuden und Schmerzen, Lebe wohl.

G.

1950.

An J. G. und Caroline Herder.

Schon so lange ich hier bin gehe ich mit einem
Briefe an Euch um, nun kommt mir der Eurige zuvor. Tausend Danck.

20*

Mein Sutor wird Euch gegrüßt haben, heute er=
wart ich ihn zurück.

Hier bin ich abgeschnitten. Einen guten Nach=
mittag habe ich bey der Herzoginn in Wilhelmsthal
zugebracht, wo ich meist redete wie ich dachte, übrigens 5
bleibt alles eng und verschlossen.

Daß Menschen hier sich nähren und rühren ist
ein fröhliger Anblick, leider ist's auch nicht allge=
mein.

Sömmering hat mir den Elephanten Kopf, der 10
von der größten Merckwürdigkeit ist, hierhergeschickt,
ich bringe ihn mit nach Weimar. Für meine Unter=
suchung besonders ist er unschätzbar. Ich finde den
größten Theil dessen was ich gesucht habe daran,
und wie es zu gehn pflegt, mehr als ich gesucht 15
habe. Er hat mir auch Campers unedirte Tafeln
die einen solchen Schädel mit Muskeln vorstellen zu=
geschickt.

Auf den Felsen bin ich fleißig herumgestiegen, und
habe viel gefunden das mir taugt. Auch glaube ich 20
ein ganz einfach Principium entdeckt oder vielmehr
so angewendet zu haben daß es die Bildung der
größeren Steinmassen völlig erklärt.

Bey unsern Geschäften interessirt mich ein ein=
ziger Punckt und der ist abgethan. Übrigens ist da 25
keine Freude zu pflücken. Das arme Volck muß
immer den Sack tragen und es ist ziemlich einerley ob er
ihm auf der rechten oder lincken Seite zu schwer wird.

Friß Jakobi wird nicht kommen, er hat mir einen
Brief geschrieben woran ich sehe daß es ihm sehr übel
zu Muthe ist.

Erhaltet mir Eure Liebe denn ich bedarf ihrer,
5 Ich liebe Euch herzlich und freue mich aufs Wiedersehn. Ich gehe hier herum wie ein verlohren Schaaf
und finde nicht was meine Seele sucht.

Das fünfte Buch Wilhelm Meisters ruckt auch
sachte zu ich wünsche ihm wie den vorigen gute
10 Aufnahme.

Hamans Grus erwiedre ich danckbar, ich dachte
nicht daß er von mir wisse.

Frau v. Stein wird dir das Muster aller Schand-
schrifften, Voltaires Memoires die eigentlich nur sein
15 Verhältniß mit dem König in Preusen betreffen, zuschicken. Die Zeitungen sagen der alte Löwe gebe sich
alle Mühe das Wercklein in Paris unterdrucken zu
lassen, und das ist die schlimmste Partie die er er-
greifen kann.

20 Lebet wohl und liebet. [Eisenach] d. 20. Juni 1784.
G.

1951.

An Charlotte v. Stein.

[Eisenach] d. 23. Jun. 84.

Es ist noch immer im Alten und ich habe dir
nichts neues zu sagen, dieser Monat und die ersten

Tage des folgenden gehn noch vorüber eh ich dich
sehn werde. Ich warte wieder sehnlich auf Briefe
und freue mich iedes Tags der vorüber ist. Sonst
geht mir's wohl ich bin artig gegen die Menschen
und alles ist freundlich, mein Geist ist immer heim=
ich nach dir gerichtet.

Die Seckendorf und Carolingen sind hier, die letzte
geht mit der Gräfinn Backov wieder fort.

Habe ich dir schon gesagt daß Osann hier ist, daß
die Herzoginn sich besser befindet, und iedermann an
Hofe auch für seine eigne Person voll Trostes ist.
Mir ist es um deinetwillen ein Geschenck, da er nun
bey uns bleibt wird er dir von grosser Hülfe seyn.
Denn ich bin täglich mehr überzeugt der alte sah
zuletzt für lauter Wissenschafft gar nichts.

Je älter man wird desto mehr verschwindet das
einzelne, die Seele gewöhnt sich an Resultate und
verliert darüber das Detail aus den Augen. So
glaub ich auch der Alte sah zuletzt nur die Kranck=
heit, nicht den Krancken. Auch ist das Glück und
die Frauens für die Jugend, sie bedarf keiner Hülfe
und ist Hülfe reich.

Das böse Wetter hindert mich an meinen Felsen
Spekulationen, eh ich weg gehe will ich noch ein Paar
Tage dran wenden und die Gebürge durchstreichen.
Wenn ich mir nur ein Andencken für dich irgendwo
ausjinnen könnte. Ich hatte vor in irgend einen
Felsen einhauen zu lassen:

Was ich leugnend gestehe und offenbarend verberge
Ist mir das einzige Wohl, bleibt mir ein reichlicher
                                                    Schatz
Ich vertrau es dem Felsen damit der Einsame rathe
Was in der Einsamkeit mich was in der Welt mich
                                                    beglückt.

Eben da ich dieses schreibe kommt dein lieber Brief,
und ein Brief von meiner Mutter den ich dir mitschicke.

Wie dancke ich dir für deine Liebe meine beste und
daß du sie so ausdrücken magst. Wie eifrig hoffe ich
auf's wiedersehn.

                                          d. 24. Jun.

. Gestern war ich bey Streibers zu Tische und ganz
vergnügt. Du kannst meine treue Seele auch daran
erkennen daß ich auch meiner hiesigen Inklination
treu bin. Da Vicktorgen nicht koquett ist und doch
artig, unterhaltend und nicht zärtlich so erlaubst du
mir ja wohl daß ich ihr freundlich bin.

Ich sinne noch immer wie und wo ich die Inn=
schrifft anbringen soll. Hier ist noch eine die ich der
Herrmannsteiner Höhle zugedacht habe.

Felsen sollten nicht Felsen und Wüsten Wüsten
                                          nicht bleiben
Drum stieg Amor herab sich und es lebte die Welt.
Auch belebt er mir die Höle mit himmlischem Lichte
Zwar der Hoffnung nur doch ward die Hoffnung
                                          erfüllt.

Nur noch eh ich zu Bette gehe ein Wort für
tausend. Es wird mir so ein unüberwindlich Be=
dürfniß dich zu sehen daß mir wieder einmal für
meinen Kopf bange wird. Ich weiß nicht was aus
mir werden soll. Gute Nacht. Wie sehr fühle ich
die Glückseeligkeit des Schlafs.

d. 25ten.

Heute hab ich recht im Ernste überlegt ob ich nicht
auf einen Augenblick zu dir eilen soll. Es geht nicht
und geht nicht, ich muß meine Geduld zusammen
nehmen.

Ich schicke dir recht wunderbare Briefe die ich er=
halten habe die dich erfreuen werden, hebe mir sie
auf bis ich wieder zu dir komme. Heut Abend muß
ich zu Herda wie wohl wäre es mir wenn ich mich
ausziehen und zu Hause bleiben dürfte.

Merckens Glückseeligkeit freut mich herzlich. Ich
lebe nur in dir und bin glücklich daß ich dir alles
mittheilen kann.

Nachts.

Gute Nacht Liebste. Fritz tanzt im Hemde zu
Bette, ich habe ihn herzlich an mich gedrückt und
fühle daß ich nur gern um seinet und deinetwillen
lebe.

1952.

An Christian Bernhard v. Isenflamm.

Hochwohlgeborner

Insonders Hochgeehrtester Herr,

Ew. Hochwohlgeb. dancke gehorsamst für die gütige
übersendung der beyden Steine; sie sind über meine
5 Erwartung schön und wohlfeil. Das Geld werde ich
nächstens übermachen lassen.

Sie verzeihen, daß ich schon zum zweyten Male
beschwerlich geworden und mir einiges von Herrn
v. Born zu verschaffen gebeten, ich mache Gebrauch
10 von Ihrem gefälligen Anerbieten, und bin überzeugt,
daß ich mich an niemand besser wenden könnte.

Vielleicht führt der Zufall einmal Ew. Hoch=
wohlgeb. sonst etwas von ungrischen Erzstufen um
einen leidlichen Preis in die Hände und alsdann bitte
15 ich an mich zu dencken. Es ist eine Liebhaberey wozu
mich die Aufsicht über unsern neuen Bergbau in Il=
menau berechtigt und der ich, da sie so unschädlich
ist, gerne nachhänge.

Ich empfehle mich Ihnen bestens, und unterzeichne
20 mich mit vollkommenster Hochachtung

Eisenach)
d. 24. Jun. 1784.

Ew. Hochwohlgeb.
ganz gehorsamster Diener
Goethe.

1953.

An Kayser.

Ihre Briefe und Bemerckungen machen mir viel
Vergnügen und ich finde Ursache Sie zu beneiden daß
Sie das Land betreten und durchwandern das ich wie
ein sündiger Prophete nur in dämmernder Ferne vor
mir liegen sehe.					5

Da Sie die alte Musick suchen und nicht finden
geht es Ihnen recht als käme man die alten Helden
aufzusuchen und fände Pfaffen auf ihre Trümmer
genistet. Die Kunst ist wie die Geschichte ein Com=
plex davon wir den Effeckt auf einem kleinen Puncke		10
der Würcklichkeit vergebens suchen.

Ihre Briefe habe ich alle erhalten, den letzten von
Neapel. Fahren Sie fort mit ruhigem reinem Sinne
sich an allen Gegenständen Ihres Faches zu üben,
wie angenehm wäre es mir wenn Sie das Verlangen		15
mitzurückbrächten, ein Werck, es sey von welcher Art
es wolle zu unternehmen, wie gerne würde ich was
ich könnte dazu beytragen. Es wird sich davon reden
lassen und wenn ich gleich ietzt in unpoetischen Um=
ständen bin so wird doch dieser schlafende Genius		20
wieder zu wecken seyn.

Hierbey schicke ich Ihnen einen Wechsel auf Lyon.
Ich wünsche daß Sie ihn gesund erheben mögen.
Schreiben Sie mir von da wie es Ihnen weiter ge=

gangen ist. Leben Sie wohl und gedencken mein zur
guten Stunde.

Eisenach d. 24. Jun. 1784. G.

1954.

An J. C. Kestner.

Lange hätte ich Euch schon schreiben sollen, denn
ich habe Euch noch nicht für die gute Aufnahme
meiner Iphigenie gedanckt.

Besonders war mir sehr lieb daß Ihr ins Detail
gegangen seyd und mir gesagt habt was Euch daran
gefiel, denn ein allgemeines unbestimmtes Lob hat
wenig tröstliches und belehrendes.

Das Exemplar habe ich lange wieder erhalten, und
auch Euren Brief von Zelle.

Groote konnte Euch wenig von mir sagen ich habe
nichts gemeines mit ihm. Es ist ein töriger Mensch
der sich zu Grunde richtet.

Was Ihr mir von Euren Kindern schreibt höre
ich gern, glückseelig der dessen Welt innerhalb des
Hauses ist. Erkennts nur auch recht wie glücklich
Ihr seyd und wie wenig beneidenswerth glänzendere
Zustände sind.

Die Grafen Stollberg haben uns besucht, es war
eine sehr angenehme Erinnerung voriger Zeiten und
eine neue Befestigung der alten Freundschafft.

Wann werd ich Euch einmal wiedersehen!

Grüßet Lotten, und lebt wohl, gesund und vergnügt mit den Eurigen, laßt manchmal von Euch
hören und behaltet mich lieb.

Eisenach d. 24. Jun. 1784.　　　　　　　　　　G.

Grüßet mir Georgen noch besonders und schreibt 5
balde wieder.

1955.

An Charlotte v. Stein.

[Eisenach] d. 27. Jun. 1784.

Ja du wirst mich wiedersehen und balde, unsere
Bande lösen sich auf und sobald ich mich loswickeln
kann thu ich es gewiß. Leider hat mich das üble 10
Wetter verhindert die Gebürge so fleisig als ich gewünscht zu besuchen, ich habe nur im Fluge einiges
beobachten können, das wird mir vielleicht am Ende
einige schöne Tage wegnehmen wenn ich nachhohlen
will. 15

Ich dancke dir! oder vielmehr mein Danck ist über
allen Ausdruck für das neue Zeichen deiner Liebe.
Ich habe es zu deinen Haaren gethan und trage es
nun bey mir. Wenn ich mir das Glück bey dir zu
seyn recht lebhafft dencke; so wird mir die Ferne ganz 20
und gar unerträglich. Drum will ich dir lieber sagen
daß ich heute zwey Basaltselsen besucht habe. Daß
gestern die Buona figliuola gespielt worden, daß ich
mit viel Vergnügen mein Favorit Duett La baronessa

amabile gehört habe und der Hoffnung lebe es an
deiner Seite zu hören.

O Lotte wie ganz und wie gern bin ich dein.

Wedel geht nach Weimar und soll das Briefgen
5 mitnehmen, ich muß schliesen, von dir eilen, und
bleibe immer bey dir.

G.

1956.

An Kayser.

d. 24. Jun. ist ein Brief an Sie abgegangen in
dem ein Wechselbrief auf Lyon lag, wo . . . .
10 . . . . können. Sie werden ihn vor diesem
erhalten haben.

Daß Sie die muntre Oper lieben und sich nach
Arbeit sehnen freut mich beydes recht sehr.

Ich bin immer für die Opera buffa der Italiäner
15 und wünschte wohl einmal mit Ihnen ein Werckgen
dieser Art zu Stande zu bringen.

Sobald ich nach Hause komme werde ich Ihnen
meine Gedancken weitläufiger schreiben. Geben Sie mir
die Ihrigen dagegen. Ich habe seit letztem Winter
20 ein Duzzend der Besten Producktionen dieser Gattung,
von einer zwar mittelmäsigen Truppe gehört. Ich
habe mir mancherley dabey gedacht und recht gewünscht
daß Sie in dieses Fach einzugehen Lust und Muth
hätten. Leben Bewegung mit Empfindung gewürzt,
25 alle Arten Leidenschafften finden da ihren Schauplatz.

Besonders erfreut mich die Delikatesse und Grazie
womit der Componist gleichsam als ein himmlisches
Wesen über der irrdischen Natur des Dichters schwebt.

Leben Sie wohl. Ich kann nicht weiter fort=
fahren, doch will ich gern wenn Sie es hören mögen
meine Meynung auskramen und dagegen vernehmen
von welcher Seite Sie es gefaßt haben.

Leben Sie wohl und bringen von dieser schönen
Reise recht viel Nutzen und Freudigkeit zurück.

Eisenach d. 28. Jun. 84.   G.

1957.
An Charlotte v. Stein.

[Eisenach] d. 28. Jun. 84.

Nun wird es balde Zeit liebe Lotte daß ich wieder
in deine Nähe komme denn mein Wesen hält nicht
mehr zusammen, ich fühle recht deutlich daß ich nicht
ohne dich bestehen kann. Der Ausschußtags Abschied
ist signirt nun kan es nicht lange mehr währen ich
rechne noch eine Woche, dann werde ich loskommen
können. Das Wetter ist höchst elend man kann nicht
vor's Thor, und was innerhalb der Mauern von
Schönheiten und Artigkeiten lebt, hat allenfalls nur
einen augenblicklichen Reitz für mich und kann kaum
das Regenwetter balanciren geschweige einen so wesent=
lichen Mangel als der ist den ich von Morgen bis
zu Abend empfinde.

Ja liebe Lotte iezt wird es mir erst deutlich wie
du meine eigne Hälfte bist und bleibst. Ich bin kein
einzelnes kein selbstständiges Wesen. Alle meine
Schwächen habe ich an dich angelehnt, meine weichen
Seiten durch dich beschützt, meine Lücken durch dich
ausgefüllt. Wenn ich nun entfernt von dir bin so
wird mein Zustand höchst seltsam. Auf einer Seite
bin ich gewaffnet und gestählt, auf der andern wie
ein rohes Ey, weil ich da versäumt habe mich zu Har=
nischen wo du mir Schild und Schirm bist. Wie
freue ich mich dir ganz anzugehören. Und dich näch=
stens wieder zu sehen.

Alles lieb' ich an dir und alles macht mich dich
mehr lieben.

Der Eifer wie du in Kochberg deine Haushaltung
angreiffst von dem mir Stein mit Vergnügen erzählt,
vermehrt meine Neigung zu dir, läßt mich deine inner=
lich thätige und köstliche Seele sehn. Lotte bleibe mir
und was dich auch interessiren mag, liebe mich über
alles.

d. 1. Jul.

Der verlohrne Monat ist nun herum und der
neue läßt mir Hoffnung dich balde zu sehen.

Fritz sagt mir er habe eine solche Sehnsucht nach
Weimar daß es ihn in den Knieen ziehe, ich habe mit
ihm drüber gescherzt, ihn ausgelacht und heimlich noch
gröſere Sehnsucht empfunden.

Heute erhalten die Stände den Abschied und ich

will eilen was ich kann um was noch nöthig ist zu
besorgen, damit ich bald fortkomme.

Der Schmäuse drängt einer den andern, und man
kann nicht alle ausweichen, ich finde es eine böse
Art. Adieu L. Lotte ich habe viel zu thun, und 5
bin ganz dein.

G.

1958.

An Charlotte v. Stein.

[Eisenach] d. 4. Jul. 84.

Schon vier Tage war ich genötigt meist Mittag
und Nachts zu Tische zu seyn ein verdorbner Magen, 10
und weniger heitre Sinne sind alles was ich davon
habe, es geht zum Ende und ich will herzlich froh
seyn wenn noch einige Sachen abgethan sind daß ich
in die Gebürge gehn und alsdenn zu dir eilen kann.

Dein Nahme deine Briefe, iede Erinnerung lockt 15
mich zu dir. Ich habe wenig gesellschafftlichen Sinn
und du hast mich noch über dies von allem abgezogen,
und wenn ich mit Frauens bin leb ich immer in
Vergleichung. Jedes kleine Intresse wird verschlungen
sobald ich meine Augen nach dir wende. 20

Abends.

Meine Feder versagt mir dir zu schreiben daß
Fsann so kranck ist, ich habe dirs in keinem Briefe
sagen können du wirst es wissen. Ich kan in kein

Detail gehn. Heute Abend sieht es mißlicher aus als
iemals. Es ist eine Verknüpfung von Umständen die
fataler ist als ich einen Fall kenne.

d. 7. Jul.

Osann ist todt, du kannst dencken wie lahm uns
dieser Fall macht. Die glücklichen Veränderungen
seines Zustandes folgten zu schnell auf einander, sie
haben ihn erdrückt. Seine übermäsige Praxis in
Göttingen, seine Heurath, sein Ruf in unsre Dienste,
sein Abschied von seinen Krancken, seine schnelle Forderung hierher! Er brachte eine kranke Anlage mit,
genierte sich hier so lang es möglich war, wollte es
zwingen und unternahm eine heftige Cur, das Hofleben, Hofessen hat ihm völlig den Garaus gemacht
und so sind die Blüten unserer heilsamen Hoffnungen
gepflückt und der alte verwaiste dürre Stock steht noch.
Der arme Alte iammert mich. Wie sehr es mich
auch um deintwillen schmerzt, er wollte noch an dich
schreiben. Wir haben alle für uns und die unsrigen
verlohren, die Herzoginn am meisten.

Ich erhalte deinen letzten Brief, er macht mich
betrübt. Glaubst du daß meine Sehnsucht nach dir
in der Ferne sich verlieren oder vermindern könnte.
Wo ist irgend etwas zu finden, das deiner Liebe gleicht.

Die Artigkeit, Anmuth, Gefälligkeit der Frauen
die ich hier sehe, selbst ihre anscheinende Neigungen,
sie tragen alle die Zeichen der Vergänglichkeit an der

Stirne, nur du bist auf der beweglichen Erde blei=
bend und ich bleibe dir.

Wenn du diesen Brief erhältst; so schicke keine
mehr an mich ab, allenfalls nur nach Weimar. Ich
habe grose Lust gleich von Erfurt reitend zu dir zu
kommen. weis aber noch nicht wie es am besten seyn
wird.

Auch in der Art wie du die Kochberger Wirth=
schafft angreiffst lieb ich dich aufs neue. Was kannst
du thun worinne nicht dein köstliches Wesen erscheine.

Der Geh. Leg. Rath Schmidt hat eine Stimme
im geheimen Conseil bekommen wodurch ich auch sehr
erleichtert werde, indessen ist das Leben für den der
etwas vernünftiges und planmäsiges drinne sucht
immer eine wunderliche Aufgabe.

Ich wünsche dir herzlich wohl zu leben. Erfreue
mich des Wiedersehns, und wenn ich gleich diesen
Sommer noch viel schwärmen muß; so wird uns doch
der Winter wieder zusammenbringen und uns gute
Tage bereiten.

Lebe wohl ich rede manchmal mit Stein von seiner
Wirthschafft, und bin neugierig zu hören was du mir
erzählen wirst.

Fritz ist sehr vergnügt sein Vater hat ihm wieder
einmal die Haare abschneiden lassen das ihm ein albern
Ansehen giebt.

Lebe wohl, balde balde erscheint mir der glückliche
Tag da ich dich wiedersehe.

Man hält mich hier und wird mich nicht halten.

Noch einmal Adieu, wie freu ich mich daß ich so bin daß du mich lieben kannst.

G.

1959.

An Charlotte v. Stein.

[Eisenach] d. 9. Jul.

Ich schreibe dir noch einmal durch unsre abgehende Canzleyleute denen ich nun bald nachfolge. Morgen geh ich in die Berge und nehme Fritzen mit wo ich dein mit aller Herzlichkeit gedencken werde.

Heute sind erst meine Geschäffte alle geworden, es war gut daß ich mich in Gedult gefasst hatte.

Nach und nach fängt sich unser hiesiger Aufenthalt an in gesellschafftliche Zerstreuung aufzulösen. Die Frauens die, wie billig, zuerst, ich darf wohl sagen sammt und sonders, es auf den Herzog angelegt hatten, nehmen nun nach und nach mit einem von der Suite vorlieb und befinden sich dabey nicht schlimmer.

Wie sehn ich mich nach dem Augenblicke dich wieder zu sehn! welche Freude sind mir deine Briefe! Jedes Zeichen, iedes Wort deines Liebevollen Herzens.

Man thut mir sehr artig, man gefällt sich sogar mich zu lieben, nur schade daß ich dieses Glücks sehr unvollkommen geniesen kann. Alle Versuche und Proben laufen dahinaus daß ich nur für dich bin,

21*

und daß wer dich kennt, wer dein gehört hat, keiner andern auch nicht auf eine Zeitlang angehören kann.

Die Berge und Felsen geben mir eine anmutige Aussicht, zwar glaub ich nicht daß ich sie in diesem Sommerfeldzug ganz überwinden werde, doch tief komm ich ihnen ins Eingeweide.

Einige stille Augenblicke habe ich angewendet im Rousseau zu lesen, der mir durch einen Zufall in die Hände kam. Wie wunderbar ist es und angenehm die Seele eines Abgeschiednen und seine innerlichsten Herzlichkeiten offen auf diesem oder jenem Tische liegen zu finden.

Im dritten Theile des Pontius Pilatus stehen ganz treffliche Sachen. Es ist weit weniger Capuzinade als in den ersten, man sieht wie Lavatern die Menschheit nach und nach immer offenbarer wird. Daß er von den albernsten Mährgen mit Anbetung spricht, daß er sich mit veralteten barbarischen Terminologien herumschlägt und sie in und mit dem Menschenverstande verkörpern will gehört so nothwendig zu seinem eignen als zu des Buches daseyn. Es wird dich gewiß vergnügen und auferbauen es durchzugehn.

Vor einigen Tagen las ich wie Voltaire iene Schrifften behandelt und nun Lavater. Das Buch bleibt was es ist und wird nicht dazu wozu es dieser oder iener machen möchte. Die arme beschränkte Gewalt der kräfftigsten Menschen mögte gern Himmel und Erde nach ihren Lieblings Ideen umschaffen, und Herr über unbezwingbare Wesen werden.

Noch eine Anecdote. Die Italiäner haben auf den König in Schweden der keine königliche Trinck=
gelder ausgetheilt haben mag, das ich ihm sehr ver= zeihe das Versgen gemacht

Tutto vede il Conte Haga

Poco intende e nulla paga.

Der Prinz Heinrich war sehr gnädig hier. Ich habe einige Beyträge zu meinem 5ten Teil im Fluge geschossen, davon mündlich ein mehreres.

Lebe wohl. Vielleicht erhälst du nun keinen Brief weiter, und ich werde zu dir wahrscheinlich gleich von Erfurt aus ohne Fritzen kommen. Er hat eine un= sägliche Freude daß er morgen mit ins Gebürge reiten darf. Adieu. Adieu.

G.

1960.

An Charlotte v. Stein.

d. 21. Jul. 84.

Zur guten Nacht eines sehr unruhigen Tages. Von allen Seiten seh ich mich von Papieren belagert, die erst nach und nach zu überwinden sind. Ich mußte Besuche machen und mich nur erst wieder finden. O wärst du nur hier, daß mir irgend etwas erquickliches begegnete. Knebel wird heut Nacht zum erstenmale bey mir schlafen, sein Umgang ist gar an=

genehm, wenn ich dir ihn schicke vergiß nicht deines
Freundes, deines Geliebten der sich dir auf ewig über=
geben hat. Warum konnt ich dir beym Abschiede
nicht ausdrucken mit welchem Herzen ich ging. Liebe
Lotte behalte mich immer so gern als ich dein bin. 5

Ich muß den Brief schliesen Schicke dir allerley
und bitte dich mein zu gedencken.

Grüse die Kleine und Fritzen.

G.

1961.
An Charlotte v. Stein.

[23. Juli.]

Ich widme dir die letzte Stunde des Tags, dir 10
der mein ganzes Leben gehört. Morgen geh ich nach
Jena von da komme ich schwerlich zu dir denn ich
gehe noch nicht auf Ilmenau.

Sehr verlangt mich von der Kleinen und was sie
dir vertraut zu hören. Nimm dich vor ihr in Acht 15
laß sie ia keinen meiner Briefe sehen, sie ist im Falle
alles zu mißbrauchen. Verschliese sorgfältig meine
Blätter ich bin aus mehr als Einer Ursache sorgsam.

Es ist wunderbar daß die meisten Menschen nicht
biß auf einen gewissen Grad klug werden können 20
ohne daß sich eine Art Verkehrtheit bey ihnen ein=
schleicht. Wie verlangt mich mit dir zu reden.

Ich habe fast mit deinem Bruder heute über zwey
Stunden gesprochen, er hat Schritte gethan die seine
Sache schwerlich verbessern. Laß dich nichts mercken. 25

Der Herzog geht nach Braunschweig. Er hat mich
schon zu Eisenach zu dieser Reise eingeladen, ich lies
es so hingehn, nun besteht er drauf und ich werde
wohl mit müssen. Wenn ich dich nicht verliese wäre
es mir ein doppelt angenehmer Weeg und Aufenthalt.
Ich bringe dir viel mit zurück. Du gewinnst auch
auf den Winter wenn dein Geliebter mit neu aus-
staffiertem Kopfe und altem beständigen Herzen zu-
rückkehrt.

                                              d. 24.

Ich lasse dir dieses Blat zurück da ich nach Jena
gehe, es wird sich eine Gelegenheit finden. Lebe wohl.
Liebe mich wie ich dein bin.

                                              G.

Übersieh nicht in der Zeitung die Stelle von der
Hästings.

1962.
An Charlotte v. Stein.

                                        [31. Juli.]

Ich kann dir nur sagen: komme! komme bald.
Noch zu guter letzte werde ich recht herum getrieben.
Ich war mit dem Fürst von Dessau in Auerstät heute
Nacht. Morgen geh ich nach Jena. Montag Abends
bin ich wieder hier. O daß ich dich fände. Der
Herzog will Donnerstags oder Freytags nach Braun-
schweig.

Lebe wohl. Ich gehöre dir. Komm balde wenns
möglich ist.

Sonnabends.

1963.

An Charlotte v. Stein.

Wie anders ich aufstehe da du wieder in der Nähe
bist, da ich Hoffnung habe dich balde zu sehen, kann
ich dir mit keinen Worten ausdrücken. Ach daß ich
dieses Glückes so kurz genießen soll.

Ich frage an ob du bey mir essen willst. Es ist
conseil und wird wohl lange werden, doch soll mir
es große Freude seyn wenn du dein Mittagmahl bey
mir nehmen willst. Leb' wohl süßeste.

d. 3. Aug. 84.   G.

1964.

An v. Sömmerring.

Daß ich Ew. Wohlgeb. so lange nicht geantwor=
tet, daran sind die überhäuften Geschäfte Schuld, in
die ich, nach meiner Rückkunft von Eisenach, versenkt
gewesen. In einigen Tagen werde ich mit Durchl.
dem Herzoge nach Braunschweig verreisen, und will
vorher nur noch mit wenigem mich bei Ihnen in
Erinnerung bringen.

Die Camperischen Tafeln haben mir viel Ver=
gnügen gemacht, und haben mir gedient, den Elephan=
tenschädel bei dem Abzeichnen, besonders im Profil

recht zu richten. Doch muß ich sagen, daß der Schä=
del (ich meine, der ganz von allen Muskeln und
Fleisch entblößt ist), wie ihn Camper gezeichnet, wenig
instructives hat; denn man bleibt über die Suturen,
welche doch die Grenzen der Knochen bestimmen, in
völliger Ungewißheit, und also kann man sich auch
keine richtige Idee von dem einzelnen Knochen machen.
Da seine Hauptabsicht die Muskeln und einige Ner=
ven gewesen, so brauchte er freilich in dem Knochen=
bau nicht ganz ausführlich zu sein. Der größte
Elephantenkopf, den das Museum zu Jena besitzt,
ist nun schon von zwei Seiten gezeichnet, der Ihrige
ist nun auch gehörig aufgestellt, und wir haben das
abgesägte obere Stück so gut als möglich gewesen
wieder darauf befestigt. Der junge Künstler, von dem
ich Ihnen geschrieben, ist nun drüber und wird ihn
in meiner Abwesenheit von vorne und von der Seite
zeichnen. Ich hoffe, daß ich ihn noch einige Zeit
behalten darf, um nichts zu übereilen und nach mei=
ner Rückkunft die Vergleichung der beiden Schädel
mit Muse anstellen zu können. Von den Suturen,
die am äußerlichen Schädel erscheinen, fehlen mir nur
noch wenige, die übrigen habe ich schon ausgekund=
schaftet. Wenn ich ihn, von so viel Seiten als nöthig
sein will, gezeichnet besitzen werde, wird es alsdann
darauf ankommen, welche zu Ihrer Absicht am meisten
taugt. Gegenwärtig lasse ich ihn zu einem Viertel
verkleinert zeichnen, eine Größe, in welcher sich noch

alles recht deutlich erkennen läßt. Die Zeichnungen
werden nach der Camperischen Methode gemacht, deren
Vortheile in wissenschaftlichen Nachbildungen ganz
besonders sind, wenn man sich nur erst darin zu
schicken weiß.   5

Soll ich von denen mir mitgetheilten Sachen einen
öffentlichen Gebrauch machen, so werde ich es gewiß
auf die Weise thun, welche Sie wünschen und ich für
gerecht und billig halte. Wollten Sie mir ein Ver=
zeichniß der Schädel schicken, die Sie mir zum Ver=   10
gleichen könnten zukommen lassen, so geschähe mir ein
großer Gefallen. Ich habe selbst schon eine ganz
hübsche Sammlung woran denn doch noch freilich
manches abgeht. An dem Schädel einer Myrmeko=
phaga, Manis, eines Dasypus wäre mir viel gelegen.   15
Den letzten habe ich besessen, er ist mir aber verlegt
worden, und ich weiß nicht wohin er gekommen.
Merck muß nun wohl wieder zu Hause sein. Ich
habe zwei Briefe von ihm, die er unterwegs geschrie=
ben hat und die voll von Verehrung gegen Campern   20
sind. Er hat nicht Worte genug sein Entzücken über
diesen vortrefflichen Mann auszusprechen. Leben Sie
wohl, behalten mich in gutem Andenken und geben
mir ja Nachricht, wenn eine Veränderung mit Ihrem
Schicksale vorgehen sollte.   25

. Weimar den 5. Aug. 1784.

                                                        Goethe.

1965.
An Charlotte v. Stein.

Die sehr unterhaltenden physikalischen Experimente
haben mich gestern Abend recht geängstigt, weil ich
mein Wort nicht halten und zur rechten Zeit bey
meiner besten seyn konnte. Ich Zähle drauf daß
du heute mit mir essen und diesen Nachmittag bey
mir bleiben wirst. Gegen Abend lad ich Herders ein
damit wir noch zusammen leben. Adieu beste. Nur
deine Stimme zu hören war mir schon Freude. Lebe
wohl.

d. 6. Aug. 1784.   G.

1966.
An Merck.

Ich habe nur Zeit dir wenig Worte zu schreiben
denn kaum habe ich mich aus den Resten in die ich
durch die Eisenacher Reise gefallen war, herausge=
arbeitet, als wieder eine Reise nach Braunschweig vor
ist welche den 8ten angetreten werden soll. Deine
Briefe habe ich erhalten, sie haben mir recht viel
Freude gemacht und in mir den sehnlichen Wunsch
erregt den vortrefflichen Mann kennen zu lernen.
Sömmering hat mir schon einen Auszug aus einem
Camperischen Briefe geschikt, wo er von eurer Ent=
dekung über Elephantenzähne spricht. Ich habe nichts
dagegen einzuwenden, vielmehr stimmt sie mit dem

was ich bißher beobachten können vollkommen über=
ein. Eine Erinnerung die ich dabey zu machen habe
würde mich iezt zu weit führen da ich alle Urſache
habe mich kurz zu faſſen. Schike mir den Schädel dei=
ner Myrmecophaga ſo bald als möglich, du erzeigſt
mir dadurch einen auſerordentlichen Gefallen. Ich
brauche ihn zu meiner Inauguraldiſputation durch
welche ich mich bey eurem docto corpore zu legiti=
miren geſonnen bin. Das eigentliche Thema halte
ich noch geheim um euch eine angenehme Überraſchung
vorzubereiten. Ich komme nunmehr wieder auf den
Harz und werde meine Mineralogiſche und Cryktolo=
giſche Beobachtungen in denen ich bißher unermüdet
fortgefahren immer weiter treiben. Ich fange an
auf Reſultate zu kommen, die ich auch biß iezt noch
für mich behalte, damit ſie mir nicht weggeſchnapt
werden.

Du aber eröfne nun deinen Mund und laſſ bald
von dir vernehmen was dir auf der Reiſe Gutes be=
gegnet iſt und theile deinem Freunde der ſich indeſſen
zu Hauſſe hat platken müſſen auch etwas davon mit.
Ich will auch dagegen in Braunſchweig dem unge=
bohrnen Elephanten in das Maul ſehen und mit
Zimmermannen ein wakeres Geſpräch führen. Ich
wollte wir hätten den Fötus den ſie in Braun=
ſchweig haben in unſerm Kabinette, er ſollte in
kurzer Zeit, ſezirt, ſkeletirt und preparirt ſeyn. Ich
weiß nicht wozu ein ſolches Monſtrum in Spiritus

taugt wenn man es nicht zergliedert und den innern
Bau aufklärt. Lebe wohl und schreibe mir daß ich
deinen Brief bey meiner Rükkunft die etwa in drey
Wochen seyn wird gewiß finde.

5 Weimar d. 6. Aug. 1784. G.

Auch laß mich die Myrmekophaga finden.

Ich war auch auf dem Inselsberg eine Tour die
mir vieles aufgeklärt hat.

1967.

An J. G. und Caroline Herder.

Dingelstädt Sonntag d. 8. Aug. 84
10 Abends halb 10 Uhr.

Zwischen Mühlhausen und hier brach uns heute
die Axe des schweerbepackten Wagens, da wir hier
liegen bleiben mußten machte ich gleich einen Versuch
wie es mit ienem versprochnen Gedichte gehn mögte,
15 was ich hier schicke ist zum Eingang bestimmt, statt
der hergebrachten Anrufung und was dazu gehört.

Es ist noch nicht alles wie es seyn soll ich hatte
kaum Zeit die Verse abzuschreiben. Lebet wohl ge=
denckt mein wie ich eurer gedencke und schickt die Verse
20 mit diesem Brief an Frau v. Stein aufs baldigste.
Lebet wohl. Um 1 Uhr gehts weiter nach Duderstadt.

G.

1968.

An Charlotte v. Stein.

Anstatt dir so offt zu wiederhohlen daß ich dich
liebe schicke ich dir durch Herders etwas das ich heute
für euch gearbeitet habe. Zwischen Mühlhausen und
hier ist uns eine Axe gebrochen und wir haben müssen
liegen bleiben. Um mich zu beschäfftigen und meine
unruhigen Gedancken von dir abzuwenden habe ich
den Anfang des versprochnen Gedichtes gemacht, ich
schicke es an Herders von denen erhälst du es. lebe
wohl ich werde nur einige Stunden schlafen können.
Alles schläft schon um mich. Adieu. Dingelstädt
d. 8. Aug. 1784 Abends 10 Uhr.

G.

1969.

An Charlotte v. Stein.

Zellerfeld d. 11. Aug. 84.

Wäre ich weiter von dir, nur auf einer sicherern
Postroute, entfernt, so hätte ich Hoffnung daß dieser
Brief schneller als ietzo geschehen wird zu dir kommen
könnte. Wir sind hier glücklich angelangt und haben
das schönste Wetter, besteigen die Berge und sehen
uns in der weiten Welt um, du hast außer den
Steinen keine Nebenbuhlerinn und ich wünschte dich
zu denen schönen Tagen hierher.

Du hast nun ich hoffe den Anfang des Gedichtes

den ich dir durch Herders schickte, du wirst dir
daraus nehmen was für dich ist, es war mir gar
angenehm dir auf diese Weise zu sagen wie lieb ich
dich habe.

d. 13ten früh.

Gestern sind wir von Morgens fünfe in Bewegung
gewesen und haben noch Abends mit einem Soupee
beym Berghauptmann v. Reden geendigt ich schreibe
dir dieses unterm Frisiren, denn heute giebts wieder
Bewegung genug. Es wird in die Gruben eingefah-
ren ein beschwerlicher Weeg der mir sehr lehrreich
seyn wird. Auf Höhen und in Tiefen schicke ich dir
meine Gedancken zu und freue mich die Berge wieder
zu sehen die ich schon vor Jahren mit Sehnsucht zu
dir im Herzen bestiegen habe. Meine Gedancken gehen
immer darauf dir was ich gesehen zu erzählen oder
dir etwas zu dichten das dich erfreuen könnte. Ich
dencke fleißig an den Plan des Gedichtes und habe
ihn schon um vieles reiner, wenn uns Regenwetter
oder sonst ein Unfall begegnet, so fahre ich gewiß
weiter fort. Ich kann dir versichern daß außer dir
Herders und Knebeln ich ietzt gar kein Publikum habe.
Krause zeichnet ganz fürtrefflich und ich bin recht
glücklich daß ich dir die schönen Gegenstände so schön
gezeichnet mitbringen kann, mit meinen Spekulationen
gehts immer vorwärts und ich komme gewiß und
balde auf den rechten Punckt. Das Wetter ist ganz
köstlich, und es fehlt mir nichts als Briefe von dir.

Mögtest du diesem Blat recht anfühlen wie lieb du
mir bist und wie meine einzige Ausficht ich mag eine
Höhe ersteigen welche ich will, dein süser Umgang
bleibt.

d. 13. Nachts.

Heute Abend hoffte ich mich recht mit dir zu
unterhalten ich hoffte um 3 Uhr zu Hause zu seyn,
und verschiednes zu arbeiten. Jezt ists eilfe und ich
kann dir nur eine gute Nacht sagen. Gute Nacht
Lotte erinnre dich wie offt ich dir eine herzliche gute
Nacht geboten habe.

d. 14. früh.

Ich muß dir wieder unter dem Frisiren schreiben
und es wird wohl ziemlich das lezte seyn. Heute
geht es nach einem hohen Berge wo eine schöne Klippe
zu sehn ist und morgen nach Goslar hinunter.

Es ist hier so viel interessantes daß ich wohl eine
Zeit hier bleiben und mich unterrichten mögte, mein
Lottgen müßte aber auch in Zellerfeld wohnen daß
ich sie Abends fände wenn ich müde nach Hause käme.

In meinen Spekulationen bin ich auch glücklich,
ich finde überall was ich suche und hoffe den Ariad=
neischen Faden balde zu besizen mit dem man sich
aus diesen anscheinenden Verworrenheiten herauswin=
den kann.

Abends.

Nur noch eine gute Nacht! Liebste Lotte. Morgen
früh gehts zeitig von hier ab nach Goslar. Krause

hat heute wieder sehr schön gezeichnet und wenn ich
die Gegenstände die wir sehen auf seinem Papiere
wachsen sehe freu ich mich nur immer daß ich dir sie
werde zeigen daß ich dir ein Theil an unsern schönen
5 Stunden geben kann.

Ich habe keine Sorge als dich zu verlieren, und
wenn ich dencke daß du mir bleibst, scheint mir alles in
der Welt auszuhalten, habe ich auch Muth zu allem.

An dem Gedichte habe ich hin und her gesonnen,
10 geschrieben nichts wieder.

Die Operette ist auch bald fertig, daran mache
ich eine Arie oder ein Stück Dialog wenn ich sonst
gar zu nichts tauge.

Adieu liebste Lotte nun fangen mir an deine
15 Briefe zu fehlen, vielleicht finde ich etwas in Braun=
schweig.

Du erhälst von daher auch bald Briefe von
mir. Lebe wohl, liebe mich.

G.

1970.
An Charlotte v. Stein.

[Brunswic, ce 18. d'Août.]

20 Voiant ces caracteres barbares etrangers a mon
coeur ce fut un tout nouveau sentiment pour moi,
ces Vous me faisoit trembler et ie tournai vite la
feuille pour Voir s'il ny avoit pas un mot de la
langue cherie qui m'est devenue tous les jours plus

chere par les expressions du veritable sentiment
d'ont tu l'enrichis. O ma chere il m'est presque
impossible de poursuivre ce jeu, ma plume n'obeit
qu'a regret, et ce n'est qu'avec peine que je traduis,
que je travestis les sentiments originaux de mon　5
coeur. Je ne sens mon existence que par toi, tu
m'as appris a aimer moimeme, tu m'as donné une
patrie, une langue, un stile, et je finirois par t'ecrire
des phrases. Mon amie cela ne se peut pas. Cependant
ic poursuivrai car si jamais ie pourrai apprendre　10
cette langue que tout le monde croit scavoir ce sera
par toi et ie serai bien aise de te devoir aussi ce
talent comme ie te dois tant de choses qui valent
beaucoup mieux.

Apres avoir gravi les montagnes nous voila des-　15
cendus sur le parquet de la cour. Je m'y trouve
tres bien, je m'amuse meme parceque j'y existe sans
pretentions sans desirs et parceque tant de nouveaux
objets me font faire mille reflexions.

De son coté notre bon Duc s'ennuie terriblement,　20
il cherche un interet, il n'y voudroit pas etre pour
rien, la marche tres bien mesurée de tout ce qu'on
fait ici le gene, il faut qu'il renonce a sa chere pipe
et une fee ne pourroit lui rendre un service plus
agreable qu'en changeant ce palais dans une cabanne　25
de charbonnier.

En verité je le plains. Dans la foule des courtisans et des etrangers nous autres nous trouvons

toujours quelqun avec qui parler de choses interessantes, pour lui il faut qu'il soit toujours avec
les Altesses royales qui lui font des demandes aux
qu'elles il ne sait que repondre il s'en tire tant bien
5 que mal, il se boutonne et finit par etre mal a son
aise. De l'autre coté le Duc de Brunswic se communique tres peu il a les meilleures façons du monde
mais aussi ce ne sont que des façons, et je suis
tres curieux comme cela finira.

10 Que je suis heureux ma chere Lotte de voir
toutes ces choses avec l'idee de pouvoir te raconter
tout a mon retour, qu'il est aisé de vivre dans le
monde quand on ne pretend rien.

Adieu pour cette fois. Nous avons vu un Opera,
15 la Cour rassemblee, et nous aurons aujourdhui redoute. Adieu jusqu'a demain.

ce 19. [et 20.] d'Aout.

Je suis resté longtemps a la redoute, sans danser
plus que deux contredanses avec les Dames d'honneur
20 le reste du tems s'est ecoulé a causer et a dire des
riens sur rien. La decoration de la salle etoit asses
brillante c'etoit la vielle salle d'opera bien eclairee.
On voit partout que le Duc est un homme sage qui
scait profiter de tout, meme des folies de ses ancetres
25 ce qui n'est pas toujours bien faisable. J'admire sa
prudence et sa conduite en tout ce que je puis voir
et penetrer. Surement il a de grandes choses en

22*

tete et il est homme a parvenir a son but. On ne
voit rien de superflu ni d'arbitraire, ni d'inutile,
quand je serai de retour je te peindrai tout le detail
que j'ai pu voir. Quelque fois il me prend la fantaisie
de t'ecrire une relation dans le gout du Johannes 5
Eremita, mais je n'ai pas le tems, et il n'est pas
bon que certaines choses soit ecrites.

Pour moi je puis etre tres content de la façon
dont on me traite. J'ai appris a etre sur mes gardes,
a observer les gens sans faire semblant de rien, un 10
talent que je tache de perfectionner tous les jours.

Charles est ici, il a grandi. C'est un garçon tres
bien fait, il parle bien et paroit tres sensé. Il resem-
blera a son pere, i'ai eu beaucoup de joie a le voir.

Il faut que je te communique encore un reflexion 15
que j'ai fait depuis longtems mais que je vois se
confirmer touts les jours, c'est qu'il est tres aisé
d'exister incognito dans le monde. Chaq'un se fait
une idee de Vous sans se soucier beaucoup si elle
est vraie ou fausse. Chaqun est occupé de soi meme 20
et si Vous alles un peu doucement Vous pouves
faire ce que Vous voules sans etre beaucoup re-
marqué. Et c'est la cause pourquoi les fourbes par-
viennent plustot que les honnetes gens. J'ecris ces
dernieres lignes ce 20. d'Aout. Hier le jour etoit 25
un peu long et je crains encore quelques uns de la
meme façon. J'ai acheté de beaux modeles d'ecriture
gravés en taille douce pour former mes caracteres

qui ne sont pas encore trop bien. Ce ne sera que
pour t'ecrire et pour te dire en lettres bien peintes ce
que je t'ai dit tant de fois et que je te dirai toujours.
Adieu ma chere souviens toi de ton ami dans ta
5 retraite comme il existe pour toi dans le monde.
Je suis bien sur que je te pourrai amuser par mes
recits quand ie reviendrai.

Adieu. Je n'espere plus de tes nouvelles mais
tu auras des miennes. Je te prie de saluer notre
10 cher Fritz ie lui ecrirai par le courier prochain.
Adieu. Adieu.

G.

1971.

An Charlotte v. Stein.

ce 21. d'Aout.

Je me suis sauvé ce soir de la cour pour t'ecrire
15 quelques lignes. Nous avons vu ici de choses interessantes, nous avons fait connoissance de bien de
personnes, mais en revanche nous avons eu des
seances fort longues a l'Opera, a la table et ce sont
surtout ces dernieres qui m'ennuyent terriblement.

20 Ce soir on a fait entrer des Soldats revenus de
l'Amerique deguisés en sauvages, tatoués et peints
c'etoit un aspect tout a fait singulier. Je ne saurois
dire qu'ils avoit l'air terrible et degoutant comme ils
paroissoit aux personnes du beau monde, ils me
25 faisoit plustot voir les efforts de l'espece humaine

pour rentrer dans la Classe des animaux. Ils n'ont aucune idée qui les eleve au dessus d'eux memes, apres avoir satisfait aux besoins les plus pressants ils regardent autour d'eux ils appercoivent les oiseaux bien peints, les quadrupedes a belle fourrure, ils se 5 voient nuds et leur peau unie ne fait que les ennuyer. Les voila donc a imiter cette varieté dont la nature seut habiller ses enfans. Quand a leur dance et leurs manieres cela approche tres pres a celles des singes, ie vous en racconterai tout ce que jai pu saisir. 10

Tu sais chere Lotte que je n'aime pas a parler des hommes dans mes lettres, tu sauras a mon retour tout ce que je pense de ceux que j'ai vu, j'ai le sentiment de ne vojager que pour toi les choses ne m'interessoit pas si je n'esperois pas de pouvoir t'en 15 faire enfin le recit.

En attendant je puis t'annoncer que j'ai vu a la foire un beau Zebra ou ane rayé qui m'a fait un grand plaisir. Sa forme est celle d'un veritable ane, rien moins que leste et belle, mais le dessein dont 20 il tient le nom, est charmant au point qu'il est impossible de le décrire ou de se l'immaginer.

Mecredi le 25. nous partirons d'ici, et je pourrai celebrer mon jour de naissance au Brocken. D'apres que je puis calculer je serai de retour a Weimar le 25 8. ou le 10. du mois prochain. Que je serois heureux de t'y trouver.

Adieu ma chere. Apresant que je suis loin de

toi je me chagrine de ne pas avoir fait de meilleurs
arrangements pour avoir de tes lettres. C'est comme
si l'air commençoit a me manquer. Adieu je ne
trouve rien dans le monde qui te resemble ou qui
5 puisse te remplacer ne fut ce que pour un moment.
Mille Adieux.

Brunswic ce 22. d'Aout 84.   G.

Il me reste encore quelques moments, je reprends
la plume car il ne paroit pas convenir a la richesse
10 de mon amour de t'envoyer une feuille toute blanche.
Ah mon unique amie, chere confidente de touts mes
sentiments que je me sens un besoin de te parler de
· te communiquer mes reflexions. Tu m'as isolé dans
le monde je n'ai absolument rien a dire a qui que
15 ce soit, je parle pour ne pas me taire et c'est tout.

Je ne sai si je t'ai deja dit que j'ai eté asses
heureux en decouvertes au Harz, si j'avois plus de
loisir, je ferois surement quelque chose pour l'histoire
Naturelle. Krause a fait des Desseins charmants,
20 il en aura fait d'autres pendant que nous sommes
ici, car il est resté dans les montagnes, je suis bien
curieux de voir ce qu'il a travaillé.

Les caracteres de la Nature sont grands et beaux
et je pretends qu'ils sont tous lisibles. Mais les
25 Idees mesquines conviennent plus a l'homme parcequ'il est petit luimeme et qu'il n'aime pas a com-
parer son existence retrecie a des etres imm

Ce 23.

Ah ma chere quel contretemps! Le Duc a changé
de plan et nous ne partirons qu'en 8 jours.

J'en serois asses content, car il y a encore toutes
sortes de choses a voir ici et nous connoitrons mieux 5
notre monde en partant, si ce n'etoit pas ces ter-
ribles six heures qu'il faut passer tous les jours a
table.

Aujourdhui nous avons fait un tour forcé pour
voir la galerie de Saltsdalen il y a de tres belles 10
choses que je souhaitterois de contempler avec toi,
surtout un Everdingen de la plus grande perfection,
et quelques autres dont je te ferai un jour la description.

Je finis par un vers allemand qui sera placé dans 15
le Poeme que je cheris tant, parceque j'y pourrai
parler de toi, de mon amour pour toi sous mille
formes sans que personne l'entende que toi seule.

Gewiss ich waere schon so ferne ferne
Soweit die Welt nur offen liegt gegangen				20
Bezwaengen mich nicht uebermaecht'ge Sterne
Die mein Geschik an deines angehangen
Dass ich in dir nun erst mich kennen lerne
Mein Dichten, Trachten, Hoffen und Verlangen
Allein nach dir und deinem Wesen draengt				25
Mein Leben nur an deinem Leben haengt.

Ce 24. d'Aout 1784.						G.

1972.

An Charlotte v. Stein.

Je ne scaurois laisser partir le courier sans t'ecrire
quelques lignes. Nous menons le train de vie comme
nous l'avons commencé, cependant je trouve que nous
avons bien fait de rester plus longtems. En partant
5 nous connoitrons un peu mieux notre monde, et peut
etre on nous connoitra mieux, c'est ce que notre
amour propre nous fait croire nous etre avantageux.
Notre Duc a fait tres bien ses affaires, ils est allé
tout doucement, et le public qui comme Vous scaves
10 demande toujours des miracles sans jamais en faire,
l'a declaré un Prince borné. Peu a peu il lui ont
trouvé du bon sens, des connoissances, de l'esprit,
et s'il danse encore quelques contredanses, s'il con-
tinue de faire la cour aux Dames comme il l'a fait
15 au dernier bal ils finiront par le trouver adorable.

La grand. maman surtout est enchantée de lui
elle me l'a dit cent fois. Ils se fait peindre pour
elle, le portrait sera asses resemblant.

Si ce peindre travailloit un peu plus vite je
20 t'aurois apporté mon portrait, mais le temps est trop
court, et comme l'original t'appartient tout entier tu
n'as que faire de la copie.

Krause est arrivé du Harz, il m'a apporté le
dessein d'une roche granitique qui est superieurement
25 beau. Je me rejouis deja d'avance de pouvoir te
montrer toutes ces belles choses, de te communiquer

toutes les observations que j'ai faites sur la formation des montagnes. Que je suis heureux que tout cela t'interesse, et que je trouve en toi une chere compagne en tout ce que j'entreprends. Les idees que j'avois conceues sur la formation de notre globe ont 5 eté bien confirmees, et rectifiees, et je puis dire que j'ai vu des objets qui en confirmant mon systeme me surprenoit par leur nouveauté et par leur grandeur. Je n'ai pas asses de presomption de croire d'avoir trouvé le principe par lequel ces phenomenes existent, 10 mais je mettrai au jour une harmonie d'effets qui laissent soupçonner une cause commune, et ce sera allors a des tetes plus fortes que la mienne de la faire connoitre de plus pres.

Krause m'est d'une grande ressource parcequ'il 15 me fixe ces objets qui s'evanouiroit bientot de ma memoire, car ici ma tete est occupée de tout autre chose. Ce sont les hommes qui attirent mon attention, je ne voudrois pas partir d'ici sans avoir des idees justes de chacun que j'ai pu voir un peu a mon aise. 20

Adieu ma chere Lotte il faut finir. Je joins quelques feuilles du Journal de Paris, tu y trouveras un recit du voyage aerien de Mr. Blanchard.

Conserve moi ton amour. Adieu adieu.

Brunswic, ce 27. d'Aoust 1784.   G.   25

Demain sera mon jour de naissance, j'avois esperé de le celebrer au Brocken mais il n'en sera rien.

Je suis sur que tu penseras a moi dans ta retraite
que tu t'occuperas de ton ami, qui ne voudroit avoir
existé que pour toi. Tous les momens de ma vie
que j'ai passé sans te connoitre, sans posseder ton
5 amour me paroissent perdus, je ne puis vivre et
respirer que pour toi.

Adieu encore une fois.

1973.
An Charlotte v. Stein.
[Brunswic] ce 28. d'Aout. 1784.

J'ai commencé mon jour de naissance au bal, ou
10 j'ai dansé beaucoup sans le moindre interet. Ce
matin j'ai dormi longtems, et a mon reveil mon coeur
fut attristé de se trouver si loin de tout ce qui lui
est le plus cher. Ce ne sera pas un jour de fete
comme l'annee passee, je le passerai a la cour, a la
15 table de jeu, que j'aurois souhaitté de le celebrer
parmi les prés, les rochers et les bois.

Bientot il sera tems que nous nous en allons,
j'attends ce mecredi avec impatience, les objets perdent
tous les jours de leur nouveauté et mon ame com-
20 mence a s'appesantir. Je ne suis pas asses habile
pour cacher a la societé ce manque d'interet quoique
je fasse mon possible, et les femmes surtout sont asses
clairvoyantes pour sentir qu'elles ne me sont rien et
que je ne veux ne leur rien etre. Avec les hommes
25 il va un peu mieux mais cela ne pourra durer. J'ai

vu ce qu'il y a a voir, l'opera meme me fait peu de
plaisir, la composition est tres belle mais il manque
a l'execution un certain ensemble qui seul peut fair
du plaisir.

ce 29. d'Aout. 5

Hier je n'avois q'un seul souhait et c'etoit de
recevoir une lettre de toi, j'en avois deja perdu toute
esperance lorsque retournant du soupé je trouvai un
paquet qui en renfermoit une. Je ne pouvois finir
mon jour plus heureusement. Si tu m'avois envoyé 10
ton journal mon bonheur auroit eté au comble. Ces
douces expressions des sentiments de ton coeur me
faisoit revivre, car peu a peu mon existence se glace
entierement. Cependant je voudrois rester plus longtems, pour voir les choses de plus pres, pour con- 15
noitre un peu plus les ressorts de cette machine.

Si l'originalité est bonne a tout elle est plus
necessaire pour la condouite de l'occonomie politique
que pour toute autre chose. Nous pouvons apprendre
des autres des details, nous pouvons imiter des 20
formes, mais il faut que nous sachions par nous
meme former un ensemble.

L'Opera d'hier etoit charmant, et bien executé,
c'etoit la Scuola de Gelosi, Musique de Salieri, opera
favori du public, et le public a raison. Il y a une 25
richesse, une varieté etonnantes, et le tout est traité
avec un gout tres delicat. Mon coeur t'appelloit a
chaque air, surtout au finales et au quintets qui sont

admirables. Je t'enverrai le Texte, il t'amusera peutetre, quoique ce ne soit que le scelete d'un tres beau corps.

Comme je destine cette lettre a etre portee par
5 Stein je puis parler un peu plus ouvertement car j'usqu'ici j'ai toujours evité de dire trop dans mes lettres, de crainte qu'on ne les ouvrit, car on peut attendre tout d'un Prince qui est politique comme le Duc de Brunswic.

10 Il a tres bien traité notre Duc, ils ont eu plusieurs conferences, ou il a eté asses ouvert, il paroit estimer son neveu, et vraiment un grand Seigneur qui a la tete bien placée et qui communement voit ses sem-blables etre plus que betes, doit etre tres surpris de
15 trouver un parent qui a plus que le sens commun. Les courtisans parlent asses librement de leur maitre et d'apres ce qu'ils disent je puis me former une idée asses claire de cet etre singulier; mais ils con-viennent tous que son but est grande et beau, qu'il
20 ne se trompe pas dans les moyens et qu'il est ferme et consequent dans l'execution voila tout ce qu'on peut dire pour definir un grand homme, s'il on ose nommer grand un etre si borné en tout sens.

La Hartfeld est assurement la personne du sexe
25 la plus interessante qui soit ici. Il seroit difficile de faire une description de sa figure ou de definir ce qui la rend aimable, est c'est justement pour cela que je crois qu'elle a pu fixer un Prince inconstant.

Du reste la conduite du Duc envers tout le
monde surtout envers les gens riches qu'il attire a
sa cour est incomparable, il connoit parfaitement
combien il est aisé de satisfaire la petite vanité des
hommes, il sait flatter chacun a sa façon, il employe ₅
les maris, il amuse les femmes, et les personnes les
plus petries d'amour propre lui paroissent etre les
plus desirables, enfin c'est un oiseleur qui connoit
ses oiseaux et qui avec peu de peine et de frais est
sur d'en prendre tous les jours.   ₁₀

Je te parlerai au long de sa conduite envers moi,
dont il faut que je te raconte l'histoire suivie.

ce 30.

Apresdemain matin on partira surement et cette
lettre ira te chercher dans ta retraite. Il faut que ₁₅
tu sentes combien je suis a toi, combien je desire
de te revoir. Non mon amour pour toi n'est plus
une passion c'est une maladie, une maladie qui m'est
plus chere que la santé la plus parfaite, et dont je
ne veux pas guerir.   ₂₀

J'ai ecrit de nouveau quelques versets du poeme
qui m'est une grande ressource quand je suis loin
de toi, que j'aurai du plaisir si tu en es contente,
car c'est pour toi que je le compose, le peu de mots
que tu m'en dis dans ta derniere lettre m'ont fait ₂₅
une joie infinie.

Dailleurs tout va bien ici, ce qui etoit le but

serieux de notre voyage a parfaitement bien reussi.
C'est un secret que je te confie car tout le monde
croit surement que nous ne sommes venus que pour
nous amuser.

5 Nous retournerons d'ici a Goslar pour voir les
mines, de la nous monterons peut etre le Brocken
pour descendre de l'autre coté par un detour vers
Halberstadt. Le Duc ira a Dessau ie resterai encore
quelques jours avec Krause entre les rochers du
10 Rosstrapp, de la j'irai voir la fee de Langenstein
dont tu ne seras pas jalouse et je retournerai bien
vite a tes pieds. Oui ma chere quand je sens bien
vivement le bonheur de vivre avec toi, l'eloignement
me devient tout a fait insupportable.

15 Je n'ai d'autre souhait que de te plaire, de te
rendre heureuse autant qu'il est en mon pouvoir,
d'etre tous les jours plus digne de ta tendresse, car
pour le reste de mon existence la fortune me veut
tant de bien que je ne puis pas meme profiter de
20 tout ce qu'elle m'offre.

J'ai fait beaucoup de reflections sur moi et sur
les autres peutetre en ai je fait trop. Quoiqu'il en
soit tu sauras tout a mon retour, et j'ai le plus
grand besoin de te revoir car depuis que je suis
25 parti, ie ne me souviens presque pas d'un moment
d'entiere confiance avec qui que ce soit.

Stein te raccontera nos avantures a sa façon et si
je te les raccontе a la mienne tu pourras mieux juger.

Si apres avoir recu cette lettre tu veux d'abord m'envoyer un expres a Alstaedt tu me feras un grand bien. Il faudroit joindre a une lettre plus longue que celles que j'ai eu j'usqu'ici, le journal, qui apres une si longue absence me fera revivre en me rap- prochant de toi. Je te prie de le faire, ie te supplie par tout ce que l'amour a le plus cher. Je crains de ne pas pouvoir arriver a Weimar avant le 15. de ce mois, l'esperance de t'y trouver me soutient dans mon exil.

ce 31.

Enfin il faut que je finisse de te parler en lettres lisibles, mon coeur qui te parle nuit et jour ne se taira pas, je suis persuadé que le tien fera dememe et cela addoucit les peines de l'absence. Je serais encore plus heureux si j'etois bien sur que tu te portes bien, que tu ne sens plus les maux de dents. Adieu! J'ai eté tres bien tout ce tems la, excepté que l'irregularité de la diète m'a quelques fois mis mal a mon aise. Graces au ciel nous n'avons que deux repas encore a surmonter, et demain les plus beau rochers nous dedomageront de toute la gene que nous avons senti jusqu'a present. Adieu. Si mes recherches le permettent je tacherai d'ecrire encore a mon poeme, je voudrois pouvoir tout pour te faire du plaisir et je ne pourrois jamais cesser d'etre ton debiteur.

Adieu encore une fois ma douce mon adorable amie.

G.

1974.

An Charlotte v. Stein.

Elbingerode d. 6. Sept. 84.

Von den Fesseln des Hofs entbunden in der Frey=
heit der Berge, bey dem schönsten Wetter noch ein
Wort zu dir.

Der Herzog hatte einen unüberwindlichen Trieb
nach Dessau, ging und lies mich mit Kraufen von
Goslar aus allein auf den Harz zurückziehen. Wir
beyde haben dann, uns selbst überlassen der herrlich=
sten Tage recht genossen, sind auf dem Brocken ge=
wesen, haben alle Felsen der Gegend angeklopft, immer
begleitet von dem hellsten Himmel.

Wie deine Liebe mir nah ist mag ich nicht sagen.
Vor sieben Jahren schrieb ich dir auch von hier.
Nach und nach komm ich immer wieder dahin wo ich
schon deiner gedacht mich mit dir unterhalten hatte.

Ich hoffe den 15ten in Weimar zu seyn wäre es
möglich dich da zu sehen.

Lebe wohl Lotte. Morgen geht es nach dem Roß=
trapp. Krause hat ganz köstliche Dinge gezeichnet.
Lebe tausendmahl wohl.

G.

1795.

An J. G. Herder.

Elbingerode d. 6. Sept. 84.

Eh ich die Berge verlasse muß ich dir noch einen
Grus zuschicken, es geht heute Abend eine Post von

hier und die soll dir ihn bringen. Nachdem ich bey
Hofe meine Person auf Unkosten meines Magens
ganz leidlich durchgebracht, bin ich wieder in die
Freyheit der Wälder versetzt worden wo ich mich nun
schon seit dem ersten ergehe. Der Herzog ist nicht
mit herauf sondern nach Dessau. Krause ist also
mit mir alleine und wir sind den ganzen Tag unter
freyem Himmel, hämmern und zeichnen. Ihr werdet
Freude haben an dem was ich mitbringe, wir haben
gewiß die größten und bedeutendsten Gegenstände aus=
gesucht, die Tage sind herrlich. Eine grose Last
Steine bringe ich geschleppt. Die kleinsten Abwei=
chungen, und Schattirungen die eine Gesteinart der
andern näher bringen und die das Kreuz der Syste=
matiker und Sammler sind weil sie nicht wissen wo=
hin sie sie legen sollen, habe ich sorgfältig aufgesucht
und habe sie durch Glück gefunden. Es wird dir
gewiß angenehm seyn sie zu sehen und ich habe als=
denn wenig darüber zu sagen.

Manchmal wird mir es ein wenig sauer auf diese
einzige Idee auszugehn, man wird zuletzt stumpf und
weis kaum mehr was man sieht, und eh ich mich's
versehe vergesse ich bey einem Gegenstand das noth=
wendigste. Indessen da mich diese Materie fast zu
enuuiren anfängt thu ich mein mögliches, denn stecken
kann ich's nicht lassen. Deswegen schreib ich auch
soviel möglich auf.

Morgen und übermorgen gehts an der Bude hin=

unter, wir werden an den Fall gelangen wo dieses
Flüßigen hinter dem Roßtrapp hinabstürzt. Zwischen
diesen Felsen hoff ich noch viel für meine Spekulation,
es ist ein Durchschnitt der sehr lehrreich ist.

Ich gedencke eurer Liebe offt .... und wollte
ich könnte euch nur viel Freude bringen.

Lebet wohl, ich seh euch nun balde.

G.

1976.

An Charlotte v. Stein.

Ich kann meiner lieben Lotte nur mit wenig
Worten sagen daß ich wieder da bin, daß mir ihre
lieben Worte die mich in Alstädt empfangen haben,
rechte Nahrung waren deren ich sehr bedurfte. In
Langenstein war ich zwey Tage, länger konnt ich
nicht bleiben. Von meiner Reise habe ich dir viel zu
erzählen, Viel zu zeigen. Ich will dich nicht bitten
herein zu kommen weil ich doch nach Jena muß und
sonst vielerley zu thun habe. Ehe der Herzog zurück=
kommt kann ich auch nicht zu dir. Ich möchte gar
zu gerne die Reise nach Zweybrücken ablehnen und
hoffe es soll gehn. Dann wollen wir glückliche Tage
zusammen zubringen. Daß dir mein Gedicht so lieb
ist wird mich anfeuern es fortzusetzen wie mir es
möglich ist.

Dein Zahnweh betrübt mich und macht mich mit
dir leiden, es ist gewiß die feuchte Lufft von Kochberg

23*

die es verursacht. Richte aus was du auszurichten
hast und mache daß du wieder herein kommst. Es
ist dir gewiß besser.

Lebe wohl ich habe eine recht herzliche Sehnsucht
nach dir, und dancke dir tausendmal für deine Liebe. 5
Lebe wohl.

Ich habe viel zu thun gefunden und bin schon
zerstreut. Vielleicht kommt Fritz Jakobi noch. Lebe
tausendmal wohl.

d. 16. Sept. 84. G. 10

1977.

An v. Sömmerring.

Ew. Wohlgeb. Brief vom 31. August finde ich
erst gegenwärtig bei meiner Rückkunft von einer klei=
nen Reise und verfehle nicht sogleich darauf zu ant=
worten.

Ich wünsche Ihnen zu der Veränderung Ihres 15
Aufenthaltes Glück, ob ich Sie gleich ungern aus der
Nachbarschaft verliere, und also noch weniger hoffen
kann Sie manchmal wieder zu sehen. Doch in einer
jeden Entfernung bleiben diejenigen verbunden, welche
für die Wissenschaften eine wahre Anhänglichkeit 20
haben, und ich kann hoffen, daß Sie auch an den
schönen Ufern des Rheins gern meiner gedenken werden.

Der Elephantenschädel ist von vorn und von der
Seite gezeichnet; die untere und hintere Seiten sollen
nach Ihrem Verlangen sogleich vorgenommen werden, 25

und ich will ihn sodann nicht weiter aufhalten.
Finde ich einen Durchschnitt noch sehr unterrichtend
und ich habe Zeit mich damit zu beschäftigen, so
bediene ich mich der mir gegebenen Freiheit. Haben
Sie nur die Güte mir zu schreiben, um welche Zeit
Sie von Cassel abgehen.

Wollten Sie mir von denen verzeichneten Köpfen
die Güte haben folgende zu schicken, so würden Sie
mir viel Vergnügen machen.

Wilde Katze, Löwe, junger Bär, Incognitum,
Ameisenbär, Kameel, Dromedar, Seelöwe.

Von Mercken habe ich nach seiner Wiedergenesung
einen langen Brief, wo er mir alle holländische Cabinete recensirt, über alles aber sein Glück preist mit
Campern bekannt geworden zu sein. Wenn es mir
einigermaßen möglich ist, eine Excursion nach Klein
Lanckum zu machen, so werde ich es gewiß thun. Um
den Coiter zu haben hatte ich Herrn Hofrat Loder
als er in England war schon Commission gegeben,
ich konnte ihn aber nicht erhalten. Ich wünschte das
holländische Werkchen von Campern zu sehen, ich
wollte mich allenfalls durch die wunderliche Sprache
durchfinden. Sobald die Zeichnungen fertig sind und
ich einigermaßen Zeit habe, werden Sie mehr von
mir hören. Ich wünsche indessen wohl und vergnügt
zu leben.

Weimar den 16. Sept. 1784.

Goethe.

1978.

An Charlotte v. Stein.

Voila ma chere Lotte des fruits que je t'envoye
pour Symbole de ma tendresse, j'espere qu'ils seront
doux autant qu'ils peuvent l'etre sous ce Ciel peu
favorable.

J'ai reçu ta lettre qui m'exprime si bien tes sen- 5
timents pour moi, ils me ravissent, meme ceux que
je ne scaurois meriter.

Fritz est bien gai je lui ai fait sentir la beauté
des characteres Anglois que j'ai apporté de Brunswic,
hier au soir avant d'aller au lit nous avons fait 10
l'essai de les imiter. J'espere que cette nouveauté
le reveillera du moins pour quelque tems car il a
negligé beaucoup cette partie la, je lui donne un
bon exemple en m'exerçant avec lui.

J'ai tant de choses a te dire, et tant de choses 15
a faire que je ne sai comment m'y prendre. Je ferai
mon possible pour aller bientot a Ilmenau et je
passerai par Kochberg.

Adieu ma chere Lotte il faut bien que je finisse,
les affaires m'appellent. Le duc n'est pas encore 20
arrivé. Je te serre a mon coeur.

ce 17. du Sept. 1784.   G.

1979.

Au Charlotte v. Stein.

[ce 17. du Septembre.]

Apres avoir fini ma journée, apres avoir preparé
mon dejeuné pour demain matin il faut que je m'en-
tretienne encore quelques moments avec toi, et ce
sera pour te dire quelques nouvelles.

5 Tu sauras deja que le viel Oeser est ici pour
peindre les petits apartemens de Mdme la Duchesse
Mere, mais personne t'aura dit combien son ouvrage
est beau. C'est comme si cet homme ne devroit
pas mourrir tant ses talents paroissent toujours aller
10 en s'augmentant. Les idees des Plattonds sont char-
mantes, elles sont executees avec un gout que l'age
et le travail seuls peuvent epurer a un si haut de-
gré, et en meme tems avec une vivacité que la jeu-
nesse croit etre exclusivement son partage.

15 Haman de Koenigsberg a ecrit une petite bro-
chure contre le traité de Mendelsohn qui a pour
titre Jerusalem. J'ai toujours aimé beaucoup les
feuilles Sybillines de ce mage moderne et cette nou-
velle production m'a fait un plaisir bien grand que
20 je voudrois pouvoir partager avec toi, ce qui sera
difficile a cause de la matiere et de la façon dont
il la traite.

Il y a des bon mots impaiables, et des tournures
tres serieuses qui m'ont fait rire presque a chaque

page. Apresant il faut que je relise le livre de
Mendelsohn pour mieux entendre son adversaire, car
il m'a eté impossible la premiere fois de le suivre
toujours. Je me trouve tres heureux d'avoir le sens
qu'il faut pour entendre jusqu'a un certain point les
idees de cette tete unique, car on peut bien affirmer
le paradoxe qu'on ne l'entend pas par l'entendement.

Bon soir ma chere Lotte. Je me rejouis beaucoup de ce que tu ne t'endormiras pas sans avoir
eu ma lettre de ce matin et sans avoir gouté de
mes fruits. Quelle douce consolation que ce ne sont
plus des semaines entieres qu'il faut a mes lettres
pour parvenir a toi.

ce 19. du Sept.

Jacobi est arrivé avec sa Soeur il me fait un
grand plaisir par sa presence. S'il t'étoit possible
ma chere Lotte de te derober a ta solitude, de venir
ici pour quelques jours. C'est surement un homme
tres interessant et il a gagné. Tu le verrois et je
te verrois. Car ma chere le desir d'etre avec toi,
le besoin de te communiquer toutes mes idees existe
encore dans mon coeur avec la meme vivacité.

Aujourdhui j'ai eté a Jena, j'avois mon Fritz
avec moi. Je le sens bien que tu veux qu'il soit le
mien. Il a eté si bon, si agreable et je l'aime tant.
Adieu je suis tout a toi. J'attends avec impatience
une reponse qui me dise que mes voeux sont exaucés.

G.

1980.

Au Charlotte v. Stein.

[ce 20. du Septembre.]

Nous faisons si bien notre devoir ma chere Lotte qu'a la fin on pourroit douter de notre amour. Les affaires et l'amitié me fixent, l'oeconomie te retient, il m'est impossible d'aller te voir, je trouve tes raisons asses valables qui t'empechent de venir, et cependant je suis mecontent de toi et de moi que nous sommes si raisonnables.

La presence de Jacobi me seroit doublement chere si tu etois avec nous. Il m'est impossible de parler de toi a qui que ce soit, je sais que je dirois toujours trop peu, et je crains en meme tems de trop dire. Je voudrois que tout le monde te connut pour sentir mon bonheur que je n'ose prononcer. Vraiment c'est un crime de lese amitié que j'existe avec un homme comme Jacobi avec un ami si vrai si tendre sans lui faire voir le fond de mon ame, sans lui faire connoitre le tresor dont je me nourris. J'espere que la Herder lui parlera de toi et lui dira ce que je n'ose lui dire.

ce 20. du Sept.

Le sort veut nous recompenser pour les privations que nous avons essuyé depuis tout ce tems. Je ne suivrai pas le Duc a son vojage qu'il veut entreprendre, ie ne ferai q'un petit sejour a Ilmenau,

je retournerai et nous serons ensemble tout cet hyver
sans que rien nous puisse desunir. Je ferai mes
affaires et le reste du tems je n'existerai que pour
toi, et la saison la plus rude me sera la plus agreable
parceque je la passe a ton coté.   5

Jacobi restera ici jusqua la St. Michel, je vien-
drai te voir d'abord qu'il sera parti peut etre le
dernier de ce mois ou le premier d'Octobre. Dela
j'irai a Ilmenau tu mettras fin a tes soins oecono-
miques pour retourner a la ville et pour revivre 10
pour ton ami. Voila mon plan dont les dispositions
paroissent etre favorisees par le sort, il ne me faut
plus rien qu'un beau tems pendant mon sejour dans
les montagnes; et si tu te portes bien je n'ai plus
rien a desirer.   15

ce 21.

Jacobi m'a parlé de toi je n'ai pu lui dire que
tres peu, il souhaitteroit de te connoitre parcequ'il
sent bien que sans cela il n'a qu'une idee incomplete
de l'existence de ses amis. Je suis bien faché que 20
nous ne pouvons pas arranger cela, et si je ne me
retenois pas par toutes les raisons possibles j'irai
demain te surprendre.

Claudius le fameux Wandsbecker Bote arrivera
aujourdhui, nous verrons donc aussi ce personnage 25
singulier ce qui nous interessera beaucoup, mais
nous le verrons sans toi ce qui diminuera beaucoup
notre plaisir. Adieu ma chere Lotte je te prie de

m'ecrire bientot. J'aurois bien voulu t'envoyer quelques fruits, et je me plains amerement du climat si
tristement pauvre. Que de raisins ne t'enverrois je
pas si nous etions sur le bord du Mein, et je n'ai
d'autre Heimweh que pour pouvoir te faire part de
tout ce que notre sol natal a de bon et d'agreable.
Adieu encore une fois. Je t'envoie une lettre de Fritz
et un essai de sa plume.

Weimar, ce 25. du 7br. 1784.

Goethe.

1981.

An C. v. Knebel.

[26. September.]

Wir kommen dir lieber Bruder morgen Montags
den 27. mit hellem Heer auf den Hals. Es werden
7 Perſonen ſeyn die wunderlichſte Societät, die ie an
einem Tiſche geſeſſen. Mache ia keine Umſtände ſon=
dern alles hübſch ordentlich. Ich freue mich dich
wieder zu ſehen.

G.

1982.

An Charlotte v. Stein.

[28. September.]

Und nun auch kein Wort Franzöſch mehr. Du
muſt von mir einen Brief vor einigen Tagen erhalten
haben, der dir ſagt wie es mit mir ſteht.

Jakobi geht Mittwoch Abends fort, Donnerstags
und Freytags will ich meine Geschäffte beyseyte brin=
gen, Sonnabend früh bey dir seyn und Montags nach
Ilmenau gehn.

Deine Abwesenheit läßt mich alles gute im Um= 5
gang der Freunde nur halb geniessen. Ich bin jezt
im Conseil und kann nicht mehr sagen. Mein inner=
stes will nicht mehr zusammenhalten, ich sehne mich
nach dir wie noch nie. Adieu.

G.   10

1983.

An J. F. v. Fritsch.

Hochwohlgebohrner
insonders Hochzuehrender
Herr Geheimderath

Nach einem so langen Stillschweigen würde ich um
Entschuldigungen verlegen seyn, wenn ich Ew. Erzell. 15
Gesinnungen nicht kennte und gewiß wäre daß Sie
auch von den meinigen überzeugt sind.

Der Aufenthalt Durchl. des Herzogs in Braun=
schweig war sehr angenehm, man hat ihm daselbst
auf das freundschafftlichste begegnet und er scheint 20
sich durch ein gesetztes Betragen vollkommnen Beyfall
erworben zu haben. Die Grosmama konnte sich über
einen solchen Enckel nicht genug freuen, ich habe bey
einer alten Person lange nicht ein so lebhafftes Ver=
gnügen gesehen, sie verlangte sein Portrait und rech= 25

nete ihm die Geduld sehr hoch an womit er dem
Mahler mehrere Stunden saß. Die Prinzeß Äbtissin
wußte den Herrn Neven durch mancherley Scherz und
glückliche Einfälle zu unterhalten, über alles aber
war unserm gnädigsten Herren das Vertrauen ange=
nehm womit der durchlauchtige Onckel ihn ausgezeich=
net beehrte. Man ist also wie Ew. Exzell. leicht
dencken können mit wechselseitiger Zufriedenheit aus=
einander geschieden, und die Briefe welche von Braun=
schweig aus nach unserer Abreise hierher an die
Herzoginn Mutter kamen, vollendeten dieses wohl=
gelungne Familien Stück, so daß nichts übrig blieb
als Plaudite zu rufen.

Ich habe meine subalterne Rolle mit groser Mä=
sigung gespielt und auch ich kann nicht genug loben
welche gute Aufnahme ich erfahren.

Auf dem Harze habe ich, indem ich meiner Lieb=
haberey nachging, sehr angenehme Tage gehabt, und
meine Kenntnisse in diesem Fache um vieles erweitert.
Es wird Ew. Exzell. schon bekannt seyn daß Durchl.
der Herzog nicht wie er sich vorgesetzt seinen Rückweeg
über den Harz genommen, sondern gleich von Goslar
aus nach Befahrung des Rammelsberges ganz allein,
nur vom Hofjäger begleitet, nach Dessau gefahren, und
von da erst etwa seit acht Tagen zurück ist.

Von hier erwähne ich nichts theils weil nichts
das etwa merckwürdig wäre vorgekommen theils weil
Ew. Exzell. Sich nun balde selbst davon gegenwärtig

werden unterrichten können. Ich werde in einigen
Tagen nach Ilmenau gehen und bey meiner Rückkunft
vielleicht schon das Glück haben Ew. Erzell. mündlich
zu bezeugen wie sehr ich sey

Weimar   Ew. Erzell.
b. 29. Sept. 1784.   ganz gehorsamster Diener
                                      Goethe.

1984.

An Charlotte v. Stein.

[Ilmenau, 5. October.]

Ich weis daß es meine liebe Lotte freut auch nur
wenig Worte von mir in ihrer Einsamkeit zu hören.
Dieser Brief wird über Weimar gehn, denn zwischen
hier und Kochberg ist alle Communikation abge=
schnitten.

Wir sind gestern sehr lange gefahren und haben
uns sehr nach der Ente gesehnt die du uns bestimmt
hattest, wir wurden für unsre Nachläßigkeit mit
Hunger bestraft. Fritz war gar artig, ich erklärte
ihm die zwey ersten Bildungsepoquen der Welt nach
meinem neuen System er begriff alles recht wohl
und ich freute mich über den Versuch durch den selbst
bey mir die Materie mehr Klarheit und Bestimmtheit
gewonnen hatte. Die Kinder sind ein rechter Probier=
stein auf Lüge und Wahrheit es ist ihnen noch gar
nicht so sehr wie den Alten um den Selbstbetrug
Noth.

Ich hoffe du hast dich auch des schönen Tages
gefreut und des deinigen gedacht. Wie hätt' ich dich
an meiner Seite gewünscht. Gleich wie wir ankamen
eilte ich nach dem neuen Schachte, dem Gegenstande
so mancher Hoffnungen und Wünsche. Es steht alles
recht gut und das ganze Werck nimmt einen rechten
Weeg. Es sind nicht stärckre Hindernisse als die zu
überwinden sind die noch dabey vorkommen, und ich
hoffe auf mein gutes Glück.

Heute haben wir einen weiten Spaziergang gemacht
der sehr schön war um die alten Teiche und Gräben
zu sehen, davon ein Theil hergestellt werden muß.
Ich wünschte dabey und vertraute daß ich einmal mit
dir den schönsten Teil des Weegs machen könnte.

Ich werde unsre Expedition nicht übereilen da ich
dich nicht zu Hause antreffe besonders wenn wir schön
Wetter behalten sollten, da will ich meine Freunde
die Berge noch recht durch sinnen und durch suchen
damit ich im Glauben gestärckt werde.

Nun sage ich dir gute Nacht, damit ich noch einige
Augenblicke meinem Wilhelm widmen kann der auch
dein ist. Lebe wohl du theure Hausfrau, du süße
Liebhaberinn, du treue Freundinn du Innbegriff alles
Guten und du Meine.

G.

1985.

An Charlotte v. Stein.

Wie süs ist mir's bey Lesung deiner Briefe dich
in der Nähe zu wissen! Wie danck ich dir für iedes
Wort. Sobald als möglich komme ich zu dir. Wenn
ich nur nicht wieder deine Abreise vor mir sähe!
Wilhelms fünftes Buch ist fertig. Schreibe Knebeln 5
nur einfach daß ich die Sache nicht redressiren könnte,
sag ihm aber nicht daß ich einen Augenblick böse war.
Wie befindest du dich sage mir das und sage mir was
ich so gern höre. Lange habe ich so vergnügte Stun=
den nicht gehabt als gestern auf dem Weege von Koch= 10
berg hierher. Es freute mich recht bey iedem Schritte
meine Liebe lebhafft zu fühlen. Adieu du beste.

d. 16. Ottbr. 1784.   G.

1986.

An Charlotte v. Stein.

Wie befindet sich meine Lotte auf den gestrigen
Tag. Heute werde ich dafür von dir ferne seyn 15
müssen. Bey Seckendorfs finde ich dich. Diesen
Abend konnte ich dem geh. Asf. Rath Schmidt nicht
abschlagen bey ihm zu seyn. Lebe wohl. und liebe.

d. 18. Ottbr. 84.   G.

1987.

An F. H. Jacobi.

Dein Brief lieber Fritz hat mich herzlich gefreut.
Diese Reise wird dir sehr heilsam seyn. Du bist uns
verbundner und dein Zuhause wird dir nun auch
wieder wohl thun. Die Aussicht uns wieder zu be=
suchen giebt auch Leben und Bewegung der Zukunft.
Denn gewiß man darf sich nur vom Stuhle erheben
oder zur Hausthüre hinaus gehen, irgend etwas unter=
nehmen; so sieht man daß ein gutes Schicksal ist das
sich des Menschen annimmt. Wenn man sich nur
bewegt, andre in Bewegung bringt; so fügt sich gar
manches schön und gut, wie dir auf der Reise mit
dem Bruder begegnet ist.

Ich wollte du wärest iezo hier, ich habe einiger=
maßen ruhigere Zeit. Knebel wird heute deine Stube
beziehen und er soll mit dem Mineralgeist getauft
werden.

In Ilmenau wo ich lange geblieben bin, habe ich
gar gute Tage gehabt meine Sachen gehen sehr gut
und viel leichter als ich mir es vorgestellt habe.

Nun richte ich mich auf den Winter ein, und
werde wie die Schnecke eine Kruste über meine Thüre
ziehen, und fleißig seyn.

Balde schicke ich dir etwas. Die nächsten ruhigen
Stunden wende ich an, die Manuscripte die du mir
zurückgelassen durchzulesen.

Grüße Lottgen! Verzeiht nur meine ungraziöse
Bewirthung. Grüße Lengen! Und Lebe wohl. Für
diesmal nichts mehr.

Weimar, d. 18ten Oktbr. 1784.				G.

1988.

An den Herzog Carl August.

Erst Freytag d. 15ten bin ich von Ilmenau zu= 5
rückgekommen. Wir haben dort mancherley zu thun
gefunden und da es uns angelegen war aufs inure
zu bringen, so konnten wir unsere Behandlungen
nicht übereilen, wie es bey mechanischer Papier Expe=
dition wohl angeht. Ich hoffe es soll Ihnen dieses 10
Werck zur Freude wachsen, wo schon für wenig Geld
und in kurzer Zeit viel geschehen ist. In einigen
Wochen werden sie auf dem nassen Orte durchschlägig,
und noch vor Ostern auf dem Stollen seyn.

Wir haben das Inventarium berichtigen lassen, 15
den neuen Schacht, und tiefen Stollen vom 10ten
Lichtloche an befahren, die Gräben bis zu den Frey=
bächer Teichen begangen, einen heimlichen Handel an=
gelegt um die fatale Schneidemühle, auf gothischem
Grund und Boden, durch Kauf an die Gewerckschafft 20
zu bringen, wegen Führung der Gräben und Erbau=
ung des Treibewercks die nötigen Voranstalten ge=
macht, die Haushaltung, das Personale, Materiale pp
fleißig untersucht, und durch eine scharfe Aufmerck=

samkeit auf die geringsten Dinge, der Thätigkeit der
Unterbeamten, hoffe ich, eine gute Richtung gegeben.
Denn der Zwischenraum vom 24. Februar bis zum
Oktbr war zu groß als daß die Impulsion die man
dem Wercke damals gab hätte ihre Würckung so gar
lange zeigen sollen. Der Geschworne ist ein fürtreff=
licher Subaltern, und solange er Vorschrifft und
Gesetz hat unverbesserlich, wie das abgeht und er aus
eignem Sinne handeln soll weis er sich nicht zu helfen.
Anfangs kamen einige Dinge vor die Verdacht gegen
ihn erregten, es hat sich aber alles nach und nach zu
seinem moralischen Vorteile aus seiner unglaublichen
Unfähigkeit die Dinge ohne Norm zu beurtheilen auf=
geklärt. Die Abgabe der Frucht an die Bergleute ist
hoffentlich Martini in Ordnung.

Man will in Ilmenau von keiner Abfuhr nach
Francken etwas wissen, auch steht der Preis schon
diese 14 Tage, wie die Aussichten hier sind kan ich
nicht sagen da ich noch niemanden der davon unter=
richtet wäre gesprochen.

Die Wollenfabrikationen Hetzers und Schnepps
gehen recht artig, ich habe Muster und Tabellen mit=
gebracht darnach sich ihre Industrie leicht übersehen
läßt. Mit der Zeit kann dieser Nahrungszweig sehr
wachsen. Hofrath Voigt behandelt die Sache sehr
geschickt.

Staff wird wegen des Holzes einen Aufsatz ein=
reichen, er verspricht und dreht sich, macht Vorschläge

24*

und wendet sich). Das herrschafftliche Interesse ist
sein drittes Wort, und doch nur ein sehr kurzer
Mantel, unter dem die Röcke, die ihm und seinen
Forstbedienten und übrigen Günstlingen besser an=
passen, sehr mercklich hervorstoßen. Ich will indessen
mit Wedeln alles präpariren, und man wird sehn
wie man zum Zwecke gelangt.

Docktor Schwabens Gesundbrunnen soll heute
Nachmittag bey Buchholz probirt werden, ich fürchte
sehr es ist gemeines Wasser und von keinem Mineral=
geiste belebt.

Die Einsiedels die nun abgegangen sind um sich
Afrika zu nähern, haben in Oberweimar ein gar
wohl eingerichtetes Laboratorium zurückgelassen. Ge=
fäße und Werckzeuge, Säuren, Salze, feste und flüssige
Körper was zu den vorzüglichsten Chemischen Arbeiten
nötig ist, findet sich darinne neu, wohl zubereitet und
in dem besten Stande. Unser Einsiedel hat es ange=
nommen und will es verkaufen. Er hat mir von
170 rh. gesprochen, und er giebt es noch wohlfeiler.
Nun wäre mein Vorschlag Sie kauften es als Fond
zur künftigen Ausstattung Göttlings: Büttner hat
auch ein klein Hauslaboratorium das man in der
Folge dazu schlagen könnte, was noch abgeht schaffte
man nach und nach an und es wäre zuletzt unmerck=
lich beysammen. Ich würde es diesen Winter auch
gebrauchen können, Theils um die letzten Bewegungen
der Sievertischen Thätigkeit, die für sich nie zu einem

Ziel kommt, zu nützen, Theils meine mineralogischen
Ideen aufzuklären und mich zum Hüttenwesen vor=
zubereiten. Wenn es Göttling gesehen und geschätzt
hat will ich einstweilen, biß auf Ihre Ratifikation
5 in Handel treten.

Auch habe ich ein Baro= und Thermometer bey
dem Nordhäuser Wetterpropheten bestellen lassen ich
will es zu mir in's Haus hängen und die Beobach=
tungen theilen.

10 Gleich heute will ich mich erkundigen wie weit
die Sache mit den Armenanstalten gelangt ist und
gerne alles beytragen um sie weiter zu führen.

Der alte Büttner hat eine Proposition gethan.
Wenn Sie 100 rh. iährlich für die Bibliotheck aus=
15 setzen wollten so wollte er 100—150 dazulegen. Man
müßte ohne dieß etwas thun um die rohen Bücher
binden zu lassen damit sie nicht gar zu Grunde gehn.
Sie sind schon dreymal hin und wieder geschleppt
worden.

20 Schlözer ist hier und bedauert sehr Ihnen nicht
aufwarten zu können. Buchholz hat ihm den Luft=
ballon steigen lassen, ich hoffe der deutsche Aretin
wird von dieser Ätherischen Ehrenbezeugung sehr ge=
schmeichelt seyn. Knebel ist seinetwegen aus Jena
25 gewichen und befindet sich in Tiefurt.

Wir haben eine kleine Session gehalten und die
Daasdorfer Sache in Ordnung gebracht. Es wird
sogar über unsre Deliberation ein Extracttus Proto=

tolli zu den Ackten gebracht dami. man sehe wie wohl
alles durch dacht, durch disputirt und wie reiflich
ponderirt worden.

Nachher kam Schmidt in einen patriotischen Eifer
und sprach viel wie unsren Finanzen sollten die
Reisen stärcker angetrieben werden, daß es recht schade
ist daß Sie nicht wenigstens hinter dem Schirm zuge=
hört haben. Es ist würcklich ein Mensch dem es
Ernst ums Gute ist.

Viel Glück auf Ihren Weegen und Steegen, ich
bin auf Ihre Rückkunft sehr neugierig.

Weimar, d. 18. Ocktbr. 1784.   G.

1989.

An Charlotte v. Stein.

Wie theuer ist mir meine Gefälligkeit zu stehen
kommen, wie viel glücklicher war ich als ich neulich
in der Finsterniß zu dir eilte, ieder beschweerliche
Schritt brachte mich dir näher, anstatt daß die lange
Tischsitzung mich aller Hoffnung beraubte dich noch
zu sehn. Morgen soll es uns besser werden. Gute
Nacht. l. Lotte.

Nun auch einen guten Morgen daß ich bey Zeiten
mein Glück vernehme. Ich lade dich zum Essen ein.
Knebel wird mit uns bleiben. Das übrige folgt.
Lebe wohl geliebteste.

d. 19. Ocktbr. 1784.   G.

1990.

An Charlotte v. Stein.

Lebe noch tausendmal wohl liebe Lotte. Wie glück=
lich wäre ich gestern gewesen, wenn du dich ganz
wohl befunden hätteſt. Sage mir ob das Übel vorbey
iſt. Alle meine Freuden verreiſen mit dir. Lebe
5 wohl und komme ia bald zurück.

d. 20. Oktbr. 1784. G.

1991.

An Charlotte v. Stein.

Ich kan dir nichts ſagen als L. Lotte komm wieder.
Es will mit mir in keinem Sinne fort.

Hier ſchick ich Obſt, und bitte dich nicht freygebig
10 damit zu ſeyn ſondern es ſelbſt zu eſſen, denn ich
gebe dir's und ſonſt niemand. Lebe wohl. Schreibe
mir ein Wort. Und wann du ohngefähr wieder=
kommſt.

d. 22. Oktbr. 84. G.

1992.

An Charlotte v. Stein.

[25. October.]

15 Erſt Freytag kommt meine Lotte wieder, ſie denkt
es ſey balde, und bedenkt wohl nicht daß heute Mon=
tag iſt. Ich will recht fleiſig ſeyn und vieles bey
Seite ſchaffen, daß ich mich recht ihrer Gegenwart

erfreuen kann. Freytag Abends sollst du Freunde
bey mir finden.

Mir fehlt alles da du mir fehlst. Lebe wohl. Ich
habe dir viel zu erzählen. G.

1993.

An Charlotte v. Stein.

Wir schwer werden mir die Tage zu überstehen ⁵
da ich Abends auf dich nicht hoffen kann. Ich bin
nicht fähig dir etwas zu schreiben, denn ohne dich
habe ich selbst an meinen Lieblings Ideen keine
Freude. Knebel geht morgen wieder weg, er hat nur
einmal sich etwas von mir vorsagen lassen, das Stein= ¹⁰
reich lockt ihn nicht, er ist ein Freund des Mensch=
lichen Wesens, und ich kan es ihm nicht verdencken.

Gestern Nacht ging ich nach der Comödie spazieren
und wäre gern immer so fort nach dir hin gegangen,
um dich mit Anbruch des Tags zu begrüßen. Ich ¹⁵
zähle iede Stunde auf deine Rückkunft und bin wider
willen fleisig um die Augenblicke zu tödten die mir
ohne dich keine Freude bringen.

Vom Herzog ist Nachricht da daß er sich wohl
befindet und noch einen weiten Umweg nehmen wird ²⁰
um seiner Reise, von deren Absicht öffentlich gesprochen
wird, einen Schein zu geben.

Frih kam diesen Abend und bewog mich nach
Oberweimar ins Laboratorium zu gehn, ich wäre

sonst zu Hause geblieben, wir handelten allerley mit
dem alten Docktor ab und kamen etwas feucht doch
sehr vergnügt zu Hause an. Bey dieser Gelegenheit
haben wir die chymischen Zeichen durchgegangen und
5 Fritz hat sich eine Abschrifft davon gemacht. Er
leistet mir Gesellschafft und so giebst du mir durch
ihn auch abwesend Leben und Unterhaltung.

b. 26. Oktbr. 84. G.

1994.
An Charlotte v. Stein.

Es geht ein Bote und ich kann dir einen Morgen=
10 grus schicken. Es ist nicht gut daß du so lange
ausſenbleibst, ich habe Mutter und Vaterland um
deintwillen zurückgesetzt und nun muß ich diese Tage
allein zu bringen. Daraus kann nichts guts ent=
stehen. Ohne dich ist mir das Leben nur eine Träu=
15 merey, und wenn ich dich missen sollte müßte ich eine
völlige Umkehrung meines Haushaltes machen. Komm
ia bald Geliebteste. Und Lebe recht wohl.

b. 28. Oktbr. 1784. G.

1995.
An den Herzog Carl August.

Durch Ihre Frau Gemahlinn habe ich einen Grus,
20 und durch die Staffete einen Brief von Ihnen erhalten,
ich dancke für beydes und eile Ihnen aus dem stillen
Kreise meines Lebens einige Nachrichten zu geben die
für Sie interessant seyn könnten.

Zuerst muß ich sagen, daß mich der Inhalt Ihres
Briefs nicht befremdet hat. Denn obgleich das Schach=
spiel dieser Erde nicht genau zu kalkuliren ist, und
ein fehlerhaffter Zug manchmal Vortheil bringt, so
schien es mir doch beynahe unmöglich daß die Schritte
des F. v. D. zu etwas gutem und zweckmäsigen führen
sollten, besonders war seine letzte Reise ein hors
d'oeuvre, wie die Unterredung des Prinzen mit Emilie
Galotti im Kreutzgange, worüber sich Marinelli mit
Recht zu beschweeren hatte. Ihre Verwunderung
beym Anblick des K. R. M. konnte ich mir voraus=
denken. Es ist mir dann aber doch ietzo sehr lieb
daß Sie die Reise machen, Menschen und Verhält=
nisse selbst sehn und in der Folge entweder sich zurücke=
ziehn, oder aus eigner Erfahrung, Trieb und Über=
zeugung handlen.

Nun zu dem Haushalte. In Daasdorf wird ein
Anfang mit Umreisen eines Theils des Angers ge=
macht, ob wir gleich noch nicht mit des Guts Über=
gabe zu Stande kommen können. Dem Pastor will
die Einrichtung noch nicht in den Sinn, seiner alten
Frau, die eigentlich Herr ist, noch weniger. Wir
gehen sehr gelinde und sachte zu Wercke, um unsern
Zweck zu erreichen, und ihnen die Weege zu allen
Entschädigungs Gesuchen abzuschneiden. Ich habe dem
Cammerassessor Büttner und Cammer Calkulator
Treuter die Sache besonders aufgetragen, um auch
diese in's Intresse zu ziehen, die Ausführung zu er=

leichtern, und sie in ihren Handelsweisen näher kennen
zu lernen.

Im Grimmenstein ist alles in voller Arbeit, und
ich hoffe bey Ihrer Wiederkunft sollen Sie das Raub
und Rattennest wenigstens so umgeformt finden daß
die Wohlthätigkeit ein Absteigequartier daselbst nehmen
kann. Den von Bertuch eingegebnen Riß, den der
Zimmermeister Curt gefertigt hatte, fand Castrop
unausführbar, weil zu vieles in dem alten Wercke
hätte müssen umgeändert werden, und würcklich bey
näherer Untersuchung war der Vorschlag sehr kost-
spielig und mit Gefahr verknüpft. Er that deswegen
einen andern, ich berief Bertuchen, dem er auf dem
Platze vorgelegt wurde; man überlegte, maß und fand
daß derselbe Entzweck erreicht werden würde und daß
die neue Einrichtung gegen die erste vielleicht einige
Mängel, dagegen aber auch wieder Vortheile haben
werde. Es wird also darnach die Abtheilung gemacht.
Verschloßne Bäncke, Räder pp werden auch gleich
besorgt, und der Körper bis zur Belebung geformt
werden.

Der Gesundbrunnen in Ilmenau worauf der arme
Docktor Schwabe seine ganze Hoffnung gesezt hat
und schon völlig überzeugt ist daß die schwachen Ner-
ven seines Beutels dadurch auf das dauerhaffteste
gestärckt werden würden, ist von Göttlingen sehr verständig und ausführlich untersucht worden, und es
findet sich daß das Wasser Gyps und Kalchtheile und

sonst weiters nichts, also eher schädliche als heilsame
Ingredienzien enthält. Ich will ihm den darüber
gefertigten Aufsatz zuschicken laffen, und er wird hof=
fentlich erkennen daß es ein Irrlicht war das ihn
auf das sumpfig quellige Fleck geführt hat.   5

In Jena ist auch alles in Ordnung, das Hospital
abgetragen, und kan der Plaz nun den Winter über
liegen bleiben, der Brücken Bogen ist frey, und wäre
dadurch die letzte Hinderniß die sich dem Ablaufe des
Waffers entgegen stellte gehoben. Der abgestochne   10
Rand der Mühllache wird auch beflochten, wir haben
diese Arbeit die ieder Besitzer unter Aufsicht verrichten
muß dadurch erleichtert daß wir ihnen die benötigten
Pfäle dazu verwilligt haben. Es macht dieses gegen
den Vortheil der für das Publikum erreicht wird eine   15
kleine Summe.

Übrigens gehe ich das Cammerrechnungs Wesen
durch und werde überhaupt wenn Sie wiederkommen
einige Vorschläge wegen dieses Departements thun.

Was sonst vorgefallen ist werden Sie durch andre   20
vernommen haben. Auffer dem Brand von Hammer=
städt weis ich nichts schlimmes. Ihre Frau Mutter
war am 24. Oktbr. vergnügt und munter. Alle
dichterische Federkiele hatten sich geregt und allerley
kleine harmlose Gaben waren dargebracht worden.   25
Prinz Constantin verherrlichte das Fest durch seine
Gegenwart und Tags drauf sahen wir einen Prinzen
als Irrwisch gleichfalls zu Ehren der Geburtsfeier

auf dem Theater. Knebel wohnte acht Tage bey mir
und ist wieder nach Jena. Die Stein hat mich auch
wieder verlaßen, sie schleppt an dem Kochberger Wirth=
schaffts Kreuze, sie theilt blos das Übel ohne es heben
5 zu können.

Das fünfte Buch von Wilhelm Meister habe ich
indeßen geendigt und muß nun abwarten wie es auf=
genommen wird.

Einen Brief an Sömmring über den famosen
10 Knochen, deßen Mangel dem Menschen einen Vorzug
vor dem Affen geben soll, habe ich auch geschrieben
und werde ihn ehstens mit einigen Zeichnungen
abgehen laßen. Waiz wird fast täglich beßer, er
hat den Caßler Elephantenschädel ganz trefflich ge=
15 zeichnet.

Wenn Sie nach Darmstadt kommen, haben Sie
doch die Güte den Herrn Schwager höflichst auf die
20 Louisdor zu exequiren die er auf seine Kuxe zurück=
steht. Er hat mir nicht einmal geantwortet, oder
20 den Empfang melden laßen. Wenn er ia mit unsern
unterirdischen Operationen nichts zu thun haben will,
und die Erinnerung an das Ilmenauer Leben ihm
das Geld nicht aus der Tasche locken kann; so wünschte
ich nur daß er die Gewährscheine zurückschickte und
25 sich losſagte.

Das Vertrauen des auswärtigen Publici wächst
immer, indeſſen unser innländisches sich gutmütig mit
Fatalitäten beschäftigt die uns zustoſen ſollen. Neu=

lich haben sie zugleich das Werck ersäuft, und die
Arbeiter durch Schwefel Dünste umgebracht.

Grüßen sie Lavatern recht sehr, denn ich nehme
als bekannt an daß Sie ihn sehen werden, auch
Schlossern und wen Sie gutes begegnen.

Wie sich auch ihr Geschäffte wendet, betragen Sie
Sich mäsig, und ziehn Sich wenn es nicht anders ist
heraus, ohne Sich mit denen zu überwerfen die Sie
hineingeführt und kompromittirt haben. Die Reise
des B. fiel mir gleich auf.

Noch hat mir Bode einen Auftrag gegeben, auf
den er sich balde Antwort erbittet. Sie haben ihm
gewiß vor einiger Zeit gesagt daß man Ihnen ein
großes Capital angeboten, das wahrscheinlich Je-
suiten Geld seye. Er habe für einen guten Freund
die Summe von 40 m Thalern nötig, ob Sie ihm
nicht näher den Canal angeben könnten und wollten
durch den zu diesem Anlehn zu gelangen seye.

Einer Pariser Loge fällt es ein, einen neuen Con-
greß zusammen zu berufen, der das Schicksaal der
vorigen haben wird. Vielleicht hören Sie etwas
in Strasburg davon. Bode ist auch eingeladen, es
fehlt nur am feurigen Wagen zu dieser Propheten
Reise.

Leben Sie recht wohl, und gedencken der Ihrigen
in fremden Landen. Ich schreibe bald wieder. Wenn
ich mich repetire: so verzeihen Sie.

Hier ein Probedruck von einer Radirung Fritzens nach einer Kobelischen Zeichnung. Leben Sie recht wohl. Weimar d. 28. Oktbr. 1784.

Goethe.

1996.
An Charlotte v. Stein.

Da ich höre daß meine Geliebte früh kommt habe ich mein Essen zu ihr bestellt.

Ich muß in's Conseil, sobald es vorbey ist bin ich bey dir. Wie freu ich mich deines Anblicks! d. 29. Oktbr. 84. G.

1997.
An Charlotte v. Stein.

Einen guten Morgen durch Fritzen. Ich hoffe auch etwas von dir zu hören, und werde mir wohl noch heute früh ein Geschäffte machen um auszugehen und dich zu sehn.

Möge doch unser ganzer Winter dem gestrigen Abend gleichen. Lebe recht wohl du innigst Geliebte. d. 30. Oktbr. 84. G.

1998.
An Charlotte v. Stein.

Wie wird es heute werden? Hat meine Liebe sich bestimmt? Auf dein Wort wird meine Einrichtung gemacht werden. Ich habe noch gestern Abend und heute früh an Wilhelm gedacht und geschrieben. Das liebe Phantom hilft mir sehr freundlich fort.

d. 31. Oktbr. 84.   G.

1999.

An Charlotte v. Stein.

Meine Lotte wird hoffe ich gesund und froh erwacht seyn und meiner gedencken.

Um Zwölfe komme ich und will von deiner Thüre wegfahren, erinnre Steinen daß er mir einen Wagen dahin bestellt.

Gestern habe ich auf dem Tische an dem ich radirte ein langes Zettelgen mit Zahlen liegen lassen, schicke es mir.

Adieu du Geliebteste. d. 1. Nov. 1784.

G.

2000.

An Charlotte v. Stein.

Schon seit ich wach bin geh ich mit einem Brief= gen an dich um. Du kommst mir zuvor. Hier ist Hemsterhuys. Erzähle mir daraus und finde ia auch darinne Ursache mich zu lieben. Diesen Abend bin ich bey dir. Vielleicht sehn wir uns auch noch eher.

d. 4. Nov. 84.   G.

2001.

An Charlotte v. Stein.

Sehr willkommen ist mir der Strahl des Lichtes
den du mir sendest. Der Tag ist nichts weniger als
electrisch und meine Beschäfftigungen dazu, die alle
Säffte stocken machen, und alle natürliche Wärme
einsperren. Liebe mich, so wird mir's wohl werden
und bleiben. Gegen Abend seh ich dich.

d. 6. Nov. 84.   G.

2002.

An C. v. Knebel.

Den 6. November 1784.

Die Angelegenheit, von der du mir schreibst, ist
zu wichtig als daß ich dir aus dem Stegreife ant=
worten könnte. Ich will, wenn's möglich ist, morgen
zu dir hinüber kommen. Vielleicht bring ich einige
Freunde mit.

Kommen wir mehrere, so erfährst du es bey Zei=
ten. Mache nur ja wenig, damit wir nicht überfüttert
werden.

Lebe wohl.
                                                     G.

2003.

An Charlotte v. Stein.

Ich dancke meiner Besten für das Frühstück. Es
schmeckt fürtrefflich. Der Tag ist schön und ich gehe
vielleicht nach Tiefurt zu Tische. Diesen Abend bin

ich) bey dir und wir lesen in denen Geheimnissen fort,
die mit deinem Gemüth so viele Verwandschafft haben.

Lebe wohl du liebe Seelenführerinn. Das ist ein
Beynahme den ich von Hemsterhuys gelernt habe.

d. 9. Nov. 1784.   G.

2004.
An J. G. Herder.

[11. November.]

Wolltet ihr morgen Abend zu mir kommen, so
wäre mir es sehr angenehm. Ich habe eine neuent=
deckte Harmoniam naturae vorzutragen.

Könntest du mir den Theil deines Wercks, wo du
die Naturreiche durchgehst, schicken, ich möchte wieder
sehen, wie du gewisse Puncte behandelt hast.

Wäre es morgen schön Wetter, kämen wir früher
zusammen und spazirten. Lebe wohl.

G.

2005.
An C. v. Knebel.

Ich bitte dich lieber Knebel um die Regensburger
Correspondenz, ich kann sie nicht länger entbehren.
Es ist Nachfrage darnach.

Habe Danck für die schönen Äpfel, müsse dir da=
gegen ieder ungeschlachte Stein zum Marcepan werden.

Ehstens schick ich mein Knöchlein und was dem
anhängig, wenn du es angesehn giebst du's an Lodern
und sorgst daß ich es gleich wieder erhalte. Ich mögt
es nun los seyn.

Wir haben heute eine neue Operette. Die Geister
der Musick werden wenigstens in der Ferne erscheinen.
Lebe wohl. Und sag mir balde wie dir es geht.

Jakobi hat mir alle Wercke des Hemsterhuis ge=
5 schickt. Sie freuen mich sehr.

Ich lese mit der Frau v. Stein die Ethick des
Spinoza. Ich fühle mich ihm sehr nahe obgleich sein
Geist viel tiefer und reiner ist als der meinige. Lebe
wohl. d. 11. Nov. 1784.
10   G.

2006.
An F. H. Jacobi.

Vor einigen Tagen erhielt ich ein Packet das mich
deines Andenckens versicherte, denn es brachte mir die
Hemsterhuisischen Schrifften. Sie waren mir eine
gar angenehme Erscheinung. Der Alexis hatte uns
15 sehr in diesen Geschmack versetzt und deine kleine
Schrifft über Spinoza, bezieht sich auf den Aristee.
Sehr willkommen war also die ganze Sammlung
wofür ich herzlich dancke.

Dein Andencken ist unter uns auch lebendig und
20 wir haben uns neulich mit deiner Büste unterhalten
die recht gut gerathen ist, und wovon ich nun einen
Abguß besitze. Du wirst deinen Freunden ein ange=
nehm Geschenck damit machen.

So ein Kunstwerck wenn auch die Gegenwart und
25 der ganz delikate Kunstsinn manches daran vermißt,
bleibt doch für den Abwesenden sehr viel werth.

25*

Nun habe ich gedacht der Gyps ist sehr vergäng=
lich, in einigen Jahren sind die ersten und besten
Ausgüsse mehr oder weniger verdorben, deswegen soll
Klauer nun einen Kopf aus sächsischem Marmor
hauen und wenn er geräth werde ich mich sehr freuen. 5

Noch mehr aber wenn ich dir einige Güsse in
Bronze liefern kann, es ist das dauerhaffteste und
für deine Kinder ein schönes Andencken. Diesen
Winter soll eine Probe im kleinen gemacht werden
und wenn diese glückt, soll ein metallner Fritz zu 10
iedermanns Freude dastehn. Ich studiere nun die
edle Kunst des Giesers selbst, damit es ja noch bunter
in meinem Kopfe werde.

Die Gyps Büsten die für dich und nach Münster
bestellt sind, wird Klauer wohl eingepackt an meine 15
Mutter schicken schreibe ihr nur gleich wohin sie den
Kasten weiter spediren soll.

Heute Abend kommen Herders zu mir und Frau
v. Stein. Wir werden dein gedencken. Herder liest
uns was du nun bald gedruckt lesen wirst. 20

Lebe wohl du Lieber. Ich bin immer zerstreut
und hin und her geschleppt daß ich kaum der Gegen=
wärtigen geschweige der Abwesenden geniesen kann.

Lebe wohl. Grüße die deinen.

b. 12. Nov. 1784.   G. 25

2007.

An Charlotte v. Stein.

Endlich komme ich dazu meiner Lotte ein Wort
zu sagen, es geht heute sehr bunt bey deinem Freunde.
Ich erwarte dich sehnlich! Herders kommen.
Laß nur das weiße Papier aufziehen wir wollen
5 es auf dem Rahmen färben lassen.
Lebe wohl. Komme bald. Ich bin wohl.
d. 12. Nov. 1784. G.

2008.

An Charlotte v. Stein.

Heute Abend muß ich wieder Leute haben doch
nur nach der Comödie. Den Graf Morelli will ich
10 einladen was ich balde thue thu ich doppelt. Meine
Lotte kommt doch auch, vorher seh ich dich. Adieu.
sage mir ia bald daß du mich liebst.
d. 13. Nov. 1784. G.

2009.

An C. v. Knebel.

[17. November.]

Hier schicke ich dir endlich die Abhandlung aus dem
15 Knochenreiche, und bitte um deine Gedancken drüber.
Ich habe mich enthalten das Resultat, worauf schon
Herder in seinen Ideen deutet, schon iezo mercken zu
lassen, daß man nämlich den Unterschied des Menschen
vom Thier in nichts einzelnem finden könne. Viel=

mehr ist der Mensch aufs nächste mit den Thieren
verwandt. Die Übereinstimmung des Ganzen macht
ein iedes Geschöpf zu dem was es ist, und der Mensch
ist Mensch sogut durch die Gestalt und Natur seiner
obern Kinlade, als durch Gestalt und Natur des letzten
Gliedes seiner kleinen Zehe Mensch. Und so ist
wieder iede Creatur nur ein Ton eine Schattirung
einer grosen Harmonie, die man auch im ganzen und
grosen studiren muß sonst ist iedes Einzelne ein todter
Buchstabe. Aus diesem Gesichtspunckte ist diese kleine
Schrifft geschrieben, und das ist eigentlich das Inter=
esse das darinne verborgen liegt.

Könnte ich mehr für die vergleichende Anatomie
und Naturlehre thun so würde das noch lebendiger
werden. Leider kann ich nur einen Blick auf die
Natur thun, und ohne Studium der Schrifftsteller die
in diesen Fächern gearbeitet haben läßt sich auch
nichts thun, ich werde mir es aufheben bis mich das
Schicksaal quiescirt oder iubilirt.

Lebe wohl. Gieb das Portefeuille an Lodern und
schaffe daß ich es bald wieder habe.

Schreibe mir von deinen Studien.

Lebe wohl. Lieber.

Es wäre gut wenn wir uns in Holland einen
verständigen freundlichen Correspondenten verschaffen
könnten.

Eben erhalte ich deinen Brief und dancke dir für deine Vorsorge und Liebe.

Es freut mich daß von fremden Orten her etwas menschliches gekommen ist, und wünsche dir immer mehr Lust und Liebe zur Erkenntniß natürlicher Dinge.

Wie es vor alten Zeiten, da die Menschen an der Erde lagen, eine Wohlthat war, ihnen auf den Himmel zu deuten, und sie auf's geistige aufmerksam zu machen, so ist's iezt eine größere sie nach der Erde zurückzu= führen und die Elastizität ihrer angefesselten Ballons ein wenig zu vermindern. Lebe wohl und liebe.

Herder ist über der Anthologie und ist im Über= setzen sehr glücklich und übersetzt glücklich.

G.

Vom Herzog hört man nichts. Ich muthmase er ist in Zürch.

2010.
An Charlotte v. Stein.

Eh ich weggehe muß ich noch meine liebste Pflicht erfüllen und meiner liebsten Lotte schreiben. Jetzt da ich fort soll bliebe ich gerne und finde daß ich so nötig drüben nicht bin. Der Geh. Rath Fritsch kommt Sonnabends hinüber und mit ihm kehr ich zurück, Abends bin ich also wieder da. Lebe recht wohl. Gedencke mein. Hier wieder ein Epigramm das unter die mittelmäsigen gehört. Grüse Herders.

d. 18. Nov. 1784. G.

2011.

An Charlotte v. Stein.

Man hat mir Alles herüber geschickt mit Briefen worunter einer vom Herzog war, und nichts von dir, daraus schliese ich daß du nichts von seinem Weege wußtest.

Hier ist des Herzogs Brief, du wirst sehen daß ihm wohl ist, möge diese Reise zu Berichtigung seines Wesens beytragen.

Mir geht es recht wohl hier. Mögte ich doch in dieser Ruhe einige Zeit hinbringen können, vorausge= setzt daß du daran Theil nehmen könntest.

Ich bringe den Spinoza lateinisch mit wo alles viel deutlicher und schöner ist, ein Leben Antonins, und eine Astronomie die sich gut lesen läßt.

Von des Toaldo neuem Wetter Cyklus habe ich dir gesagt. Ich bin auf meine neuen Baro und Ther= mometers verlangender als iemals.

Morgen Abend komme ich wieder und wir setzen unser Leben fort. Meine Hoffnungen ruhen nur auf dir und werden reichlicher ieden Tag erfüllt.

Laß mich dich zu Hause treffen, und lebe recht wohl. Jena d. 19. Nov. 1784.

G.

2012.

An Charlotte v. Stein.

Voll Verlangen dich balde zu sehen schick ich dir
den gewöhnlichen Tribut, sage mir daß du auch nach
mir verlangst und daß ich bald kommen soll. Ich
will zu Mittage bey dir essen, und die Bücher mit=
bringen und hoffe meinen Sabbath in dir.

d. 21. Nov. 1784. G.

2013.

An Charlotte v. Stein.

Ich bitte um den Blechkasten und schicke dir das
versprochne. Eine Anecdote liegt zum Grunde. Ich
glaube es war Königinn Christina der ein Bettler
die Antwort soll gegeben haben.

Herder hat mir seine Abhandlung über das grie=
chische Epigramm geschickt die recht schön ist, und
seine Mythologische Fabeln die ich mit dir lesen will
und soll. Lebe wohl und wenn Eine Bitte bey dir
statt findet so wecke den Amor nicht wenn der un=
ruhige Knabe ein Küssen gefunden hat und schlummert.
Lebe wohl. Der deine.

d. 22. Nov. 1784.

2014.

An Charlotte v. Stein.

Ich mögte von meiner L. etwas freundliches hören.
Gehn wir etwa spazieren. Wenn dir's wohl ist, dich

der Hof nicht fordert, solltest du Herders auf heut
Abend einladen, daß wir die Fabeln lesen könnten.
Hier etwas das du ihnen mit der Einladung schicken
kannst. d. 23. Nov. 84.

2015.

An Charlotte v. Stein.

Hier Lotte zum Morgengruß! Ich habe viel zu
thun. Wie ist dein Tag eingetheilt. Gönnst du mir
den Abend. Sollten wir nicht Herders einladen. Sie
kommen um sechse gewöhnlich wir müssen noch vor=
her die griechischen Fabeln lesen. d. 24. Nov. 1784.

G.

2016.

An Charlotte v. Stein.

Heute hab ich dir zum trüben Tage nichts an=
muthiges zu schicken, du must auch die Mittelgattungen
annehmen. Sag mir ein Wort. Diesen Abend sind
wir wohl zusammen. Wenn ich mich nicht schämte
brächt ich meine Acten zu dir und brächte den ganzen
Tag bey dir zu. d. 25. Nov. 1784.

G.

2017.

An Charlotte v. Stein.

Ich wäre schon gekommen wenn ich nicht so viel
zu schreiben und zu thun hätte daß ich nicht vom

Platze kann. Meine Gedancken waren schon vielmals
bey meinem geliebtesten Wesen. Zu Tafel bin ich
nicht eingeladen nach zwölfe will ich einen Augenblick
kommen. Lebe recht wohl und liebe. Auf heut
Abend ist alles bestellt. Hast du mir etwa abzu=
rathen und abzusagen so thue bald.

d. 25. Nov. 1784.   G.

2018.
An den Herzog Carl August.

Dieser Brief soll Ihnen hoffe ich noch in meinem
väterlichen Hause begegnen und Sie auf Ihrer Rück=
reise willkommen heisen. Den Brief aus Zürch habe
ich erhalten und mich Ihrer glücklichen Reise gefreut,
Sie haben die Jahresfeyer von 79 in Zürch feyern
können. Ich bin sehr neugierig wie Sie Lavatern
gefunden haben, und in welchen veränderten Gesichts=
puncten Ihnen Menschen und Land erschienen sind.

Bey uns wohnt Friede, wenigstens äussere Ruh.
Die Holländer haben durch einen wunderbaren Gesand=
ten Subsidien anbieten lassen. Einsiedel der Afrikaner
ist als Holländischer Hauptmann und Substituirter be=
vollmächtigte des Rheingrafen von Salm aufgetreten.
Die Bedingungen klingen ganz gut ich lege sie bey.
Indessen war er schon selbst überzeugt daß es eigent=
lich nur ein Compliment sey das er anbringe, und ist
über Dresden nach Berlin wo er seinen Substituenten
finden wird. Noch weis niemand mit einiger Wahr=

scheinlichkeit zu folgern was kommen werde. Die
Zweydeutigkeit Franckreichs macht ieden verwirrt.

Wir fahren indeſſ mit unſern Ameiſenbemühungen
fort als wenn es gar keine Erdbeben gebe.

Vom Steigen und Fallen der Frucht, von zu be=
fürchtendem Mangel und nothwendiger Sperre iſt viel
Fragens und Redens, vielerley Meynung, Rath und
kein Schluß. Auch iſt es leider eine Angelegenheit in
der ein kleiner Staat faſt nichts beſchlieſen kann.
Gotha hat einen ſehr eigennüßigen Vorſchlag unter
dem Schein einſtimmenden Wohlmeynens gethan.

Der Preis iſt gefallen der Scheffel 1 rh. 15 gr.
gegen Weynachten ſteigt er gewiß und weiter hinaus
noch mehr. Bey der Kammer wird mit Verkaufen
tauglichen Korns ſchon eine Zeit lang innegehalten.
Wenn die diesjährige Kollecktion eingebracht iſt, und
man alles abzieht was an Bedürfniſſen für Hof,
Dienerſchafft, Militar pp zurückzulegen iſt bleibt etwa
9 bis 10 tauſend Scheffel zum Verkauf.

Der Grimmenſtein iſt fertig und wird hoffentlich
Ihren Beyfall haben, das Wetter hat uns ſehr ſe=
kundirt.

Ich weis nicht ob ich ſchon gemeldet habe daß ein
Theil des Angers bey Daasdorf umgeriſſen iſt, und
daß wir den trefflichſten Boden gefunden haben. Es
wird ſich an dem kleinen Gütgen recht viel artiges
thun und zeigen laſſen.

Schubartens Ausfall auf unſer Reglement habe

ich gelesen, und wußte schon vorher daß es nichts
taugte. Es ist aber nicht eigentlich der Fehler daß
man ein schlechtes Reglement gemacht hat sondern daß
man eins gemacht hat unter solchen Umständen. Der
5 ganze Grundsatz desselben ist: ihr sollet zween
Herren dienen. Und das ist auch der Text zu Schu-
barts Tadel. Man muß Hindernisse wegnehmen, Begriffe aufklären, Beyspiele geben, alle Theilhaber zu
interessiren suchen, das ist freylich beschweerlicher als
10 befehlen, indessen die einzige Art in einer so wichtigen
Sache zum Zwecke zu gelangen, und nicht verändern
wollen sondern verändern. Ich habe zu dieser Handlung ein besonder Concilium bestellt welches sich lustig
genug ausnimmt. Der Assessor Büttner, der Cam-
15 mer=Calculator Treuter, der Heichelheimer Pachter,
der Postmeister Lüttich der selbst schon in der Stille
diese Proben durchgemacht hat. In der Buttelstädter
Ziegelhütte wird eine Gypsmühle angelegt. u. s. w.
Der Schmidtische Pachter in Obringen macht auch
20 Versuche und so dencke ich soll sichs nach und nach
ausbreiten.

Von andern Dingen werden Ihnen andre geschrieben haben.

Unsere Gesellschafft wird gegenwärtig sehr durch
25 einen Grafen Morelli unterhalten der von Braunschweig mit starcken Empfehlungen hierher gekommen
ist. Er scheint mir ein ziemlich kluger Abentheurer
der die Schwächen der Menschen leicht aufzufinden

und sich in sie zu finden weis, seine musikalischen
Talente sind gros, er hat eine leichte und gefällige
Art zu seyn. Genug der leidenschafftliche Anteil den
Tante Gustgen an ihm genommen hat, wird durch
das Betragen unsrer Damen entschuldigt die sehr 5
gesinnt zu seyn scheinen ihn für seinen Braunschwei=
ger Verlust zu entschädigen. Was für Hoffnungen
er auf Ihre Gnade hegt werden Sie wohl schon
wissen, auch von dem übrigen Detail unterrichtet
seyn. Sie haben soviel Correspondenten daß man 10
fürchten muß Ihnen nur bekannte Dinge zu schreiben.

Bey Knebeln bin ich einigemale gewesen, er findet
sich nach und nach in die Einsamkeit und in die Natur=
lehre. Diese Wissenschafft hoffe ich soll ihm von
grosem Nutzen seyn sie ist sicher, wahr, manichfaltig, 15
lebendig; man mag viel oder wenig in ihr thun, sich
an einen Theil halten oder auf's ganze ausgehen,
leicht oder tief, zum Scherz oder Ernst sie treiben,
immer ist sie befriedigend und bleibt doch immer un=
endlich, der Beobachter und Dencker, der ruhige und 20
strebende ieder findet seine Nahrung. Im Anfange
kam sie ihm fremd vor da er nur an Dichtkunst und
Geisteswesen gewöhnt war, iezt aber wird ihm nach
und nach der Sinn aufgeschlossen mit dem man die
alte Mutter verehren muß.   25

Der ganze Aufwand in Jena wird auf 4000 rh.
hinaufsteigen. Es ist nunmehr alles berichtigt und
fast geendigt. Die Befestigung der Mühllache ist das

Letzte. Das academische Hospital muß bis aufs Jahr
liegen, indessen ist doch der Brückenbogen frey.

Übrigens lebe ich insofern es die Umstände er=
lauben nach Vorschrifft meines Genius und befinde
mich wohl, besser als mir sonst dieser Monat er=
laubte. Möge Ihnen auch die Bewegung und Ver=
änderung der Gegenstände recht wohlthätig seyn, und
Sie zu rechter Zeit gesund zurücke kommen. Weimar
d. 26. Nov. 1784.

                                        G.

2019.
An Charlotte v. Stein.

Zum guten Morgen sage ich meiner Lotte, daß
ihre gestrige Abwesenheit mich zum Fleise gezwungen
hat. Ich habe gelesen und geschrieben was ich lange
hätte thun sollen.

Du wirst gestern Abend noch ein Andencken ge=
funden haben, heute schick ich eine Betrachtung aus
der Fürstenlehre zum guten Morgen.

Ich bin betrübt in dem Gedancken daß du viel=
leicht heute die Waldnern einladen und morgen bey
Hofe gehen mußt.

Lebe wohl. Liebe und sage mir ein Wort.
d. 27. Nov. 1784.   G.

2020.

An J. G. Herder.

[Ende November.]

Hier schicke ich die trefflichen Gedichte mit vielem
Dancke zurück. Der große Verstand, die weite Über=
sicht der Welt, die reizende Manigfaltigkeit der Er=
findung, der Ernst und die Lieblichkeit finden sich
nicht leicht zusammen. Man ist ganz befriedigt wenn 5
man sie ließt.

Ich wünschte daher nicht daß auch nur Eines
wegbliebe. Auch die welche geringer scheinen heben
die übrigen, wie gelinder Schatten ein zartes Licht.
Lebe recht wohl. Im dritten und vierten Buche habe 10
ich einige Unordnung angerichtet.

G.

2021.

An Merck.

Weimar, den 2. Dez. 84.

Aus deinem letzten Briefe an die Herzoginn ver=
nehme ich sehr ungerne, daß du krank warst und dich 15
noch kaum erholt hast. Ich habe bisher so lange
nichts von dir gehört, auch nicht an dich geschrieben,
weil ich mit einer kleinen Abhandlung, die ich dir
zuschicken wollte, und mit einigen Versuchen osteolo=
gischer Zeichnungen, die dazu gehören, bisher auf= 20
gehalten worden bin und nunmehr, da ich sehe, daß

doch vor Ende des Jahres nicht viel daraus werden
wird, will ich diesen Brief vorlaufen lassen.

Für den Kopf der Giraffe danke ich. Er giebt
mir einstweilen eine Idee, bis ich das Skelet, das du
in Kupfer stechen lässest, zu sehen kriege. Besonders
bin ich auf das Verhältniß der Vorder= und Hinter=
füße begierig. Die Zartheit und Schwäche des Thieres
läßt sich schon an der flüchtigen Zeichnung des Schä=
dels sehen.

Meine Mutter schreibt mir, daß Camper's Büste
unterwegs sey. Es macht mir große Freude wenig=
stens einen Vorschmack dadurch von seinem Daseyn
zu haben. Schreibe mir doch, in wiefern es wahr=
scheinlich ist, daß er hierher kommt und wann?
Denn ich wollte bey meinen Planen auf das nächste
Jahr, die ich von weitem anlegen muß, vorzüglich
darauf rechnen.

Könntest du nicht die kleinen Schriften dieses
Mannes, die in den Harlemer Akten stecken, über=
setzen und bekannt machen; oder wird es vielleicht
Herbell thun, wenigstens läßt es der Anfang, den er
gemacht hat, hoffen.

In Mineralogicis habe ich diesmal wieder auf
dem Harze und Thüringer Wald viel gesammelt.
Vom Harze werde ich nun balde die wichtigste Suite
beisammen haben, die existiren kann. Von Gebürgs=
arten versteht sich; denn nach reichen und kostbaren
Stufen lasse ich mich nicht gelüsten, es ist mir auch

zu dem, was ich vorhabe, wenig an Kostbarkeiten
gelegen. Kannst du mir nicht einmal von deiner
Gegend eine Folge, die du mir so lange versprochen
hast, überschicken? Es ist so lange, daß ich dir nicht
geschrieben habe, daß ich nicht einmal weiß, ob ich
dir für die ausführliche Recension der holländischen
Cabinette Dank gesagt habe.

Ich habe diesmal Krausen mit auf dem Harze
gehabt und er hat mir alle Felsarten nicht mahle=
risch, sondern wie sie dem Mineralogen interessant
sind, gezeichnet. Es kann diese Sammlung, wenn
wir sie in der Folge fortsetzen, sehr schön und voll=
ständig werden. — Schreibe mir doch bald, wie es
mit dir steht und was du etwa merkwürdiges neues
aufgetrieben hast. — Der Herzog wird, wenn du
dieses erhältst, wahrscheinlich von euch weg seyn.
Schreibe mir doch, wie du ihn gefunden hast. Ich
mag gar gerne einmal wieder Fremde von Menschen
urtheilen hören, die mir so nahe sind, daß ich bald
nicht mehr über sie urtheilen kann. Lebe wohl.
Grüße die Deinigen. Schreibe bald.

2022.

An F. H. Jacobi.

Deine Packete lieber Bruder gleichen immer den
Schiffen aus Ophir besonders diesmal da du mir
meine eignen Affen zurücksendest. Es freut mich
wenn sie dich durch ihre Gauckelpossen ergötzt haben.

Für Gold bey dem gegenwärtigen Transport
lassen sich die Zeichnungen Kobels gar wohl er=
klären, ich dancke dir aufs herzlichste dafür. Die
eine die dem Geiste nach geringer ist, läßt doch an
5 Hand und Talent nichts zu wünschen übrig und man
würde es immer für ein Glück schätzen sie zu besitzen.
Herders grüßen und werden selbst schreiben.
Bißher ist viel im Geschmacke der Griechen epi=
grammatisirt worden. Herders Übersetzungen aus der
10 Anthologie werden nun gedruckt.
Du scheinst uns auch Lust und Liebe zur Meta=
physik zurückgelassen zu haben. Zwar werde ich für
meine Person wohl balde zur Dichtkunst zurückkehren.
Lebe wohl. Ich schreibe nicht mehr damit dieses Blat
15 noch abgehe.
Weimar d. 3. Dez. 1784.   G.

2023.
An Caroline Herder.

[3. December.]
Hier schicke ich die Überreste der Lustbarkeiten
voriger Tage. Mögen sie Ihnen zur rechten Stunde
kommen. Bußtagsmäßiger ist das Knochenwerk das
20 ich dem Manne überschicke und bitte die Übersetzung
durchzusehen. Ich schäme mich ihn mit dieser Kleinig=
keit so oft zu plagen. Wenn die Hennen so lang
über den Eyern säßen als ich mich mit diesen Dingen
26*

beſchäftige, ohne daß es ein Ende wird, die jungen
Hühner müßten theuer ſeyn. Adieu.

G.

2024.
An Charlotte v. Stein.

Mich verlangt ein Wort von dir zu hören, ich
will heute einiges thun und gegen Abend zu dir
kommen. Sage mir daß du wohl biſt, und daß du
mich liebſt.

d. 4. Dez. 84. G.

2025.
An Charlotte v. Stein.

Der Herzog ſchreibt mir von Franckfurt er iſt erſt
den 3. Dez. von da nach Darmſtadt und verlangt ich
ſoll nach Franckfurt kommen und mit ihm zurück=
reiſen. Ich bin würcklich in Verlegenheit. Was ſagſt
du dazu liebe Lotte. Das Wetter die Jahrszeit, mein
Befinden und die böſen Erinnerungen von 79 Hom=
burg, Darmſtadt, Hanau, Ziegenberg machen mir
Reiſen in den Gliedern. Lebe wohl du beſte, die
mich doch alleine hält.

d. 5. Dez. 1784. G.

2026.
An den Herzog Carl Auguſt.

Ungern ſchreibe ich dieſen Brief anſtatt ſelbſt zu
kommen, da ich ſehe daß es Ihnen ein Vergnügen

machen würde mich in Frankfurt zu finden. Soviele
innre sowie äußere Ursachen halten mich ab, daß ich
Ihrem Rufe nicht folgen kann. Möge es Ihnen
recht wohl gehn und diese Reise der es nun bald an
5 sauern Unbequemlichkeiten nicht fehlen kann Ihnen
von recht großem Nutzen werden.

Mich heist das Herz das Ende des Jahres in
Sammlung zubringen, ich vollende mancherley im
Thun und Lernen und bereite mir die Folge einer
10 stillen Thätigkeit aufs nächste Jahr vor, und fürchte
mich vor neuen Ideen die auſſer dem Kreise meiner
Bestimmung liegen. Ich habe deren so genug und zu
viel, der Haushalt ist eng und die Seele ist uner=
sättlich.

15 Ich habe so oft bemerckt daß wenn man wieder
nach Hauſe kommt die Seele statt sich nach dem Zu=
stand den man findet einzuengen, lieber den Zustand
zu der Weite aus der man kömmt ausdehnen möchte,
und wenn das nicht geht so sucht man doch so viel
20 als möglich von neuen Ideen hereinzubringen und zu
pfropfen, ohne gleich zu bemercken ob sie auch herein=
gehen und passen oder nicht. Selbst in den letzten
Zeiten, da ich doch jetzt selbst in der Fremde nur zu
Hauſe bin, hab ich mich vor diesem Übel, oder wenn
25 Sie wollen vor dieser natürlichen Folge nicht ganz
sichern können.

Es kostet mich mehr mich zusammen zu halten als
es scheint, und nur die Überzeugung der Nothwendig=

teit und des unfehlbaren Nutzens hat mich zu der
paſſiven Diät bringen können an der ich jetzo ſo feſt
hange.

Leben Sie recht wohl und kommen glücklich wieder
zu uns. Diesmal kann ich nicht mehr ſchreiben.

Die erwartete Frau von Reck iſt angekommen, ein=
geholt von Bode. Es hat ſie noch Niemand geſehn.

Leben Sie wohl, ich bin recht neugierig, auf das
was Sie uns mitbringen; denn Sie haben doch man=
ches wunderbare erfahren.

Weimar d. 6. Dez. 1784.

Goethe.

2027.

An Charlotte v. Stein.

Liebe Lotte es ſcheint doch als wenn der Monat
ſein Recht behaupten wollte ich will nur hübſch ſtill
ſeyn und des heiligen Chriſts harren. Das ſchlimmſte
dabey iſt daß mir auch in ſolchen Stunden das Ge=
fühl deiner Liebe verdunckelt wird. Lebe wohl und
liebe. Ich habe heute mit der Arzney das hollän=
diſche vorgenommen. Eine ſchoene Geſellſchafft. Adieu.

d. 12. Dez. 1784.   G.

Soviel hatte ich geſchrieben als dein allerbeſtes
liebſtes Zettelgen kommt. Wie danck ich dir ſüſe Lotte
für deine Liebe und für ihre Gewiſſheit. Es wird

mir beſſer ſeyn wenn ich zu Hauſe bleibe. Dieſen
Abend aber mag ich gerne ausgehn und zu dir kom=
men. Nach ſieben will ich mich einfinden.
Adieu.

2028.

An C. v. Knebel.

5 Ich habe ſchon längſt verlangt von dir zu hören,
und dancke dir daß du mir Nachricht giebſt. Ich
dencke offt an dich, und wünſchte zu Zeiten deine Ab=
geſchiedenheit theilen zu können, ob ich gleich auſſer
Geſchäfften faſt eben ſo einſam lebe.

10 Die Stein und Herder ſind mir vom gröſten Werth
und ſind beynahe meine einzigen hieſigen Capitale von
denen ich Zinſen ziehe.

Es freut mich ſehr daß Waiz ſich gut hält. Grüſe
Lodern und danck ihm für die Sorgfalt an der la=
15 teiniſchen Überſetzung. Frage ihn was ich etwa Über=
ſetzer und Abſchreiber zu geben habe. Es iſt num=
mehr davon ein prächtig Exemplar abgeſchrieben, wird
gebunden und ſoll vor Weynachten ſeine Reiſe an=
treten.

20 Seidler wünſche ich Geſchick und Glück zum An=
fange, es kommt viel auf den Eintritt an.

Wie der Herzog unterwegs vom Geiſte der Natur=
lehre überfallen worden wundert mich es ſchienen
ſeine Organen am wenigſten vorbereitet dieſes Weſen
25 zu vernehmen.

Du haſt recht gegen das Encyklopädiſche Gaſtmal
zu eifern was Herr Schlettwein auftiſcht. Indeſſen
bleiben die meiſten dieſer Materien, man ſpreche öffent=
lich davon ſo viel man will scientia occulta. Wenig=
ſtens gewiß in der Anwendung und das haben ſie 5
mit mehreren gemein.

Du wirſt vielleicht Frau v. Reck geſehn haben.
Ich bin neugierig wie ſie dir einſamen erſchienen iſt.

Herder iſt fleiſig, es iſt unglaublich was er ar=
beiten kann. 10

Mich hat der Dezember diesmal weniger als ſonſt
geplagt. Doch hab ich nichts als Geſchäffte bey Seite
gebracht. Eine Operette in Zwiſchenſtunden das iſt
alles.

Lebe wohl. Ich lade dich nicht zum Beſuch. Dein 15
Zimmer ſteht bereit.

Wenn Oeſer auf die Feyertage nicht kommt beſuch
ich dich vielleicht.

d. 15. Dez. 1784. G.

2029.

An Charlotte v. Stein.

Meine Lotte erhält hier die Journals die ich 20
geſtern abzugeben vergeſſen, wenn ſie etwas artiges
drinne findet ſo theilt ſie mirs mit. Dieſen Abend
erwarte ich dich mit viel Vergnügen. Stein kommt
doch auch nach der Comödie. Lebe wohl. Liebe!

d. 16. Dez. 84. G. 25

2030.

An Charlotte v. Stein.

Sage mir beste Lotte wie du dich befindest und
ob du heute Abend noch zu mir kommen wirst. Schicke
mir die Iphigenia und die Epigramme daß ich sie
abschreiben laße.

5 Lebe wohl. Liebe. d. 17. Dez. 1784.

G.

2031.

An Charlotte v. Stein.

Guten Morgen meine immer neu Geliebte. Wie
befindest du dich. Der Tag ist so schön und es ist
mir lange in einem Dezember nicht so wohl gewesen.

10 Meine neue Vorstellungs Art trägt nicht wenig dazu
bey. Schicke mir das kleine Portefeuille worinn meine
angefangne Zeichnungen sind. Lebe wohl. Nach Tische
komm ich balde. d. 19. Dez. 1784.

G.

2032.

An Merck.

Weimar den 19. Dez. 1784.

15 Endlich kann ich dir das Spezimen schicken, worauf
ich dich so lange vorbereitet habe. So wenig es ist,
hat es mir viel Plage gemacht, bis ich es habe so
zusammen bringen können. Der junge Mensch, der

die Zeichnungen gemacht hat, heißt Waiz und ist ein
Zögling unserer Akademie. Du siehst, wie gut er
sich anläßt und was man von ihm hoffen kann.

Da ich Euch diese Blätter nur zum Versuch schicke,
so habe ich die besten Zeichnungen, die nach der Cam=
perischen Methode gemacht sind und jedesmal das os
intermaxillare von drey Seiten entweder in natür=
licher Größe, oder nach einem gewissen Maasstabe
verkleinert vorstellen, zurückbehalten, und mache mir
nun, wenn ich meine Abhandlung weiter ausführe
und ich nicht etwa veranlaßt werde, einen Theil da=
von in Kupfer stechen zu lassen, ein Exemplar davon
und lege es bey).

Die lateinische Übersetzung ist in der Absicht ge=
macht worden, daß Camper das Werkchen sehen soll.
Du wirst am besten beurtheilen, in wiefern er eine
Rektifikation seiner Meinung von einem Layen gut
aufnehmen möchte. Wenn du es ihm überschickst, so
gebe ich dir Carte blanche, ihm von mir an Artigem
und Verbindlichem zu sagen, was du Lust hast, und
ihm zugleich für seine Büste zu danken. Sie ist un=
zerbrochen, aber fleckicht angekommen, denn die Eichen=
späne, worin sie gepackt war, waren naß geworden.
Sie macht mich nur neugieriger, diesen Mann kennen
zu lernen.

Noch wünschte ich, daß mein Opus auf der Reise
zu Campern bey Sömmeringen durchginge. Schicke
es ihm also so bald als möglich zu, daß er es weiter

spediere. Ich habe ihm geschrieben, daß er etwas
von dir zu erwarten hat. Das Eigenthum des Manu=
striptes selbst überlaß ich dir. Du magst es nun für
dich behalten, oder Campern abtreten wollen.

5 Nun sey aber auch thätig und hülfreich, daß ich
bald einen Beytrag von Schädeln erhalte, wenn es
auch nur zum Abzeichnen ist. Denn ich möchte gar
zu gerne eine vollständige Suite dieses Knochens bey=
sammen haben.

10 Ich füge ein Verzeichniß bey von denen Schädeln,
die schon in dieser Absicht gezeichnet sind.*) Haupt=
sächlich bitte ich dich auf das inständigste um die
Myrmekophaga und um den Rhinozeros, es soll dir
nichts daran versehrt werden.

15 Wie artig sich von diesem einzelnen Knöchlein
wird auf die übrige vergleichende Knochenlehre aus=
gehen lassen, kannst du wohl einsehn und wird sich
in der Folge mehr zeigen.

Auch bitte ich dich, wenn du etwas Tüchtiges
20 über den Elephantenschädel unter deinen Papieren
hast, mir es nicht vorzuenthalten, besonders eine
deutliche Auslegung eurer neuesten Meinung über die
Backzähne. Ich habe einen Casselschen Elephanten=
schädel hier gehabt, an dem fast alle Suturen noch

25 *) Reh, Ochse, Trichechus rosmarus, Pferd, Ba=
birussa, Fuchs, Löwe, weißer nordischer Bär; Affe,
vom Elephanten der ganze Schädel.

ſichtbar ſind. Ich habe ihn von vier Seiten zeichnen
laſſen, werde ihn kürzlich kommentiren und Sömme=
ring eine ihm verſprochene Kopie ſchiken, die du dann
auch ſehen ſollſt.

Es liegen auch ein Paar von meinen Kritzeleyen
für dich bey. Vielleicht kann ich dir bald etwas
Beſſeres ſchicken. Wenigſtens hab ich neuerdings
einige Zeichnungen gemacht, die beſſer ſind. Die
Blätter, worauf hinten meiner Mutter Nahme ſteht,
ſchicke ihr doch zu.

Schreibe mir etwas vom Herzog. Ich möchte von
dir ein aufrichtig Wort über ihn hören und über=
haupt, was er für Senſation bey euch gemacht hat.

Lebe wohl. Grüße Frau und Kinder. Mir geht
es gut. Adieu.

NB. Ich habe in meiner Abhandlung zu ſagen
unterlaſſen, daß ſchon bey Aſſen ſich Fälle finden,
wo die äußere Sutur des ossis intermaxillaris
kaum ſichtbar iſt. So iſt der Schädel einer Meer=
katze, von dem ich dir ſchrieb, und den ich vor mir
habe: man muß ihn gegen das Licht halten, wenn
man die Sutur ſehen will. Wahrſcheinlich war es
auch mit dem Aſſen ſo, den Tyſon zergliedert hat.

2033.

An Charlotte v. Stein.

Es war mir eben ſo liebe Lotte, es war auch bey
mir ein bewegter Morgen, und ich dancke dir daß

du mir zuerſt ein Zeichen des Lebens und der Liebe
giebſt. Ich will noch fleiſig ſeyn daß ich dich bald
frey und ruhig aufſuchen kann. Lebe indeſſen wohl
du einzige. d. 20. Dez. 1784.

G.

2034.

An den Herzog Ernſt II. v. Gotha.

Durchlauchtigſter Herzog
gnädigſter Herr,
Endlich bin ich im Stande Ew. Hochfürſtl. Durchl.
die kleine Abhandlung zu überſchicken deren ich neu=
lich erwähnte. Ich würde es kaum wagen wenn ich
nicht ſo ſehr überzeugt wäre daß Ew. Durchl. auch
einen geringen Verſuch ſchätzen der dazu dienen kann
eine nützliche Kenntniß mehr aufzuklären.

Ich werde nur erſt abwarten wie es die Herren
vom Handwercke aufnehmen daß ein Laye in einem
ſo bekannten Lande eine neue Entdeckung gemacht
haben will. Ich habe deswegen von allen weiteren
Auſſichten zu denen man auf dieſem Weege gelangen
könnte ſtille geſchwiegen um nicht zu früh durch hypo=
thetiſche Behauptungen verdächtig zu werden.

Sollte dieſe kleine Probe Ew. Durchl. auf einen
Augenblick unterhalten, ſo würde ich nicht verfehlen
was ich etwa weiter in dieſem Fache wagen ſollte
gleichfalls vorzulegen.

Es kommt mir zwar selbst wunderbar vor wie
ich nach und nach ohne es gleichsam selbst zu be=
mercken in dem Stein und Gebeinreiche ansässig ge=
worden bin. Es hängt in natürlichen Dingen alles
so nah zusammen daß wenn man sich einmal ein=
gelassen hat man vom Strome immer weiter und
weiter geführt wird.

Der junge Künstler von dem die Zeichnungen ge=
arbeitet sind heist Waitz er ist ein Zögling unsrer
Akademie und verspricht viel gutes.

Wollten Ew. Durchl. die Gnade haben mir auf
einige Zeit den Wolfsschädel von dem Scelet das in
Ihro Kunstkammer steht zukommen lassen; so würde
ich es mit unterthänigstem Dancke erkennen und die
Zeichnung desselben so bald als möglich für meine
Sammlung besorgen und das Original zurücksenden.

Danck sey es der Aufklärung unsrer Zeiten daß
diese Tiere in unsern Wäldern seltner geworden sind.
Man hat mir Hoffnung gemacht daß ich einen solchen
Knochenmann aus Lothringen erhalten soll bis iezt
aber ist er noch nicht angelangt.

Wollten Ew. Durchl. die Gnade haben wenn Sie
das Werckgen durchgesehn es dero Herrn Bruder zu=
zustellen, nebst der Innlage, welche den Weeg in das
Reich bey dieser Gelegenheit zu machen bestimmt ist.
Ich zweifle nicht daß Durchl. der Prinz sich an
dieser Materie ausserordentlich erbauen werde.

Der ich mich zu fortdaurenden Gnaden empfehle
und mich mit lebenswäriger Verehrung unterzeichne

Weimar
d. 20. Dez. 1784.

Ew. Hochfürstl. Durchl.
unterthänigsten
Goethe.

2035.

An Charlotte v. Stein.

Eben wollte ich dir noch Glück auf den Weeg
wünschen und dich um ein Abschieds Wort bitten.
Lebe wohl du liebste und behalte mich im Herzen.
Du bist mir unentbehrlich und iede leichte Wolcke
macht schon Finsterniß auf meinem Erdboden.

d. 22. Dez. 1784. G.

2036.

An den Herzog Carl August.

Ihr gütiger Brief hat mich ausser Sorgen gesetzt
und ich freue mich sehr daß Sie meine Weigerung
nicht übel aufgenommen haben, denn ich konnte nach
meiner Überzeugung aus mehr als einer Ursache den
Ort nicht verlassen. Ich wünsche daß alles was Sie
auf der Reise thun und was Ihnen begegnet zu
Nutzen und Frommen gereichen möge.

Auch die Jagdlust gönn ich Ihnen von Herzen
und nähre die Hoffnung daß Sie dagegen nach Ihrer
Rückkunft die Ihrigen von der Sorge eines drohenden
Übels befreyen werden. Ich meine die wühlenden

Bewohner des Ettersbergs. Ungern erwähn ich dieser
Thiere weil ich gleich Anfangs gegen deren Einquar=
tirung protestirt und es einer Rechthaberey ähnlich
sehn könnte daß ich nun wieder gegen sie zu Felde
ziehe. Nur die allgemeine Aufforderung kann mich
bewegen ein fast gelobtes Stillschweigen zu brechen
und ich schreibe lieber, denn es wird eine der ersten
Sachen sehn die Ihnen bey Ihrer Rückkunft vorge=
bracht werden. Von dem Schaden selbst und dem
Verhältniß einer solchen Heerde zu unsrer Gegend
sag ich nichts, ich rede nur von dem Eindrucke den
es auf die Menschen macht. Noch habe ich nichts so
allgemein mißbilligen sehn, es ist darüber nur Eine
Stimme. Gutsbesitzer, Pächter, Unterthanen, Diener=
schafft, die Jägerey selbst alles vereinigt sich in dem
Wunsche diese Gäste vertilgt zu sehn. Von der Re=
gierung zu Erfurt ist ein Communicat deswegen an
die unsrige ergangen.

Was mir dabey aufgefallen ist und was ich Ihnen
gern sage, sind die Gesinnungen der Menschen gegen
Sie die sich dabey offenbaaren. Die meisten sind
nur wie erstaunt als wenn die Thiere wie Hagel vom
Himmel fielen, die Menge schreibt Ihnen nicht das
Übel zu, andre gleichsam nur ungern und Alle ver=
einigen sich darinne daß die Schuld an denen liege
die statt Vorstellungen dagegen zu machen, Sie durch
gefälliges Vorspiegeln verhinderten das Unheil das
dadurch angerichtet werde einzusehn. Niemand kann

sich dencken daß Sie durch eine Leidenschafft in einen
solchen Irrthum geführt werden könnten um etwas
zu beschließen und vorzunehmen was Ihrer übrigen
Denckens und Handlens Art, Ihren bekannten Ab=
sichten und Wünschen geradezu widerspricht.

Der Landkommissair hat mir gerade in's Gesicht ge=
sagt daß es unmöglich sey, und ich glaube er hätte mir
die Existenz dieser Creaturen völlig geläugnet wenn
sie ihm nicht bey Lützendorf eine Reihe frisch gesetzter
Bäume gleich die Nacht drauf zusammt den Pfälen
ausgehoben und umgelegt hätten.

Könnten meine Wünsche erfüllt werden; so würden
diese Erbfeinde der Cultur, ohne Jagdgeräusch, in
der Stille nach und nach der Tafel aufgeopfert, daß
mit der zurückkehrenden Frühlingssonne die Umwohner
des Ettersbergs wieder mit frohem Gemüth ihre Fel=
der ansehen könnten.

Man beschreibt den Zustand des Landmanns kläg=
lich und er ist's gewiß, mit welchen Übeln hat er zu
kämpfen — Ich mag nichts hinzusetzen was Sie selbst
wissen. Ich habe Sie so manchem entsagen sehn und
hoffe Sie werden mit dieser Leidenschafft den Ihrigen
ein Neujahrsgeschenck machen, und halte mir für die
Beunruhigung des Gemüths, die mir die Colonie seit
ihrer Entstehung verursacht, nur den Schädel der ge=
meinsamen Mutter des verhaßten Geschlechtes aus,
um ihn in meinem Cabinete mit doppelter Freude
aufzustellen.

Möge das Blat was ich eben endige Ihnen zur
guten Stunde in die Hand kommen.

Vor vier Wochen hätte ich es nicht geschrieben,
es ist nur die Folge einer Gemüthslage in die ich
mich durch einen im Anfange scherzhafften Einfall ₅
versetzt habe.

Ich überdachte die neun Jahre Zeit die ich hier
zugebracht habe und die mancherley Epochen meiner
Gedenckensart, ich suchte mir das Vergangne recht
deutlich zu machen, um einen klaren Begriff vom ₁₀
gegenwärtigen zu fassen und nach allerley Betrach=
tungen nahm ich mir vor mir einzubilden als wenn
ich erst ietzt an diesen Ort käme, erst ietzt in einen
Dienst träte wo mir Personen und Sachen zwar be=
kannt, die Krafft aber und der Wunsch zu würcken ₁₅
noch neu seyen. Ich betrachtete nun alles aus diesem
Gesichtspunckte, die Idee heiterte mich auf unterhielt
mich und war nicht ohne Nutzen, und ich konnte es
um so eher da ich von keinem widrigen Verhältniß
etwas leide, und würcklich in eine reine Zukunft trete. ₂₀

Die Aufmercksamkeit unsers Publici wird ietzo
durch Frau von Reck beschäfftigt, die Urtheile sind
verschieden nach Verschiedenheit der Standpuncte wor=
aus dieser schöne Gegenstand der auch verschiedene
Seiten haben mag betrachtet wird. Ich kann gar ₂₅
nichts von ihr sagen denn ich habe sie nur ein einzig=
mal gesehn. Jederman behauptet aber Sie würden
nach Ihrer Zurückkunft der Dame die Cour machen

(um mich dieses trivialen Ausdrucks zu bedienen) und die Dame würde nicht abgeneigt seyn galantfürstliche Gesinnungen zu erwiedern. Denn ob sie gleich ein Muster der Tugend und (ohngeachtet einer manchmal seltsam scheinenden Bekleidung, durch welche selbst Wieland zu viel vom Nackten gewahr wird) ein Muster der Erbarkeit ist; so hat sie doch gestanden daß ihr Herz ihr schon einigemal Streiche gespielt habe, und daß sie eine besondere Freundinn und Ver= ehrerinn von Fürsten sey die ihre Menschheit nicht ausgezogen haben.

An einer Schlittenfahrt wird mit grosem Eifer gearbeitet, bis ietzo haben sich die verschiednen Mey= nungen nicht vereinigen können.

Die Commödie schleicht in einem Torpore hin der nur bey unserer Nation möglich ist. Die Ackermann liegt kranck und die übrigen behelfen sich wie sie können.

Seckendorf geht morgen ab, nach dem was er mir gesagt hat sind seine Berliner Aussichten noch sehr entfernt. Er hinterläßt ein Singspiel das Wolf komponirt und das der Frau Gemahlinn Geburtstag verherrlichen soll.

Wichtiges ist nichts vorgekommen. Die Staffete die man an Sie wegen einiger Unterschrifften hat abschicken müssen, wird Sie hoffentlich nicht erschröckt haben.

Ihre Frau Gemahlinn befindet sich nach den Um=

ständen wohl und das Prinzgen hab ich gestern munter im grosen Saale herumrutschen sehn.

Ein Herr v. Schauroth aus Dresden mit seiner Frauen ist hier.

Graf Morelli sucht noch immer eifrig sich gefällig zu machen, und das ist für einen leichten Menschen was leichtes.

Ich schicke diesen Brief nach Eisenach, weil er Sie sonst verfehlen mögte.

Sehn Sie uns also bey Sich willkommen, und langen bald wohl und vergnügt in dem Kreise an der Ihnen doch der nächste ist und bleibt.

Weimar, d. 26. Dec. 1784.   G.

Zur Acquisition Niebeckers gratulire ich.

2037.

An Charlotte v. Stein.

Guten Morgen liebe Lotte. Gestern Abend war ich nur wider Willen fleisig und las noch zuletzt in unserm Heiligen und dachte an dich. Schicke mir die Zeichnungs Sachen. Ich fahre gern iede die du mir zu weist, wenn du es nicht selbst bist, ist mir iede gleich. Hat diese doch den Nahmen. Lebe wohl. Liebe. d. 28. Dec. 1784.   G.

2038.

An Charlotte v. Stein.

[28. December.]

Wie hätte ich mir dencken können daß du so zeitig nach hause kommen würdest du hättest mich sonst gewiß gefunden.

Ich preise mich glücklich daß ich nicht zu Berns=
5 dorffs gegangen bin wohin mich deine Schwägerinn einlud.

Adieu du beste es ist wohl ein verlorner Tag, morgen wirds nicht besser werden. ich komme vielleicht einen Augenblick, ich habe so viel zu thun daß
10 ich nicht weis wo anfangen und wo endigen. Adieu lieber Anfang! liebes Ende!

G.

2039.

An Charlotte v. Stein.

Guten Morgen Liebste laß mich bald von dir hören. Ob dein Schnupfen wieder besser ist. Kaum
15 werde ich dich heute sehen.

Schicke mir die Englischen Vorschrifften, ingleichen das Stück Saluft von Knebel. Lebe wohl! Liebe mich. Ich muß fleißig seyn. d. 29. Dez. 1784.

G.

Lesarten.

Der sechste Band, von Eduard von der Hellen herausgegeben, umfasst Goethes Briefe vom 1. Juli 1782 bis zum Schluss des Jahres 1784. Redactor Bernhard Suphan.

Wiederholt aus den vorigen Bänden:

Wo unserem Druck Briefe in durchaus eigenhändiger Niederschrift zu Grunde liegen, wird das unter den „Lesarten" nicht besonders erwähnt. bei den ganz oder theilweise dictirten (bezw. copirten) Briefen hingegen wird das Eigenhändige vom Fremden jedesmal durch genaue Angaben unterschieden. Nur bei der blossen, ohne weitere Schlussworte unter Briefen von Schreiberhand auftretenden Unterschrift Goethe oder G versteht sich die Eigenhändigkeit von selbst.

Da Goethe die meisten der dictirten Briefe mehr oder minder sorgfältig durchgelesen und corrigirt hat, erfordern die unter den „Lesarten" mit „aus", „über" und „nach" angeführten Correcturen besondere Aufmerksamkeit und Erklärung. zumal sie genau zu scheiden sind von solchen, die der Schreiber selbst darin oder die andererseits Goethe in eigenhändigen Schriftstücken vorgenommen hat. Letztere beiden Arten werden durch einfaches „x aus (über, nach) y" ausgedrückt; wo hingegen Goethe in einen von Schreiberhand niedergeschriebenen Brief oder Brieftheil ändernd eingegriffen hat, wird dieses unterschieden durch g bezw. g^1 vor dem „aus", „über" oder „nach". Es bedeutet g eigenhändig mit Tinte, g^1 eigenhändig mit Bleistift, und im Falle die Eigenhändigkeit zweifelhaft ist, wird g? bezw. g^1? gesetzt. Von eigenhändiger Schrift mit Tinte wird solche mit Bleistift unter allen Umständen durch g^1 unterschieden. Lateinisch geschriebene Worte des Originals stehen im Text in Antiqua, unter den „Lesarten“ in *Cursivdruck*; in den Handschriften Ausgestrichenes führen die „Lesarten“ in Schwabacher Lettern an.

Erklärung der häufigsten Abkürzungen s. III, 272.

1501. Vgl. zu 378 und 770. 1, 1 m. 2 W. 3 die „Fischerin“, vgl. 1498. 1505 f. 1526. 1534. 1582.

1505. 1. 6 f. 13 Schröter] S., als Dortchen in der „Fischerin“.

1506. 2. 8 Geschirre = Gespann, bildlich.

1508. Vgl. zu 427. Nach Grenzboten 1878 Nr. 45 S. 224.

1512. 5, 5 Caroline v. Ilten, vgl. 1480.

1517. 6, 17 Schwerlich ist mit *GSt*[1] 3 (unter Hinweis auf 1719 und 1753) an eine Übersetzung des Werther zu denken; die „Postsendungen“ verzeichnen unter dem 15. Juli 1782 einen Brief an Bode, den Übersetzer zahlreicher englischer Schriften. 7, 4. 5 vgl. zu 1504.

1519. Hs in *HB*. 7, 19 Herr mit Bedeutung ausgeschrieben, sonst immer H mit Schnörkel. Vorgänger: J. A. v. Kalb als Kammer-Präsident, vgl. 1486. 1493. 1534. 1637. 1666. 1722. 1729. 1737. 1876. 8, 3 vgl. 16, 20 (Horaz). 4 vgl. 1492. 1493 und „Postsendungen“ 1. Juli 1782. 6 ein Naturalien-Cabinet 14 Mieding aus Mieting 15 Tramen oder Trama 28 W.

1520. Hs im Goethe- und Schiller-Archiv. Vgl. 17, 26. Schreiber: Seidel. 10, 1 feuchten *g* aus feuchen 8 W.

1522. 10, 13 aufgestanden? aus aufgestanden, 17 daß aus wenn

1523 u. **1525.** *GSt*[2] 146 u. 144, durch Inhalt und Material mit Recht hierher bestimmt.

1526. 12, 5 erste Aufführung der „Fischerin“ in Tiefurt.

1527. *GSt*[2] 150. Die völlige Übereinstimmung der feingedrängten Schrift mit 1526 und der Zusammenhang sichern das von der Empfängerin auf die Rückseite geschriebene Datum „24. Juli 1782“.

1528. *GSt*[2] 151. Vermerk der Empfängerin wie 1527.

1531. Hs in *HB*. Vgl. schon Postsendungen 24. Jan. u. Juni 1778. 7. Aug. 1780, ferner 99, 14. (Zur Sache s.

Goethe, Campagne in Frankreich „Duisburg Ende November".)

1532. Maurer-Constant. Supplement zu J. v. Müllers sämmtl. Werken, Schaffhausen, Hurter 1839 III, 1. In der Vorrede wird der Grundsatz ausgesprochen, bei der Veröffentlichung von Briefen bedeutender Männer dürfe man gar nichts weglassen oder verändern. — In der 1782 anonym erschienenen kleinen Schrift „Reisen der Päbste" beleuchtet Müller das segensreiche Eingreifen der Päbste (von Leo dem Grossen bis zu Innocenz IV.) in die Geschichte, soweit es sich mit ihrem persönlichen Auftreten ausserhalb Roms verband.

1534. Vgl. zu 268. 16,3 Anfang Juni 1783 vollzog sich der schon länger vorbereitete Wechsel im Präsidium der fürstlichen Kammer, vgl. zu 1519. 5 id) üdZ 6—13 vgl. 1637. 11 ein undberjelbe 14 vgl. 119, 10 und zu 308, 24. 20 vgl. 8, 3. 17, 7 von hier bis zum Schluss zierlichere Schrift. 17—20 vgl. zu 1526. 26 vgl. 1520. 18, 1 Wilh. 8—17 vgl. Düntzer, Zur deutschen Literatur und Geschichte, Nürnberg 1858 I, 107. 18. 16 für tujdjen, vertujdjen nach Adelung IV, 726 „in einigen gemeinen Mundarten tüjdjen, tütjdjen", vgl. Sanders II, 2. 1404b.

1538. Vgl. zu 216. 20. 6 H. 18 binn aus bift 20 ungebärdig aus ungebärtig 23 hätte üdZ 21. 8 v. Braunschweig? 10 Marckgr. 11 vgl. 151, 7. 12 Minister in Darmstadt. 15 lies Wallerjee gemeint Graf von Waldersee (Junker), natürlicher Sohn des Fürsten v. Dessau, Zögling von Behrisch. 16 der Dichter, Begründer und Leiter einer vornehmen Militärschule zu Colmar. 17 Lerje aus Lerjee der Strassburger Freund Goethes, Inspector an der Pfeffelschen Anstalt. 20 lies Mieg Pfarrer in Heidelberg. 22 Fr. aus Gotha, damals in Darmstadt zum Besuch. 22, 4 W.

1540. GSt² 156, mit Recht durch Inhalt und Material hierher bestimmt.

1541. Vgl. zu 427. Nach Grenzboten 1878 Nr. 45 S. 225 f. 23, 1—26, 12 wünjdjet. Seidels Hand. 23. 1 Professor Chr. W. Büttner in Göttingen war schon 1780 zur Abtretung seiner Bibliothek aufgefordert. Die Übersiedlung Büttners als Hofrath nach Jena erfolgte im Sommer 1783.

der Ankauf der Bibliothek wurde im Frühjahr 1784 ab-
geschlossen, vgl. 1889. 1917. 1988. Büttner starb 1801 in
Jena.   26, 10 er fehlt   12 Vorerſt—18 g.

1543. 27, 6 Stern Schreibfehler für Stein? (Düntzer
GSt³.) Am 5. Mai 1782 sandte Goethe an Knebel die Verse
„Hier gedachte still ein Liebender seiner Geliebten" (vgl.
zu 1402). und dieses Epigramm wurde vermuthlich schon
1782 (vgl. 90, 15) in eine Steintafel eingehauen, die über
eine Doppelbank in Goethes Garten eingelassen war. Es
würde dann benennen so viel heissen als: durch eine Inschrift dir zueignen, widmen; in dieser Bedeutung „benennen" bei Hans Sachs (s. Grimms Wörterbuch).

1545. *GSt²* 165. Grüngraues Papier wie sonst nur 1544.
28, 6 viel vor mehr mit *GSt²* als ausgelassen zu betrachten,
scheint nicht zwingend.

1547. Vgl. zu 491. Beaulieu S. 213 f.   29, 2 vgl. 1492.
30, 5 der Tuffsteinblock im Park zu Weimar, der die Inschrift
„Francisco Dessaviae Principi" erhielt, vgl. 72, 18. 89, 18. 98, 13.
124, 23. 148, 7. 181, 14.   15 die „Fischerin".   31, 1—3 vgl.
Werke I. 116 (Beaulieu).

1548. 32, 1 der nachmalige (1796—1801) Kaiser Paul I.
von Russland, der in erster Ehe mit einer Schwester der
Herzogin Louise vermählt gewesen war. Vgl. 34, 26.

1549. Der Anfang fehlt; über der auffällig hart am
Rande stehenden ersten Zeile des erhaltenen Theiles, und
zwar über Zu, sind noch Buchstabenreste (g) zu sehen, scheinbar dich

1550. Mittheilungen des Vereins für Geschichte und
Alterthumskunde zu Frankfurt a. M. VI (1881), 242 f. Adressat
Bruder von Goethes Mutter.   33, 9 ſie   17 Ew. Wohl=
gebohrn] Ew. etc. etc. Das Gesuch wurde abschlägig beschieden.

1551. Vgl. zu 266ª. Hs unbekannt. *M¹* 344.   33, 21
vgl. 8, 5.   34, 5 vgl. 75, 8.   14—35, 6 führt Wagner durch
die bei Goethe nicht gebräuchliche Bezeichnung N.S. ein.
35, 3 durch drei Gedankenstriche bezeichnet Wagner Aus-
lassungen, die er sich gestattet.   4 L. B. v. Schrautenbach-
Lindheim, Jugendfreund Mercks, vgl. 192, 12 und III, 214, 21.
IV, 204, 21.   5 Lavater.

1552. 35, 12 vgl. V, 257, 13.

1553. Vgl. zu 216. Hs unbekannt. U. Hegner, Beiträge zur näheren Kenntniss und wahren Darstellung J. K. Lavaters. Leipzig, Weidmann 1836 S. 147—151. 37, 5 aus=
fordernd] auffordernd vgl. 25. 14 vgl. V, 108, 19. 38, 16 vgl.
1538. 3 Dennoch ist ein solches Wort in Lavaters Hände
gelangt. Hegner S 152 f. theilt unter dem Gesammtdatum
4. Oct. 1782 vier Absätze mit: der erste entspricht VI, 65, 24
bis 66, 14, der dritte II, 287, 17—19, der vierte II, 259, 6—10.
Dazwischen steht an zweiter Stelle:

(Über Pontius Pilatus.) Alle Kräfte, Fähigkeiten, Empfin=
dung, Abstraction, alle Wissenschaft, Scharfsinn, alles Anschauen,
alles tiefe Gefühl der Menschheit und ihrer Verhältnisse — und
mehr Vorzüge, die Lavater in einem so hohen Grad besitzt, läßt
er zurück, wirft er weg, um dem Unerreichbaren athemlos nach=
zusetzen. Ich möchte ihn einem Manne vergleichen, der Güter,
Geld, Besitzthümer, Weib, Kinder, Freunde, alles nicht achtete
und vernachläßigte, um einen unwiderstehlichen Trieb nach mecha=
nischen Künsten zu befriedigen, und eine Maschine zum Fliegen
zu erfinden. Ich weiß, daß dieser Trieb bey ihm unwiderstehlich
ist, daß dieses Bedürfniß in jeder Faser seines Herzens schlägt,
daß sein ganzes Wesen wie ein trockener Schwamm nach jenem
Erhabensten durstig ist, daß der geringste Tropfen der Ahndung
jener Seligkeit ihm mehrere Freude und Wollust gewährt, eine
Wollust, die er zu entbehren kaum erträgt, als der Genuß alles
übrigen den Menschen von Gott so reichlich gegönnten Guten.
Ich weiß das alles, ich kenne ihn; und das Bild seines Daseyns,
das Bild seines Wesens und seiner Vortrefflichkeit weicht nicht
von mir.

Dass dieses Urtheil aus Goethes Geiste stammt wird
niemand anfechten, aber auch niemand wird bestimmen
können, auf welchem Wege es in Lavaters Besitz kam,
aus dem Hegner schöpfte. Die Überlieferung zwischen
Absätzen aus Briefen so verschiedener Jahre gibt uns das
Recht, es frei nach seinem Inhalt zu datiren, und da weist
38, 1—4 im Vergleich mit V, 297, 23 und 299, 12—301, 5 auf
den Sommer 1782. Vgl. auch VI, 324, 13.

1556. Beilage zu 1555, vgl. zu 1380.

1558. 40, 13 die 12 aus einer anderen Zahl (scheinbar
aus 10), unanfechtbar, da der 12. ein Montag war.

1559. 40, 16 vgl. Werke II, 126 „Erkanntes Glück" (Schöll).

1560. 41, 1 Kanonenschüsse als Feuersignal wie V, 118, 18.

1562. 41,12 Fr. Nichte des Oberstallmeisters v. Stein, vermählt mit dem Kammerjunker v. Palm in Meiningen.

1564. 42, 15 schon

1566. Nach Kochberg (—1571). 43, 2 9 und üdZ 3 H. 8 Wilh. 12 Lav. Villoison, der französische Philologe, war seit dem 7. Mai Gast am Weimarischen Hof. 13 Lavaters physiognomische Erklärung des Bildes (Schöll), nicht lateinische Verse des Franzosen (Düntzer). 19 vgl. 74, 20. 80, 6. 21 vgl. 31, 2. 44, 5 Viel aus wiel im „Kloster" 7 B. 8 Gräfin Gianini. 9 Wöllw. Hofdame der Herzogin Louise, am 30. Sept. 1782 mit dem Kammerherrn v. Wedel vermählt, vgl. 296, 3.

1567. 44, 25 Lav. 46, 1 Rousseaus Briefe an Malesherbes erschienen im Tiefurter Journale Stück 27 (Beilagen) und 28—31 in deutscher Übersetzung mit Anmerkungen. 15 die Grafen v. Werthern - Neuenheiligen und v. Werthern-Beichlingen nebst der Gattin des ersteren. 47, 1 Goethe gelangte durch die Hinterthür seiner Stadtwohnung auf die Ackerwand, eine damals noch wenig angebaute Strasse, an deren entgegengesetztem (östlichen) Ende die Steinsche Dienstwohnung, über den herzoglichen Ställen, lag. 6 Aufsatz aus aufsatz 10 vgl. „Ilmenau" (3. Sept. 1783) v. 136 f. 12 unaufhaltsame] das au aus v also zuerst unvorsichtig .. beabsichtigt.

1569. Vgl. zu 266ᵃ. Die Hs wurde im Sommer 1889 erworben, erst nach dem Reindruck von 48, 8—25 (Bogen 3), konnte daher erst von 49, 1 an befolgt werden. Da vom Anfang bis 49, 6 Seidels Hand reicht, wurde in diesem Theile nur 49, 1 das bei Wagner Fehlende noch eingesetzt, ohne Berücksichtigung der übrigen rein graphischen Abweichungen. während das eigenhändige Stück 49. 7—12 durchaus nach der Hs gegeben ist.

1570. 49, 14 Güte aus güte

1571. 50. 1 das Gartenhäuschen. 3 beyseite aus beyseyte 10 geöffnet 25 Einsiedels Farce „Das Urtheil des Paris", in Ettersburg. 26. 27 W. M. 51, 5 traume 7 wie am 22. Juli

die „Fischerin". 13 Stein] das St aus T 14 in den fränkischen Landestheilen des Herzogthums. 20 Chr. B. v. Isenflamm vgl. zu 1952.

1572. 52, 10 vgl. 64, 11—21. 65, 24—66, 14. 52, 12 W.

1573. 52, 13 Jch] Jst

1575. *GSt²* 195. In *GSt³* auf den 7ten gesetzt statt
des überlieferten aber unmöglichen Datums. Goethe schrieb
das Datum des nahenden Abschiedstages im Gedanken an
das Scheiden (ähnliche Erscheinung vgl. z. B. zu 1879). Aber
der 8. ist wahrscheinlicher als der 7te. 53, 13 8.] 10.

1576. Bisher (vgl. *GSt²* 133) auf den 8. Juli 1782 gesetzt, was neben 1509 nicht wohl angeht. Kein anderer
Monat des auch durch das Material wahrscheinlich gemach-
ten Jahres 1782 passt als der September, und sehr wohl
scheint dieser Brief der 53, 7 erwarteten Stimmung zu ent-
sprechen, wie denn auch 54, 9 darauf zurückgreift.

1577. 54, 10 Mittel aus mittel 12 Einladung zum Abend;
den Tag verbrachte Goethe mit dem Prinzen August in
Jena.

1579. Nach Kochberg (—1585). 55, 7 vgl. 119, 10.
15 J. C. Schlick, preussischer Officier a. D., Cellist. 16 spielte,]
spielte. W. vgl. zu 43, 12. schwätzte aus schwäzte 18 Gianini
oder Bernstorff?

1580. *GSt²* I. 445. Bisher (trotz Überlieferung im
Manuscriptband 1782) in den Juni 1780 gesetzt. Aber die
Zeit nach Februar 1781 wird gesichert durch das ß in 56, 19.
Schreibart. Schrift und besonders auch Papier passen in den
Spätsommer 1782, es kann sich nur um die Trennungen im
August oder September handeln. Für letztere Annahme
spricht der Satz 54, 18, welcher dem Gedicht leicht vorher-
gehen, keinesfalls bald folgen kann. Ferner ist bei 56, 1 zu
beachten, dass am 27. Mai 1782 Goethes Vater gestorben
war, vgl. auch 63, 16. Die Verse 56, 1—4 stehen auch auf
einem Zettel *g¹* der in Manuscriptband 1778 eingeklebt ist
(vgl. *GSt²* I, 254) und haben ihre erste Veranlassung vielleicht in dem Tode der Cornelia Schlosser. 56, 3 vgl. 375, 4.
8 dem aus dies

1581. *GSt²* 197. 57, 10 Minchen Probst. Gesellschaf-
terin Coromas. 26 eigentl. am Zeilenschluss 4, 26 am 15. und

16. Sept., Sonntag und Montag, war Goethe in Kochberg.
27 durch zauberische Belebung eines Harnisches bei einem
Frühstück im Zeughause.

1582. 58, 12 erſt üdZ   15 Mährgens aus Mährgen vgl.
91, 1 (Düntzer) und 195, 6.   ausführlicher nach in Derſen und
17 Zeit aus zeit hauslicde   59, 4 vgl. 12, 5.   17 Blanckenhahn
gemeint Blankenhain

1583. 60, 9 fortreiteſt! aus fortreiteſt,   61, 3 fürſtl.
15 Saurem aus faurem

1584. Vgl. zu 239.   Der Besitzer der Hss fast sämmt-
licher*) Briefe Goethes an F. H. Jacobi, Herr Alexander
Meyer-Cohn in Berlin, übersandte die ganze Sammlung im
October 1889 dem Goethe- und Schiller-Archiv gütigst zur
Benutzung. Der vorliegende Brief konnte erst nach dem
Reindruck verglichen werden, und so ist zu berichtigen:
61, 23 laß   einmal,   24 letztenmal   62, 4 großen   7 Sume
9 vernachläßigte   10 entſchlieſen   15 aus,   16 mir ſonſt liebes
und Gutes   18 Wunder   23 glücklich   24 haſt;   26 Geſchäffte
27 Grüſe deinigen   28 2. Ottbr.   Zur Sache vgl. II, 246. 17
(letzter Brief an Jacobi vor diesem) und V, 122, 17.

1585. Vom 29. Sept.—2. Oct. war Goethe in Kochberg.
63, 8 ich aus id,   11 Ctbr. aus Nov.   15 vgl. 62, 2   22 getraumt

1586. Vgl. zu 216.   64, 5—67, 18 Freundſchaft Götzes
Hand, auf dessen Rechnung auch die häufigeren ungoethi-
schen „;" kommen, vgl. Tagebücher II, 13 f.   64, 11 vgl.
52, 10 und 21, 6.   65, 12 Selbst aus ſelbſt auch,] auch   27 über
nach dem Ansatz eines f   66, 15 vgl. V, 316, 12. 347, 3.
22 Gothaischer und russischer Hofrath, Geschäftsführer des
Herzogs v. Gotha in Rom.   67, 9 nach Rom, vgl. 130, 4.
18 Lebe —25 g mit schwärzerer Tinte.   21 Vgl. 77, 16. Das
Portrait ist in Knebels Tagebuch 29. Mai 1783 eingehend
physiognomisch erläutert.

1589. 69, 2 Mährchen aus Mährgen   Dinarzade statt
Scheherazade (Düntzer)   7 ſchablos] das ſ aus w

1590. 69, 16 ein unbekannter Sonderling der am 13. October Weimar aufregte (vgl. Carl August an Knebel 14. Oct.
1782). daher nicht zu vgl. 6, 17.

*) ausser denen vom 14. Aug. 1774. 17. Nov. 1782 und
11. Oct. 1793.

1591. 70, 4 in Goethes Stadtwohnung wurden seit Mitte October bauliche Veränderungen vorgenommen, vgl. 75, 4.

1595. Vgl. zu 268.   72, 1 Witt.   8 preussischer Lieutenant und Werbeofficier aus Potsdam.   10 charackteri=stisch aus faractteristisch   18 vgl. zu 1547.   22 W.

1597. 73, 5 vermuthlich der Schweizerische Theosoph und Sonderling Obereit, vgl. 74, 3.

1599. 74, 3 reg.

1600. *GSt²*, 169.   74, 10 ihn = Obereit, vgl. 3.

1601. *GSt²* 213.   74, 15 vgl. 75, 1. 79. 17.   74, 16 vgl. zu 1591.   74, 20 vgl. 43, 20. 80, 6.

1602. 75, 1 aufzuwecken aus aufzuwecken,

1603. Vgl. zu 266ᵃ. *M²* 210.   76, 15 Leinen = Lehm 77, 6—14 vgl. 129. 18.   15 vgl. 67, 22.   78, 5 vgl. 1604. 14 Beete vgl. zu IV, 128, 1.   78, 5 vgl. 1604.

1604. Hs unbekannt. *M³* 186 unter dem Datum „den 23. Oft. 76." Diese Angabe hat zur Folge gehabt, dass der Brief III, 315 dieser Ausgabe als Nr. 522 gedruckt ist, obwohl er, bei Lebzeiten Hellfelds unmöglich, zweifelsohne in Zu-sammenhang gehört mit 8, 5. 33, 22. 48, 9. 49, 7 und zwar nach 78, 5. 6 auf den 27. October 1782. In Wagners Dati-rung „den 23. Oct. 76" wird die Jahreszahl auf falscher Er-gänzung beruhen, die 23 hingegen auf Verlesung für 27, wie auch IV, 325, 3 die 27 der Hs von Wagner als 23 gele-sen ist; Goethes 7 und 3 sind oft, besonders in Ligatur mit einer vorhergehenden Zahl, nur undeutliche knieartige Zei-chen, die einander sehr ähnlich sehen. Vgl. zu 155, 12.

1605. 79, 20 Fr. C. v. Lichtenstein, gothaischer Geheim-rath, vgl. 306, 4.

1606. 80, 5 vgl. Hehn, Gedanken über Goethe S. 267. 6 vgl. 43, 20. 74, 20. 123, 3.

1607. 80, 11 an Merck (1609) und? Düntzer vermuthet, es sei „der undatirte um diese Zeit fallende an Auguste Stolberg". doch ist der so bezeichnete Brief der erste Theil des grossen letzten Briefes an die Stolberg. vom 17. April 1823.

1608. 80, 16 geb. Seidler, Wittwe von Herders Vor-gänger in Weimar, vgl. zu 287, 18. Es handelt sich wohl um ein von Charlotte gefertigtes Bild, vgl. 10 und die Be-

merkung Fritzens v. Stein, seine Mutter habe damals angefangen, Porträts zu zeichnen.   81, 1 vgl. 75, 3. 96, 28.

1609. Vgl. zu 266ª und 1569. Schreiber: Seidel. Ohne
Datum und Unterschrift.   81, 5 vgl. Der Teutsche Merkur
1782 IV, 19 — 24 „Über ein fünf Ellen langes Horn [Mammut-
zahn], welches man in der Unstruth gefunden hat" von F. K.
(vgl. 1783 I, 201). 16 Hofgärtner in Belvedere. 18 vgl.
129, 8. 357, 13. In einem Brief vom 8. Oct. 1782 war Merck
von Sömmerring (*M*¹ 353) aufmerksam gemacht auf Volcher
Coiters „Lectiones Gabr. Fallopii de particulis similaribus.
Norimbergae 1575 fol." Vgl. Goethes Werke (C) LV, 201.
20 vgl. 189, 19. 24 vgl. 978. 985.   82. 23 im—Meere *g* aus
in unjeren Meeren 26 Marmore *g*? aus Marmor   83, 2 vgl.
236, 14. 18 Zweyten aus zweyten 19 Granite,] Granite 25 was
nach daß   84, 5 Norwegen aus Nordwegen 9 biß] das b
aus z 20 verstehen] das ver aus beg („begreifen"). 25 vgl.
*M*¹ 361 f.

1610. *GSt*² 131 unter dem 7. Juli 1782 ohne Begründung; hier mit *GSt*¹ datirt durch Vergleichung mit 72, 3.
86, 8. 9. 87, 11. 88, 19.

1611. 85, 15 vgl. 13 und 81, 1.

1612. 86, 3 nicht,] nicht   **1613.** 86, 8 W.

1614. 87, 1 drinn nach drauf 6 Gräfin Bernstorff und
deren Geschäftsführer, vgl. zu 6, 17.

1615. 87, 10 fortsetzen aus fortsezen

1616. *GSt*² 226. Das Datum deutlich: angefochten, da
die Ausstellungen der Zeichenschule sonst am 3. Sept. statt-
fanden, dem Geburtstag des Herzogs, dessen damalige Abwesenheit (1. Sept.—7. Oct.) jedoch einen Aufschub veranlassen konnte. Schon in der Hs ist daher, vielleicht von
der Hand der Empfängerin, Nov. mit Bleistift durchstrichen,
Sept. darübergeschrieben. Der 8. Sept. ist unmöglich wegen
1574 und 1575, der 8. Oct. wegen 1587, der 8. Nov. aber
nicht minder bedenklich wegen 1615. Hingegen ist Ende
1782 gesichert, denn am 18. März 1783 schrieb Charlotte
v. Stein an Knebel, Frau v. Diede (vgl. zu 21, 22) sei in
Rom. Unter solchen Umständen ist das Billet unter dem
überlieferten Datum belassen, das nicht weit gefehlt sein

kann. Dass Correcturen im Datum von der Hand der Empfängerin an sich nichts beweisen, zeigt 1959.

1617. 88, 7 Carl Mattei, Hauslehrer bei der Marquise Branconi, vgl. 271, 18. 11 die 9 aus 10

1618. 88, 17 Wilh.

1619. 88, 20 Wilh. vgl. 210, 1. 89, 3 uns,] uns 5 wahrscheinlich Obereit (vgl. zu 1597), der laut Wieland an Merck (M² 215) am 8. Nov. 1782 schon in der vierten Woche Wielands Gast war.

1621. 89, 18 vgl. zu 1547. **1623.** 90, 9 Leiden aus leiden

1624. 90, 13 ich),] ich 15 vgl. zu 1543. 91, 1 vgl. 58, 15. 195, 6. 9 vgl. 96, 12. 14 unendl. am Zeilenschluss 17 Conseil trotz Sonntag, woran 92, 1 keinen Zweifel lässt. 22 sehn aus seyn

1625. Vgl. zu 239 und 1584. Hs unbekannt. 92, 6 vgl. 123, 10. 136, 12. 186, 14. 93, 12 Gallizin 14 vgl. 186, 16. 16 W. Antwort auf Jacobi an Goethe, Münster 17. Oct. 1782, s. Briefwechsel S. 60 f. (vgl. zu 179).

1627. 94, 5 J. L. Aberli, schweizerischer Landschaftsmaler, vgl. IV, 85, 27. 87, 28.

1629. 94, 19 die Liste der Passanten wurde dem Herzog vorgelegt. 95, 2 ein. aus ein,

1631. Vgl. zu 268. 96, 6 vgl. 157, 12. 175, 20. 8 Mutter Leib aus Mutterleib 12 vgl. 91, 4 Zehn und abermals fünfzehn Jahre nach dieser Sichtung wurde die grosse Masse vernichtet. Vgl. auch IV, 192, 1—5. 97, 7 Herz. 22 dichterische Thätigkeit, wie oft. 98, 1 verborgenem 6 u. üdZ neustens] neustes mit Strich über dem e der jedoch von fremder Hand in schwarzer Tinte gezogen zu sein scheint. 13 vgl. zu 1547. 16 wohl. Wenn] wohl wenn 17 ist,] ist

1632. 98, 23 Chr. H. W. v. Voss, braunschweigischer und englischer Capitän a. D., der mit Familie in Weimar wohnte. 99, 1 vgl. 96, 12 und viele Papiere 3 Lieb zu ihr aus ihrer Lieb

1633. 99, 6 vgl. 96, 12.

1634. 99, 10 Kleinen aus kleinen (Frau v. Schardt, Charlottens' Schwägerin). 14 vgl. zu 1531. nicht überliefert. Plessig oft oder gar meistens für Plessing.

1636. 100, 4 nach Entlassung ihres Mannes aus dem kurtrierischen Dienst (Herbst 1780) lebte Sophie von La Roche

in Speier; vermuthlich hatte sie sich an Goethe gewandt
um Unterstützung ihrer Zeitschrift „Pomona", die 1783—84
erschien.   8 vgl. zu 99, 10.

1637. Deutsche Monatsblätter hrsg. von H. und J. Hart,
Bremen 1878 S. 160.   Adresse An des Herrn Präsibenten von
Kalb Hochwohlgeb. nach Norbheim. Vgl. zu 1519. 1534. Kalb
zog sich auf sein Gut Kalbsrieth zurück und verheirathete
sich im Herbst 1782 in zweiter Ehe (100, 14) mit Eleonore
Marschalk v. Ostheim, deren Onkel der 100, 20 genannte
v. Stein-Nordheim war.

1638. 101, 1 v. Witzlebens.

1640. *GSt*² 250, zur Datirung vgl. 1638.

1641. *GSt*² 263. Umrändertes Octavblatt wie fast alle
Billets aus diesem November und December. Vgl. 113, 21.
102, 5 soll nach schi

1642. 102, 20 v. Witzlebens. Oertel (vgl. V, 29, 9), ein
reicher Privatmann in Weimar.   21 ber] br vielleicht =
beiner

1643. *GSt*² 249. Material vgl. zu 1641. Inhalt zu 1638.
1640 und 1644.

1644. *GSt*² 251. Am 4. Dec. war grosse Schlittenfahrt
der Hofgesellschaft.   103, 11 bir, unb] bir, Unb worin das
Komma aus Punkt.

1647. *GSt*² I, 779. Über die merkwürdigen Geschicke
dieses Billets vgl. zu 1358.

1648. 105, 9 tonnen vgl. 75, 15.

1649. 105, 11 beine   12 Wahrscheinl. am Zeilenschluss. —
„Hofmeisterin" der Frau v. Schardt nennt Goethe die Frau
v. Werthern, deren engen Verkehr mit der Schwägerin sowohl
Charlotte als Goethe ungern sahen, vgl. auch 1397 und 1398.

1650. *GSt*² 256. Zettel desselben Papieres wie 1649.

1651. 106, 1 um 8 Uhr morgens.   4 hatte   weg,] weg

1652. Nicht abgeschickt, vgl. 107, 19, auch s. 9.   106, 9
erb*armlich   11 Schröders „Die heimliche Heirath" vgl. schon
Tagebuch 16. Sept. 1776.   19 ebenso die Schrift   21 Men=
schen aus menschen

1653. 107, 1 Statt der Tageszahl eine Lücke. Goethe
wollte ursprünglich schon am Abend des 12ten zurückkehren, Brief 1652 mit der Meldung des veränderten Reise-

planes war nicht in die Hände Charlottens gelangt.   9 Abends,] Abends

1654. 107, 19 nach Kötschau, vgl. 106, 16. Brief = 1652.

1655. 108, 2 zum 25. December.

1656. 108, 13 zu nehmen = abzuholen.

1657. 108, 18 das b. in der Absicht schon mit dem Datum zu schliessen.   109, 1 ware

1658. 109, 6 v. Witzlebens.   7 auch dich einzuladen 9 am 20. Dec. reiste der Herzog nach Dessau, Goethe mit ihm, vgl. 20; somit steht Erfurth irrthümlich, wol in Erinnerung an die vorige Reise, vgl. 1652.   12 die 19 nach 20

1659. 109, 18 den aus das   110, 1 vgl. 113, 1.   10. 11. 14. 15 vgl. 216, 9. 344, 19—26.   19 H.   20 den nach mich

1660. 111, 9 Reitze aus reitze   10 ist,] ist   15 Raths- und Handelsherr in Leipzig, vgl. Werke (Hempel) XXVIII, 782. 22 Städtgen aus Städgen   112, 2 Kupferstecher an Oesers Akademie.   19 le sage Mambrès vgl. IV, 284, 23. V, 294, 24. Schriften der Goethe-Gesellschaft 11, 201, 13 und 397, eine Figur aus Voltaires Roman (1774) Le taureau blanc.   113, 1 vgl. 110, 1.   114, 1. 2 vgl. Faust 578. 579 (schon im „Urfaust").   15 läufft aus läufft   114, 20 f. vgl. Faust 2171. 2172 (noch nicht im „Urfaust").   115, 3 Antheil aus antheil Leidenschafften] das L aus H   19 einen nach deinen   24 Freitag, den 3. Jan. 1783.

1661. 116, 2 ist! aus ist,

1663. 116, 17 vgl. zu 850 und 1311. 1312, auch 117, 9.

1664. 117, 8 Christl.   10 vgl. zu 1663, zum Ersatz für das verliehene bessere Exemplar.

1665. Vgl. zu 268. Hs im Goethe- und Schiller-Archiv. Schreiber: Seidel.   117, 13 W.   21 sagen g? aus sager   118, 3 beim permanenten Reichstag.   zu zuschicken   6 geben statt nehmen, ähnliche Freiheit 114, 14.   11 Beginn schwärzerer Tinte. Novembergeburtstage, vgl. 212, 21. 243, 14.   22 nächsten 23 W. von hier ab g.

1666. Vgl. zu 541.   119, 10 Johanni 1784, vgl. 16, 14—16. 154, 7—11 und zu 308, 24.

1667. 119, 14 bist. Ich aus bist, ich

1668. 119, 24 die 14 aus 13

1669. 120, 2 freundl. am Zeilenschluss   3 dir,] dir   4 H.

1670. 120, ₈ ⸹. ₁₀ die jungen Damen aus der Hofgesellschaft. ₁₃ die 19 aus 1₈

1673. 121, ₁₂ vgl. 12₃, ₂₂. **1674.** 122, ₂ Nach aus nach)
1675. Vgl. zu 541. Schreiber: Seidel. Zur Sache vgl.
2022 und *GJ* IV, 205. Absichtliche, dienstliche Kürze des
Ausdrucks, daher weder 122, ₉ ſich noch ₁₅ Ihnen zu ergänzen, vgl. 414, ₁₃.

1676. 123, ₁ Laß aus laß   ₃ ⸹ieroglyphe] das p auf Correctur; vgl. 80, ₆.

1677. 123. ₁₀ vgl. 92, ₆. 123, ₁₀. 409, ₃. ₁₁ zur Gratulation.

1678. Vgl. zu 42. 12₃, ₁₆ am 3. Januar. ₁₈ wie üdZ
₂₂ vgl. 121, ₁₂. 124, ₈ vgl. 1413. ₁₁ Kunsthändler in
Leipzig. ₂₃ vgl. zu 1547. 125, ₄ Handelsherr und Kunst-
sammler in Leipzig. ₅. ₆ vgl. v. Biedermann, Goethe und
Leipzig II, 45. ₁₄ vgl. 31₃, ₁₃.

1680. 12₆, ₈ gefunden,] gefunden ₉ in der folgenden
Nacht wurde der Erbprinz Carl Friedrich geboren.

1681. 126, ₁₃ auch hier ist Frau v. Schardt gemeint,
nicht *Mad. D.*, vgl. zu 1688. ₁₄ Schatullier des Prinzen
Constantin. ₁₅ vgl. zu 1688 und 1768.

1682. 127, ₃ Ankunft aus anfunft Herzog Ernst II. und
Prinz August v. Gotha, zu der am Abend des folgenden
Tages stattfindenden Taufe des Erbprinzen.

1684. 127, ₁₉ vor] von vgl. die zur Beibehaltung an
dieser Stelle nicht berechtigende Analogie IV, 1₃7, ₁₀.

1685. Am 15. und 16. war Goethe mit dem Herzog u. A.
in Jena (129, ₁₁) zur Einholung des Herzogs von Würtem-
berg; verschiedene Feierlichkeiten (vgl. zu 1680) an den
vorhergehenden Tagen erklären die Lücke vom 8. bis 17.

1686. Vgl. zu 266ª und 1569. Schreiber: Seidel. 129, ₁
Augeſchein sonst nicht belegt. ₄ Geheimrath Barckhaus ge-
nannt von Wiesenhüten. Was ₈ vgl. zu 81, ₁₈. ₁₇ Aldorf
₁₈ Wie vgl. 77, ₇. 13₃, ₁₄ — ₂₅. ₂₂ Babyriſſa

1687. 130, ₁₄ Probe von Wielands „Kantate zur Ge-
burtsfeyer des Durchlauchtigsten Erbprinzen. Weimar den
9ten März 178₃ (im Concert bey Hofe)“, componirt von
E. W. Wolf, Herzogl. Kapellmeister. Vgl. 132, ₇. 133, ₃.
₁₅ die 27 aus 22 oder 24

1688. Vgl. zu 491. Ungedruckt. 130, 17 Madame Darsaincourt erschien im Februar 1783 mit Briefen ihres in Eisenach zurückbleibenden Liebhabers, des Prinzen Constantin, am Hofe in Weimar, um ehrenvolle Aufnahme und Behandlung bittend. „Wir schickten Göthen an sie, ihr auf das Glimpflichste begreiflich zu machen, dass wir sie nicht sehen könnten, noch würden, und dass wir wünschten, sie möchte sich an einen andern Ort begeben; darauf ging sie sogleich nach Jena, wo man ihr ein Quartier bey Paulsen [Bankier und Commercienrath] bestellt hatte" u. s. f. Carl August 28. Febr. 1783 an Albrecht, den Reisebegleiter des Prinzen, der, von seinem Schützling verlassen, im Auslande geblieben war. (Grossherzoglich Sächsisches Hausarchiv.) Vgl. 126, 15. 134, 14—21. 152, 8. 168, 18. 183, 9.

1689. 131, 7 wohlthatig 8 schrieb vielleicht schreib 9 „Elpenor", vgl. Tagebuch 11. und 19. Aug. 1781; zu jener Zeit erwartete man die Niederkunft der Herzogin, und das damals zur Feier des Kirchganges oder doch zur Überreichung an diesem Tage geplante Stück nahm Goethe jetzt, bei dem allgemeinen dichterichen. Wetteifer, wieder auf, vgl. 131, 22—132, 2. 132, 20—133, 10. Über den zweiten Aufzug (vgl. 135, 1—3) kam das Stück nicht hinaus, und Goethes poetische Beisteuer zur Kirchgangsfeier beschränkte sich auf das kleine Gedicht „Vor vierzehn Tagen harrten wir" u. s. f. 12 haben 15 1. März 83 nach d. 28. Febr.

1690. 131, 18 Laut Anmerkung Fritzens v. Stein das von einem alten Seemann gezeigte Modell eines Kriegsschiffes, vgl. zu 132, 16. 132, 2 März

1691. Hs unbekannt. HN I, 69 unter „Anfang Februar". Vgl. jedoch 130, 14. 133, 3 und 143, 25. 132, 4 Herders „Kantate auf den Höchstbeglückten Kirchgang der Frau Herzogin, mit Hochfürstl. Kapelle in hiesiger Haupt- und Pfarrkirche aufgeführt von E. W. Wolf, Herzogl. Kapellmeister".

1692. Vgl. zu 268. 132, 10—134, 13 Seidels Hand. 132, 15 würft über unleserlich durchstrichenem Worte 16 angeregt durch die Besichtigung am vorhergegangenen Abend (131, 18) vgl. zu 380, 4. 132, 20 ein alsbald bei Glüsing in Weimar gedruckter Sammelband vereinigt auf 200 Seiten

diese „Reden - und Glückwunschs-Gedichte". 21 haben,
auf] haben sich auf   22 vgl. zu 1687. 1691. 1704.   133, 5
„Elpenor", vgl. zu 1689.   11 vgl. zu 1665.   14—25 vgl.
77, 6—14. 129, 18. 143, 15—22. 145, 9—14. 164. 24.   17 brechen
bergmännisch = gebrochen werden.   19 Genetiv ohne es
wie 145, 9.   erwehneſt aus erwähneſt vgl. 134, 4.   24 zu] das
z aus ſ   26 Ioubine vgl. Postsendungen August 1784: Anfrage im Interesse des Peter im Baumgarten, vgl. zu 809. —
134, 3—10. Im 32. Stück des Tiefurter Journals, das Anfang
1783 erschienen sein muss, steht unter dem alleinigen Titel
„Fragment" (daher 134, 8 G3) der Aufsatz „Die Natur";
vgl. Knebels Tagebuch 20. Januar „Von Thusnelden Brief
und Journals ... Göthes Fragment über die Natur hatte
tiefen Eindruck auf mich. Es ist meisterhaft und gross.
Es bestärkt mich in Liebe." Es ist vielleicht nur das Gesetz des Autorengeheimnisses, das Goethe zu dieser Ableug-
nung veranlasst, sehr bemerkenswerth ist aber dennoch die
Äusserung Charlottens v. Stein an Knebel 28. März 1783
„Goethe ist nicht der Verfasser wie Sie es glauben von den
tausendfältig ansichtigen Bilde der Natur; es ist vom
Tobbler; Mitunter war mirs nicht wohlthätig, aber es ist
reich." (GSt² II, 567.) Weiteres über die Frage der Autor-
schaft s. Werke (Hempel) XXXIV, 249 wozu eine hand-
schriftliche Notiz des Kanzlers v. Müller in dessen Archiv
mit der auch von Carl August getheilten Ansicht tritt, der
Aufsatz sei nach Goethischen Gedanken von Seidel geschrieben.   134, 4 erwehneſt vgl. 133, 19.   12 vgl. 135, 6.
14—28 g, 14—21 ungedruckt, vgl. zu 1688 und 1768.

1693. 135, 1 „Elpenor", vgl. zu 1689.   4 vom 28. Februar laut Knebels Tagebuch.   6 vgl. 134, 12.   14 März

1694. 135, 18 für eine Decoration zur Kirchgangsfeier.

1695. Vgl. zu 89.   Collation Suphans.   Empfangsvermerk „acc. 22. Mart. 83". Ein Brief Goethes an Kestner
aus 1782, wie er aus dem Eingang (vgl. 136, 18) zu er-
schliessen, ist nicht überliefert.   5 vgl. die Kunstbeilage
zu GJ X.   6 Euer   9 ſind üdZ   12 vgl. 92, 6. 123, 10. 204, 20.
315, 5.   14 vor aus für

1696. Vgl. zu 498. L. Hirzel „Goethes Beziehungen zu
Zürich" (im Neujahrsblatt hrsg. von der Stadtbibliothek in

Zürich 1888) S. 52 bringt diese Zeilen als Schlussworte
eines Briefes, dessen Veröffentlichung die Loge in Zürich,
als Besitzerin, nicht gestattet, da er sich über den Frei-
maurertag zu Wilhelmsbad verbreitet. Am Abend des 16. März
besuchte Goethe in Weimar ein Logenfest, das der Herzog gab.
1699. Vgl. zu 72. Hs Königl. Bibliothek Berlin.
138, 6 vgl. 130, 14. 132, 4. 22. Der Brief bezieht sich auf Herders öffentliche „Predigt am Dankfest wegen der Geburt
des Erbprinzen, gehalten am fünften Sonntage nach Epi-
phanias" (9. Februar), die zugleich mit der Predigt am Kirch-
gangsfest (9. März) 1783 zum Besten der Armen gedruckt
wurde. Vgl. Herders Werke XXXI, 520 f. Goethes Bemerkungen sind sichtlich benutzt. 139, 7 vgl. die Goethischen Sätze
über Tiberius in Lavaters Phys. Fragm. II. 256. 3—12.
27 oßne—erßeben üdZ 140, 3. 4 Erbe:Lebens auf der Zeilenscheide 12 vgl. Herder a. a. O. 527. 14 jelbft üdZ Wiffen:
jdaften] das W aus Künfte 16 beren nach würden 17 bem
nach jelbft 19 Bedürfniffe aus bebürfniffe 20 geridtete aus
Geridtete 24 ßat aus ßaft
1700. 141, 13 Geheimer Kriegsrath in Weimar. 15 Spiel:
werf = Spielzeug wie Werke (C) XVI. 159.
1701. 141, 20 Frau v. Seckendorf, geb. v. Kalb. Abends
nach ßer[nach]
1702. GSt² 294. Das Material und die Glätte 142. 6
heissen die Einordnung des Manuscriptbandes gut, die Ein-
ladungsangelegenheit und die Angaben über das Befinden
sprechen für engen Anschluss an 1701. 142, 8 es es
1703. 142. 14 ein Missgeschick beim Zeichnen, vgl. 153. 1. 2.
1704. Vgl. zu 268. Schreiber: Seidel. 143, 6 Blätter
aus Plattenn oder Plättern 10 Empfetten aus Amptetten
15 vgl. 133, 14. 144, 6 ißn aus es
1705. Vgl. zu 266ᵃ und 1569. Schreiber: Seidel.
145, 9 Genetiv ohne : es wie 133, 19. 16 Sie Elend bei
Adelung Hauptform. 18 jo nach eigentlid 27 ßunter aus
ßunber vgl. zu 262, 6.
1707. 146, 16 jo nach redt
1708. 147, 1 jdönen] das j aus S[onne] 6 wieber wie
am 5. Februar in Calabrien, vgl. Eckermanns Gespräche
13. Nov. 1823 (Schöll).

1709. Vgl. zu 216. 147, 10 die spätere Schwieger-
mutter. Frau und Schwägerin Schillers, letztere damals
Braut des 11 Genannten. 11 lieber] I.
1711. Vgl. zu 42. Hs in *HB*. 148, 7 vgl. zu 1517.
11 Gelegenheit aus gelegenheit 12 schätzen aus schäzen
1712. 148, 16 laßt
1713. 149, 2 eine kleine Stunde ilmaufwärts, vgl. 200, 11.
1714. 149, 7 A. L. v. Schlözers freimüthige „Staats-
anzeigen" erschienen 1782—1795 heftweise, daher ein Schlözer.
Vgl. 373, 20.
1715. 149, 16 der Knecht Goethes.
1717. 150, 13 Staff] Stafft = v. Staff, der Oberforstmeister
in Ilmenau (vgl. 371, 27—372, 7), oder der Kammerjunker in
Weimar, der laut Fourierbuch nebst Goethe, Wedel und
Einsiedel den Herzog begleitete. 17 außerordentl. am Zeilenschluss 20 Zehrpfennig vgl. das Sonett „Reisezehrung"
Werke II, 8.
1718. 151, 6 vgl. 21, 11 Schwester der Herzogin Louise,
† 8. April 1783. 13 nicht überliefert 20 am 18. kehrte
Goethe nach Weimar zurück.
1719. 152, 6 vgl. 175, 13 ? 8 vgl. zu 1688. en undeutlich, wie an 9 außerordentl. 10 vgl. 153, 12.
1721. 153, 1 vgl. zu 1703.
1722. Vgl. zu 268. Schreiber: Seidel. Ohne Unterschrift. 153, 11 vgl. 134, 11. 135, 6. 152, 10. 14 Ich —
15 mögest ungedruckt. 154, 7 vgl. zu 7, 19. 16, 14 und 1666.
18 über in *GK* I, 44 als vielleicht für immer verschrieben
bezeichnet; aber vorüber wird im vorigen Jahrhundert, obwohl es bei Adelung fehlt, häufig gebraucht wie gegenüber
(z. B. bei Wieland, Lavater) und wird wie dieses gern durch
den Dativ getrennt; Goethe gebraucht es sonst nicht, hier
aber vermeidet er dadurch den Missklang „über diesem
Gegenstand gegen dem Künstler über", vgl. zu 887. 28 Anzeige = Anzeichen, das Adelung nur für eine oberdeutsch
verderbte Aussprache von Anzeige erklärt. 155, 1 das
1723. 155, 11 L. schwerlich = Liebsten, eher = Laide.
So wird das Frl. v. Waldner auch im Tagebuch 7. Mai 1777
und 6. 7. Oct. 1778 bezeichnet, vgl. auch 170, 1. 12 die 23 in
GSt¹ richtig gelesen, in *GSt²* in 27 geändert, vgl. zu 1604.

1724. 155, 16—21 vgl. zu 1666. 1688. 134, 17. 1710. —
156, 1 der Bildhauer, vgl. 164, 7. 211. 11.

1726. 156, 14 mit dem Professor der Anatomie Blumenbach aus Göttingen. — Die geringe Anzahl der Briefe an
Charlotte von Stein in der nächsten Zeit erklärt sich (hier
wie z. B. auch im Februar 1783) durch besonders reges
Leben in der Hofgesellschaft (vgl. Fourierbuch *GJ* VI, 148 f.);
doch werden gerade in solche Zeiten viele der undatirbaren,
mehr oder minder inhaltlosen Zettel gehören, die der folgende Band vereinigt.

1727. Vgl. zu 89. Hs unbekannt. Nach Goethe und
Werther 2. Aufl. S. 257 f.   156. 18 v. Ramdohr (1752—1822),
dessen Trauerspiel (157, 2) „Kaiser Otto der Dritte" 1783
anonym erschien.   157, 12 vgl. 96, 6. 175, 20.   23 fünf Söhne,
dann kürzlich ein Mädchen (Charlotte, † 21. Juni 1785), darnach noch drei Söhne und (1793) eine Tochter.   25 Charlotte Kestners Bruder Hans Buff.

1728. 158, 2 Iaunroba] T.   Mad. Darsaincourt (vgl. zu
1688) war dort bei einem Förster untergebracht.   3 Beilage
nicht überliefert.   5 Rahmen aus nahmen   6 fürchtete aus
fürchte vgl. zu 235, 16 und V, 79, 2.   13 W.

1729. Vgl. zu 491. Bei Beaulieu S. 217 f. nach der *g* Hs.
158, 17 der 6. war ein Dienstag; Sonnabends den 10. kehrte
Goethe zurück.   159, 2 M. = Marschall, der damals um
das herzogliche Gut Ossmannstedt handelte. vgl. v. Biedermann, Goethe-Forschungen I, 231.   160, 21 der Genetiv
wohl nach dem französischen dont je me charge. vgl. IV,
101, 19. 104, 26. 106, 17. 18 (auch zu VI, 346, 27).

1730. Vgl. zu 491. Ungedruckt. Empfangsvermerk
„ps. d. 6. May 1783."

1731. 161, 17 Graf Werthern aus Neuenheiligen und
Gemahlin, vgl. zu 46, 15.

1734. 162, 13 beschafftigt   17 In den nächsten Tagen zog
Fritz v. Stein (geb. 27. Oct. 1773) ganz zu Goethe, in dessen
Haus er bis Anfang 1787 blieb.

1735. 163, 3 freundl. am Zeilenschluss.

1736. Vgl. zu 268.   163, 7 vgl. 72, 1—7. 87. 11. 88, 20.
96, 4. 134, 23. 144, 4.   163, 15—22 vgl. V, 307, 20—28. VI, 417, 19
und Schriften der Goethe-Gesellschaft IV, 42. 368.   164, 3

vgl. ebenda 369. Einsiedel hatte seit 1774 nichts der Öffent-
lichkeit übergeben, 1783—84 erschienen 2 Bände „Neueste
vermischte Schriften". ₆ die 19 aus 18 ₇ vgl. 156, 1 und
Knebels Tagebuch Mai 13: „Heute erhielt ich die Büste von
der Herzog. Luise", 16: „An Herzogin Luise" (an Goethe
Mai 6 und 22, Ankunft des Goethischen Briefes mit Wilhelm
Meister Mai 25).

1737. Vgl. zu 266ᵃ. Hs in *HB*.   164. 14 [. Br. 17 dem]
dein   23 vgl. 129, 18. 143, 15. 145, 9.   165, 1 ihn aus ihm
3. 4 aus Anakreon „An die Grille", von Goethe im Tiefurter
Journal Stück 9 (Herbst 1781 s. Werke II, 110) übersetzt
unter der Überschrift „An die Heuschrecke. Aus dem Griechischen". Diese Übersetzung war nicht Selbstzweck, sondern sie sollte die Glaubhaftigkeit der Versicherung erhöhen,
dass das im Tiefurter Journal sogleich folgende Gedicht
„Der Becher" auch „aus dem Griechischen" übersetzt, nicht an
Charlotte v. Stein gerichtet sei, vgl. V. 194. 10—12. 196, 19—22.
199, 10—12.   165, 5. 6 Hiob 40, v. 18. 20.   7 als Kammer-
präsident, vgl. zu 154. 7.   10 Mercks Aufsätze über den
1780 gestürzten Darmstädtischen Minister F. K. v. Moser, s.
*M*³ 200—234. Vgl. auch IV. 246. 21. 247. 25.

1738. 165, 19 vgl. zu 1734.

1740. 167, 5 **Maue** für **Maua**, 1 Meile südlich von Jena.
s. 9 Mineraloge, leitete damals das Walchische Naturalien-
cabinet in Jena, später dort Professor an der Universität,
vgl. 3, 11.   28 ist.] ist; am Zeilenschluss.

1742. 168, 18 vgl. zu 1688.   169, 1 vgl. zu 1738.   3 er
nicht in es zu ändern, sondern aufzufassen „recht artig
untergebracht".   4 die 2 aus einer anderen Zahl, vielleicht
aus 5.

1744. 169, 13 Domherr v. Berg und Gemahlin aus Halberstadt, vgl. 170, 7.

1745. 169, 19 vgl. 176, 10. Knebels Tagebuch Juni 3:
„An Goethe, über Wilhelm Meister".   170, 1 L. wohl =
Laide vgl. 155, 11.

1746. Vgl. zu 752. Durchpausung der Hs von Schölls
Hand im Manuscriptband 1783 der Briefe Goethes an Charlotte v. Stein als Nr. 73, an Stelle des früher dort einge-
klebten Originals, mit Randbemerkung Schölls: „nicht an

Frau v. Stein sondern an Kraft gerichtet, ist hier herausgenommen und an seine Stelle in Goethes Briefen an Kraft als Nr. 20 zurückversetzt worden". (In Schölls Druck dieser Briefe, 1846, fehlt daher der vorliegende noch.) Hieraus folgt zunächst, dass Schöll die Briefe an Charlotte v. Stein 1848 schon in den Manuscriptbänden (vgl. zu 378) vorfand, dass also seine Abweichungen von der chronologischen Ordnung derselben nicht auf einer vor der Einklebung bestehenden älteren Ordnung beruhen, vgl. zu 734. Es ergab sich daraus ferner, dass die Hss der Briefe an Kraft 1848 ebenfalls im Besitz des Freiherrn Felix v. Stein auf Kochberg zu suchen waren: laut bereitwilliger Mittheilung sind sie es noch. Berichtigungen werden im nächsten Bande folgen. 170, 6 ben] ber zur Sache vgl. IV, 183, 15. 202, 4. VI, 386, 15. 7 v. Berg vgl. zu 1744. 9 W.

1747. 170, 15 vgl. 150, 20. 23 Erf.

1748. 171, 5 bem] ben was nur zu halten wäre, wenn von einer Ausgleichung vorher bestehender Misshelligkeiten die Rede sein könnte. 11 der Prinzen Ernst und Ludwig, früh verstorbener Söhne des Herzogs Ernst II. 15 felbft üdZ 20 Abgüffe aus abgüffe

1749. Quartbogen, dessen zweites Blatt jedoch fast ganz weggeschnitten ist; der zum Aufkleben erhaltene Streifen trägt einen unbestimmbaren Buchstabenrest. 172, 13 Lub. 15 Bey aus bey

1750. 173, 24 von Meiningen. 174, 1 gefommen, nicht ausgeschrieben. Landgr. Adolf v. Hessen-Philippsthal-Barchfeld, Schwager des Meiningers. 2 Gem. 4 Meinungen aus meinungen 5 Wilh.

1751. 174, 19 an Frau v. Schardt in Besoldungsangelegenheiten ihres Gatten: sie rief durch Charlotte v. Stein Goethes Vermittlung an; diese hatte ihm den Brief der Schwägerin zugesandt und schrieb ihr am Tage der Rückkehr Goethes, den 20. Juni: „Ich erwarte sehnlichst Antwort und wünsche nur, dass ihn der Brief nicht mag [in Wilhelmsthal] verfehlt haben; denn mündlich ist nicht mit ihm zu sprechen, ohne dass wir uns beide weh thun, wie ich Dir schon letzt etwas davon geschrieben habe". (Düntzer, Zwei Bekehrte S. 315.) Vgl. zu 1961.

1753. 175, 13 vgl. 152, 6? 17 vgl. V, 267, 17. 18 Richardson vor Allen. 20 vgl. 96, 7. 157, 12.

1754. 176. 6 Anfang aus anfang 7 Vornahmen aus Nahm vgl. 177, 16.

1755. Vgl. zu 268. 176, 10 Wilh. vgl. zu 1745. 177, 4—6 ungedruckt. 13 Fr.

1757. 178, 1 aus Berka. von einem Hofausflug. 3 Fr. W. H. v. Trebra, seit dem 16. Juni 1776 (vgl. Tagebuch) mit Goethe befreundet, vertauschte im Sommer 1779 Weimar mit Zellerfeld und trat später (1801) in Königlich sächsische Dienste; bis zu seinem Tode (1819) blieb er in einem regen, sehr vertraulichen Briefverkehr mit Goethe. Vgl. *GJ* IX, 11 f. 8 Originalzeichnungen Chodowieckis zu Bertuchs Übersetzung des Don Quixote.

1760. Vgl. zu 6. Classen, Mittheilungen des Vereins für Geschichte und Alterthum in Frankfurt a. M. Nr. 2, ausgegeben im Dec. 1858 S. 136. Mad. Darsaincourt (vgl. zu 1688) wurde von Seidel (vgl. 205, 5) über Frankfurt in ihre Heimath zurückgeleitet.

1761. 179. 21 vor? aus vor,

1766. Vgl. zu 42. Hs unbekannt. Deutsche Romanzeitung 1871 Sp. 944. Schreiber: Seidel, wie die t für d u. ähnl. zeigen. 181, 12. 13 zu ergänzen entweder gerathen lassen oder es ist darüber oder darüber ist 14 vgl. zu 1547. 182, 15 Ziehen veröffentlichte 1780 Aufsätze, in denen er. aus „dem Buche Chevila" schöpfend, grosse Erdbeben prophezeite; vgl. IV, 224, 19. 227, 18. 253, 24. Charl. v. Stein an Knebel 28. März 1783 (*GSt*² 566, vgl. zu 1708). Schriften der Goethe-Gesellschaft I, 63. 182, 22 W.

1768. Ungedruckt. Grossherzoglich Sächsisches Hausarchiv. Vgl. zu 1688. 183, 14. 15 die Maaßstäbe aus den Maaßstab 16 er hatte die Reise unter Albrechts Führung unternommen; auch bei Carl August fiel dieser für alle Zeit in Ungnade. 184, 10 Tr.

1769. 184, 17 die 83 aus 81.

1770. 184. 18. 19 „Doch wohl Cooks" merkt Fritz v. Stein an. vgl. V, 241, 14. 242, 5. Vielleicht ist Pagés gemeint. vgl. zu 219, 15 jedenfalls aber eine Reisebeschreibung, vgl. 212. 10—20. 224. 23. Goethes eigne Reisebriefe aus der Schweiz,

auf die Fielitz verweist. sind ausgeschlossen durch id) wünſche
daß ſie dir gefallen könne und 116, 17. 117, 9. Schöll und
Düntzer beziehen die Stelle auf den „Roman über das
Weltall" (vgl. V, 232, 8), den Düntzer (auf Grund wovon?)
in Briefen geschrieben nennt. Dieser blieb aber wohl ein
unbestimmter Plan einer Darstellung seiner Ansichten über
die Erdgeschichte; vgl. 236, 14. 366, 16 und zum Ausdruck die
Vertheidigung Buffons (gegen G. Forster) IV, 202, 22.

1772. 185, 11 Herren wie immer H mit Schnörkel.
12 bewillkommen deutlich und mit Absicht. 14 Herz.

1775. Vgl. zu 239 und 1584. Vermerk Jacobis empf.
d. 20ten, beantw. d. 20ten.   186, 14 vgl. 92, 6. 93, 10. 189, 6.
210, 22. 221, 10. 230, 22.   16 vgl. 93, 14.   geſchidt,] geſchidt am
Zeilenschluss.   22 bis zum 41. Lebensjahre.   187, 6 W.

1777. 187, 15 ruhig,] ruhig   16 aufgeräumt

1779. *GSt²* 366. Zur Zeitbestimmung vgl. Suphan,
Preuss. Jahrb. 1882 S. 495. Charlotte v. Stein sandte eine
Abschrift dieser Verse. die sie sich bei Goethe bestellt hatte,
mit dem „essbaren Opfer" zum Geburtstag an Herder, in
dessen Nachlass sie sich fand.

1780. 188, 12 nach Fritz v. Steins Anmerkung „eine
Gallerie-Collection, in Kupfer gestochen. Meine Mutter co-
pierte hieraus". Die „Spieler" also wohl ein Blatt darin.

1782. 189, 6 vgl. zu 186. 14.

1783. Vgl. zu 427. Nach v. Biedermann, Goethe und
das sächsische Erzgebürge S. 67 f., wo der „eigenhändige
Entwurf" zu Grunde liegt. Dieser Umstand sowie der goe-
thische Stil, der Werth des Beispiels und die Personalien
begründen die Aufnahme dieses Actenstückes unter die
Briefe. Vgl. zu 1892.

1784. Vgl. zu 72. Hs Königl. Bibliothek Berlin. Adresse
Herrn Gen.Super. Herder.   191, 2 ſammtliches

1785. Vgl. zu 268. 191. 13 –16 vgl. 211. 13– 17. 232, 10 –16.

1786. Vgl. zu 266ᵃ. Hs unbekannt.   192. 12 L. B.
v. Schrautenbach-Lindheim vgl. 35, 4.   192, 16 den] dem

1787. 192, 22 vgl. 257. 13. Werke II, 141. 331.

1788. Vgl. zu 752 und 1746. Adresse Herrn Kraft
während die anderen 20 Briefe an ihn ohne Adresse über-

liefert sind: dieses Billet ging in Ihmenau von Haus zu Haus.
193, 4 𝔊𝔢𝔪ü𝔱𝔥𝔰𝔷𝔲𝔰𝔱𝔞𝔫𝔡

1789. Vgl. zu 491. Ungedruckt.   193, 18 𝔐𝔬𝔯𝔤𝔢𝔫𝔰
aus 𝔪𝔬𝔯𝔤𝔢𝔫𝔰   194, 4 unenbf. am Zeilenschluss.

1790. 194, 23 𝔊𝔯ü𝔰̈𝔱 24 i𝔰𝔱] i𝔠𝔥   𝔥𝔬𝔯𝔰𝔱

1791. 195, 6 wie in der „Melusine", vgl. 58, 15. 91, 1.
20 𝔖𝔱ü𝔯𝔪𝔢 aus 𝔰𝔱ü𝔯𝔪𝔢 22 die Herzoginn Mutter, die auf der
Rückreise von Braunschweig den Domdechanten v. Spiegel
in Halberstadt besuchte, vgl. 197, 9.

1792. 196, 11 Marquise v. Branconi.   197, 9 vgl. zu
195, 22.   11 die Hofdame der Herzogin Mutter, Frl. v. Stein.
17 vgl. zu 98, 23.   198, 4 Vorgänger v. Trebras (vgl. zu 1757)
als Berghauptmann zu Zellerfeld, Verfasser eines „Grund-
risses der Mineralogie" (1781).   9 𝔟𝔢𝔶 über an   Grellmann
vgl. 1541.   ab𝔷𝔲𝔤𝔢𝔟𝔢𝔫 üdZ   10 𝔈𝔰 nach 𝔖𝔞𝔤𝔢 e   14 fl.   17 die
Braunschweigischen. vgl. 197, 21.   23 Carl v. Stein, Charlottens ältester Sohn, den die Herzogin von Braunschweig,
auf Grund in Pyrmont geschlossener Freundschaft mit der
Mutter, zu sich nahm und in Braunschweig erziehen liess,
vgl. 340, 12.

1793. 199, 1 𝔖𝔬𝔫𝔫𝔞𝔟𝔢𝔫   3 vgl. 197, 11.   13 vgl. 196, 11.
200, 11 vgl. zu 149, 2.   14 vgl. zu 1757.   17 Frau v. Imhof
aus Mörlach bei Nürnberg, seit Mitte September mit Mann
und Tochter in Weimar zum Besuch.   18 unklar, vielleicht
gemeint „dir noch immer werth".   21 𝔊𝔬𝔱𝔱𝔦𝔫𝔤𝔢𝔫   22 am aus
im   201, 5 im Dec. 1777.

1794. 202, 4 𝔰𝔠𝔥𝔯𝔢𝔦𝔟𝔢𝔫,] 𝔰𝔠𝔥𝔯𝔢𝔦𝔟𝔢𝔫

1795. 202, 17 den Hercules auf dem 𝔚𝔦𝔫𝔱𝔢𝔯𝔨𝔞𝔰𝔱𝔢𝔫 oder
Weissenstein, dem heutigen Wilhelmshöhe.   20 𝔤𝔢𝔣𝔲𝔫𝔡𝔢𝔫,]
𝔤𝔢𝔣𝔲𝔫𝔡𝔢𝔫

1796. 203, 23 𝔴ä𝔯𝔢 aus 𝔰𝔢𝔶

1797. 204, 20 vgl. 136, 12. 315, 5.

1798. 205, 5 vgl. zu 1760.

1799. Vgl. zu 541.   205, 12 i𝔥𝔫𝔢𝔫] 𝔍𝔥𝔫𝔢𝔫   13 G. M.
Kraus, Director der herzoglichen Zeichenschule.

1800. 206, 4 𝔡𝔦𝔯 aus 𝔪𝔦𝔯   5 𝔇𝔲] das 𝔇 aus 𝔟

1801. 206, 8 vgl. 12?   11 die 18 scheint aus 17 oder
anderer Zahl corrigirt zu sein, vielleicht aber ist das Um-
gekehrte der Fall: der Markgraf und der Erbprinz von Baden

kamen am 13. nach Weimar, reisten am 17. ab, bis Eisenach
geleitet vom Herzog, der am 18. Abends zurückkehrte; vielleicht war Goethe in des Herzogs Begleitung.

1802. 206,12 vermuthlich an den hessischen Minister
Grafen v. Schlieffen in Cassel, vgl. 1804.

1803. *HN* I, 74. Hs unbekannt. 206,19 vgl. 211,10.

1804. *GSt²* 383. Zur Zeitbestimmung vgl. 1801 und 1802.

1807. *GSt²* 384. An dieser Stelle gelassen, da Goethe
auf seiner letzten Reise Exten (¼ Meile südöstl. von Rinteln)
berühren konnte, längere Zeit nach der Rückkehr aber durch
208,11 fand wahrscheinlich wird. vgl. auch 1799. 208,16
Bewegung aus bewegung

1808. 209,1 vgl. zu 1649. 2 völlig

1810. 209,11 ich] ist Vgl. 525. 640. 1037. 1614.

1811. 209,17 Wilh. 18 vgl. 212,3. 210,1 vgl. 88,20.
5 Falle 7 endl. am Zeilenschluss.

1812. 210,12 Concert. 17. 18. Wilh. M. vgl. zu 1811.

1813. Vgl. zu 239 und 1584. Vermerk Jacobis empf.
d. 20ten beantw. d. 14. Jan. 1784. 210,22 vgl. zu 186,14.
211,10 vgl. 206,19. 387,19. 13 ein nach der vgl. 191,11 16.
232,19 16. 20 Einfälle und Plane aus Einfällen und Planen
27 W.

1814. Vgl. zu 268. 212,3 Wilh. vgl. 209,18. 210,18.
10 vgl. 184,18. 212,21 vgl. 118,20. 243,14. 23 „Du, der
namenlosen Wonne" von? in Stück 39. 213,2 vgl. 244,1.
11 Arabische nach Abr 15 in

1815. 213,21 gewöhnl. am Zeilenschluss.

1817. 214,12 „Edel sei der Mensch" in Stück 40, Werke
II, 83. 314. 15 Schöll verwies auf Jean Pauls um diese Zeit
erscheinendes Erstlingswerk „Grönländische Processe".

1820. 215,15 einen undatirten oder mündlichen 18 Liebe
aus liebe 19 immer undeutlich 216,1 von den Dessau-
ischen Herrschaften, die vom 20.—24. in Weimar zum Besuch.

1821. *GSt²* 402. Zur Zeitbestimmung vgl. 216,13 :
1 und 16. 8 entfernste 9 vgl. 110,10. 344,19.

1822. Vgl. zu 216. 216,16 vgl. zu 1820. Auf der
Rückseite Lavatern also Einlage. Zum Inhalt vgl. 1849.

1823. 217,7 vgl. das kürzlich (192,22) entstandene
„Ilmenau" v. 88.

1824. *GSt²* 404. Zur Zeitbestimmung vgl. 217, 16 : 212, 9—20. 225, 16. 227, 12 und 217, 18 : 7—10.

1825. Vgl. zu 216. Auf der Rückseite wie 1822. 218. 11 W. Zum Inhalt vgl. 1849.

1826. In sorgfältigster lateinischer Schrift, vgl. 340.27.

1828. 219, 9 vgl. 231, 7.

1829. 219, 15 Pagès, Voyages autour du monde et vers les deux poles par terre et par mer pendant les années 1767—76. Paris 1782. 2 Vol. (Schöll). Vgl. 184. 18.

1833. Vgl. zu 617. 221, 7 vgl. 212, 6. 224, 9—14. 10 vgl. zu 186, 14. 23 Elisabeth Jacobi. Fritzens Frau. vgl. 1877. 1887. 24 sie aus Sie 222, 1 als bis ist in ganz veränderter Schrift. 5 Natur aus natur 9 vgl. III, 196, 15. IV, 50, 1. Schriften der Goethe-Gesellschaft IV, 345, 4. 28 Horazens „non omnis moriar". 223, 5 vgl. 205, 5. 6 Jöchh. 8 den aus der oder des 15 irrthümliche Angabe, denn das erste Stück erschien schon im August 1781, vgl. V, 194, 11. 196. 20 und zu VI, 165, 3 19 Fr. 20 W. Mftrs. 21 W.

1834. 224, 4. 5 vgl. 223, 13. 17. 256, 6. 408, 21.

1835. Vgl. zu 268. 224, 9 Wilh. Mftr. vgl. 212. 3. 221, 7. Vgl. Knebels Tagebuch Dec. 10: „Einen Brief vom Prinzen August von Gotha. nebst dem 4. Theil von Wilh. Meistern von Göthe." (Am 14. ist dort die Stelle aus dem heutigen 11. Kap. des 2. Buches „Haben Sie bemerkt . . . . . . Gegenwart zuschreiben." ausdrücklich als aus dem damaligen 4. Theile stammend ausgeschrieben; sie weicht nur ab durch das Fehlen von steifen und durch dichterischen statt musikalischen.) 15. 16 ebenda Nov. 24: „An Göthe. nebst Verzeichniss von B. Karten und Kupferstich von Bock." 23 vgl. 212, 10—20. 24 von hier ab feinere Schrift: wohl abschliessender Zusatz vom 8., während 224, 9—23 vom 7. zu sein scheinen, denn nur unter dieser Annahme kann 21 vorgestern richtig sein. 25 W.

1836 und **1837.** *GSt²* 295 und 337. Zeitbestimmung nach Material und Zusammenhang. 225. 13 in einem = überein, d. h. mein Befinden ist noch unverändert. 16—18 vgl. 184, 19. 212, 10—20. 217, 16. 219, 15. 224, 23. 227, 12.

1839 — 1845. 226, 17 kame 227, 12 vgl. zu 225. 16. 228, 18 Lav.

1846. Vgl. zu 268.   229, 4 Knebels Sendung vom
24. Nov. hatte Goethe schon am 8. Dec. beantwortet; in-
zwischen keine zutreffende Eintragung in Knebels Tagebuch.
8 Fr.   11 Wilh.   15 trübe bisher trübe vgl. Werke (C)
LIV, 76 und an Jacobi 18. Aug. 1792.   17 einen nach vert
anmutigern nach 2tn   19 Hofapotheker in Weimar. Lüffte,]
Lüffte   230, 7 von hier ab ruhige Schrift. Knebels Brief
laut Tagebuch vom 23. Dec.   8 gute aus guten   9 Wilh.
14 kann. aus kann, ich bin ietzt

1848. Vgl. zu 239 und 1584. Vermerk Jacobis empf.
b. 12. Jan. 84. beantw. b. 14.   230, 22 vgl. zu 186, 14. 221, 10.
231, 2 Iph.   6 fonnen   7 in Bezug auf Jacobis Streit mit
Mendelssohn über Lessing und Spinoza; vgl. 219, 9.   13 das
aus ein oder ähnlichem Wort   14 bift aus biß

1849. Vgl. zu 216. IIs unbekannt. (Hirzel,) Briefe an
helvetische Freunde 1867 S. 6.   18 von Dessau, vgl. 1822.
1825.   21 H. L.   23 war] Änderung in wär zulässig aber
nicht zwingend. vgl. 331, 8.   232, 4 H. L. ohne das durchaus zu erwartende der   5 vier Punkte und die Bemerkung
„unleserlich" ohne Angabe des Umfangs. Vgl. V. 308, 15—29.
10 vgl. 1699. 1779. 1784. 191, 14. 211, 13.   24 Pf.   26 vgl.
zu 1930.   233, 3 vgl. zu 1553.

1851. 233, 16 Blatter   18 84] 83 Am 3. Jan. 1783 kehrte
Goethe aus Leipzig zurück.

1854. Ungedruckt. Vom Besitzer der IIs, Herrn Major
a. D. v. Göchhausen in Dresden, zur Verfügung gestellt.
Schreiber: Seidel.   Adresse 9 Herrn Geh. Cammerrath von Göchhausen nach Eisenach fr.   234, 15 im Juni.

1855. 235, 9 H.   Felgenh. vgl. 141, 13.   10 H.   11 Joseph
Bellomo mit seiner Truppe begann, aus Dresden kommend,
um diese Zeit auf Grund eines festen Vertrages seine Vor-
stellungen (bis 5. April 1791); Dienstag, Donnerstag und
Sonnabend waren die regelmässigen Spieltage. italienische
Operetten bildeten in erster Linie das Repertoir. Vgl. 317, 21.

1856. 235, 16 fürchte oder furchte nicht zu entscheiden,
wie u und ü häufig. Beide Formen möglich: das Praeteri-
tum furchte auch V, 79, 2 vgl. die Correctur fürchtete aus
furchte 158, 8; hier bedingt fürchte für 17 fonnte. während
furchte die stets erlaubte Änderung in könnte erfordern würde.

1857. 236, 1 m. Schwerlich mit 1856 von demselben Tage. Aber 5 die 16 aus 15, daher die Richtigkeit dieses Datums eben so schwer anzufechten, wie das von 1856 zu bessern.

1859. 236, 13 Hs von Seidels Hand im Goethe- und Schiller-Archiv, s. Werke (Hempel) 33, CLXII f. vgl. oben 82, 14 ff. 14 dictirt, und] dictirt, Und worin das Komma aus Punkt.

1860. 237, 1 vgl. Goethes Mutter an Fritz v. Stein (hrsg. v. Ebers und Kahlert 1846) 9. Jan. und 12. Febr. 1784.

1861. 237, 10 H. M. 13 die 84 nicht ganz deutlich.

1862. 1863. 237, 18 22] 23 Geändert da beide Billets unmöglich von demselben Morgen; das Datum von 1863 steht dadurch fest, dass am 23. als am Freitag Sitzung des Conseils war, das von 1862 durfte in 22 geändert werden, da es auf einem Zettel desselben ungewöhnlichen Papieres geschrieben ,ist wie das vom 21. 238, 2 vgl. 101, 1. 109, 6.

1865. Vgl. zu 491. Ungedruckt. 238, 17 v. Isenflamm vgl. zu 1952. 239, 7 Bhß. = von Hause, im Gegensatz zum Bureau.

1867. 239, 16 Konnt **1871.** 241, 3 Comm.

1874. GSt² 446. Zeitbestimmung nach 245, 12 vgl. auch 291, 22. 306, 18.

1875. 242, 12 Königs Reisegespräche des Königs im Jahre 1779. Zum Besten armer Soldatenkinder in Druck gegeben vom Verfasser der Preussischen Kriegslieder [Gleim] im Jahre 1784 Halberstadt. 13 Pr. 14 in Römers Nachrichten von der Küste Guinea 1769, die Herder im Teutschen Merkur 1783 IV, 178 - 191 nacherzählte, vgl. Werke ed. Suphan XV, 137 f.

1876. Vgl. zu 268. 243, 4 Ihnen. 10 auch aus aus 12 vgl. 118, 20. 212, 21. Das Gedicht „Dem Schützen, doch dem alten nicht" Werke I, 54. 380. 18 vgl. zu 1519. 244, 1 vgl. 213, 2.

1877. Vgl. 1887. 244, 10 vgl. 221, 23 Betti Jacobi war am 8. Februar gestorben.

1879. 245, 1 m. 9 Kappii selectae historiae, ein Schulbuch (Fielitz). 12 vgl. 242, 1. 15 _Rede bey Eröffnung des

neuen Bergbaues zu Ilmenau. Den 24sten Februar 1784."
4 unpag. Bll. in kl. 4°, Werke (C) LVI, 173.   19 bem   24 21] 24
verschrieben in gespannter Erwartung des 24., vgl. zu 1575,
auch zu 1971 und an Schiller 6. April 1801.   27 das Blatt
ist stark gebräunt.

1880. 246, 12 im August 1776.   17 könneſt] konneſt bisher
kannſt gelesen.

1881. 247, 2 vgl. Anna Amalia an Goethes Mutter
22. Februar: seit zwei Monaten lag hoher Schnee, so dass
Viele an den Augen litten. — Am 29., Nachmittags 2 Uhr,
eilte Goethe mit dem Herzog und Rittmeister v. Lichtenberg
(249, 8) nach Jena.

1882. 247, 6 herzoglicher Kutscher.   8 nicht nach ſ[o]
16 vgl. zu 778.   17 koſtliche

1886. *GSt*[2] 480.   250, 3 Wetters   9 Die Ortsangabe
Jena fehlt, wie 249, 11 zu ergänzen.   März] May deutlich,
aber der Inhalt zwingt zur Annahme des Schreibfehlers:
die am 2. März in Vorschlag gebrachte Fahrt nach Jena
muss gemeint sein.   Dass sie endlich doch unterblieb —
laut Fourierbuch speiste Frau v. Stein am 3. März Abends
bei Frl. v. Waldner —, erklärt sich genügend aus 250, 3.

1887. Vgl. zu 239 und 1584.   Vermerk Jacobis beantw.
b. 19ten.   250, 10 vgl. zu 1877.

1888. 251, 14 Abend,] Abend   15 März

1889. Vgl. zu 427.   Grenzboten 1878 Nr. 45 S. 227.
251, 16 - 252, 10 Seidels Hand.   251, 19 vgl. zu 1541.
252, 11. 12 g.

1890. 252, 14 vermuthlich wieder, nur auf den Tag,
nach Jena.

1892. 253, 9 da aus das
Die *GJ* VII, 172 als Brief Goethes veröffentlichte, von
Goethe und Chr. G. Voigt am 10. März 1784 unterzeichnete
Eingabe „An das Fürstl. Sächs. Amt Weimar" konnte hier
schon darum keine Aufnahme finden, weil Stil und Aus-
drucksweise (— z. B. „die Anzeige der sich gefundenen Sub-
scribenten" —) ungoethisch sind.   Vgl. zu 1783.

1893. 253, 16 Anhänglichkeit   20 vgl. 224, 19.   21 März

1894. 254, 4 „Der Spleen", Lustspiel von Gottlieb Ste-
phanie (Schöll).

1895. Vgl. zu 898. Arndt *GJ* V, 3. (Hs Herzogliche
Bibl. Gotha.) 254, 22 „Nachricht von dem am 24. Februar
1784 geschehenen feyerlichen Wiederangriff des Bergwerks
zu Ilmenau“. 255, 2 vgl. 245, 15. 8 Blendrahmen (eigentlich Blindrahmen vgl. „blinde Klippe“) der schlichte Holz-
rahmen, über den die Leinwand so gespannt wird, dass sie
ihn verdeckt. 9 vgl. 266, 9.

1896. 255, 15 fürtreffl.

1897. 256, 2 auf 4 Marz

1899. 256, 12 die Prinzessin Louise (geb. 3. Febr. 1779)
starb in der Frühe des 24. plötzlich am Stickfluss. Aurora
eine Zeichnung zum Sinnbild des Ereignisses?

1900. 256, 19 bofen 257, 2 nach Anmerkung Fritzens
v. Stein brannte damals ein schöner Fichtenwald in Kochberg ab.

1901. Vgl. zu 72. Hs unbekannt. (*HN* 1, 74.) Nach
einer Abschrift in Kanzler Müllers Archiv. 257, 9 vgl.
224, 19. 253, 19. 13 vgl. 192, 22.

1903. Vgl. zu 72. Hs unbekannt. (*HN* 1, 75.) Nach
einer Abschrift in Kanzler Müllers Archiv, die mit dem An-
schein sicherer Überlieferung das Datum „Jena den 13. März
1790“ trägt. Aber schon die Gleichzeitigkeit mit der im
Jahre 1790 unmöglichen Nr. 1904 widerlegt dieses Datum
und weiter folgende Briefe aus 1784 (vgl. schon 1913) setzen
die Entdeckung des Zwischenkieferknochens in das Frühjahr
1784, aus dem wiederum nur der 27. März passt. 258, 7 ver-
glich] vergleich Kanzler Müller. 8 Nur] Nun *HN*.

1904. *GSt²* 468. Zur Zeitbestimmung vgl. 1903. 259, 1
Herdern aus Herder 9 Augenblicken aus augenblicken

1905. Vgl. zu 427. *GJ* VI, 7. Schreiber: Seidel.
259, 20 zur Vorbereitung auf den nächsten Ausschusstag im
Juni 1784. Geschäft 260, 4 beschliessen

1907. Vgl. zu 239 und 1584. Vermerk Jacobis empf.
b. 6ten Apr. beantw. b. 8ten May. 260, 17 vgl. 1887. 18 vgl.
zu 1899. 261, 10 Johann Georg Jacobi, zweiter Sohn des
Adressaten, später preussischer Geheimer Regierungsrath,
erregte als Knabe seinem Vater Besorgnisse, die sich bald
hoben, vgl. an F. H. Jacobi 9. Sept. 1788. 13 Gallizin.
18 Bättys] Bätty'

1908. 262, 6 das in der Abhandlung vom os intermaxillare erwähnte Werk „Natural history of the human Teeth" von John Hunter, vgl. 145, 27.

1911. 263, 9 früher,] früher G. = Göchhausen oder Gianini.

1913. *GSt²* 475. Zur Zeitbestimmung im allgemeinen vgl. 1903, der Tag gesichert durch 264, 5 : 263, 18. Donnerstag fiel auf den 15 ten.

1915. Vgl. zu 898. Beck S. 294 f. 265, 4 Tischbein, vgl. 255, 4—9. 8 Conradin und Friedrich von Oesterreich vernehmen, beim Schachspiel sitzend, ihr Todesurtheil. Hier heisst es „das grosse Gemälde" im Gegensatz zu bisher eingeschickten Theilskizzen. 266, 3—7 leise Anspielung auf den hoffnungslosen Zustand der Geliebten des Herzogs, vgl. V, 323, 8. VI, 285, 3—15. 9—22 vgl. 255, 9.

1917. Vgl. zu 266ª. Hs unbekannt. *M* ¹ 421. 267, 22 Lettre à Mr. de Cruse [kaiserl. Leibarzt in Petersburg] sur les os fossiles d'éléphans et de rhinocéros qui se trouvent dans le pays de Hesse-Darmstadt. 24 p. 4⁰ mit 2 Kupfertafeln. Darmstadt 1782. Lettre seconde 1784. 268, 8 nur] vielleicht wiederholte die Hs, wie das bei Goethe häufiger vorkommt, das mir; dann wäre nur als Lesefehler Wagners zu beseitigen. 20 in Holland. 26 vgl. zu 1541.

1918. Vgl. zu 268. 269, 4 — 270, 13 Seidels Hand. Adresse *g* An Herrn von Knebel nach Nürnberg *fr.* 269, 4 Versteinerung aus Versteinerungen ist über sind 6 davor 15 — 18 bergmännische Kunstausdrücke mit sichtlichem Behagen angewandt. 18 soll aus sollen 270, 1 vgl. zu 1899. 4 auf aus aus 8 anzufnüpfen aus anfnüpfen zu können 14—16 *g.*

1919. 270, 19 Pol. 21 die 25 aus 26

1920. Vgl. zu 1006. Nach Findlinge 4, 417. Adresse *A Madame la Baronne de Branconi ches Mr. Lavater à Zuric fr. Schafh.*, vgl. 271, 15. 13 vgl. 279, 18. 18 vgl. zu 1617.

1921. 272, 7 du,] du Vermuthlich ging Goethe wieder auf einige Tage zu osteologischer Arbeit nach Jena.

1923. 273, 5 ängstigt

1924. *GSt²* 483. 273, 12 vgl. 316, 18.

1925. *GSt²* 484. 274, ₈—₁₀ vgl. 275, ₁₄. ₂₁ vgl. zu 1903.

1926. Vgl. zu 268. 275, ₁₄ vgl. zu 1882—1885. ₁₅ der 9. war Sonntag, vgl. 274, ₁₃.

1927. Vgl. zu 72. Hs unbekannt. *HN* 1, 76. Die genaue Zeitbestimmung nach Haym, Herder II, 375 Anm. 2. Vgl. 1939. 276, ₁ geh. ₂₅ vgl. V, 337, ₃—₅.

1929. Die Hss der Briefe an Sömmerring unbekannt. Hier nach Rudolph Wagner, S. Th. v. Sömmerrings Leben und Verkehr mit seinen Zeitgenossen. Erste Abtheilung. Briefe berühmter Zeitgenossen an Sömmerring. Leipzig, Leopold Voss 1844. Die S. 3—26 mitgetheilten 28 Briefe Goethes werden vermuthlich wenig betroffen sein von des Herausgebers (Einleitung p. VI) ausgesprochnem Grundsatz pietätvoller Discretion. Goethes Briefe hat Wagner (Einl. p. VII) ohne Fortlassung eines der ihm zugänglichen (vgl. zu 411, ₁) mitgetheilt und die Schreibart der Originale (Einl. p. VIII) beibehalten. Nach seiner Angabe sind die meisten eigenhändig, namentlich alle diejenigen aus den ersten Zeiten. — 277, ₁₇ auf der Reise von Cassel nach Wilna; erst im Sept. 1785 kam er nach Weimar. 278, ₁ vgl. 288, ₂₂.

1930. 278, ₂₀ über Goethes Theilnahme an den damals lebhaften Luftschiffahrtsversuchen vgl. v. Biedermann, Archiv für Litteraturgeschichte XII, 620.

1933. Vgl. zu 1006. Nach Findlinge 4, 417. Ohne Adresse (279, ₁₇). 279. ₁₈ L. vgl. 271, ₁₃. 280, ₇ vgl. zu 1617.

1934. Vgl. zu 60. 280, ₁₆ J. G. Zimmermann, Über die Einsamkeit, 4 Bände, Leipzig 1784—85. Vgl. 332, ₂₄.

1935. 280, ₂₁ Ab 281, ₃ Siewer, nach Fritz v. Steins Anmerkung, vgl. 372, ₂₈. 377, ₂. ſeine ₅ Waitz vgl. 268, c. 294, ₁₂. 329, ₁₅. 381, ₁₃. 407. ₁₃. 410, 1. 414, ₉.

1937. Vgl. zu 239 und 1584. Vermerk Jacobis beantw. ohne Datum (vgl. zu 309, ₁). Zwei Briefe Jacobis an Goethe, vom 28. April und 8. Mai, s. Briefwechsel S. 70—73. 281, ₁₄ vgl. 260, ₁₇. 261, ₇. ₁₆ Entbehren aus entbehren 282. ₁ dieser Besuch verzögerte die Abreise nach Eisenach.

1938. 282, ₄ Stolb. ob] werden Goethe schrieb also ₅ bleiben werden in der Meinung, die Frage durch ob eingeleitet zu haben.

1939. Hs unbekannt. Nach Strehlke, Goethes Briefe
Verzeichniss II, 437. Adressat ergiebt sich durch Vergleich
mit 1927. 10 Mai] März Strehlke, aber May durch den
Zusammenhang besonders mit 1927 gesichert; zugleich wird
dadurch die von Strehlke offengelassene Frage, ob die Hs
eigenhändig oder Seideln dictirt sei, für das Datum wenigstens entschieden: in Goethes, nicht auch in Seidels Schrift
sind März und May oft garnicht zu unterscheiden. Die
Nachschrift aber ist als eigenhändig zu betrachten, da der
Missklang 283, 18. 19 Hochwürden würden im Dictat mehr als
unwahrscheinlich ist, vgl. zu 887.

1940. Nach Kochberg (— 1963).

1941. 285, 3 vgl. zu 266, 3—7. 8 die nach sich und
dieses aus ein Erbprinz August und Prinz Friedrich.
18 Frau v. Buchwald. 19 écrits aus écrit 25 König 286, 5
Louise Stolberg, Gemahlin Christians, geb. Gräfin Reventlow.
zu üdZ 9 Agnes Stolberg. Gemahlin Friedrich Leopolds,
geb. v. Witzleben. 14 Herzen aus herzen 287, 8 Nation =
die einheimischen Eisenacher, im Gegensatz zum weimarischen Hof und dessen grossem Gefolge. 9 Mitglied der
Bellomoschen Truppe (vgl. zu 1855), die mit zur „Karawane
des Hofes" gehörte. 18 Ettinger gemeint die Wittwe von
Herders Vorgänger in Weimar (vgl. 80, 16), jetzt mit dem
Buchhändler Ettinger in Gotha verheirathet.

1942. 288, 4 ausserordentl. am Zeilenschluss 11 auf der
grossen, gleichfalls durch dienstliche Geschäfte veranlassten
Reise durch das weimarische Oberland. 17 vgl. 189, 19—
190, 15. 22 vgl. 278, 1. 27 Porzellan aus porzellan vgl. 292, 23.
289, 5 vgl. 285, 18. 301, 23. 309, 13. 12 König] das K aus I
14 diesen aus diesem 18 vgl. zu 1930. 290, 8 der Brief besteht aus zwei aneinandergelegten Quartbogen deren zweiter
5 beginnt. 12 J. Fr. Hufeland, seit 1753 Leibarzt am weimarischen Hofe, war erblindet. sein 21jähriger Sohn Christian
Wilhelm (290, 14) stand ihm schon seit 1783 zur Seite; jetzt
wurde der Garnisonmedicus und Privatdocent Osann (geb.
1751) aus Göttingen berufen, nach dessen plötzlichem Tode
(321, 5) der jüngere Hufeland die Stelle erhielt. 17 älter
22 Sie 23 künftiger üdZ 291, 3 Landschaftssyndicus und
Hofadvocat in Eisenach, vgl. 111, 174, 25. Tagebuch 12. Sept.

1777. 11 Jun.] May von der Empfängerin durchstrichen,
Juny darübergeschrieben: vgl. zu 1616. 1879. 1971.   15 deiner
aus deines   18 Herder an Gleim, 13. Juni (Von u. an Herder
I, 108) „... haben wir den berühmten Improvisatore Pelle-
grini hier gehabt, den Verfasser des Il Conclave ..... eine
wahre Entehrung der Dichtkunst und aller göttlichen Gaben
der Harmonie und Sprache. Gut dass wir in Deutschland
noch nicht so weit sind, um uns in einem Florilegio von
Phrasen zu wälzen ..." vgl. 295, 22.   27 der im Februar
(242, 1) ausgelieferte mit der verrätherischen Inschrift C. r. S.,
vgl. IV, 213, 20. 237, 15. VI, 300, 18. 306, 18.

   1943. Vgl. zu 1929. Wagner I, 4.   292, 23 vgl. 288, 27.
293, 14 bei seinem Aufenthalt in Cassel. Anfang October 1783,
hatte Goethe an Sömmerrings Experimenten theilgenommen.
„Der gute Mann half mir noch füllen, allein die Übereilung
machte den Versuch nicht gelingen" (Sömm. an Merck,
M¹ 426. Vgl. zu 1930.   294, 2 Kl. Langum wo er Camper
besuchte.   12 Waitz, vgl. 281, 5.   16 Tr.

   1944. 294, 21 und aus um   295, 10 vgl. 248, 7. 274, 9.
303, 13.   22 vgl. zu 291, 18.   24 Verſe üdZ   25 S aus ſ
296, 3 Frau v. Wedel, geb. v. Wöllwarth vgl. 44, 9.   6 vgl.
zu 174, 1.   7. 8 vgl. 297, 8—12. 308, 5 und zu 311, 15.   18 Frau
des Vicekanzlers v. B. in Eisenach. geb. v. Keller. vgl. 306, 1.
297, 1 „Der Traum. An meine Freundin v. Reventlow, geb.
v. Beulwitz" s. Werke der Brüder Stolberg Hamburg 1820
I. 376.   7—12 zur Abwehr der aus 296, 7. 8 zu befürchtenden
Eifersucht.   9 Wenn aus wenn   10 ſpreche aus ſprechen
13 vgl. 304, 17. 420, 14. Tagebuch 24. Sept. 1777.   du nach
durchstrichnem Wortanfang   14 erinnerſt,] erinnerſt   28 un-
terirdiſche aus unterirrdiſche   298, 10 Commutabilität   22 Sage
aus Sagen

   1945. 299, 6 vgl. Charlotte v. Stein an Frau v. Schardt
(Düntzer, Zwei Bekehrte S. 320) „Ich danke dir für Alles,
was du mir Hübsches und Skandalöses von Weimar mit-
theilst. Die arme Op hat wohl kein Arges im Herzen, dass
sie im fünfzigsten Jahr noch könnte ins Gerede einer Liebes-
intrigue kommen. Die Göchhausen hat es, unter uns gesagt, auf eine gar närrische Art an Goethen nach Eisenach
geschrieben".   10 vgl. zu 1709.

1946. 300, 9 Fr. vgl. zu V, 295, 18.   18 vgl. zu 291, 27.
21 ein berühmter Harlekin in Paris, † 1783 (Schöll).   27 mich
aus dich oder die   301, 5 des fünften Buches, vgl. 210, 18.
303, 5. 309, 8. 325, 10. 367, 21. 368, 5. 381, 6.

1947. 301, 22 nicht überliefert.   23 vgl. 289, 4.   25 Jch
aus ich   302, 1 vgl. Adelung III, 636 „für *Pack* ist auch
Packt und das aus dem Franz. entlehnte *Packet* üblich“.
Belege bei Sanders II, 491ᵃ.   12 einen] ein   15 deutl. am
Zeilenschluss.   18 Schatz aus schatz   22 Verhältnisse   24 Gute
aus gute   24. 25 vgl. „Das Göttliche“ (Werke II, 83) und zu
1817.   26 vgl. 292, 25.   303, 5 vgl. 301, 5.   16 vgl. 309, 13
und Charl. v. Stein an Frau v. Schardt (Düntzer, Zwei Bekehrte S. 320) „Dieses Eingesiegelte gib an Herder, und
Goethe lässt ihn bitten, es noch geheim zu halten: es ist
etwas Skandalöses von Voltaire über den König von Preussen
… was wird Gleim und die Stolbergs sagen, wenn sie ihren
Protegé so beleuchtet sehen!“   20 seyn aus sey

1948. 304, 4 Goethes Knecht Sutor notirt in Goethes
Ausgabebuch unter dem 18. Juni „in Kochberg vor ein Huf-
eisen…“   12 halt   17 vgl. 297, 13.   19 vgl. V, 192, 18.   305, 1
vgl. zu 294, 2.   4 einer nach habe ich

1949. 305, 22 v. Schardt bewohnte während Goethes
Abwesenheit dessen Gartenhaus.   306, 1 vgl. 296, 18.   4 vgl.
79, 20.   G. versichert:] versichert.   13 alle aus all   18 der
„alte Gefährte“ 291. 26?   307, 1 der Landcommissar, vgl.
besonders 1025.

1950. Vgl. zu 72. Hs Königl. Bibl. Berlin.   307, 21
vgl. 305, 21.   308, 4 Wilhelmsthal nach Tiefurt ;   5 vgl.
296, 7.   7 Menschen nach die   8 Anblick aus anblick   17 vgl.
zu 329, 2.   24 dieser einzige Punkt ist Goethes seit zwei
Jahren geführte Kammerverwaltung (Finanz), über die er
auf diesem Ausschusstag Rechenschaft abzulegen hatte, vgl.
16, 14. 119, 10. 154, 7.   309, 1 Jacobis Antwort auf 1937.
vom 13. Juni, s. Briefw. S. 74 f. Er verschob die Reise auf
das nächste Frühjahr, kam aber doch in diesem September,
vgl. 356, 8. 360, 15.   8 Wilh. M.   13 vgl. 303, 16.

1951. 310, 1 ch aus die   7 Caroline v. Uten.   8 Gräfin
Caroline Bachof, Wittwe des dänischen Gesandten in Wien,
übersiedelte um diese Zeit mit ihren Töchtern nach Weimar.

wo sie 1808 starb (Fielitz). 9 vgl. zu 290, 12. 11 der er-
blindete Hufeland. 25 durchſtreichen vgl. V, 143, 21. 311, 4
rathe über leſe 13 vgl. zu 896. 16 mit Victoria Streiber
hatte ein Gerücht Goethe verlobt gesagt, vgl. Ludecus an
Knebel 21. Jan. 1782 (Düntzer Zur d. Lit. u. Gesch. J. 82).
Wie 296, 7. 8 durch 297, 8—12 so wird 311, 15—18 durch 318, 21.
320, 17. 321, 25 und 323, 22 gedämpft. 312, 12 u. a. von
Merck, vgl. 17. 15 vgl. 300, 9. 17 über seine holländische
Reise.

1952. Hs unbekannt. Nach Uhde, Hamburger Nachrichten 1877 Morgenausgabe Nr. 57. Dass der Adressat in
Karlsbad oder Wien zu suchen ist, ergeben schon die „Postsendungen". Auf den Weimarischen Gesandten am Wiener
Hofe weist Vergleichung mit 1865. 313, 9 vgl. Postsendungen 30. Mai 1781. Ignaz Edler v. Born, k. k. Hofrath
bei der Hofkammer für Münz- und Bergwesen (v. Biedermann,
Goethe und das sächsische Erzgebürge S. 17). 13 vgl. 125, 14.

1953. Vgl. zu 498. 314, 22. 23 ungedruckt, von Riemer
bis zur Unleserlichkeit durchstrichen; vgl. 317, 8—10.

1954. Vgl. zu 89. 315, 6 vgl. 136, 12. 204, 20. 8 (ſich)
aus euch 16 ihr

1955. 316, 8 unſere aus unſer 18 vgl. 273, 13.

1956. Vgl. zu 498. Adresse An Herrn Chriſtoph Kayſer
in Zürch. /r. Schaſh. 317. 8—10 können ungedruckt, wie
314, 22. 23 durchstrichen. 14 Op. 21 einer nach un[ſerer]
vgl. zu 1855.

1957. 319, 13 lieb' aus liebt 15 Kochb. 16 dem aus der
17 Vermehrt laßt

1958. 320, 23 vgl. zu 290, 12. 321, 5 er starb am 6.
7 ſie aus er 11 franfe deutlich. der älteste Fall eines blossen
f statt ck im Inlaut nach Consonant bei Goethe. 17 Alte
aus alte (Hufeland). 21 kein Schriftunterschied. 27 die
aus den (Stempel). 322, 11 R. der College war zugleich
Nachbar Goethes: ihre Gärten vor der Stadt stiessen an
einander. vgl. 368, 17. 374, 4. 12 geh. 22 mir nach ih
27 das erste balde aus bald

1959. 323, 5 neben Jul. von der Hand der Empfängerin
mit Bleistift Jun., vgl. zu 1616. 324, 1 das erste wer aus
wer, hat,] hat 11 die Confessions. 13 vgl. zu 1553.

15 Q. 19 ſie üdZ 20 ſo nach mit zu 21 laß aus laß 25 die
Evangelien. 325, 4 Monig vielleicht töniglichen 7. s „Alles
beſehn, wenig verſtehn, ohne Trinkgeld weitergehn". 9 der
Bruder Friedrichs des Grossen. 10 vgl. Lehrjahre Buch III
Cap. 8 der heutigen Gestalt (Schöll), vgl. zu 1835. 11 ge-
ſchoſſen wenn auch nicht ganz deutlich, so doch unzweifel-
haft und nicht mit GSt² geſchaſſen zu lesen. 13 gleich nach
unfertigem über Die Lücke der Briefe vom 9.—21. Juli
wurde theilweise durch einen Besuch Goethes in Kochberg
verursacht, dessen Anfang nicht feststeht; am 19. traf er
wieder in Weimar ein nach siebenwöchiger Abwesenheit.

1960. 325. 22 müßte graphisch möglich 24 Knebel war
seit dem 15. in Weimar. 326, 6—9 auf der Rückseite in
feinerer Schrift.

1961. 326, 12 mit Knebel, der (laut Tagebuch) am 26.
ohne Goethe nach Kochberg weiterfuhr. 12 ſchwert.
25 ſchweerl. 327, 1 Braunſchw. 2 Eiſen. sämmtlich am Zeilenschluss.
326. 14 Kl. 15 Goethe muss bemerkt haben, dass Charlotte
gegen Frau v. Schardt manchmal offener war als gegen ihn,
vgl. die zu 1751 mitgetheilte Stelle. 18 Einer aus einer
327. 5 angenehmer nach 21 16 nach Anmerkung Fritzens
v. Stein geschiedene Frau seines Onkels v. Imhof, mit dem
Gouverneur von Indien, Hastings, verheirathet.

1962. GSt² 508. Zeitbestimmung nach dem Fourierbuch und Knebels Tagebuch. auch 328. 4. Hastige Schrift.
327, 19 dem] den Fürſt am Zeilenschluss 328, 1 gehore
Komm am Zeilenschluss, vgl. 327, 17.

1963. Charlotte v. Stein war am Abend des 2. von
Kochberg, Goethe von Jena zurückgekehrt.

1964. Vgl. zu 1929. Wagner S. 6 f. 328. 20 schon
308, 16 meldet Goethe den Empfang dieser Tafeln an Herder; aus dem dortigen Ausdruck berichtigt sich auch die
unklare Parenthese 329, 2. 3. Campers Zeichnungen stellten
Schädel mit dem Muskelfleisch dar. Goethe bedurfte für
seine Zwecke der Zeichnungen ganz entblösster Schädel.
Man darf daher nicht einschieben zwischen der und ganz
15 Waitz, vgl. 281. 5. 330, 24 vgl. 356, 15—22.

1965. 331, 1 laut Knebels Tagebuch wurden am 5. in
Tiefurt Experimente mit dephlogistisirter Luft gemacht.

8 war darf in wär geändert werden, vgl. 231,23 auch zu 235,16.

1966. Vgl. zu 266a und 1569.   331,11 333,5 Seidels Hand.   331,14 herausgearbeit   20 der Brief Campers an Sömmerring vom 12. Juni bei Wagner, Sömmering I, 325. 332,4 Schabel   9 die Entdeckung vom 27. März.   11 ben aus die   24 dem Leibarzt in Hannover, vgl. zu 1934. 333,4 wird mit dem Siegel ausgerissen   5 G.—sg   6 Myrrn. 7 auf der am 10. begonnenen Tour, vgl. 325,15.

1967. Vgl. zu 72. Hs unter den Briefen an Charlotte v. Stein (Msptband 1784 Nr. 88), vgl. zu 378.   333,14 das Gedicht: die fragmentarisch gebliebenen „Geheimnisse“, vgl. 334,7.22. 335,18. 337,9. 344,16. 350,21. 355,21. [386,1.] Der „Eingang“ = Werke I, 3 „Zueignung“.   20 Fr.

1969. Nach Kochberg (—1985).   334,15 entfernt nach von dir   335,7 Abend   Souper aus Soppee   12 Auf aus auf   18 vgl. 333,14.   335,23 vgl. 402.8.   336,13 unter nach auf Die Haltung beim Frisiren hat eine ganz ungewöhnliche Steilheit der Schrift zur Folge gehabt: weniger in dem Stück vom 13. früh.   337,9 vgl. 333,14.   11 „Scherz, List und Rache“, vgl. 1953. 1956. 408,13 und die Briefe des folgenden Bandes an Kayser.   17 Balb

1970. Die französischen Briefe an Charlotte v. Stein (1970—1973. 1978—1980) sind genau nach den Hss gedruckt, doch soll der Leser nicht über einen charakterlosen Schreibfehler stolpern, auch hat es keinen wissenschaftlichen Werth. die häßlichen Schwankungen wie *rerite : rerité, facon : façon* beizubehalten, da sie das Lesen erschweren; hierüber ist jedoch nur in den Berichtigungen 352,19 *dicte* 338,25 *changeant* folgerecht hinausgegangen.   An allem Zeitgemässen aber, auch wenn Goethe darin schwankt (wie *oi : ai, se : s*), und an individuellen regelmässigeren Fehlern, wie dem Singular des Verbum zu pluralischem Subject, ist festgehalten. — Die wenigen besonderen Berichtigungen an ihrer Stelle.

Grossquartbogen, verkehrt geknickt, so dass Seite 3 (339,17) den Anfang macht. Schölls Annahme, der Anfang fehle, ist unbegründet: der Eingang bezieht sich auf einen soeben empfangenen Brief der Freundin.   337,22 *tournai*

aus *retournai* 338, 3 *poursuire* 7 *moime* 8 *eerrire*
10 *pourrai* aus *pourai* 25 *changant* aus *changent* 26 *ce* aus
ces 28 das zweite *nous* üdZ 339, 6 *De* aus *ce* *Bruns-*
wic] B. 17 *d Aout* 19 *Dames* aus *dames* 25 *une* aus *de*
ein Erweis, dass die Hs Copie eines Conceptes ist, vgl. zu
344, 16. 340, 4 *Quelque* aus *quelque* 5. 6 Johannes Eremita,
der in seinem „Iter germanicum“ (i. J. 1609) die deutschen
Fürsten vornahm (Düntzer). 12 vgl. zu 198, 23. 25 *d Aout*
der Schluss vom 20. scheint der Schrift nach schon mit 26
Chaqun einzusetzen wofür auch diese Schreibart gegen 18
Chaq'un spricht. 27 vgl. zu 1826 und 1978, auch 421, 16.

1971. 341, 13 und 343, 7 *Aout] Avril* an der ersten
Stelle von der Empfängerin (in der Form *aoust*) berichtigt,
vgl. zu 291, 11 und 1616. 341, 19 *surtout* üdZ 342, 1
rentrer vgl. 390, 1. 21 das erste *est] et* 343, 7 *Br.* *d Avril*
10 mit 8 beginnt das zweite Blatt des Bogens. 344, 10
Saltsdalen aus *Satsdalen* gemeint Salzdahlum. 16 vgl. zu
333, 14. *le* aus *q* macht wahrscheinlich, dass der sauberen
(vgl. 341, 2) Hs dieses Briefes gleichfalls ein Concept zu
Grunde liegt, vgl. zu 339, 25. *j y* 19—26 vgl. 110, 10. 11.
14. 15. 216, 9.

1972. 345, 5 vgl. 344, 5. 14. 17 *l'a] la* 16 die braun-
schweigische Herzogin Mutter Charlotte, Schwester Friedrichs d. Gr., als Mutter Anna Amalias die Grossmutter
Carl Augusts. 346, 12 *soupçonnér* 15 *parce* üdZ 18 *Ce*
aus *ce* 23 vgl. zu 1930. 25 *Ihr.* 27 „aber daraus wird
nichts“, zu diesem Germanismus und anderen vgl. die zu
160, 21 genannten Gallicismen.

1973. 347, 15 *celebrer* über gestrichenem *passer* 16 *pres*
348, 1 *ce ce* 27 *tres* üdZ 349, 6 *jai* *crité* über gestr.
craint 9 *B.* 24 die Nachfolgerin der Marquise Branconi
als Geliebte des Herzogs v. Braunschweig. 27 *est* verdruckt
für *et*, in der Hs *et* durch Rasur aus *est* 350, 1 *la* aus *sa*
en rers 7 *etre* üdZ 11 *conduite* aus *condouite* 14 Goethe
wartete mit der Absendung des Briefes, um ihn Herrn
v. Stein mitzugeben. vgl. 349, 4. 19 *dont* aus *donc* 21 vgl.
zu 333, 14. 351, 1—4 die Vorbereitungen des Fürstenbundes,
vgl. zu dem Briefe an v. Frankenberg 2. Sept. 1785. Auch
die weiteren geheimnissvollen Reisen des Herzogs bis zu

Ende 1784 dienten diesem Zweck. 10 die Marquise Branconi. 22 *Quoqu'* 28 *raconte* aus *racontes* 352, 4 *en* aus
eues 6 das erste *de* aus *a* *Je* aus *je* 12 *de* aus *te* 13
lisibles aus *lisibbes* 15 *les peines* aus *le* oder *la peine*

1974. 353, 3 ſchonſten 19 foſtliche

1975. Vgl. zu 72. Hs Königl. Bibliothek Berlin.
354, 1 die ſoll üdZ 23 Gegenſtand aus Gegenſtänd 26. 27 vgl.
das geognostische Tagebuch der Reise vom 8. August und
1.—10. September Werke (Hempel) XXXIII, 438—447.
28 Bude für Bode auch in dem Tagebuch und Werke (C)
XXXI, 243, 6. — Durch Ausreissen des Papieres mit dem Siegel fehlen 355, 4 ein Dur (wofür in *HN* I, 81 hier ein Durch=
ſchnitt ergänzt ist mit Überschreitung des gegebenen Raumes),
ebenso in 5 gedencke und wollte Die in *HN* nach offt ver-
schwiegene Lücke ist nicht sicher zu ergänzen: nach einem un
(vielleicht dem Anfang von mit) beginnt die Lücke mit Raum
für ein Wort in der Länge von Sehnen oder Liebe

1976. 355, 10 nur aus mich 13 Tage,] Tage 19 vgl. zu
351, 1. 21 vgl. zu 333, 14. 356, 8 vgl. 309, 1. 360, 15.

1977. Vgl. zu 1929. Wagner S. 7. 356, 15 von
Cassel nach Mainz, vgl. 330, 24. 357, 4 Sömmerring muss
Goethe gestattet haben, noch einen ferneren Durchschnitt
des seltenen Exemplares durch Zersägen herzustellen, vgl.
329, 14. 10 vgl. dagegen 411, 25—27. 14 vgl. 402, 6. Camper an Sömmerring 12. Juni 1784: Habitavit mecum
Cl. Merckius, de quo valde contentus sum, inprimis de ar-
dore, quo Hist. Physic. Telluris prosequitur (Wagner S. 325).
16, 17 Kl. Langum vgl. 401, 15. 18 vgl. zu 81, 18. 21. 22 vgl.
401, 18—22. 406, 18. 19.

1978. 358, 5 *exprime* durch Rasur aus *expriment* 11 vgl.
340, 27; zwei Heftchen solcher Übungen Fritzens in deutscher wie in lateinischer Schrift, aus dem Februar 1784,
bewahrt das Goethe- und Schiller-Archiv. 14 ein Beispiel
des Erfolges ist die Hs, die sich dadurch als Abschrift eines
Conceptes zu erkennen gibt (vgl. zu 339, 25. 344, 16).

1979. Vom 17., nicht vom 18. (trotz der Fortsetzung
vom 19.), wegen der Bezeichnung von 1978 in 360, 10.
359, 10 *augmentant* aus *augmentent* 16 Mendelssohns „Jerusalem oder über religiöse Macht und Judenthum" 1782.

Hamanns „Golgatha und Scheblimini! Von einem Prediger in der Wüsten" 1784. 18 vgl. zu 812. 360, 2 *Mendels*. 15 am 18., vgl. 309, 1. 356, 8. Charlotte Jacobi.

1980. 361, 9—19 vgl. 362, 17 und 366, 21—24. 16 *sans*] das *s* aus *l* 21 *reut* aus *reux* 23 vgl. zu 351, 1. 362, 7 *sera sera* auf der Seitenscheide 363, 8 vgl. zu 1978. 9 *W*.

1981. Vgl. zu 268. Irrthümlich schon III, 3 gedruckt als Nr. 369, trotz Düntzers Nachweis in Freundesbilder aus Goethes Leben 1853 S. 189, vgl. *GSt²* II S. 591. Knebels Tagebuch 1784 Sept. 26: „Götz kommt mit Brief von Göthe, auf Morgen einzuladen". 27: „Göthe kommt 9 Uhr. Mit ihm in der Stadt. Herder und Frau, Jakobi und Schwester, Wieland, Claudius, kommen. Bleiben bis Abend. Loder, Eichhorn auch hier."

1982. *GSt²* 523. Auf den 28. zu setzen als einzig passenden Tag dieser Zeit; es war ein Dienstag und somit (364, 7) Conseil; Jacobis Abreise (364, 1) erfolgte am Mittwoch, den 29. 364, 1 fort,] fort am Zeilenschluss 3 bringen,] bringen ebenso 5 Umgang aus umgang

1983. Vgl. zu 491. Ungedruckt. Empfangsvermerk „ps. d. 3. 8br 1784". 364, 22 vgl. zu 1972. 23 einen] ein 365, 2 vgl. 398, 4? 28 Sich aus sich

1984. 366, 11 Kochb. am Zeilenschluss 15 Nachlässigkeit 21—24 vgl. 361, 9—19. 362, 17. 367, 7 als nach die mich 10 weiten aus Weiten 18 zur Schreibart vgl. 374, 2. 21 meinen vgl. zu 301, 3.

1985. 368, 1 Lesung aus lesung 5 vgl. zu 301, 3. 5.—7 Vielleicht in Beziehung darauf, dass Knebel statt einer erhofften Anstellung im Staatsdienst das Majorspatent erhalten hatte, oder auf folgendes: am 12. October war Steins Schwester, die Hofdame, gestorben; am 16. vermerkt Knebel im Tagebuch „Dem Oberstallmeister die Eröffnung wegen meiner Schuld an seine Schwester". Er war sogleich nach Weimar bezw. Tiefurt gekommen und hatte Frau v. Stein mehrfach aufgesucht, am 16. Goethe bei ihr getroffen (vgl. zu 373, 24). 10 K.

1987. Vgl. zu 239 und 1584. Vermerk Jacobis empf. b. 23ten beantw. b. 1. Dec., vgl. zu 2006. 369, 1 vom 13. October, s. Briefwechsel S. 76 f. 369, 11 Jacobi hatte seinen

Bruder Georg aufgefordert, in Frankfurt mit ihm zusammen-
zutreffen. wohin er von Weimar aus fuhr; Georg hatte den
Brief nicht erhalten, kam aber dennoch zufällig nach Frankfurt. 24 an,] an 370, 1 die Schwester, vgl. 360. 15. 2 die
jüngere Halbschwester, die nach dem Tode seiner Frau das
Hauswesen leitete. 4 W.

1988. Vgl. zu 427. 370, 9 mechanischen 22 Treibe=
werck 371, 3 von 16 Von den hier angedeuteten und
anderen Unredlichkeiten erfuhr Goethe durch Kraft, dessen
Aufgabe es war, durch heimliche Aufdeckung der verrotteten
Ilmenauer Verhältnisse den Reformplänen Goethes Richtung
und Mittel zu zeigen. Seine Berichte befinden sich seit
dem Frühjahr 1889 durch Schenkung des Herrn Dr. Ernst
Schaubach in Hildburghausen im Goethe- und Schiller-
Archiv. Vgl. zu 773. 21 —ionen aus — ion 25 Hofr.
27 vgl. zu 150, 13. 372, 3 Rocfe 8 vgl. 379, 22. 9 dem Apo-
theker in Weimar. 12 die Brüder des in 18 genannten
Kammerherrn. 11 eingerichtetes aus eingerichtes 22 zur aus
zum Joh. Friedr. Göttling. Gehülfe Buchholzens, zur Pro-
fessur der Chemie in Jena bestimmt, die er 1789 erhielt.
Büttner vgl. zu 1541. 28 Dr. Siewer, vgl. 281, 3. 377, 2. —
373, 11 vgl. 379, 3. 13—19 vgl. zu 1541. 20 vgl. V, 318, 4.
VI, 149, 7. 22 vgl. zu 1930. 24 gegen diese Begründung
vgl. zu 1985. 26 vgl. 378. 17. 374, 2 zur Schreibart vgl.
367, 18. 4 vgl. 322. 11. 368, 17. 9 Ernst aus ernst 12 W.

1990. 375. 4 vgl. 56, 3.

1991. Nach Kochberg (—1996).

1992. *GSt²* 530. Zur Zeitbestimmung vgl. 383, 9. Der
25. ein Montag, der 29. ein Freitag. 376, 2 mir fehlt.

1993. 376, 10—12 vgl. 391, 3—5. 398, 12—25. 16 zählen
= „warten" ausgeschlossen durch 375, 15. Vielmehr = ich
zähle die bis zu deiner Rückkunft bleibenden Stunden.
21 öffentlich vgl. zu 351, 1 doch kam zu diesem Grunde ein
besonderer Anlass, vgl. zu 382, 10 und Düntzer Goethe und
Karl August 2. Aufl. S. 217. 24 vgl. 372, 14. 377, 2 vgl.
372, 28.

1994. 377, 11. 12 vgl. V, 304, 21. VI, 203,12. 301.11 (Düntzer).

1995. Vgl. zu 421. Hs in *IIB*. 378, 6 vermuthlich
Fürst von Dessau aufzulösen (vgl. zu 351, 1), doch ist Auf-

lösung absichtlich gewählter Geheimzeichen nicht Aufgabe des Textes, vgl. 11. 382, 10. 8 *ocure* 11 ob wie
bisher Kriegs Rathes Merck aufzulösen, ist trotz 402, 17 und
412, 11 in diesem Zusammenhang zweifelhaft. 17 vgl. 373, 26.
396, 23. 18 umreissen = pflügen; beide Ausdrücke unter-
schiedlich nebeneinander Werke (C) XXI, 20, 22. 20 22
vgl. Werke (C) XVI, 125 (schon im ältesten „Werther").
26 Calt. 379, 3 vgl. 373, 11. 396, 20. Das so benannte alte
Gebäude in der Gerbergasse wurde zum Spinnhaus für Arme
umgestaltet. 7 den aus der 8 Zimmermstr. 19 Spinn-
räder 22 vgl. 372, 8. 25 dauer = teste auf der Seitenscheide
26 vgl. zu 372, 22. 380, 4 vgl. 28 und zu 132, 16. 6—16 vgl.
zu 1882—1887. 18 durch üdZ 23 an ihrem Geburtstage.
28 in der Bretzner-Dieterschen Oper „Der Irrwisch" oder
„Endlich fand er sie". 381, 6 vgl. zu 301, 3. 9 Die erst
1820 gedruckte, 1784 nur handschriftlich verbreitete Abhandlung über den Zwischenkieferknochen war also nach
dem damaligen Brauch der Gelehrten als „Brief" an Sömmerring gedacht; dass Goethe dann doch von dieser Form ab-
sah, zeigt 410, 27. Die an Camper geschickte Hs (Besitz der
Bibliothèque de la société néerlandaise pour les progrès de
la médicine zu Amsterdam) trägt die Aufschrift „Versuch
aus der vergleichenden Knochenlehre, dass der Zwischen-
knochen der obern Kinnlade dem Menschen mit den übrigen
Thieren gemein sei". 13 vgl. 281, 5. 382, 3 vgl. 391, 16.
6—16 vgl. 378, 1—10. 8 Sich aus sich 10 entweder der
später in Sachen des Fürstenbundes thätige Geheimrath
v. Böhmer (vgl. an Frankenberg 2. Sept. 1785) oder ein Major
v. Bischofswerder, der in den zu 376, 21 andedeuteten Anlass verwickelt war. 11 Geschäftsführer der verwittweten
Gräfin Bernstorff. 15 habe] das h aus s[agte?] 22 Straßb.
383, 3 W.

1998. 384, 1 Wilh. Anfang des sechsten Buches. vgl.
368, 5. 381, 6.

2000. 384, 16 vgl. 386, 4. 387, 4. 13. 17 Ursache aus
ursache

2002. Vgl. zu 268. Hs unbekannt. Nach *GK* 1. 54.
Knebels Tagebuch vermerkt am 5. einen Brief an Goethe,
ohne Andeutung des Inhalts, aber benachbarten Angaben

zufolge scheint es sich um eine Angelegenheit Imhofs zu handeln, vgl. auch Knebels Briefwechsel mit seiner Schwester S. 33; am 7. heisst es in Knebels Tagebuch: „Frau v. Stein, Frau v. Schardt und Goethe hier."

2003. [385, 19 meine   386, 1 vermuthlich Spinozas Ethik, vgl. 387, 6 (Suphan). Denn in den lässt Beziehung auf 333, 14 nicht wohl zu.   4 vgl. 384, 16. 387, 4. 13.

2004. Vgl. zu 72. Auf der Kgl. Bibliothek Berlin an Stelle der Hs eine Abschrift mit den Vermerken „Original an Anton Hess in Ellwang." und „1789". Dieser Beziehung auf die „Metamorphose der Pflanzen" folgend, gab man (vgl. HX I, 110) den Brief bisher vermuthungsweise unter „Juli 1789". Der 11. Nov. 1784 aber ergiebt sich aus folgenden Vergleichungen: 386, 6 zu 388, 18. 389, 3. — 386, 7. 8. zu 258, 6. 386, 20. 389, 14. — 386, 9 zu 224, 19. 253, 19. 257, 9. 389, 17. — 386, 12. 13 zu 385, 20. 21. 389, 6. Dass Goethe Herder gegenüber trotz 1903 von einer neu entdeckten *Harmonia naturae* spricht, bietet keinen Anstoss, denn mit den praehistorischen Folgerungen aus dieser Entdeckung und dem 390, 1—12 hervorgehobenen Hauptgedanken der Abhandlung brauchte er Herdern noch nicht (trotz 403, 21. 22.) bekannt gemacht zu haben; aber eben das Bewusstsein Goethes, dass sein Eigenthum an diesen Gedanken von dem Herders schwer zu scheiden sei, veranlasste 386, 9—11 und 389, 16. 17. Da ferner Goethe 386, 7 das Wort durchaus nicht für sich allein beansprucht, liegt auch in dem 388, 19. 20 mitgetheilten Programm kein Anstoss.

2005. Vgl. zu 268. Adresse Herrn Major von Knebel nach Jena *fr.*, vgl. über den Titel zu 1985.   386, 15 I. R. Welche Correspondenz? wohl aus den Materialien zur Geschichte Bernhards von Weimar, vgl. zu 1746.   18 Apfel 20—23 vgl. 2009. 2020. 2028.   387, 1 Einsiedels „Wassergeister" (Guhrauer).   4 vgl. 384, 16. 386. 4. 387, 13.   6 Fr. vgl. zu 386, 1.

2006. Vgl. zu 239 und 1584. Vermerk Jacobis empf. b. 17 ten. beantw. b. 1 ten Dec. Die gemeinsame Antwort Jacobis auf 1987 und 2006 fehlt im Briefwechsel.   387, 13 vgl. zu 4.   388, 4 Klauer vgl. 156, 1. 164, 7. 206, 19. 211. 11. sächsischem   18 Fr. vgl. zu 2004.   20 vgl. zu 2020.

2007. 389, 3 vgl. zu 2004.   3 kommen 4 aufzießen und
5 färben unausgeschrieben und undeutlich am Zeilenschluss.
6 vgl. 386, 12.

2008. 389, 9 ein Abenteurer in französischen Diensten,
der am 12. nach Weimar kam und mehrere Monate blieb,
bis er „gesprengt“ wurde, vgl. 397, 24. 420, 5 und an Knebel
28. Febr. 1785.

2009. Vgl. zu 268.   Am 12. Nov. und 17. Dec. verzeichnet Knebel im Tagebuch den Empfang der Goethischen
Briefe 2005 und 2028, dazwischen keinen; aber Absendung
von Briefen an Goethe unter dem 12. 16. 23. Nov. und
14. Dec. Da nun G. unter dem Schreiben von 2009 (s. 391, 1)
einen Brief Knebels erhielt, darf man dieses vom 17. Nov.
datiren, wozu die folgenden Vergleichungen stimmen. Dagegen scheint nur zu sprechen, dass Goethe am 18. nach
Jena fuhr, aber dieser Entschluss scheint plötzlich gekommen
zu sein, als eine dienstliche Nothwendigkeit, vgl. 391, 19. —
389, 14 endlich vgl. 386, 20. 403, 23. 409, 15. 413, 8.   16. 17 vgl.
zu 2004.   390, 1 vgl. 342, 1. 381, 11.   2 die innere *Harmonia naturae*, vgl. 386, 8.   20. 21 vgl. 386, 20—23.   391, 3—5
vgl. zu 376, 10—12. 398, 12—25.   12 vgl. 388, 20 und zu 2020.
15 vgl. 392, 2 und zu 351, 1.

2010. 391, 20 R.   23. 24 vgl. Schöll, Briefe und Aufsätze S. 234 f.

2011. 392, 2 vgl. 391, 15.   5 H.   6 vgl. zu 351, 1.   10 jetzt
aus jezt   11 vgl. zu 386, 1. 387, 6.   Dieses Exemplar des
Spinoza war nur geliehen, zum 25. Dec. 1784 schenkte Herder
(vgl. das Epigramm Werke ed. Suphan XXIX, 697) das
seinige, das er selbst 1776 von Gleim erhalten, an Goethe
(jetzt im Goethe- und Schiller-Archiv).   14 1784 erschien
die Übersetzung dieser italienischen „Witterungslehre für
den Feldbau“ in zweiter Auflage.   15 vgl. 373, 6.

2012. 393, 4. 5 vgl. 392, 11—13.   5 Sabbath durch Beziehung auf Spinoza.

2013. 393, 8—10 das Epigramm „Du verachtest den
Armen“.   11 Abh.   13 Mythologische] die Endung nicht ausgeschrieben. aber ae sprachlich wahrscheinlicher als aen
15 vgl. die Epigramme „Wecke den Amor nicht auf!“ und schon

aus dem Leipziger Liederbuch „Weint, Mädchen, hier bei Amors Grabe!"

2014. *GSt²* 541. Unter dem 13. überliefert, aber unmöglich wegen der sicher datirten Nr. 2008. In *GSt³* daher auf den 14. verschoben. Aber 13 ist für 23 verschrieben, wie 393, 13 zeigt. Dass Charlotte v. Stein abschlägig antwortete, zeigt die Wiederholung des Vorschlags in 2015.

2016. 384, 12 M aus m   Mittel-Gattungen auf der Zeilenscheide vgl. 391, 24.   14 wir aus mir

2017. 394, 18 hatte   395, 4 Auf nach H

2018. Vgl. zu 427.   395, 10 vgl. 392, 2.   12 das Lustrum, vgl. V, 1, 1—3.   18 vgl. 372, 12. Der auch in Knebels Tagebuch als „der Afrikaner" bezeichnete ist der Bergrath August v. Einsiedel, bisher in Freiberg i. S. 19 Substituter   21 die Beilage (ein Quartblatt *g*) lautet:

Es werden für ieden Mann jährlich 50 Thlr. in Dukaten à 2⁵⁄₆ Rh. an Subsidien bezahlt.

Im Falle die Hülfstruppen nicht gebraucht werden, werden die Subsidien dennoch auf ein halbes Jahr bezahlt.

Die Musterungs Übernahme der Truppen kann an iedem beliebigen Orte geschehen und wird für die Requisitionen und Marsch gesorgt.

Von dem Tage der Unterzeichnung des Subsidien Tractats geht sowohl die Bezahlung der Subsidien an, als auch die Bezahlung der Truppen auf holländischen Fuß, im langen Monat von 42 Tagen iedem Gemeinen 12 f. 5 St. Holl.

Diese Hülfstruppen sollen den 1. Apr. ohnfehlbar Marschfertig seyn.

Nach geendigtem Kriege werden die Subsidien noch auf 3 Monate gezahlt.

Was bey Zurückgabe der Mannschaft fehlt wird vergütet als:
für einen Reuter und Pferd 300 fl. Holl.
für einen Infanteristen   100 fl.

Übrigens genießen die Hülfstruppen alle Vortheile und Vorrechte wie die Truppen der National Regimenter.

395, 23 anbringe aus anbringen   396, 6 befürchtenden   11 gethan aus zu seyn   20 vgl. zu 379, 3.   23 vgl. 378, 17.   397, 2 eigentl. und 3 Regl. am Zeilenschluss   11 Aff.   14. 15 Camm. Calc.

17 Buttelstädter 398, 4 vgl. 365, 2? 12—25 vgl. 376, 10 - 12.
391, 3—5. 407, 22 -25 Goethe spornt den Herzog und Knebel
über's Kreuz zur Theilnahme an seinen Studien an. 26 vgl.
1882—1887. 399, 1 Daß aus Der 7 vgl. 392, 6.

2019. 399, 12 Ihre 14 hatte 16. 17 ein Epigramm?
Düntzer vermuthet „Als Diogenes still“ 19 Waldn.

2020. Vgl. zu 72. Hs Kgl. Bibliothek Berlin. Der
Vermerk „1782“ von Caroline Herders Hand (vgl. 2004) ist
schon in *HN* I, 82 auf Ende 1784 berichtigt. Die nähere
Zeitbestimmung nach 388, 20. 391, 12. 403, 10. Herders „Blumen aus der Griechischen Anthologie gesammlet“ erschienen
zuerst in Zerstreute Blätter I Gotha 1785 (Werke ed. Suphan XXVI, 11—84), vgl. an Charlotte v. Stein 16. März 1785.
400, 3 M aus m 7 Eines aus eines 10. 11 Herders Manuscript bestand aus Zetteln (Kgl. Bibl. Berlin).

2021. Vgl. zu 266ᵃ. Hs unbekannt. *M²* 241. 400, 13 W.
401, 10 vgl. 410, 21 15 vgl. gegen 357, 16. 18—22 vgl. 357, 22.
406, 18. In Campers Kleineren Schriften hrsg. v. Herbell
I, 2, 93 ward dem Menschen das os intermaxillare abge-
sprochen. 27 vgl. 1952. 402, 6 vgl. 357, 14. 15 vgl. zu
378, 11. 17 vgl. 412, 11.

2022. Vgl. zu 239 und 1584. Vermerk Jacobis empf.
d. 8ten. beantw. b. 28ten. 24 Jacobi schrieb am 13. Oct. an
Goethe, er habe am Tage nach seiner Rückkehr von Weimar
„die geflickte Braut“ gelesen; die Affen bedeuten also unge-
druckte Schriften Goethes, als Widerbilder seines Wesens.
403, 2 vgl. 1675. 9 H. vgl. zu 2020. 16 W.

2023. Vgl. zu 72. Hs unbekannt. (*HN* I, 81.) Nach
Abschrift in Kanzler Müllers Archiv. Am ersten Freitag
im December der weimarische Busstag. Hierdurch im Vergleich mit 389, 14 und 407, 14 ist der 3. Dec. 1784 gesichert.
403, 19 Knochenwerk] Wert *HN* 22 so oft vgl. zu 2001.
404. 2 seyn] werden *HN*.

2025. *GSt²* 556. 404, 14 bojen 16 Reijen aus reijen
18 5] 8 deutlich, aber als Schreibfehler anzusehen, wie ja
leicht von zwei ähnlichen Zeichen statt des gewollten das
andere aus der Feder fliesst (vgl. zu 1886). Denn es ist
nicht anzunehmen, dass Goethe erst nachdem er des Her-

zogs Aufforderung entschieden abgelehnt, der Freundin nur
zum Schein die Entscheidung anheimstellte.

2026. Vgl. zu 427. Die Besitzerin der Hs. Frau Baronin v. Helldorf in Schwerstädt, stellte eine Abschrift (*A*)
zur Verfügung. Vgl. Dorow Krieg, Literatur und Theater
S. 199.   405, 9. 10 ſtille Folge einer Thätigkeit *A*   23 nun *A*
406, 6 Elise v. d. Recke, die fromme Dichterin (geb. 1756),
von ihrem Manne geschieden seit 1781, befand sich mit
ihrer Freundin Sophie Schwarz, geb. Becker, (vgl. zu 2038)
auf einer Rundreise zu den grossen Männern Deutschlands;
in Weimar heilte Bode (406, 7) sie von ihrem Glauben an
Cagliostro. Vgl. 418, 22 und Düntzer Zwei Bekehrte S. 326.

2027. 406, 14. 18 vgl. gegen 408, 11. 409, 9.   15 heil.
18 Schriften Campers, vgl. 357. 21. 22. 401, 18.   19 ſchoene
auffällig, aber das o aus l, also zuerst ſchlimme oder ſchlechte
beabsichtigt.

2028. Vgl. zu 268.   407, 10 mir aus wir   13 vgl. zu
281, 5.   14 vgl. 386, 21. 403, 20. 410, 14.   17 wird aus wir
20 Knebels Tagebuch 22. Dec. „Stallmeister Seidler hier".
Es ist der Vater der Louise Seidler, der um diese Zeit Uni-
versitätsstallmeister in Jena geworden war, vgl. ihre „Erinnerungen" S. 5.   22 — 25 vgl. zu 398, 12 und Carl August an
Knebel 8. Dec. 1784 (Düntzer S. 51).   408, 1—6 Carl August
schickte mit dem erwähnten Brief an Knebel „eine Methode,
die Wissenschaften zu behandeln und die Menschen wissen zu
machen, wie es auf einer hohen Schule soll executirt werden". (Von J. A. Schlettwein erschien 1775 eine Satire auf
Goethes Werther.)   5 Anwendung aus anwendung   7 vgl. zu
406, 6.   13 vgl. zu 337, 11.

2029. *GSt²* 562.   408, 21 vgl. zu 224, 5.   25 die 16
aus 26. Die Nichtbeachtung dieser Correctur veranlasste
in *GSt¹* die Lesung 26 und Umsetzung auf den 28., in *GSt²*
die Erklärung, das falsche Datum 26 durch ein anderes
sicher zu ersetzen, sei unmöglich; in *GSt³* Umsetzung auf
den 21.

2030. 409, 3 vgl. zu 123, 10.   Die Epigramme s. Schöll,
Briefe und Aufsätze S. 233 f., vgl. 403, 8.

2031. 409, 9 vgl. 408, 11 gegen 406, 14. 18.   10 trägt
12 vgl. 412, 5.

2032. Vgl. zu 266⁴. Hs unbekannt. (Seidels Hand durch 412, 3 ſchiften wahrscheinlich.) *M²* 243. 409, 16 vgl. 267, 18. 332, 9. 410, 1 vgl. 281, 5. 14 vgl. 407, 11. 17 vgl. 413, 14. 21 vgl. 401, 10. 27 vgl. zu 381, 9. 411, 1 Irrthum oder Verlust eines Briefes. 22 vgl. zu 331, 20. 25—27 vgl. 357, 7—12 und 264, 3. 412, 5 vgl. 409, 12. 11 vgl. 402, 17. 16—23 dieses ist auch später nicht nachgetragen.

2034. Vgl. zu 898. Hs vom Besitzer, Herrn Karl Geibel in Leipzig, bereitwilligst zur Verfügung gestellt. 413, 9 beren aus ber 10 mündlich, zu Anfang Juni. 14 vgl. 410, 17. 18 vgl. 389, 16. 414, 9 vgl. zu 281, 5. 11. 13 es ist und nach haben oder zu nach zukommen zu ergänzen, doch darf man eine sprachliche Freiheit annehmen. vgl. 122. 9. 15. 23 Prinz August.

2036. Vgl. zu 427. 415, 14 vgl. 2025. 2026. 416, 3 den dichterischen Protest s. „Harzreise im Winter" v. 53—59 (Werke II, 63). 6 faſt deutlich; die alte Adverbialform sonst nicht bei Goethe. 417, 1. 2 vgl. „Ilmenau" v. 139 (Werke II, 146). 8 gelangnet 19 vgl. zu 163, 15—22. 418, 1 Beginn des zweiten Quartbogens. 4 G aus g 14 träte aus träge Sachen] das S aus zw 20 reine üdZ woraus im Verein mit der vorigen Correctur zu schliessen ist, dass die Hs Abschrift eines Conceptes ist, vgl. zu 339, 25. 344, 16. 22 vgl. zu 406, 6. 27 Jederman —419, 11 ungedruckt. 419, 3 Denn aus Dann 16 vgl. zu 287, 8. 9. 18 ſonnen 19 der Kammerherr v. Seckendorf trat am 18. März 1785 in preussische Dienste über als Gesandter beim fränkischen Kreise und den sächsischen Höfen. 420, 5 vgl. zu 389, 9. 11 vgl. 297, 13. 304, 17.

2037. *GSt²* 563. 17 so war Spinoza auch von Herder benannt in dem Epigramm, das die zu 392, 11 erwähnte Schenkung begleitete. 18 bei der Schlittenfahrt. vgl. 419, 12. iebe bie bie bu 20 Charlotte v. Lengefeld, Schillers spätere Gattin, war mit den Ihrigen (vgl. zu 1709) nach Weimar gekommen, um Frau v. d. Recke kennen zu lernen. 21 28] 27 vgl. zu 2038.

2038. *GSt²* 564. Wird mit 2037 auf den 28. December bestimmt durch Vergleich mit dem Tagebuch der zu 406, 6

genannten Sophie Becker (Karo und Geyer, Vor hundert
Jahren S. 81 f.).   421, 4. 5 Bernsd.

2039. 421, 13 mich) aus mir   16 vgl. zu 340, 27.   ingl.
17 Übersetzung des „Catilina", in diesem December entstan-
den, am 28. an Herder geschickt (Knebels Tagebuch). Liebe
aus Lebe

Postsendungen.

(vgl. IV. 380.)

1782.

Juli

1. Canzler Koch, Giessen.
15. Bode. Wilhelmsbad.
25. v. Bibra, Meiningen.
    Frau Rath Goethe [Frank-
    furt].
29. Lavater, Schaffhausen.
    Geh. Rath v. Franken-
    berg, Gotha.
    Tobler, Schaffhausen.
    Prof. Müller, Kassel.
    v. Knebel, Nürnberg.
    Plessig, Duderstadt.
    Mad. la Comt. de Bran-
    coni. Rheinhausen.
    Mdslle Brossard. Biebrich.

August

4. Fürst v. Dessau.
6. Tischbein, Schaffhausen.
12. Merck, Darmstadt.
28. *Knebel, Nürnberg.

November

18. [Herbst] Pösneck.
    *Hofrath Schlosser [Em-
    mendingen].

December

19. ....., Leipzig.
    ....., Berlin.

O h n e A d r e s s e.

Juli 1. 1.* 5. 7. 8.* 11. 12. 13. 13.* 15. 15. 15. 16. 16.* 19.
    22. 22.* 25. 29. 30.
August 1. 1. 4. 5. 5. 8. 9. 11. 12. 12.* 15.* 16. 21. 23. 24.*
    28. 29. 30.
September 1. 8. 8. 15. 15. 15. 15. 15. 15. 15.* 15.* 19.
    20. 22. 24. 29.* 30.*
October 1. 1. 1. 1. 1. 1.* 1.* 17. 17. 17.* 17.* 25. 27. 27.
    28. 28.

November 1. 1. 1. 1. 1. 1. 1. 1. 1.* 1.* 1.* 18. 18. 20.* 21.*
    22. 22. 22. 22. 22.* 24. 25. 30.
December 3. 3. 5. 5. 10. 10. 10. 12. 12. 16. 16. 16. 20. 20.
    20. 20.* 23. 29.

1783.

Februar

17. *Oeser [Leipzig].

März

15. †Kestner, Hannover.
    *....., Jena.

Juli

    *Oeser. [Leipzig].

August

1. Fr. v. Groote [?].
    Zimmermann [Hannover].
4. *(Buch)....., Zürich.
6. Seidel [?]
10. Herbst [Pösneck].
15. Herbst [Pösneck].

August

    ....., Hamburg.
    ....., Düsseldorf.

September

5. ...... Neapel.
8. ...... Zellerfeld.
12. ...... Zellerfeld.
19. ...... Göttingen.

October

6. v. Edelsheim [Karlsruhe].
    *v. Trebra [Clausthal].
8. Magister Lenz [Jena].

December

    v. Trebra [Clausthal].
    *....., Jena.

Ohne Adresse.

Januar 3. 3. 3.* 12. 12. 12. 12. 19. 29. 29. 29. 29. 29.* 29.* 31.
Februar 1. 1. 1.* 7. 9. 11. 12. 12. 17. 24.* 28. 28.*
März 1. 1. 1. 1. 1. 1. 15. 15. 15. 15. 15. 15. 15. 15.
April 12 Briefe, 2 Packete ohne jegliche Tagesangabe.
Mai 21 Briefe, 1 Packet, eine Kiste (vgl. 163 7 — 11) ohne
    jegliche Tagesangabe.
Juni 1. 4. 4. 4. 4. 4. 4. 4. 4. 4. 4. 4. 4. 4.*
Juli 14 Briefe ohne jegliche Tagesangabe.
August 1. 1. 1. 1.* 7. 7. 7. 11. 11. 11. 11. 11. 11. 11. 12. 14.
    14. 15. 15.* 17. 17. 21. 22. 22.* 23. 24. 24. 24. 24. 25.
    25. 25. 25.* 26. 27.* 29.
September 1. 2. 2. 4. 4. 4. 4. 4. 8. 8. 8. 8.* 12. 12. 16. 16.*
    19. 23. 23.* 30. 30. 30. 30.*

October 3. 3.* 6. 6. 6. 6. 6. 6. 6. 6. 6.* 6.* 11. 25. 29. 30.
31. 31.
November 1. 5. 5. 6. 7. 8.* 10. 11. 12. 14. 15. 19. 20. 22. 23.
23. 24. 24. 29. 29. 31. 31.
December 17 Briefe, 4 Packete ohne jegliche Tagesangabe.

1784.

Februar
Magister Grellmann [Göt-
tingen].

März
12. *....., Jena.
21. Tischbein [Rom].
Kapf [?]

April
2. Frau Rath Goethe, Frankfurt.
*....., Gotha.
8. Oeser [Leipzig].

Juni
5. Frau v. Stein [Kochberg].
10. [Sömmerring] Cassel.
12. Frau v. Stein [Kochberg].
13. Frau v. Stein [Kochberg].
14. Frau Rath Goethe [Frank-
furt].
21. ....., Hayn.
24. ....., [Frankfurt].
26. [Kestner] Hannover.
[Frau v. Stein] Weimar.
....., Carlsbad.
[v. Isenflamm] Wien.
29. [v. Sandrat] Ludwigsburg.

Juli
4. ....., Zürich.
....., Nürnberg.

August
Wende*) [Weimar].
Wende [Weimar].
Frau v. Stein [Kochberg].
Bellomo [Weimar].
Oberhofmarschall v. Bibra
[Meiningen].
Geh. Rath v. Frankenberg
[Gotha].
Leibrentengesellschaft,
Nürnberg.
Oberforstmeister v. Dü-
ring, Dannenberg.
Streiber, Eisenach.
Frau Baronin v. Brankoni,
Langenstein.
Kammerrath Appelius,
Eisenach.
Frau v. Bechtolsheim,
Eisenach.
Hofrath Loder, Jena.
Kriegsrath Merck, Darm-
stadt.
Professor Sömmerring,
Cassel.

*) Wende ist wohl der (in Goethes Schrift) öfter als
Wenck(e) gelesene v. Steinsche Diener, vgl. zu 1329.

August

    Statthalter v. Dalberg,
      Erfurt.

    Passavant, Münden.

    Minervini, Neapel.

    *v. Saudrat, Ludwigsburg.

August

    *Frau v. Bechtolsheim,
      Eisenach.

November

    *v. Veltheim [Harbke].

Ohne Adresse.

Januar 17 Briefe, 1 Packet / ohne jegliche Tagesangabe.
Februar 12 Briefe, 1 Packet \

März 2. 4. 8. 8. 9. 11. 12. 12. 13. 15. 16. 16. 19. 21. 21. 21.
    22. 22. 23. 24. 29. 29. 29. 30.

April' 2. 2. 2. 5. 6. 8. 8. 8. 9. 12. 12. 13. 18. 19. 19. 21. 22.
    24. 24. 29. 30. 30. 30* (Kupferplatten).

Mai 4. 9. 9. 9. 9. 14. 17. 17. 18. 18. 18.* 28. 28.* 29. 29. 29.

Juni 1. 1. 1. 1. 1. 23. 23.

Juli 12 Briefe ohne jegliche Tagesangabe, unter dem 23. so-
    dann 5 Briefe, 1 Packet.

August   8 Briefe, 1 Packet)
September 17 Briefe, 1 Packet (ohne jegliche Tages-
October   20 Briefe, 1 Packet /   angabe.
November 13 Briefe, 2 Packete) Sodann 17. 22. 22. 24. 24.
    30. 30. 30. 30. 30. 30. 30. 30.*

December 1. 1. 6. 9. 11. 15. 17. 22. 22. 22. 23. 23.* 27. 27.*
    31. 31. 31. 31. 31. 31. 31.*